中国社会科学院老学者文库

西北边疆民族史地论集

蔡家艺◎著

中国社会科学出版社

图书在版编目（CIP）数据

西北边疆民族史地论集/蔡家艺著.—北京：中国社会科学出版社，2018.1
ISBN 978-7-5203-1771-9

Ⅰ.①西… Ⅱ.①蔡… Ⅲ.①边疆地区—少数民族—民族历史—西北地区—文集 Ⅳ.①K280.4-53

中国版本图书馆 CIP 数据核字（2017）第 310739 号

出 版 人	赵剑英
责任编辑	张　林
特约编辑	金　沛
责任校对	韩海超
责任印制	戴　宽
出　　版	中国社会科学出版社
社　　址	北京鼓楼西大街甲 158 号
邮　　编	100720
网　　址	http://www.csspw.cn
发 行 部	010-84083685
门 市 部	010-84029450
经　　销	新华书店及其他书店
印　　刷	北京明恒达印务有限公司
装　　订	廊坊市广阳区广增装订厂
版　　次	2018 年 1 月第 1 版
印　　次	2018 年 1 月第 1 次印刷
开　　本	710×1000　1/16
印　　张	22.5
插　　页	2
字　　数	383 千字
定　　价	99.00 元

凡购买中国社会科学出版社图书，如有质量问题请与本社营销中心联系调换
电话：010-84083683
版权所有　侵权必究

前　言

　　我国是一个历史悠久、民族众多的国家，从很早的古代起，我国各族人民就生息繁衍在这块肥沃富饶的土地上，因此，有关各民族的历史，一向为历代学者所关注。但由于历史条件限制，以往学者对边疆各民族历史的研究，大多数都把注意力集中于各民族与中央王朝的往来关系上，而对他们自身的政治、经济、文化等发展情况，则鲜有人进行深入的研究。偶尔见之，大都亦只有寥寥数语，令人如坠五里雾。这种现象，及至近代以后，始有较大改变。

　　对边疆各民族历史的研究有较大突破的是在新中国成立以后，它是各族人民在中国共产党领导下翻身得解放而取得的结果。改革开放以后，随着全国经济状况的逐步好转，又将其发展水平提升到新的历史高度，凡在中国历史上出现的各民族，都有人在进行辛勤耕耘，从而呈现出前所未有的繁荣局面。

　　从事边疆民族史研究，是一件很有意义的工作，它是中华民族历史研究的一个有机组成部分。我与西北边疆民族史结缘，始于1975年参加翁独健先生主持、由中国社会科学院民族研究所与新疆社会科学院民族研究所共同组成的《准噶尔史略》编写组。成立该组的目的，原是想在详细占有资料的基础上，打破当时准噶尔史研究中的某些禁区。因此，编写组一建立，便经常同全国各有关学术机构联系，征求其意见并进行交流，从而使我对西北边疆民族史有了一定的了解并决心努力为之奋斗。尔后不久，由于中国社科院民族研究所与中央民族大学历史系共同承担的全国"七五"重点项目《中国民族史》（王锺翰先生任主编）、民族所田继周等承担的中国社会科学院重点项目《中国历代民族史丛书》（八卷本）、卢勋等承担的全国"八五"重点项目《中华民族凝聚力的形成与发展》

等相继启动，我先后应邀为上述各项目组成员，分别负责匈奴、沙陀、回纥、党项、吐浑、蒙古、回回、汉等族历史的撰稿任务；积极参与《中国民族史人物辞典》《中国少数民族史大辞典》两书的撰写并兼任副主编。与此同时，还发表学术论文数十篇。2001年在中国社会科学院老干局支持下，又完成了《清代新疆社会经济史纲》（专著，2009年获中国社会科学院老干局优秀成果二等奖）及十余篇学术论文。这里所选论文，即为前述论文中的一部分。内容涵盖沙陀、蒙古、回、藏、哈、维等族历史及其相互关系的情况，其中又以有关卫拉特蒙古史方面居多。

这些论文因在全国各地刊物上发表过，而各刊物对所载论文体例一向有不同要求，因此，此次所选文章体例，都进行了统一处理，内容提要及作者简介全部删去，注释俱改为页下注。个别有重复或提法不甚贴切的地方则进行了删节与修改。《策妄阿喇布坦功过评述》一文为作者与范玉梅（已逝）合撰。

边疆民族史研究是一门难度较大的综合性学科。西北边疆各民族因长期居住于西北边陲，其语言、文字、宗教、习俗等与中原内地各族人民大都有较大区别，故要了解其历史，除要有较好的史学基础外，还要具有相应的语言学、地理学、宗教学以及民族学方面的知识，否则，许多问题便难以解决。学术界的良师益友如马曼丽、马大正、成崇德、郭蕴华、冯锡时、刘汉明等诸先生，都曾在不同范围内，热情地为我提供过帮助，在此特致以衷心的谢意！与此同时，还要感谢责任编辑张林女士为本书的校订提供了宝贵的意见与帮助。

妻杨亚为保护我的健康，论文从复制、录入到修改，俱为她亲自操办，予我以巨大支持。

因水平所限，疏漏之处，在所难免，望勿吝赐教。

2014年8月2日于北京海淀芙蓉里

目　录

沙陀族历史杂探 …………………………………………… (1)

辽宋金夏境内的沙陀族遗民 ……………………………… (17)

12—17世纪初蒙古族社会经济发展述略 ………………… (31)

关于明朝辖境内的蒙古人 ………………………………… (48)

从明英宗被俘至归京看也先 ……………………………… (66)

试论回回民族对汉文化的吸收和影响 …………………… (75)

清代蒙古族的封建等级 …………………………………… (89)

噶尔丹与五世达赖关系刍探 ……………………………… (116)

策妄阿喇布坦与噶尔丹交恶缘起与发展考论 …………… (128)

策妄阿喇布坦功过评述 …………………………………… (143)

简论噶尔丹策零 …………………………………………… (156)

罗卜藏舒努生平事迹辑探 ………………………………… (168)

拉藏汗刍议 ………………………………………………… (180)

土尔扈特东返经由何路进入沙喇伯勒 …………………… (189)

清代西北边疆民族史研究三题 …………………………… (198)

准噶尔的畜牧业
　　——准噶尔社会经济初探之一 ……………………… (207)

准噶尔的农业
　　——准噶尔社会经济初探之二 ……………………… (222)

准噶尔汗国时期新疆的手工业生产管窥 ………………… (245)

清代前期准噶尔与中原内地的贸易关系 ………………… (258)

18世纪前期准哈关系述论 ………………………………… (295)

清前期卫拉特蒙古进藏熬茶考述 …………………………………（306）
清代新疆茶务发展述略 ……………………………………………（320）
清代新疆玉石的开采与输出 ………………………………………（339）

沙陀族历史杂探

随着宋、辽、金时期民族史研究的深入，有关沙陀族历史，目前已引起越来越多学者的关注，并取得了不少新的研究成果。但由于史料流失较多，现存记载又很不完整，有的甚至谬误迭出，导致不少问题至今仍得不到令人满意的回答。以非为是、以偏概全的现象也时有所见。笔者以为从事历史研究，先得弄清历史事实，否则便难以做出正确的判断。

一　唐初西域有沙陀都督府吗？

关于唐初西域有无沙陀都督府问题，我国学者目前大都持肯定态度。例如，郭平梁在《阿史那忠在西域》一文中就说："永徽初年（650），庭州刺史骆宏义曾建议发动射脾、处月、处密契苾等部讨伐阿史那贺鲁叛唐，派处月、处密等部攻打庭州，被弓月道行军总管梁建方、契苾何力等人打败。第二年，唐朝在处月地方设置金满、沙陀二州。"[①] 薛宗正的《突厥史》说：653年（永徽四年），"是年颉苾达度设建号真珠叶护可汗，起兵攻阿史那贺鲁，遣使通唐约求合攻。唐朝抓住这一有利的出师良机，遂于'五月，遣左屯卫大将军（卢国公）程知节为葱山道行军（大）总管，率左武卫将军舍利叱利、右武卫将军王文度、伊州都督苏海政等，讨西突厥阿史那贺鲁'"。"此役唯一重大的收获乃创建了金满、沙陀二羁縻州，这是唐朝对西突厥降部实施行政改编的最早记录"。[②] 之所以有这样的看法，显然是根据《新唐书·沙陀传》引出的结论。因为该书明确地说在永徽初年，唐朝在平定阿史那贺鲁后，"即处月地置金满、沙陀二

---

① 引自《新疆历史论文集》，新疆人民出版社1982年版，第184—185页。
② 薛宗正：《突厥史》，中国社会科学出版社1992年版，第355页。

州，皆领都督"。① 也有的学者根据《旧五代史·唐书·武皇纪》的记载，说唐朝在贞观年间平薛延陀后，即于处月部所在地设置了"沙陀都督府"。例如，韩国磐在其《隋唐五代史纲》中说："沙陀源出西突厥别部，或即同罗、仆固之后。唐太宗平薛延陀，迁同罗、仆固部民置沙陀都督府，该地有沙碛名沙陀，因以为名。"② 徐庭云《晚唐五代时的沙陀》说：《旧五代史》称太宗"平薛延陀诸部，分同罗、仆骨之人，于安西、北庭地区置沙陀都督府，这一点是合乎当时历史情况的"。③ 还有的学者认为："《旧五代史》的说法虽有夸大成分（如置府之说），但也并非毫无根据"，"据我们研究，沙陀都督府即是金满州都督府，二者虽名称不同，其内涵一也"。④

关于沙陀都督府问题，我以为纯属子虚乌有。主要根据如下：

有关《旧五代史·唐书·武皇纪》中的记载，早在宋代就受到欧阳修的质疑与批驳了。他在《新五代史·庄宗纪上》末尾明确指出，所谓当唐太宗时破西突厥部，分同罗、仆骨之人"置沙陀府"的说法是没有根据的。他还说："唐太宗破西突厥，分其诸部，置十三州，以同罗为龟林都督府，仆骨为金微都督府，拔野古为幽陵都督府，未尝有沙陀府也。"⑤ 我以为欧阳修的说法是正确的。据王溥《唐会要》记载，唐太宗平薛延陀事在贞观二十年（646）。史载："既破延陀，太宗幸灵州，次泾阳顿，铁勒回鹘、拔野古、同罗、仆骨、多滥葛、思结、阿跌、契丹、奚、浑、斛萨等十一姓，各遣使朝贡，奏称'延陀可汗不事大国，暴虐无道，不能与奴等为主人'"，请求"归命天子""置汉官司"。在铁勒诸部的强烈要求下，当年十一月，"太宗至灵州，铁勒诸部俟斤颉利发等诸姓至灵州数千人，咸请列其地为州县"。⑥ 次年，诸部首领复至长安朝觐。唐太宗为满足诸部要求，遂"以回纥部为瀚海，多览葛为燕然，仆骨部为金微，拔野古为幽陵，同罗部为龟林，思结部为卢山，皆号都督府；以浑为皋兰州，斛薛为高阙州，阿跌为鸡田州，契苾羽为榆溪州，奚结为鸡

---

① 《新唐书》卷218《沙陀传》。
② 韩国磐：《隋唐五代史纲》，人民出版社1979年版，第415页。
③ 徐庭云：《晚唐五代时的沙陀》，《中央民族学院学报》1987年第1期。
④ 张云：《沙陀早期历史初探》，《西北历史研究》（1989年号），西北大学出版社1991年版。
⑤ 《新五代史》卷4《庄宗纪上》。
⑥ 《唐会要》卷96《铁勒传》。

鹿州，思结别部为蹛林州，白霫为寘颜州"。① 以上所列，就是欧阳修所说的"十三州"。在这些都督府州中，根本没有"沙陀都督府"踪影。在唐代其他重要史籍中，也未见有关于"沙陀都督府"的记载。因此，所谓"同罗、仆骨之人置沙陀都督府"的说法，纯属无稽之谈。

《新唐书·沙陀传》说唐王朝在平定阿史那贺鲁叛乱后，"即处月地置金满、沙陀二州，皆领都督"的说法，在该书的同一传记中，却存在着明显的漏洞。例如，书中说："龙朔初，以处月酋沙陀金山从武卫将军薛仁贵讨铁勒，授墨离军讨击使。长安二年，进为金满州都督，累封张掖郡公。金山死，子辅国嗣。先天初避吐蕃，徙部北庭，率其下入朝。开元二年，复领金满州都督，封其母鼠尼施为鄯国夫人。辅国累爵永寿郡王。死，子骨咄支嗣。"② 以上记载说明，从沙陀金山至骨咄支，其祖孙数代皆为金满州都督，而对"沙陀州都督"则只字不提。如果在金满州都督府附近真的还有一个"沙陀都督府"的话，书中绝不会无所表示。《新唐书·地理志》中虽然也有"沙陀都督府"一名，但该《志》在述及"金满州都督府"时下注："永徽五年以处月部落置为州，隶轮台。龙朔二年为府。"③ 但在提到"沙陀都督府"时，则下皆空白，既无设置时间，也无地点。因此，我以为"沙陀都督府"一称，是由于《新唐书》纂修者把"金满州"这一沙陀人都督府，误作为"金满州"和"沙陀州"两个都督府所致。

我之所以这样说，还有一条重要根据，这就是《新唐书·突厥传》在谈到平定阿史那贺鲁之乱后，"罢瑶池都督府，即处月置金满州"。④ 这与《沙陀传》所说明显有所不同，

在《旧唐书》等史籍中，有"金满州都督府"，而没有"沙陀州都督府"。例如，《旧唐书·地理志》"北庭都护府"条载："金满，流沙州北，前汉乌孙部旧地，方五千里。后汉车师后王庭。胡故庭有五城，俗号'五城之地'。贞观十四年（640）平高昌后，置庭州以前，故及突厥常居之。"⑤ 这里所说的"金满"，就是指在原处月部地所置的"金满州都督

---

① 《新唐书》卷217《回鹘传上》；参见《旧唐书》卷195《回鹘传》。
② 《新唐书》卷218《沙陀传》。
③ 《新唐书》卷47《地理七下》。
④ 《新唐书》卷215《突厥传下》。
⑤ 《旧唐书》卷40《地理三》。

府"。又《资治通鉴》永徽五年（654）闰四月条："以处月部地置金满州。"胡三省注："其地近古轮台，属北庭都护府。"① 《新五代史·庄宗纪上》："唐德宗时（780—805），有朱邪尽忠者，居于北庭之金满州。贞元（785—805）中，吐蕃赞普攻陷北庭，徙尽忠于甘州而役属之。"② 这就是说，在其他有重要影响的史籍中，都未见有设置"沙陀都督府"这一军政机构。

由此可见，所谓唐初有"沙陀都督府"的说法是不足为信的。史籍中之所以有这一名称，实是撰史者疏忽所致。如果把"沙陀都督府"理解为沙陀人的都督府，似可以会通。如若说在"金满州都督府"之外，别有一个"沙陀都督府"，或一个名为"沙陀都督府"的机构，则是错误的。

二 "沙陀三部落"的形成及与沙陀族关系

关于"沙陀三部落"一词的来源，最早见于唐武宗会昌二年（842）。《旧唐书·武宗纪》会昌二年条载："诏太原起室韦、沙陀三部落、吐浑诸部，委石雄为前锋。易定兵千人守大同军，契苾通、何朝清领沙陀、吐蕃六千骑趋天德，李思忠率回纥、党项之师屯保大栅。"③ 从此以后，关于"沙陀三部落"的活动，便不绝于书。例如，《旧唐书·僖宗纪》乾符四年条就说，"幽州李可举请以本军讨沙陀三部落，从之。十月，诏昭义节度使李钧、幽州李可举"，"讨李国昌父子于蔚州"。④

何谓"沙陀三部落"？从有关记载中可得知，是沙陀、萨葛、安庆三个部落的联合体。《资治通鉴》咸通九年（868）条在记述唐廷下令出兵镇压庞勋起义时说："诏以右金吾大将军康承训为义成节度使、徐州行营招讨使"，"大发诸道兵以隶三帅，承训奏乞沙陀三部落使朱邪赤心及吐谷浑、鞑靼、契苾酋长各帅其众以自随。诏许之"。胡三省注："沙陀、萨葛、安庆分为三部。"⑤ 由此可知，所谓"沙陀三部落"，即上述三部落

---

① 《资治通鉴》卷199《唐纪十五》。
② 《新五代史》卷4《庄宗上》。
③ 《旧唐书》卷18（上）《武宗纪》。原书标点符号有错，作"室韦沙陀三部落"。
④ 《旧唐书》卷19《僖宗纪》。
⑤ 《资治通鉴》卷251《唐纪六十七》。

的简称。

"沙陀三部落",史籍有时又将其称为"代北三部落"或"代北部落"。例如,《旧五代史·康义诚传》载:"康义诚,字信臣,代北三部落人也。"① 也有将其称为"沙陀六州部落"的。例如,《旧唐书·僖宗纪》乾符元年条说:"以宣慰沙陀六州部落、检校兵部尚书李钧为灵武节度。"② 之所以有这样的称呼,这是因其居地和族属不同而得名。所谓"代北三部落",是因为"三部落"人俱居住于代州以北的缘故。所谓"萨葛""安庆",是因为两部落人分别来自"萨葛府"和"安庆府"。"萨葛",或又译为"薛葛""索葛",据有关学者研究,意谓"粟特"。萨葛府,据胡三省《通鉴注》载,其府治在振武(今内蒙古和林格尔西北)。③ "安庆府"府治史无明载。从有关记述看,约当在云、朔北部一带。所谓"沙陀六州部落",是由于"萨葛"和"安庆"两部落先世俱为"六州粟特"人而得名。欧阳修《新五代史·庄宗纪》注因不知萨葛、安庆来源于"六州粟特",故称"六州三部落,皆不见其名处,据《唐书》除使有此语尔"。④ "沙陀三部落"与"沙陀六州三部落",名称虽不相同,然其义则一也。

说到这里,人们不禁要问,沙陀、萨葛、安庆三部落是如何发展成"三部落"联合体的?要了解此事,须得从"六州粟特"以及沙陀突厥人内迁说起。

据记载,"粟特人"初服属突厥。唐代初年,因突厥颉利可汗为唐军击败,部众四散,有的逃奔北方的薛延陀,有的奔居西域地区,有的则相率投附于唐王朝。史载其"来降者尚十余万,诏议所宜"。"帝主彦博语,卒度朔方地,自幽州属灵州,建顺、祐、化、长四州为都督府,剖颉利故地,右置定襄都督、左置云中都督二府统之"。⑤ 原属突厥的"粟特人",则被置于灵州(今宁夏灵武西南)、夏州(今陕西靖边县东北白城子)以

---

① 《旧五代史》卷66《康义诚传》。
② 《旧唐书》卷19《僖宗纪》。
③ 《资治通鉴》后唐明宗长兴四年注云:"索葛部居振武。宋白曰:安从进本贯振武索葛府索葛村。"
④ 《新五代史》卷4《庄宗纪上》。
⑤ 《新唐书》卷215《突厥传上》。

南的鲁、丽、含、塞、依、契一带，世称之为"六胡州"①（或"六州胡"）。贞元二年（786）十二月，以吐蕃举兵进攻盐州（今陕西定边县境内）、夏州等地，"六州胡"惧为所袭，便相率走石州（今山西离石市）。唐绥、银、麟、胜招讨使马燧为了使之远离战争前线，置其众于云、朔地区。此后唐廷即于其聚居区内分别设萨葛、安庆两府以治之，以其首领为都督。

在六州胡人徙入云、朔地区后不久，沙陀突厥人由于种种原因也徙入云、朔一带。前面已指出，沙陀人原居住于西域"金满州都督府"（今新疆吉木萨尔）地区。后因不堪回鹘贵族凌侮，举部投附吐蕃，居甘州，不时受到吐蕃的压制。元和三年（808）其首领朱邪尽忠为了摆脱吐蕃的羁绊，率众投奔唐灵盐节度使范希朝。希朝置其众于盐州。旋以希朝受命镇河东，沙陀部众也随希朝一起往镇。时朱邪尽忠已死，希朝使尽忠子朱邪执宜率精骑1200名"沙陀军"保神武川之黄花堆，号"阴山北沙陀"，而处其"余众于定襄川"。② 神武川黄花堆在今山西山阴县境内，位于云州与朔州中间。这里春秋为北狄地，战国时属赵，秦为雁门郡地方。境内不仅有可供畜牧的广阔牧场，且是北方游牧民族进入河东地区的重要孔道。范希朝使朱邪执宜率沙陀劲骑驻守其地，显而易见，是想用英勇善战的"沙陀军"为之捍御边境安全。如元和八年（813）十月，回鹘遣兵渡漠南，谋自柳谷击吐蕃。③ 唐朝惧其扰害，即令朱邪执宜引兵屯天德（今内蒙古乌拉特中、后旗西南）以为备。次年，又以吴元济发动叛乱，使执宜率兵从李光颜前往征讨，不久即平息。长庆元年（821），镇州都兵马使王庭凑阴结牙兵哗变，执宜应召举兵前往镇压，很快取得了胜利。"沙陀军"声威从此大振。文宗大和四年（830），河东节度使柳公绰请授执宜为阴山都督府都督，代北行营招抚使，使居云、朔一带，得到了文宗的许诺。时其地有废栅十一座，④ 执宜率众3000人前往驻守，号

---

① 关于"六胡州"的设置时间，史书一般都称为置于高宗调露元年（679）。刘统《唐代羁縻府州研究》依据《全唐文·唐维州刺史安侯神道碑》记载，以为应在贞观初年。从有关记载看，其说法是可信的，本文取其说。

② 《新唐书》卷218《沙陀传》。"定襄川"，顾祖禹《读史方舆纪要》卷44又作"定襄州"，其地当在唐忻州定襄县境内。

③ 参见（唐）李德裕《会昌一品集》卷14。

④ 废栅，一作废府。（南宋）胡三省《通鉴注》以为当作"栅"。

"代北行营"。① 居住于代州以北的诸少数民族军队俱为其统辖。不久执宜死，子赤心继为首领。赤心英勇善战不亚于乃父，在率军与北方及西北边境的回鹘、党项、吐蕃军的战斗中，长操胜算。史载"赤心所向，靡辄披靡"。② 由于萨葛、安庆二部与沙陀人长期居住在一起，征战在一起，且原俱属突厥，于是便使双方逐步走上了联合的道路，而朱邪赤心也由沙陀首领一跃而为"沙陀三部落"首领，世称之为"沙陀三部落使"。③

"沙陀三部落"因是在唐末藩镇割据和战乱环境中形成的，故随着社会动荡的加剧，其相互关系也不断有所加强。例如，在镇压庞勋起义和黄巢起义中，"三部"就一直被置于朱邪赤心父子的直接控制之下，这对于"三部落"逐步发展成为巩固的联合体并最后走上一体化道路，无疑具有举足轻重的作用。完全有理由这样说，"沙陀三部落"是沙陀人由部落发展成为民族共同体的重要基础。没有这个基础，沙陀突厥人就无法在五代时期创造出那样辉煌的业绩。翻开新、旧《五代史》，细心的人不难发现，在后唐、后晋、后汉、北汉政权中，属于"沙陀三部落"的人，随处可见，比比皆是。他们大都身居要职，手握重权。著名史学家吕思勉在其《胡考》一文中就说："五代诸臣出代北者多胡姓，如康福、康思立、康义诚、康延孝、安叔千、安重荣、安从进、李存孝、（李）存信、安审琦、白从进，皆是也。然则沙陀虽云突厥，其与西胡相淆，亦云甚矣。"④ 来源于萨葛、安庆两部的胡人之所以受到如此重用，显而易见，这是沙陀首领将其视为一体的缘故。

我之所以这样说，是有充足的历史根据的。例如，"安叔千"，《旧五代史·安叔千传》云其"沙陀三部落之种也"。⑤ 但《资治通鉴》在述及安叔千的族属时，则称其为"沙陀人也"。⑥ 又如"安金全"，《旧五代史·安金全传》称其为"代北人"。⑦ 而同书在载及其子"安审琦"时，

---

① 《新唐书》卷218《沙陀传》。
② 同上。
③ 参见《资治通鉴》卷253《唐纪六十七》。
④ 苏州国学会编《国学论衡》1935年12月第6期。
⑤ 《旧五代史》卷123《安叔千传》。
⑥ 《资治通鉴》卷279《后唐纪八》。
⑦ 《旧五代史》卷61《安金全传》。

则称其"先沙陀部人也"。① 由此可见，早在宋代，人们已知两者之间没有多大差别了。由此也可见，史书中所说诸"胡"姓，虽然大都未言其族属，但若是来自代北一带或太原左近的，其绝大多数都应是"沙陀三部落"人。由此还可见，沙陀族人虽然来源于沙陀突厥，但二者之间已有了巨大不同，过去有些学者往往将其等同，这是不正确的。

三 沙陀族共同体中的其他民族成分

据诸书记载，沙陀族共同体中的其他民族成分有突厥、回鹘、吐谷浑、鞑靼、汉族以及党项等。

突厥。这里所说的突厥，是指除"沙陀三部落"以外，在隋唐五代一直仍被确认为突厥的人。突厥人之所以能成为沙陀族共同体中的重要成分之一，是与大量突厥人散居于唐朝北方边境相关的。例如，在贞观初年，颉利可汗失败后，其降众就分别被置于幽州、灵州一带的顺、祐、化、长四州都督府地方。咸亨年间（670—674），其部落又有相率内附的，分别被置于丰、胜、灵、夏、朔、化州等地方，从而在北方形成了许多突厥人居住区。其中虽有一部分后逃离其原来居住地，但继续内徙和滞留当地的也不在少数。例如，后唐、后晋重要将领张彦泽，其祖、父就是留居于当地者之一。《旧五代史·张彦泽传》记载："张彦泽，其先出于突厥，后为太原人也。祖、父世为阴山府裨将。"② 这里提到的"阴山府"，就是以朱邪执宜、朱邪赤心为都督的"阴山都督府"。从以上记载中可知，张氏早在其祖、父时代就与沙陀人结合在一起了。又如郭金海，其先世也是突厥。《旧五代史·郭金海传》载："郭金海，本突厥之族，少侍昭义节度使李嗣昭，常从征伐。"③ 后唐明宗即位后，累官至"护圣都虞侯"。及石敬瑭建立后晋，又以战功受册为检校太保、商州刺史。张万进大概也是突厥人。万进在唐庄宗、明宗时，由于屡建战功，曾"累典大郡。天成、长兴中，历威胜、保大两镇节制"。④ 这里所举，虽只是个别人物，但不知姓名的，则又有凡几。

---

① 《旧五代史》卷61《安金全传》。
② 《旧五代史》卷98《张彦泽传》。
③ 《旧五代史》卷94《郭金海传》。
④ 《旧五代史》卷88《张万进传》。

回鹘。回鹘之所以能成为其重要成分之一，与其散居于唐北方边境也有很大关系。据记载，自公元7世纪以后，回鹘就不断有人内迁于唐北方边疆居住。其中既有主动徙入的，也有被迫归降而入的。例如，《唐会要·回纥传》就载："龙朔三年（663年）二月，移燕然都护府于回纥部落，仍改名瀚海都护府。仍以碛为界，碛以北诸州为蕃州，悉隶瀚海，碛南并隶云中。婆闰卒，子比来栗（一作粟）代立。比来栗卒，子独解支立。其都督亲属及部落征战有功者，并自碛北移居甘州界，故天宝末，取骁壮以充赤水军骑士。"①《资治通鉴》开元五年（717）条也载：并州刺史张嘉贞上言，"'突厥九姓新降者，散居太原以北，请宿重兵以镇之。'辛酉，置天兵军于并州，集兵八万，以嘉贞为天兵军大使"。② 唐开成五年（840），回鹘因统治阶级内讧，为黠戛斯所破，国亡，此后又有为数颇多的回鹘人入居于中原内地。例如，当乌介可汗于天德战役中失败后，其特勤嗢没斯、阿历支、习勿啜率众降唐朝，被置于云、朔之间。③ 由于他们与沙陀人居地相近，加上沙陀首领长期担任代北一带防御任务，故随着岁月的流逝，有部分人便逐步融合于其中。例如，李克用义子李存信，先世就是随回鹘嗢没斯（李思忠）内附的，住于云中合罗川。史载存信因"通黠多数，会四夷语，别六蕃书，善战识兵势"，④ 深得李克用之父及其本人的赏识，曾为沙陀族的发展立下了汗马功劳。又如何建，先世也是回鹘人，"居云、朔间"。祖庆、父怀福，俱事后唐李克用。他本人自年轻时则侍奉石敬瑭，"以掌厩为役"。及石敬瑭称帝，遂"累典禁军，遥领欢、睦二郡"，"累官至检校太傅"。⑤ 此外，如杨彦珣、侯三、贺回鹘等，先世也俱为回鹘人。

吐谷浑。吐谷浑与沙陀人相结合，并融入其共同体中，估计数量也很多。因为在咸通年间（860—874）朱邪赤心（李国昌）充当河东行营、沙陀三部落招讨使时，其属下就已有不少吐谷浑人在其军中服役了。⑥ 此后云中地区吐谷浑部首领赫连铎、白义诚因在与李国昌父子争夺云、代地

---

① 《唐会要》卷98《回纥传》。
② 《资治通鉴》卷211《唐纪二十七》。"九姓"，即"回鹘"。
③ 参见《新唐书》卷217《回鹘下》。
④ 《旧五代史》卷53《李存信传》。
⑤ 《旧五代史》卷94《何建传》。
⑥ 参见《旧唐书》卷19《僖宗纪》。

区战争中失败，赫连铎被杀，白义诚被俘，其部众就有不少为李国昌父子并入"沙陀军"中了。例如，李克用义子李嗣恩，原来就是吐谷浑人。《新五代史·李嗣恩传》载："嗣恩，本姓骆，吐谷浑人也。少事太祖，能骑射，为铁林军将稍以战功迁突阵指挥使，赐姓名，以为子。"① 后唐明宗李嗣源养子李金全也出身于吐谷浑。《新五代史·李金全传》："李金全，其先世出身于吐谷浑，以骁勇善骑射，常从明宗征伐、以功为刺史。"② 此外，如慕容彦超、白从晖、白承福等也皆吐谷浑人。在后唐、后晋、后汉、北汉政权中，俱有着重要的影响与作用。

鞑靼。这里所说的鞑靼，主要是指"阴山鞑靼"。"阴山鞑靼"，史籍或又称为"阴山室韦"。有关"阴山鞑靼"来源，学术界目前尚有不同说法。不过此事与本文关系不大，此不赘述。"阴山鞑靼"在唐中叶以后，曾广泛活跃于阴山至云州边境一带，与沙陀、吐谷浑、党项等毗连而居。《旧唐书·范希朝传》载："振武（今内蒙古和林格尔县西北）有党项、室韦、交居川阜，凌犯为盗，日入慝作，谓之刮城门，居人俱骇，鲜有宁日。"③ 鞑靼人虽然不时遣众扰害唐边，但政治日趋衰败的唐王朝，却仍经常利用其力量从事征战。例如，武宗会昌二年（842），当回鹘乌介可汗挟太和公主进攻云州等地时，武宗便令"起室韦、沙陀三部落、吐浑诸部"前往堵御。④ 又如咸通九年（868），以庞勋发动起义，引兵北上，驻次彭城（今江苏徐州），唐懿宗便令康承训率沙陀三部落、鞑靼和吐谷浑前往镇压。⑤ 鉴于鞑靼人和沙陀人经常在一起征战，遂使双方往来日渐密切。广明元年（880），李国昌和李克用父子因在与赫连铎等争战中失利，被迫逸入鞑靼部。不久，黄巢率领起义军占领长安，李克用受命前往征讨，便于当地率"鞑靼部万人"，⑥ 与先期聚集于忻、代、蔚、朔等地军队会合进攻长安。这些鞑靼军队从此即成了"沙陀军"的一部分。后唐建立前夕，其军队就有不少鞑靼人在为其服役。《旧五代史·庄宗纪》天佑十三年条载："秋八月辛丑朔，大阅于郊，河东、魏博、幽、沧、镇

---

① 《新五代史》卷36《李嗣恩传》。
② 《新五代史》卷48《李金全传》。
③ 《旧唐书》卷151《范希朝传》。
④ 《旧唐书》卷18《武宗纪》。
⑤ 参见《资治通鉴》卷251《唐纪六十七》。
⑥ 《旧五代史》卷25《武皇纪上》。

定、邢洺、麟、胜、云、朔十镇之师，及奚、契丹、室韦、吐浑之众十余万，部阵严肃，旌甲照耀，师旅之盛，近代为最。"① 这里所说的"室韦"，显然即是鞑靼的异称。文中还提到军中有奚和契丹人，但估计不会太多，可能是从辽朝中逸出的。

汉族人。在沙陀族共同体中，汉族人估计也占有相当大的比例。这里所说的汉族人，主要是指那些被吸收入"沙陀军"中并已基本"沙陀化"的汉人。例如，李克用的义儿队中，李存审、李嗣昭、李存璋、李存贤等，就可能来自汉族。至于不知姓名的人，肯定就更多了。在后唐、后晋、后汉的后妃中，也有很多汉族人。例如，后唐庄宗皇后刘氏，妃韩氏、伊氏、明宗皇后魏氏、妃王氏，愍帝皇后孔氏，后晋出帝皇后冯氏，后汉高祖皇后李氏等就是具体例证。

从有关记载看，大概还有党项人。但我们在五代史籍中，至今还没有找到足资证明的重要实例。

四　沙陀族的族姓

关于沙陀族姓，以往学术界只把后唐皇帝李氏、后晋皇帝石氏以及后汉、北汉皇帝刘氏作为沙陀族姓，称为"沙陀三族姓"，而对于其他诸姓氏则视而不见。这种看法是与历史事实背道而驰的。如果我们认真查阅一下史籍，不难发现，可正式确认为沙陀姓氏的，至少有十余姓。

"李"姓。李姓是沙陀突厥首领朱邪氏（一作"朱耶氏"）的赐姓。其得姓是咸通十年（869）唐懿宗颁给朱邪赤心的，以表彰其在与庞勋起义军战斗中所立下的"战功"。《资治通鉴》咸通十年条载："上嘉朱邪赤心之功，置大同军于云州，以赤心为节度使，召见，留为左金吾上将军，赐姓名李国昌，赏赉甚厚。"② 从此以后，朱邪族裔皆改姓李。李姓除朱邪氏家族外，李克用的义子们也大多数姓李，如李嗣源、李嗣昭、李嗣本、李嗣恩、李存信、李存孝、李存璋、李存贤等就是这样。其中有回鹘、吐谷浑、突厥、六州粟特人。此外，还有汉人，数量也很多。李姓既是贵姓，又是著姓。

---

① 《旧五代史》卷28《庄宗纪二》。
② 《资治通鉴》卷251《唐纪六十七》。《旧唐书·懿宗纪》则将赐姓载在咸通十一年。

"安"姓。"安"姓意谓先世为"安国人"。"安"姓在沙陀共同体中也是著姓。在五代时期以"安"姓享名于世者很多，如安重荣、安重诲、安重霸、安元信、安彦威、安叔千、安金全、安从进等都是其重要代表。例如，《旧五代史·安叔千传》载："安叔千，沙陀三部落之种也。父怀盛，事唐武皇，以骁勇闻。叔千习骑射，从庄宗定河南，为奉安部将。天成初，王师伐定州，命为先锋都指挥使。"① 又如安从进，史载其为"振武索葛部人也。祖、父皆事唐为骑将。从进初从庄宗于兵间，为护驾都指挥使，领贵州刺史"。② "索葛"，前已指出，即为萨葛异译。这就是说，安从进也来自沙陀三部落。除以上二人外，其余诸人虽没有明确指出其为"沙陀三部落"，但从来自"代北""马邑""云州"等记载看，便可知其为"三部落人"即"沙陀人"无疑。

"康"姓。"康"，意谓先世为"康国人"。在沙陀族共同体中，"康"也是著姓。其中影响较大的有康思立、康义诚、康福、康延孝等人。康思立，《旧五代史》称其为"晋阳人"，而《新五代史》则称其为"山阴（今山西山阴县）人"。③ 无论是"晋阳"或是"山阴"，都足以说明他是沙陀人。因这两处地方都是沙陀人的重要聚居区。康义诚史载其"代北三部落人也。以骑射事晋王（李克用），庄宗时为突骑指挥使"。"明宗即位，迁捧圣指挥使，领汾州刺史"，累迁至"山南东道节度使，复为新军都指挥使等职"。④ 康福，来自"蔚州"，"世为本州军校，祖嗣，蕃汉都知兵马使，累迁太子太师"，"福便弓马，少事唐武皇（李克用），累补军职，充承天军都监"。⑤ 康延孝，"塞北部落人也。初隶太原，因得罪，亡命于汴梁"。后唐同光初年返归后唐，"以为捧日军使兼南面招讨指挥使、检校司空、守博州刺史"等职。⑥ 毫无疑问，他们原来也都是"三部落"人。

"史"姓，意谓先世为"史国人"。在新、旧《五代史》中，声名卓著的史姓人物也很多，如史敬存、史建瑭、史俨、史敬镕、史匡翰等都是

---

① 《旧五代史》卷123《安叔千传》。
② 《新五代史》卷51《安从进传》。
③ 《旧五代史》卷70《康思立传》；《新五代史》卷27《康思立传》。
④ 《新五代史》卷27《康义诚传》；参见《旧五代史》卷66《康义诚传》。
⑤ 《旧五代史》卷91《康福传》；参见《新五代史》卷46《康福传》。
⑥ 《旧五代史》卷74《康延孝传》。

"沙陀军"的重要将领。例如，史敬存，当唐僖宗统治时期（875—888年）就已为"沙陀三部落"中的"安庆部"都督了，①与李国昌、李克用父子一起长期从事征战，成为"沙陀军"中的重要支柱。史建瑭，史载其先世"雁门人"。父敬思在李克用节制雁门时为九府都督，曾扈从李克用入关参加镇压黄巢起义军。后李克用陷身上源驿（受朱全忠围困），敬思为保卫李克用献出了自己的生命，建瑭于是得以获荫军门，屡建战功，时称"史先锋"，累迁至检校工部尚书、检校左仆射、检校司空、澶州刺史等职。②史俨，"代州雁门人"，以善骑射给事李克用，为帐中亲将。以骁勇超群，擅长"擒生设伏，望尘揣敌，所向皆捷"。当李克用应召出征黄巢起义军时，"每出师皆从"，是沙陀军中出名猛将之一。史敬镕，"太原人"，事"武皇（李克用）为帐中纲纪，甚亲任之"，"天成中，入为金吾上将军"。③除以上数人外，史彦超、史懿等也很有名。

"石"姓。"石"姓在史籍中被正式称为"沙陀人"的目前只发现有石敬瑭家族。据《旧五代史·晋祖纪》记载，其"姓石氏，讳敬瑭，太原人也。本卫大夫碏、汉丞相奋之后。汉衰，关辅乱，子孙流汜四裔，故有居甘州者焉"。④如果根据以上记载，石敬瑭先世应为汉人。可是《新五代史》则称："其父臬捩鸡，本出于西夷，自朱邪归唐，从朱邪入居阴山。其后，晋王李克用起于云、朔之间，臬捩鸡以善骑射，常从晋王征讨有功，官至洺州刺史。臬捩鸡生敬瑭，其姓石氏，不知其得姓之始也。"⑤对照以上两种不同说法，我以为《新五代史》的说法似乎更接近历史事实。因为说其先世为汉丞相奋之后，历代史籍至今俱无可考，其说显有杜撰之嫌；而云其先世"本出于西夷"，则有踪迹可寻。众所周知，早在唐代初年，河西地区就已有粟特人居住了。此后又不断有所增加，其中除康、安、曹、何等姓外，还有部分"石"姓的人居住。⑥从前面所提供的事实看，石敬瑭先世可能不是渊源于"六州粟特"，而是居住于河西一带的"石国人"。欧阳修之所以称不知其所得姓之始，其根源盖出于此。

---

① 参见《新唐书》卷218《沙陀传》。
② 参见《旧五代史》卷55《史建瑭传》；《旧五代史》卷88《史匡翰传》。
③ 《旧五代史》卷55《史俨传》、《史敬镕传》。
④ 《旧五代史》卷75《高祖纪》。
⑤ 《新五代史》卷8《晋本纪》。
⑥ 参见［日］前田正名《河西历史地理学研究》，陈俊谋译，中国藏学出版社1993年版，第245、259—263页。

《旧五代史·晋高祖纪》所说的"四代祖璟,以唐元和中与沙陀军都督朱邪氏自灵武入附,宪宗嘉之,隶为阴山府裨校",① 也可为上述论断佐证。通过以上事实,我们也可以看到,沙陀突厥人与粟特人的结合,并非仅有"六州粟特"人。除"六州粟特"人外,还有来自其他地区的"粟特"人。

李克用的亲信石的历、石敬瑭的心腹石光赟等,估计也是沙陀人,但史俱未明言。

"刘"姓。在五代史籍中,姓刘的人虽然很多,但史籍称其为沙陀人的则只有刘知远家族。《新五代史·汉本纪》记载:"高祖睿文圣武昭肃孝皇帝,姓刘氏,初名知远,其先沙陀部人也。"② 此事与《旧五代史·汉高祖纪》、司马光《资治通鉴·后汉纪》中所载大致相同。如果按上述记载看,其先世为沙陀人似毋庸置疑。不过在新、旧《五代史》的"慕容彦超"传中,一方面说慕容彦超为吐谷浑人,另一方面又云彦超是"汉高祖同产弟"。③ "同产弟",司马光将其释为"同母"。④ 其说法恐难以苟同。"同产弟"似应为"双胞胎兄弟"的同义语。而"同母"则可能是"同母异父兄弟"。如果我的解释合理的话,则刘知远先世为"沙陀人"的说法是可疑的。

"张"姓。在五代史籍中,张姓沙陀人仅见一例,他就是张彦超。《旧五代史·张彦超传》云:"张彦超,本沙陀部人也。素有却克之疾,时号为'跛子'。初,以骑射事唐庄宗为马直军使,庄宗入汴,授神武指挥使。明宗尝以为子。"⑤ 张彦超向与石敬瑭不协。石敬瑭建立后晋时,曾率众降契丹。及刘知远建立后汉,始又附刘知远。

"杨"姓。杨姓沙陀人,目前可以确认的只有杨光远一人。《旧五代史·杨光远传》载:"杨光远,小字阿檀,及长,止名檀。唐天成中,以明宗改御名亶,以偏旁字犯之,始改名光远,字德明,其先沙陀人也。父阿登啜,后改名瑊,事唐武皇为队长。"据说杨光远"不识字",但"有

---

① 《旧五代史》卷75《高祖纪》。
② 《新五代史》卷10《汉本纪》。
③ 《旧五代史》卷130《慕容彦超传》。
④ 参见《资治通鉴》卷286《后晋纪五》。
⑤ 《旧五代史》卷129《张彦超传》。《旧五代史·张廷裕传》也称张廷裕为"代北人",但他是否为沙陀人则难以断定。

口辩,通于吏理",深得唐明宗的器重。后晋时,因率众投降契丹,为其子承言、承祚所拘,后被石重贵派人杀死。其子承信在宋初还有相当影响。从以上记载看,杨光远很有可能是由其他少数民族融入的。

"药"姓。在五代史籍中,药姓沙陀人仅有"药彦稠"一例。《旧五代史·药彦稠传》云:"药彦稠,沙陀三部落人。幼以骑射事明宗,累迁至列校。明宗践阼,领澄州刺史、河阳马步都将,"① 累迁至邠州节度使、延州节度使等职。后为唐末帝李从珂所杀。后晋深州刺史药元福、后汉大将药可俦估计也为沙陀三部落人,但史俱未明言。

"郭"姓。在唐代和五代史籍中,从未见有郭姓沙陀人记载。但《宋史·郭从义传》则称"其先沙陀部人。父绍古,事后唐武皇忠谨,特见信任,赐姓李氏"。"晋天福初,始复姓郭氏,坐事出为宿州团练副使"。② 这就是说,五代时也有郭姓沙陀人。

"白"姓。在五代史籍中,以"白"姓显名的重要人物,绝大多数都是吐谷浑人,如白承福、白义诚、白从晖等就是如此。而明称其为"沙陀人"的则未见。但《宋史·白重赞传》却称:"其先为沙陀部族","重赞少从军,有武勇。汉初,自散员都虞侯迁护圣都指挥使。乾祐年(948—950)中,李守贞据河中叛,隐帝以重赞为行营先锋都指挥使。河中平,以功领端州刺史。"③ 从以上记载可知,五代沙陀人中有"白"姓。沙陀族中"白"姓,可能与吐谷浑人的融入有关。

"翟"(或"瞿")姓。《旧唐书·僖宗纪》载:"代州北面行营都监陈景思率沙陀、萨葛、安庆等三部落与吐浑(吐谷浑)之众三万赴援关中,次绛州。沙陀首领翟稽俘掠绛州叛还。景思知不可用,遣使诣行在,请赦李国昌父子,令讨贼以赎罪,从之。""翟稽",司马光《资治通鉴》则作"翟稹"。例如,该书在僖宗中和元年(881)条中说:"翟稹、李友金至代州,募兵踰旬,得三万人,皆北方杂胡,屯于崞西,犷悍暴横,稹与友金不能制。""景思……遣使诣行在言之;诏如所请。""友金以五百骑赍诏诣达靼迎之。李克用帅达靼诸部万人赴之。"又云:"绛州刺史翟稹,亦沙陀也。"④ 由此可见,"翟稽"或"翟稹"也是沙陀族人。

---

① 《旧五代史》卷66《药彦稠传》。
② 《宋史》卷252《郭从义传》。
③ 《宋史》卷261《白重赞传》。
④ 《资治通鉴》卷254《唐纪七十》。

"米"姓，意谓先世为"米国人"。米姓的主要代表是唐僖宗统治时期沙陀三部落中萨葛部首领米海万。后唐明宗时的邢州节度使米君立、捧圣指挥使米全估计也是"三部落"人。米君立在李克用统治时期受赐姓名曰李绍能，至唐明宗时始恢复其原来姓名。

估计还应有"曹"姓和"何"姓，但史无明载，在此就不赘述了。

有关沙陀族历史，史籍给我们留下的难题还有不少，因篇幅关系，本文只好就此搁笔。

(原刊《民族研究》2001年第1期)

辽宋金夏境内的沙陀族遗民

有关沙陀族历史的研究，过去大都集中于其崛起及其建立后唐、后晋、后汉、北汉等政权中的作用上，这无疑是必要的，也是有益的。但是，有关其解体过程及解体后散居于辽、宋、金、夏境内的沙陀族人情况，至今却未见有人进行认真探索。本文拟就此做一初步考察。

一　辽朝境内的沙陀人

散居于辽朝境内的沙陀人，主要来源有三：一是在屡次战争中被俘的俘虏，二是石敬瑭割地时被并入籍之人，三是为取得契丹奴隶主贵族封赏或躲避战乱而前往投附者。这些人，彼此遭遇不同，而所处的社会地位也各不相同。

（一）被俘入辽的沙陀人

被俘掠入辽的沙陀人有多少，史籍无稽，不可得而知。从有关记述看，其数当不在少。

众所周知，沙陀族自徙居内地以后，一直寓居于云、朔及其沿边一带，肩负着保卫唐朝北方边疆的任务。而契丹奴隶主贵族自唐乾符（874—879）年间以后，则不时纵兵南牧。《辽史·地理志》记载，早在广明（880—881）元年，契丹奴隶主贵族就利用李国昌、李克用父子受赫连铎进攻逸入鞑靼之机，举兵进入代北一带，大肆攻略，"俘掠居民而去"。① 又《辽史·太祖纪》云：唐天复二年（902），时为契丹夷离堇的

---

① 《辽史》卷41《地理志五》。

耶律阿保机，又"以兵四十万伐河东代北，攻下九郡，获生口九万五千，驼、马、牛、羊不可胜纪"。①

唐朝灭亡以后，中原地区由于藩镇割据，战乱迭起，各族人民如处水火，惨遭涂炭。这时，契丹贵族为掠夺财富，又不断举兵南侵杀掠。例如，辽神册元年（916），阿保机就利用其登上皇帝宝座之机，亲统军自麟、胜进攻蔚州等地。当时居住于麟、胜及云、朔等地的突厥、吐浑、党项、沙陀等族人民，俱受其害。有关此次行动，《辽史·太祖纪》及《辽史·兵卫志》都有较为明确的记载。例如，《辽史·太祖纪》云："秋七月壬申，亲征突厥、吐浑、党项、小蕃、沙陀诸部，皆平之。俘其酋长及其户万五千六百，铠甲、兵仗、器服九十余万，宝货、驼马、牛羊不可胜算。"②次年，又乘晋新州守将卢文进劫杀李存矩（后唐庄宗李存勖之弟）时出兵占领新州（今河北涿鹿县），并以阿骨只为统军，东出关略燕、赵。辽神册三年（918），复令安端为大内惕隐，"命攻云州及西南诸部"。③

后唐建立后，契丹奴隶主贵族南下攻势虽相对有所减弱，但出兵骚扰边境、掠夺人口、牲畜等事，仍时有发生。史载"同光中，契丹数以奚骑出入塞上，攻略燕、赵，人无宁岁"，"为后唐患者十有余年"。④

契丹奴隶主屡次南下代北一带杀掠，其中被掳掠者，数量最多的当是汉族人民，但居住于代北等地诸少数民族人民（包括沙陀族人民），显然也不能幸免。

契丹奴隶主贵族派人四出掠夺人口，主要目的是为了奴役和剥削内地各族人民，或令其为之属橐前驱，或使其为之畜牧耕种、陶冶。《辽史·营卫志》云："契丹之初，草居野次，靡有定所。至涅里始制部族，各有分地。太祖之兴，以迭剌部强炽，析为五院、六院。奚六部以下，多因俘降而置。胜兵甲者即著军籍，分隶诸详稳、统军、招讨司。番居内地者，岁时田牧平野间。边防刹户，生生之资，仰给畜牧，绩毛饮湩，以为衣

---

① 《辽史》卷1《太祖纪上》。
② 《辽史》卷1《太祖纪上》；参阅《辽史》卷34《兵卫志上》。《兵卫志》所载虽较《太祖纪》为详，但与《旧五代史》《资治通鉴》记载俱有出入。
③ 《辽史》卷1《太祖纪上》。
④ 《新五代史》卷48《卢文进传》。

食。"① 这就是说，凡是年轻力壮者，则令其从军，使其为之征战；年老体弱者，则使其从事耕牧，命令为之提供衣食。他们有的被置于帝后所居京城一带，有的则被拨归"头下军州"。所谓"头下军州"，就是诸王、外戚、大臣及诸部从征时将俘掠到的人口集中于所建的州县中，以供集中进行奴役。《辽史·百官志》云："其间宗室、外戚、大臣之家筑城赐额，谓之'头下军州'；唯节度使朝廷命之，后往往皆归王府。"② 按辽朝规定，只有皇族诸王、公主和后族贵族所领有的州县可建州城，余者皆不许建城郭，只能设立寨堡。

据记载，唐代末年阿保机于代北所俘内地百姓，大都被置于辽上京道龙化州。③ 辽初阿保机在蔚州等地俘掠的内地百姓，则被置于辽中京道的泽州地区，被敕令"立寨居之，采炼陷河银冶"。④ 这些被俘掠的内地人，显然其中也必包括部分沙陀人在内。

《辽史·属国表》云：天显元年（926），"回鹘、新罗、吐蕃、党项、沙陀从征有功，赏之"。⑤ 根据以上记载可知，早在辽初，其境内就已有"沙陀军"建制了。不过，《辽史》将这一事实置于《属国表》中，给人的印象似乎是当时的"党项人""沙陀人"都已归属于契丹贵族统治了，而实际上并非如此。因为云、朔一带在阿保机出兵侵袭该地以后，并未长期占有其地，故该地在此后仍一直为后唐政权所掌握，这在《辽史·地理志》中说得非常清楚。⑥ 因此，这里所说的"沙陀军"，当是指由丁壮俘虏组成的军队，是契丹部族军的一部分，而非其"属国军"。治史者不察，将其置于《属国表》中，这无疑是一重要失误。后晋灭亡时，据说晋军被迫降者数十万人。这些人后虽大部分投归后汉，但仍有相当的一部分羁留于辽境内，被勒令徙居于恒、定、云、朔之间，"每岁分番戍南边"。⑦ 这些人，肯定也有不少沙陀人。此外，以石重贵为首的后晋宫廷贵族及其从众数千人被拘往怀密州，继又徙居辽阳，⑧ 其中大部分肯定也

---

① 《辽史》卷32《营卫志中》。
② 《辽史》卷48《百官志四》。
③ 参阅《辽史》卷37《地理志一》。
④ 参阅《辽史》卷39《地理志三》。
⑤ 《辽史》卷70《属国表》。
⑥ 参阅《辽史》卷41《地理志五》。
⑦ 参见（宋）叶隆礼《契丹国志》卷16。
⑧ 同上。

是沙陀人，他们也处于被奴役的地位。

（二）被并入籍的沙陀人

被并入籍的沙陀人估计其数量比被俘掠的人还要多。后唐清泰三年（936），石敬瑭为了实现其皇帝梦，阴谋背李从珂自立。从珂遣张敬达率兵往讨。石敬瑭知不能敌，潜遣人求援于契丹，"约称臣"，且"以父礼事之"，并称事成以后割卢龙一道及雁门以北诸州奉献。契丹主耶律德光统兵进援，败张敬达等，册石敬瑭为"大晋皇帝"。① 石敬瑭即帝位后，为报耶律德光恩德，即将燕云地区的幽州（今北京市）、蓟州（今河北蓟县）、瀛州（今河北河间县）、莫州（今河北任邱北）、涿州（今河北涿县）、檀州（今北京密云县）、顺州（今北京顺义区）、新州（今河北涿鹿县）、妫州（今河北怀来县）、儒州（今北京延庆县）、武州（今河北张家口）、云州（今山西大同市）、应州（今山西应县）、朔州（今山西朔县）、寰州（今山西马邑县）、蔚州（今河北蔚县）十六州割给契丹。② 燕云"十六州"大都有沙陀族人分布，其中尤以云、应、朔、寰、蔚五州最为密集，因此石敬瑭此举，遂使大批沙陀族人被并入辽籍，成为契丹贵族奴役的对象。

宋初大臣宋琪说："晋末，契丹主头下兵谓之大帐，有皮室兵约三万，皆精甲也，为其爪牙。国母述律氏头下，谓之属珊，属珊有众二万，乃阿保机之牙将，当是时半已老矣……其诸大首领有太子、伟王、永康、南北王、于越、麻答、五押等。于越，谓其国舅也。大者千余骑，次者数百骑，皆私甲也。""别族则有奚霫，胜兵亦万余人，少马多步。""又有渤海首领大舍利高模翰步骑万余人，并髡发左衽，窃为契丹之饰。复有近界尉厥里、室韦、女真、党项亦被胁属，每部不过千余骑。其三部落、吐浑、沙陀洎幽州管内、雁门以北十余州军部落兵合二万余众，此是石晋割以赂蕃之地也。蕃汉诸族，其数可见矣。"③ 宋琪本籍幽州，年轻时适逢石敬瑭将幽州割给契丹，契丹于其地开贡举。琪以好学荣登进士第，被命为寿安王侍读。后又长期任投附契丹的汉官赵延寿父子从事，对辽朝及北

---

① 《旧五代史》卷75《晋书·高祖纪一》。
② 《辽史》卷4《太宗纪下》；《新五代史》卷8《晋高祖纪》。
③ 《宋史》卷264《宋琪传》。

方诸少数民族情况非常熟悉，其所提供的情况当是可靠的。根据宋琪所提供的材料，沙陀三部落、吐浑以及幽州管内、雁门以北十余州军蕃汉兵丁，在契丹"属国军"中所占比重相当大。沙陀军在这支蕃汉兵丁中所占比重虽然不清楚，但从当时历史条件看，沙陀军为其中主力大体上可以肯定。因军队是从归附的百姓中选拔的，如果没有众多的百姓，则难以重建强大的军队，这是不言而喻的。故根据宋琪所提供的情况，即可知当时被并入籍的沙陀人数量不在少数。与此同时也可以看出，当时在辽境内，其"三部落"组织仍然被完整保存着。《辽史·百官志》中载有"沙陀国王府"，其《兵卫志》"属国军"条下又载有"沙陀军"。① 这里所说的"沙陀军"，当是石敬瑭割地以后建立起来的，这在宋琪提供的材料中可得到证实。而"沙陀国王府"当也是在这一时期设置的，因为在此以前，辽朝仍不具备建立"沙陀国王府"的条件。据此也可知，当时在辽朝境内，还有相当数量的沙陀族百姓存在。

（三）主动前往投附者

为获取契丹奴隶主贵族的封赏、或为躲避战乱而主动投附于辽朝的人估计也不在少数。例如，前述提到的卢文进投附契丹事，其部属中就肯定有部分沙陀人在内。但所有这些，都未见有明文。据记载，当太原被宋军攻克时，北汉主刘继元降宋，其兄刘继文随驸马都尉卢俊"皆出奔于辽"。② 这是唯一有史可稽的历史事实。刘继文及卢俊出奔于辽，显然有相当一批人跟随，其中多数当为沙陀人无疑。此外，在北汉灭亡前夕，北汉代州防御使李存瓌突然"不知所终"。李存瓌是后唐庄宗李存勖从弟，在北汉中长期握有重权。他逃往的地点估计也在辽朝辖境内，其从往者肯定也不少。因为他们都是有着重要影响的沙陀贵族。

投附于辽境内的沙陀人，其世家大族估计还没有完全融入辽代社会中，因影响比较微弱，故《辽史》各传中都无他们的踪迹，很有可能是他们在进入辽境后，不久即融入辽境内的少数民族（详见后文"金朝境内的沙陀人"）或被并于各地方军中。

---

① 参阅《辽史》卷46《百官志二》；《辽史》卷36《兵卫志下》。
② （清）吴任臣：《十国春秋》卷105。

二 宋朝境内的沙陀人

宋朝境内也有众多的沙陀人。其来源，一是后汉、后周转入的沙陀人，二是北汉灭亡后的沙陀族遗民。

据记载，当契丹奴隶主贵族灭后晋后，时后晋太原节度使刘知远便自立为帝。及耶律德光北返，知远即乘机占领洛阳和汴州，建国号"大汉"，史称为"后汉"。后汉建立后，原隶属后晋的沙陀镇将立即纷纷上表款附，从而使后汉的势力得到了迅速的发展与巩固。但刘知远称帝后不久即病死，帝位由其子承祐继袭。承祐信谗言，耽逸乐，致使君臣间经常互相猜忌。他甚至派人企图暗中杀害枢密使郭威。郭威为了自卫，废承祐自立，世称为"后周"。后周一建立，各地沙陀镇将又纷纷款归郭威。宋建隆元年（960），赵匡胤废后周建立宋朝，原隶属后周诸沙陀镇将又从属于宋。因此，散分于宋境内的沙陀族人，大部分都是后汉时的沙陀遗民，估计其中还有不少为沙陀氏族之人。

从属于宋的沙陀族遗民，其数量有多少？史无明文，无法进行统计。但据诸书记载，其中较为著名的就有安守忠、安忠、杨承信、郭从义、白重赟、张从恩、石曦、康延泽、郭崇等多人及其部众。以上诸人，除个别者外，绝大多数都是世代为沙陀部将，并逐渐成为其世家大族，在后唐、后晋、后汉政权中起着重要作用。由于这些人的情况，以前鲜为人们所了解，因此下面拟分别作一简介。

安守忠，先世沙陀部人。高祖山盛在后唐时为朔州牢城都校，祖金全为安北都护，振武军节度使。父审琦"性骁果，善骑射"，为义直军使，后汉为襄州节度使兼中书令。后周显德初封陈王，嗣加守太尉、太师称号，赐"食邑一万五百户，实食封二千三百户"。[①] 伯父安审晖，曾从后唐庄宗李存勖"平幽、蓟，战山东，定河南"，历蔚州刺史、凤翔、徐州节度使等职。后晋时拜太子太师，封鲁国公，"食邑五千户，实封四百户"。[②] 从伯父安审信，"世为沙陀偏裨，名闻边塞"。[③] 守忠在后晋时为

---

① 《旧五代史》卷123《周书·安审琦传》。
② 《旧五代史》卷123《周书·安审晖传》。
③ 《旧五代史》卷123《周书·安审信传》。

牙内指挥使，领绣州刺史。后周显德初为鞍辔使，宋初被授为左卫将军，曾扈随赵匡胤从征太原，并"多与谋略"。①

安忠，祖叔千是后唐振武节度使、齐州防御使，后晋时累任方镇。②父延韬，左清道率府率。忠宋初事宋太宗赵炅于藩邸，及赵炅继位，被"授东头供奉官，掌弓箭库"。后以功拜上阁门使，充淮南诸州兵马钤辖。③

杨承信，"字守真，其先沙陀部人。父光远仕晋至太师、寿王"。④承信为光远次子，幼以父任自义武军节院使领兰州刺史，历宣武、平卢二军牙校。后晋开运初年，因以青州叛附契丹，后晋少帝石重贵遣李守贞出兵往讨。守贞结长连城围困。城中食尽，人相食。承信与兄承勋、弟承祚"见城中人民相食将尽，知事不济，劝光远乞降，冀免于赤族"。光远不纳，云"勿轻言降也"。⑤承信兄弟见规劝无效，潜劫光远出降。后汉建立后，承信"仕汉历安、郿二州节度，累加检校太师"。后周广顺初，加同平章事。世宗即位，进韩国公，后以功"擢忠正军节度，同平章事"。宋初加兼侍中。⑥

郭从义，"其先沙陀部人。父绍古事后唐武皇忠谨，特见信任，赐姓李氏"。后晋天福初年，复姓郭氏，坐事出为宿州团练使。刘知远镇太原时，表为马步军都虞侯，屡率师破契丹于代北。后晋灭亡后，因拥戴知远称帝有功，被擢为郑州防御使，充东南道行营都虞侯。及知远徙汴州，又相继被授为镇宁军、永兴军节度使。后周建立后，复加兼侍中、检校太师等职。"宋初加守中书令"。⑦子守忠、守信、孙世隆，皆获显官。

白重赞，"宪州楼烦人，其先沙陀部族"。重赞少从军，有武勇，精骑射。后汉初，自散员都虞侯迁护圣都指挥使。后汉乾祐年间，先后被授为行营先锋都指挥使、端州刺史等职。后周时，迁授郑州防御使、义成节度使。曾随周世宗征北汉刘崇，累立战功。宋初为泰宁军、定国军节

---

① 参见《宋史》卷275《安守忠传》。
② 参见《旧五代史》卷123《周书·安叔千传》。
③ 《宋史》卷276《安忠传》。
④ 《宋史》卷252《杨承信传》。
⑤ 《旧五代史》卷97《杨光远传》。
⑥ 《宋史》卷252《杨承信传》。
⑦ 《宋史》卷252《郭从义传》。

度使。①

张从恩，先世为回鹘人。祖君政随李思忠内附，家于云中合罗川。因长期与沙陀族错处杂居，遂逐渐为沙陀族所同化。父存信，"通黠多智数"，"善战识兵势"。② 初为李国昌亲信，后随李克用入关镇压黄巢起义军，受赐姓李，历任河东蕃汉都校、振武军节度使等职。兄从训好"读儒书，精骑射，初为散员大将。天祐中，辖沙陀数百人，屯壶关（今山西黎城县东北东阳关）十余岁"，③ 累迁至宪、德二州刺史。从恩在后唐初隶李存信麾下，因年幼无赖，不为明宗李嗣源所重。后晋建立后，以其兄从训女为石重贵妃，先后被授为金吾卫将军、北京留守、澶州防御使、宣徽南院使等职。后周初迁左金吾卫上将军，嗣加检校太师，封褒国公。入宋以后，"改封许国公"。④

石曦，石敬瑭弟韩王晖之子。后晋天福中为右神武将军。历后汉至后周，先后为右武卫、左神武二将军，曾奉命出使高丽。宋初，再次受派出使高丽，迁左骁卫大将军。赵匡胤统兵征北汉时，尝统兵二千人自泽、潞至太原，"壅汾水灌其城，又益兵千人，部攻辽州"。⑤

康延泽，先世蔚州人。祖公政、父福世为沙陀族部将。后唐明宗李嗣源统治时，福曾先后被命为磁州刺史、荆南道行营兵马都监、凉州刺史等官职。石敬瑭称帝后，复晋为"检校太尉、开国公"。⑥ 延泽于晋时以荫补为供奉官，后周迁内染院副使。宋乾德二年（964）奉命率兵随忠武军节度使王全斌征蜀，被授为凤州路马军都监。嗣因征战有功，迁领"东川七州招安巡检使"。⑦

郭崇，本籍应州金城人，"父祖俱代北酋长"。崇自少为沙陀军士，因尚武有勇力，后唐清泰年（934—936）中为应州骑军都校。石敬瑭割云、应地入契丹后，因耻为其臣属，脱身南归，历任晋郓、河中、潞三镇骑军都校。后汉建立后，崇因拥立有功，被受为护圣左第六军都校、领郢州刺史，旋以功相继迁果州防御使、天雄军都巡检使。后周初年，任定武

---

① 参阅《宋史》卷261《白从赞传》。
② 《旧五代史》卷53《唐书·李存信传》。
③ 《旧五代史》卷91《晋书·张从训传》。
④ 《宋史》卷254《张从恩传》。
⑤ 《宋史》卷271《石曦传》。
⑥ 《旧五代史》卷91《康福传》。
⑦ 《宋史》卷255《康延泽传》。

军节度、京城都巡检使等职，曾多次随周世宗外出征战，累立战功。宋初加兼中书令。①

上述诸人，虽然身世不同，社会地位也有高低之别，但有一点却是共同的，这就是先世都是"沙陀部人"或"沙陀部将"后裔。他们在五代时，大都是声名显赫、坐镇一方的军将。宋朝建立后，又因归附较早，拥立有功，故仍享有各种重要爵秩，成为宋统治阶级中的重要一员。

宋太平兴国四年（979），北汉为宋所灭，其主刘继元被俘。北汉灭亡后，原居住在北汉境内的沙陀人除皇从兄刘继文、驸马都尉卢俊等人逃入辽境外，其余诸人皆为宋所并。史载"宋凡得州十、军一、县四十一（或作州十、县四十），户十三万五千二百二十，兵三万，命刘保勋知太原府"。②居住于北汉境内的百姓及其军队，肯定其中大多数都是汉族以及其他诸少数民族人民，但存在部分沙陀人则毋庸置疑。因为自唐末以来，太原及其附近地区，都有沙陀人的广泛分布。例如，康思立，史籍就称其为"晋阳人"；石敬瑭，称为"太原人"；史匡翰，称为"雁门人"；李嗣本，称为"雁门人"。至于不知姓名者，更不知其凡几。

北汉灭亡后不久，原居住于辽境内"安庆"的"六州粟特"人也请内附③。《宋史·兵志》"安庆直"条载："太平兴国四年，迁云、朔及河东归明安庆民分屯并、潞等州，给以土田。雍熙四年立。"又"三部落"条云："指挥一。太原。太平兴国四年亲征幽州，迁云、朔、应等州部落于并州，因立。"④"并州"，今山西省榆次市，宋时为县。潞州今山西长治市。大家知道，云、朔、应诸州在太平兴国时期仍隶属于辽朝，宋能于此时迁其部落、居民于并、潞安置，说明原居住辽境内的沙陀人此时已移居于宋境内了。同时也说明，当时在辽境内的沙陀人一直有着三部落的组织形式。宋廷因沙陀人勇悍、善战斗，故当其徙居内地后，不久即仍以其众组建"安庆直"和"三部落"军。上述建制，直至熙宁三年（1070）、熙宁六年（1073）始被罢废，中间经历了近百年时间。

综观以上事实，我们可以看出，沙陀族遗民在流入宋境内后，其上层人物大都得到了当朝统治者器重与任用，继续活跃于中原政治舞台上，并

---

① 参阅《宋史》卷255《郭崇传》。
② 《十国春秋》卷105《北汉二》。
③ 《续资治通鉴长编》卷20，太平兴国四年九月丙申条。
④ 《宋史》卷187《兵一·禁军上》。

为宋封建统治的巩固做出了一定的贡献，而其百姓也大都得到了较为妥善的安置。

三　金朝境内的沙陀人

金朝境内是否有沙陀人？金史无稽。但从有关记载看，回答是可以肯定的。辽为金所灭，其境域大部分为金所有，内中难免有部分沙陀人杂处其中。宋太平兴国期间，虽有云、朔、应三州沙陀人迁徙入宋，但继续滞居于辽境内的沙陀人估计仍大有人在。我之所以这样说，一是居住于上述三州的沙陀人不可能在太平兴国年间一次全部徙尽，因为史籍至今尚不见有大规模迁徙的记载；二是沙陀人分布地区除上述三州外，振武及蔚州等地也有不少沙陀人居住。金代史籍之所以无载，估计是由于剩下人数不是很多，而其居住又比较分散，加上治史者不察，故有关其活动情况，遂为人们所忽略。据《金史·兵志》记载，在金朝，曾有一支名为"忠孝军"的军队。这支军队完全是由"河朔诸路归正人"所组成。[1] 其中有"回纥、乃满、羌、浑及中原被俘避罪来归者"。[2] 这支军队，一向是被用来打先锋的，"凡进征，忠孝居前，马军次之"。[3] 史载其"鸷狠凌突，号难制"。[4] 沙陀人向以勇悍善战著称，因此我认为其中难免杂有被俘的沙陀人在内。此外，《金史》有"康公弼""康元弼"二人《传》。此二人，一原籍"应州"，一原籍"云中"。[5] "应州"与"云中"，都是沙陀族人的重要聚居区。因此二人祖籍，当为沙陀族人无疑。

有关金境内沙陀人，《金史》等虽无明文，可元代史籍却载之甚详。例如，《元史·阿剌兀思剔吉忽里传》就说，阿剌兀思剔吉忽里"汪古部人，系出沙陀雁门之后。远祖卜国，世为部长。金源氏堑山为界，阿剌兀思剔吉忽里以一军守其冲要"。[6]《元史》这一段记载，目前学术界一般认为是源自闫复的《驸马高唐忠献王碑》。该碑铭文是元大德九年（1305）

---

[1]　《金史》卷44《兵志》。
[2]　《金史》卷123《忠义三》。
[3]　《金史》卷44《兵志》。
[4]　《金史》卷123《忠义三》。
[5]　《金史》卷75《康公弼传》；《金史》卷97《康元弼传》。
[6]　《元史》卷118《阿剌兀思剔吉忽里传》。

阎复为故驸马高唐忠献王阔里吉思封谥而撰的。碑文云："谨按，家传系出沙陀雁门节度之后，始祖卜国，汪古部人，世为部长。亡金，堑山为界，以限南北，忠武王一军扼其冲要。"① 说阿剌兀思剔吉忽里先世为沙陀人除阎碑外，姚燧《河内李氏先德碣》也有相似说法。《先德碣》是姚燧应汪古部郚王府长史兼经历典食司与所部人匠都管府官李惟恭的请求而作的。《碣》铭云："盖郚王之考（按：指高唐忠献王阔里吉思）初尚主世祖，再尚主裕宗，自称晋王李克用裔孙，为置守冢数十户于雁门，禁民樵牧，由分地在高唐，即是进爵为王……。"②

上述记载，虽然在学术界受到了多数学者的肯定，但也有部分学者对此表示怀疑。例如，有的说，"谓阴山鞑靼""出于沙陀者，实为无根之说"③。又有的说，"所谓'系出沙陀之后'的记述并非事实，只能解释为一种传说而已"④。还有的说，《阎碑》中既明言其"始祖卜国"。"卜国"就是回纥人传说中的始祖"卜古可罕"，因此，汪古部的主体应是回纥，即回纥西迁后仍滞居于阴山的回纥人后裔，而李克用的先世则是沙陀突厥，故家传言其先世为"李克用之后的说法，是汪古部主为了炫耀自己的祖先而勉强比附的"⑤。以上说法，虽然各有所据，但实际上仍然是一种猜测。依个人看法，言其为"沙陀雁门之后"，未必就是伪托。

大家知道，汪古部并非是一个单一部族共同体，而是由众多部落集团组成的部族共同体。其中势力最大的有四支：天德军丰州汪古、净州天山汪古、云中汪古、巩昌汪古。天德军丰州汪古是以阿剌兀思剔吉忽里为首的部落集团，以其世居丰州一带而得名。净州天山汪古，因居于阴山净州的天山县（今内蒙古四子王旗境内）而得名，以其先世来自临洮，故又称为临洮汪古；又以其先祖在辽时任马步军指挥使，其子孙以马为氏，故也称之为马氏汪古。云中汪古以世居云中（今内蒙古萨拉齐一带）而得名，以其后世改姓赵，或又称之为赵氏汪古。巩昌汪古以其姓汪，故也可称为汪氏汪古。据有关学者研究，天德军丰州汪古源于突厥（也有的说

---

① 《元文类》卷23。
② 《牧庵集》卷26，《元文类》卷55。
③ 王国维：《观堂集林》卷14。
④ 引自周清澍《汪古部事辑》，引自《中国蒙古史学会成立大会纪念集刊》，中国蒙古史学会1979年编印，第191页。
⑤ 同上书，第206页。

源于乌古），净州天山汪古源于回纥，云中汪古可能源于当地土著，① 而汪氏汪古则可能源于巩昌地区的汉族或少数民族。这就是说，其民族成分相当复杂。因此，仅以阿剌兀思剔吉忽里先世来源，来判定整个汪古部族共同体的族源不仅不足取，而且是不科学的。道理很简单，统治家族的族源与整部落或民族共同体的族源，并不都是完全吻合的。例如，鲜卑的宇文氏，如果追溯其族源，其先世应当是匈奴；党项拓跋氏先世，据夏臣罗世昌《西夏国谱》则是鲜卑。然而后世史书，都将匈奴宇文氏称为鲜卑宇文氏，将鲜卑拓跋氏称为党项拓跋氏。之所以出现这种情况，显然是由于原匈奴宇文氏融入鲜卑、鲜卑拓跋氏融入党项族所致。阿剌兀思剔吉忽里的先世是否存在类似情况，虽然现在还没有直接证据可供证明，但也不排除其可能性，主要根据有二：

其一，沙陀族人与汪古部人居地相近，彼此关系密切。前已指出，沙陀人自徙居内地后，一直散居于云、朔一带，不仅居住地域山水相连，壤地相接，且彼此经常在一起从事征战。例如，唐咸通九年（868），汪古部先民——鞑靼人就与"沙陀三部落"人在康承训率领下，前往彭城（今江苏徐州）镇压庞勋起义。② 广明元年（880），李国昌和李克用因在与吐浑首领赫连铎作战中失利，被迫逸入鞑靼部，并在鞑靼部中滞居了一年左右。此后不久，李克用又招集"鞑靼部万人"，③ 与其叔父李友金统领的沙陀军会合，共同镇压黄巢起义军，双方关系非同一般。

其二，据《旧五代史》等记载，李克用有子九人：长子李存勖、次子李存霸、三子李存美、四子李存渥、五子李存义、六子李存确、七子李存纪。此外，尚有未列入排行的李存礼和李存矩兄弟二人。④ 以上九人，除李存勖外，存霸、存渥、存义、存确、存纪、存矩六人俱在后唐兴起和内乱时被杀，而存美和存礼"皆不知所终"。李存勖有子五人：继岌、继潼、继嵩、继蟾、继峣。五子之中，除魏王继岌在李存勖在位时被迫自缢外，余四子均"不知所终"。故《新五代史》说："当庄宗遇弑时，太祖

---

① 参阅洪用斌《汪古部社会制度初探》，《中国蒙古史学会成立大会纪念集刊》，第208—211页。
② 参阅《资治通鉴》卷251《唐纪六十七》。
③ 《旧五代史》卷25《唐书·武皇纪上》。
④ 《旧五代史》卷51《唐书·宗室列传》。据《旧五代史·梁纪》载，李克用还有子名"廷鸾"和"落落"二人。二人皆在与梁作战时被俘，"落落"后被杀，"廷鸾"则无下落。

子孙在者十有一人，明宗入立，四人见杀（按：应为五人），其余皆不知所终。"① 这些"不知所终"的人，是否有可能乘机潜入阴山一带？我以为其可能性是存在的。因为这对于能征惯战的沙陀人来说，易如反掌。

四　西夏国境内的沙陀人

有关西夏境内的沙陀人，宋、辽、金时期史籍无考，但在元代历史文献中却有其蛛丝马迹可寻。例如，在蒙古汗国建立初期，率众归附于成吉思汗的西夏重臣"昔里钤部"先世，据说就是沙陀族遗民。

有关"昔里钤部"其人，史载其名"益立山"，是成吉思汗统治时期一位颇有影响的重要人物。由于他忠心不二追随成吉思汗，并在随蒙古军西征中立下赫赫战功，曾相继被授为千户长、断事官和大名路达鲁花赤等显要官职。据《元史·昔里钤部传》等记载，"昔里"是"昔李""小李"二字之讹，以其先世姓李，及仕于西夏，以西夏国主姓李，为区别于国主之"李"，遂自称"小李"。"钤部"亦云"甘卜"，原是吐蕃"赞普"一词的转译，夏人用以名官，益立山以父在西夏国中曾任肃州钤部，遂以官称为号。②

有关益立山的身世及其历史事迹，王恽《大元大名路宣差李公神道碑铭》记述得最为具体。《元史·昔里钤部传》《蒙兀儿史记·昔里钤部传》等记载，实际上都取材于此。为了便于分析，有必要将记载中的一部分引述于下：

> 公讳益立山，其先系沙陀贵族。唐亡，子孙散落陕、陇间。远祖曰仲者，与其伯避地遁五台山谷，复以世故徙酒泉郡之沙州，遂为河西人。显祖府君历夏国中省官兼判枢密院事。皇考府君用级爵受肃州钤部，其后因以官为号。丧乱谱亡，遂逸名讳。公昆弟四人，独公少负气节，通儒释，洞晓音律，以阴傺直官省，积劳调沙州钤部。建国朝运开乾，维时公兄由肃州长奉使于我，太祖圣武帝异其材辩，因与

---

① 《新五代史》卷14《唐太祖家人传》。（有关李存勖诸子，一说后潜逃于蜀，但未得到证实。）

② 参阅《元史》卷122《昔里钤部传》；《蒙兀儿史记》卷47《昔里钤部传》；《新元史》卷131《昔里钤部传》。

馆接使察罕深相结纳，情好既密，约输款内附，天兵图肃以射书事觉遇害。及丙戌冬，师次敦煌，公审天命之攸归，愤兄忠之不果，遂拔部曲诣军门迎降……。①

在西夏国鼎盛时期，自陕陇至沙州一带，其境域大部分都在其管辖之下。根据以上记载可知，当时曾有相当一部分沙陀族难民流落到西夏境内。与此同时还可得知，"昔里钤部"的远祖，就是李克用的至亲族人。因为朱邪氏受赐为"李"姓，肇始于李克用之父李国昌，而此前并不姓李。其出逃路线是先至五台山；经过一段时间后，再移居沙州。及仕于西夏，遂数世为夏官。"昔里钤部"的远祖与李克用究竟是什么关系？姓甚名谁？遍阅史籍，皆无所稽。根据上文所提供的线索推测，他很有可能即是同李克用一起镇压黄巢起义的李友金。因为这位在唐末有重要影响的沙陀族首领，正当李克用参与镇压黄巢后倾全力与朱全忠逐鹿于中原之时，却突然销声匿迹了，此事颇令人费解。不过，真实情况如何，还有待进一步查证。此外，我们还可以得知，当时还有相当大的一部分沙陀族人流落于西夏地区。因为一位部族首领的迁移，总是有众多部众扈随着。因此，流落在西夏境内的沙陀族人，当也很可观，只是史未明载而已。

（原刊《民族研究》2004年第5期）

---

① （元）王恽：《秋涧先生大全文集》卷51。

12—17世纪初蒙古族
社会经济发展述略

对蒙古族社会历史的研究，学术界向来多习惯于按元、明、清的历史分期方法，分别就其变革情况进行考察，而据其自身发展特点从事探索的则极少。按王朝体系进行研究，虽有不少方便之处，但打破这种体系据其自身发展情况进行研究，似乎更有必要，更能清楚地了解其变化脉络。有鉴于此，本文拟在前人研究的基础上，就蒙古族在12—17世纪初的社会经济发展作一探讨。因篇幅限制，无法细叙，仅能择其要者言之。

一 1206年蒙古汗国建立以前
蒙古各部的社会经济状况

根据诸书记载，在蒙古汗国建立以前，蒙古族先民大多数都散处于蒙古高原广大地区。他们各自为部，自有"君长"，不相统属。由于各自所处环境不同，与周围各先进民族关系不一，其社会经济发展水平也很不一致。从其生活及生产方式所处情况看，大致可分为"森林狩猎民"和"草原游牧民"两种类型。

"森林狩猎民"，蒙古语称为"槐因—亦儿坚"，突厥语称"阿合赤·额里"，[1] 意谓"林木中百姓"或"森林部落"。这些部落主要包括森林兀良哈、巴尔忽、豁里、秃马惕、不卢合臣（捕貂鼠者）、客列木臣（捕青鼠者）、斡亦剌惕、乌斯、帖良古惕、客失的迷及部分蔑儿乞人等。他

---

[1] 参阅［波斯］拉施特《史集》第1卷，余大钧、周建奇译，商务印书馆1983年版，第1册第138页；第2册第59页。

们大都居住于东起贝加尔湖、西至额尔齐斯河流域的广阔森林中。由于交通不便，与周围各民族往来少，其经济、文化一般都比较落后，主要依靠狩猎，兼营渔捞、采集野果和驯养野生动物过活。例如，《史集》在载述"森林兀良合惕部落"时就指出，他们"没有帐篷""没有牛羊"，"饲养山羊、山绵羊和类似山绵羊的哲兰（草原岩羚）以代替牛羊。他们把它们捕捉来，[加以驯养]，挤乳、食用；他们视牧羊为一大恶习，以至于父母骂女儿时，只消说：'我们把你嫁给一个让你去放羊的人！'她就会悲伤透顶，甚至悲伤得上吊"。① 他们衣兽皮。虽有少量马匹，但主要是供狩猎用。其居室，大都是以桦树皮和其他木料构成的棚屋。吃野山羊肉，以桦树汁解渴。冬天常以"察纳"（滑雪板）代步，用雪橇拖载猎获品。

"草原游牧民"，在蒙古人中被称为是"有毛毡帐裙的百姓"。这些部落，主要包括弘吉剌、塔塔儿、扎剌亦儿、蒙古、克烈、蔑儿乞和乃蛮等各部。其众大都散分于大兴安岭直至阿尔泰山的草原区一带，过着居穹庐、食乳酪、衣羊皮的生活，主要从事畜牧业，饲养马、牛、羊和骆驼等牲畜。马供放牧和打仗时乘骑，羊供食用，牛供挤奶和拉车，骆驼供驮载。牲畜之中，以羊、马为最多。赵珙《蒙鞑备录》："鞑国地丰水草，宜羊马。"据说拥戴札木合的札只剌部，就以善养羊驰名。居住在阿尔泰山和杭爱山之间的乃蛮部和居住于额尔浑河流域的克烈部，则以多马享誉。成吉思汗时乃蛮部甚至以"国大马繁，恣为夸语"。② 牛的数量也很多，以其地多山，牛多为山牛，由于斡难河、怯绿连河和土兀剌河上游一带多山林、沼泽，骆驼往来不便，故饲养骆驼则较少。③

在草原游牧部落中，畜牧业生产已相当发达。他们不仅已知道根据畜群种类进行分群放牧，并进行细致分工，分：牧马人（兀剌赤）、牧羊人（火你赤）、放牛人（兀格儿赤）、放骆驼人（帖麦赤），还能根据不同种类畜群，选择自然牧场。《元朝秘史》记载，有一年夏天在徙牧时，札木合对成吉思汗说："咱每（们）如今挨着山下，放马的得帐房住；挨着涧

---

① 《史集》第 1 卷第 1 册，第 202 页。
② 佚名：《圣武亲征录》（四库全书本）。
③ 参阅［苏］符拉基米尔佐夫《蒙古社会制度史》，刘荣峻译，中国社会科学出版社 1980 年版，第 63 页。

下，放羊的、放羔儿的喉咙里得吃的。"① 意思是说，我们停留在山地的话，养马的人可以张设帐篷了，若停在溪流附近，牧羊的人便有水饮了。对同一种牲畜的不同品种，牧民也已实行分类管理。彭大雅《黑鞑事略》："其牡马留十，分壮好者作移剌马种，外余者多扇（骟）了。""移剌者，公马也，不曾扇，专管；骒马群不入扇马队，扇马、骒马、各自为群队也。"

马群是蒙古人的主要财富。没有马，草原经济就无法经营。因此，其有关马匹的调养、保护经验尤为丰富。马初生一二年，即于草地苦骑而教之。"却养三年，而后再乘骑。故教其初，是以不蹄啮也"。"下马不用控系，亦不走逸，惟甚良善"。② 凡出战好马，自春初罢兵后，即"恣其水草，不令骑动"。及秋风将至，始取而控之，系于帐房左右，啖以少量水草。俟其落膘壮实，始令驰驱。③

牧民从事畜牧，一般都逐水草迁徙。"大率遇夏则就高寒之地，至冬则趋阳暖木薪易得之处以避之"。④ 有的部落，除分冬、夏牧场外，还有春、夏、秋、冬牧场之分，按一年四季，到春、夏、秋、冬牧场放牧牲畜。⑤ 畜牧方式，一是以"古列延"形式集体游牧，二是以个别家族为单位的"阿寅勒"单独放牧。所谓"古列延"，蒙古语意谓"圈子""环营"，它是牧民于驻牧时，由众多帐幕结成的环形牧营。⑥ 拉施特说"古列延"一词的含义，就是由许多帐幕在原野上围成一个圈子驻扎下来。通常一个"古列延"是一千个帐幕。据说早期居住于怯绿连河（克鲁伦河）流域的札剌亦儿人，其部众就有"七十古列延"。⑦ "阿寅勒"，是指由数个帐幕组成的游牧集团或牧户。但以孤立的小集体放牧牲畜，一般都是在社会秩序比较安定的和平时期。

对广大游牧民来说，狩猎也是其从事生产活动的一种重要方式。《元

---

① 《元朝秘史》第118节。

② （南宋）赵珙：《蒙鞑备录》。《蒙鞑备录》和《黑鞑事略》，都是13世纪初年的著作，其有关蒙古人畜牧业生产的情况，显然大都在蒙古国建立以前就已存在，这是毋庸置疑的。

③ （南宋）彭大雅著，徐霆疏：《黑鞑事略》。

④ （南宋）张德辉：《边堠纪行》。

⑤ 参阅《鲁不鲁乞东游记》，载［英］道森编《出使蒙古记》，吕浦译，中国社会科学出版社1983年版，第111—112页。

⑥ 参阅《蒙古社会制度史》，第37页。

⑦ 《史集》第1卷第2册，第18页。

朝秘史》中有关其狩猎生活的大量记载，就是这一事实的生动反映。例如，乞颜氏贵族阿勒坦、忽察儿等人在拥戴铁木真为首领时说，"你若做皇帝呵，多敌行俺做前哨，但掳的美女妇人、并好马，都将来与你；野兽行打围呵，俺首先出去围将野兽来与你"。① 铁木真在听了阿勒坦等人的誓言后，也以差不多相似的话向他们保证：我一旦当了君主，并统率各地区的军队时，"我将为你们点火烧草原上的野兽，将山地的野兽赶到你们方面来"。② 又如铁木真为了笼络照邻部，与泰亦赤兀惕氏族争夺部众，在与之联合打围时，"使左右趋兽向照邻，照邻得多获以归"，自是便由感激而投附。③

狩猎有个人猎、群猎和集体围猎三种形式。个人猎和群猎通常都是生产活动的一部分，而集体围猎则往往是战争的同伴物。出猎主要是在秋末或冬季。猎获物有兔、鹿、野羊、野马和土拨鼠等。彭大雅《黑鞑事略》云："猎而得者曰兔、曰鹿、曰野猪、曰黄鼠、曰顽（羱）羊、曰黄羊、曰野马、曰河源之鱼。"鲁不鲁乞说：那里也有很多土拨鼠。在冬季，这些土拨鼠或二十个、或三十个一群，聚集在一个地洞里，冬眠达六个月之久，"他们大量地捕捉这种土拨鼠"。④ 进行集体围猎，通常都要先派人出去侦查野兽出没情况，研究如何猎取它，然后摆开阵势，"蹙围攫击焉"。⑤ 尤其是"臂鹰猎"，更是广大牧民群众所喜爱。

弘吉剌、蔑儿乞、汪古、蒙古等部，除畜牧和狩猎外，有的地区已开始出现农业，并有定居萌芽。

手工业和交换已有一定发展。主要是制毡、制革、制弓矢、制甲胄、造车、制马具和刀剑等物。从《元朝秘史》中出现的"木匠"和"铁匠"等记载看，手工业估计已走上独立发展的道路。

二 13—14 世纪中叶蒙古族的社会经济

13 世纪初年，成吉思汗崛起，统一蒙古各部，建立蒙古国。蒙古国

---

① 《元朝秘史》第 123 节。
② 《史集》第 1 卷第 2 册，第 178 页。
③ 《元史》卷 1 《太祖纪》。
④ 《鲁不鲁乞东游记》，载《出使蒙古记》，第 118 页。
⑤ （南宋）彭大雅著，徐霆疏：《黑鞑事略》。

的正式建立,标志着蒙古高原各部落彼此不相统属、长期混乱的局面从此宣告结束。由于政治上实现统一,社会秩序稳定,加上成吉思汗在汗国建立后实施以千户制代替旧有的氏族部落制度,将所有牧民都纳入严密的千户组织中,厉行"上马则备战斗,下马则屯聚牧养"的政策,结果,不仅促使"森林狩猎民"纷纷转化为"草原游牧民",还大大地推进了民族共同体在畜牧业、农业、手工业等方面的发展与进步,从而使蒙古民族的社会经济,进入了空前的繁荣时期。

其一,畜牧业方面。

据记载,蒙古国建立后,成吉思汗为巩固汗国的统治,便把发展畜牧业生产作为国家大事予以高度重视。他为了加强对牲畜的保护和对牧场的管理,曾严格规定:草生而掘地的,遗火焚毁牧场的,"诛其家";"棰马之面目的","诛其身"。[①] 禁止宰杀羔羊和牝羊,以保护牲畜的繁殖;禁止盗窃诈伪,以保护个人财产安全;规定千户所属居民,需在指定范围内居住,不得任意变动,倘违此令,"迁移者要当着军士被处死,收容者也要受严惩"。[②] 他还利用国家的力量,扩大畜群所有制,改善畜牧业生产条件,提高畜牧业生产水平。为扩大骆驼养殖业,当其出兵西夏时,又把大量骆驼输往漠北。窝阔台继为蒙古大汗后,也积极实施发展生产政策,如指令在各个区域内选派管理牧场的人专司牧地分配;派专人到荒僻少水地区进行勘察,选定可以做牧地的地方凿井,使百姓能散开"住坐",[③] 以扩大驻牧地;改变过去每十头牲畜交纳一头的办法,规定:"有马百者输牝马一,牛百者输犌牛一,羊百者输羒羊一",[④] 以减轻广大牧民负担,提高其生产积极性,使其生活日渐丰足。

1271年(至元八年),忽必烈建立元朝后,由于直接统治区域扩大,牧地增加,加上积极推进发展生产政策,畜牧业生产又有不同程度的发展与提高。其由中书省管辖的"大斡耳朵马",牧地"东越耽罗,北逾火里秃麻,西至甘肃,南暨云南等地,凡一十四处"。[⑤] 马群大者千百,小者

---

① (南宋)彭大雅著,徐霆疏:《黑鞑事略》。
② [波斯]志费尼:《世界征服者史》(上),何高济译,内蒙古人民出版社1981年版,第34页。
③ 《元朝秘史》第279节。
④ 《元史》卷2《太宗纪》。
⑤ 《元史》卷100《兵三》;《元文类》卷41《马政》。

三五十，皆随地之宜，行逐水草。"太仆之马，殆不可以数计。"是故史称其"牧养蕃息"。① 其官牧场牲畜，还改变过去"野牧无刍粟"的习惯，实行搭盖棚圈，储备牧草，精选饲料、厩牧舍饲的办法，以减少因自然灾害袭击而遭受的损失。

其二，农业生产。

在成吉思汗建国以前，蒙古地区就已有农业生产萌芽了。据《元史》记载，1197年（宋庆元三年），成吉思汗领兵征蔑儿乞部，与其部长脱脱交战于莫那察山，"掠其资财、田禾，以遗汪罕（王罕）"② 另据《元朝秘史》，1206年成吉思汗为赏赐开国功臣，曾问失吉忽秃忽要何赏赐？失吉忽秃忽回答："若恩赐呵，于土城内住的百姓与我。"③ 这里所说的"土城内百姓"，不言而喻，就是指从事农业的农民。因为一般游牧民在当时的历史条件下是不可能居住于土城之内的。不过话又得说回来，其时虽然已有农业，但也是微不足道的。其农业生产的发展，主要是在蒙古国建立以后。

据记载，在蒙古国建立初期，成吉思汗为推进农业生产的发展，曾令镇海屯田于阿鲁欢。④ 最初参加屯田的人，大都是从各地掠夺来的俘虏，其中有汉、契丹、女真、只温、唐兀、钦察和回回等各族万余人。他们引河水灌溉，种植糜、麦等作物。在成吉思汗的影响下，其后元世祖忽必烈、元成宗铁穆耳、元武宗海山、元仁宗爱育黎拔力八达、元英宗硕德八剌，也相继调遣军队，拨发农具，耕牛、种子，分别于怯鹿难（克鲁伦）、和林、称海（即阿鲁欢）、⑤ 五条河、海剌秃、兀失蛮、杭爱山、谦州、净州等地设立屯田。受命前往兴屯的人，虽有不少汉军，但更多的似乎还是蒙古族军民。例如，1272年（至元九年），令拔都军于怯鹿难（克鲁伦）"开渠屯田"；⑥ 1284年（至元二十一年），令阿剌歹原领军千人至五条河屯田；⑦ 1319年（延祐六年），令蒙古军五千人至称海屯田，⑧ 就

---

① 《元史》卷100《兵三》；《元文类》卷41《马政》。
② 《元史》卷1《太祖纪》。
③ 《元朝秘史》第203节。
④ 《元史》卷120《镇海传》。
⑤ 参阅陈得芝《元称海城考》，载《元史及北方民族史研究集刊》1980年第4期。称海位于今蒙古人民共和国境内哈剌乌斯湖南。
⑥ 《元史》卷7《世祖纪四》。
⑦ 参阅《元史》卷13《世祖纪十》；《元史》卷100《兵三》。
⑧ 《元史》卷100《兵三》。

是具体的例证。为了提高劳动生产率,据说哈剌哈孙1307—1308年至称海治理屯田时,还选择通晓农事的人,教蒙古各部落耕种。①

由于统治阶级的重视,和林、称海、五条河等地不久便成为漠北的屯田中心。例如,1308年(至大元年),仅和林屯田秋粮收获便达九万余石。同年,称海屯田收粮也达二十余万斛。据《元史》记载,在英宗硕德八剌统治时期,聚集于五条河的屯田户,总共有4648户,辟地达4600顷,② 平均每户占地近一顷。

为鼓励广大牧民从事农业,统治阶级除在各部落积极进行宣传和推广外,还经常拨出大量粮款和牲畜,给生产歉收者以赈济。仅和林一地,其赈济物资有时达牛千头,农具二十万(件),粮数十万石,钞至十万锭左右。在统治阶级的大力倡导和支持下,不仅从事农业的人不断增加,生产水平也有很大提高。和林一带,从事农业的人,不但知道引水灌溉,且"间亦有疏圃";③ 谦谦州地区,"夏种秋成,不烦耘耔";④ 怯绿连河流域,蕃汉杂居,"颇有树艺"。⑤ 居住于丰州地区的汪古部人,其生产更是发达。元人刘秉忠过丰州诗云:"水边弥弥水西流,夹路离离禾黍稠",⑥ 就是其生产发达的写照。从新中国成立以后在集宁路遗址及其周围地区发现的农具如铁耧、铁铧、铁耙齿、铁锄钩、铁锛、石磨、石杵、碌碡以及贮存粮食的粮窖等看,说明汪古部人已基本掌握翻地、播种、收割、储藏等知识,其生产大概已走上半农半牧的道路了。

其三,手工业。

蒙古地区原有的手工业是比较落后的。蒙古国建立后,成吉思汗、窝阔台、蒙哥、忽必烈相继发动对外战争。在战争中,他们把俘获的战俘,大部分都加以杀害,但对于有手工技艺的工匠,则给予特别的优待,一般都将其遣发回蒙古地区,或分赐诸王,或集中一处,继续从事官营手工业生产。其中尤以汉族工匠和回回工匠为最多。据初步估计,仅蒙古国初期从中亚签发东来的回回人及其他各族工匠,大约就不下数十万人。例如,

---

① (元)刘敏中:《丞相顺德忠宪王碑》,《元文类》卷24。
② 《元史》卷100《兵三》。
③ (南宋)张德辉:《边堠纪行》。
④ 《元史》卷63《地理六》。
⑤ (南宋)张德辉:《边堠纪行》。
⑥ (清)张曾:《归绥识略》卷31。

1221年春，蒙古军在攻陷撒麻耳干（撒马尔罕）时，成吉思汗就将其工匠三万人散分给诸子和族人，又从被俘的青壮年中，选择同样数量的人签发为军。① 不久，在夺取花剌子模都城玉龙杰赤（前苏联境内土库曼共和国乌尔根奇）时，又将其妇女和孩子俘为奴隶，并将十万左右工匠发送中国北方。② 1223年，窝阔台驱兵进攻哥疾宁（今阿富汗境内加兹尼），又将其所俘"工匠""手艺人"签发东迁。③ 这些人，尤其是工匠，后大都被置于和林、上都、称海、谦谦州等地。13世纪鲁不鲁乞东游时，据说和林就聚集着不少的回回和汉族工匠。④ 据考古发掘报道，仅和林一地，就发现过十座冶炼炉和大量金属制品，其中除破城机和其他器械外，还有铁犁、铁锄、带脚生铁锅、铜权、铁权、车毂和为宫廷专用的各种建筑材料等物。居住于上都的匠人显然也很多，该地不仅有毡局、毛子局、软皮局、斜皮局等机构，还有铁局、甲匠提举司、器物局、葫芦局和金银盒局等组织。称海有工匠万余人，谦谦州有"工匠数局"，⑤ "汉匠千百人居之"。⑥ 此外，在诸王及勋臣贵戚的封地内，也聚集有一定数量的工匠。例如，在弘吉剌部、汪古部，就分别有属于勋贵的人匠总管府、怯怜口⑦人匠总管府和提领所等机构。据载在忽必烈继大汗位初年担任过礼部尚书的马月合乃，就曾领有括户3000，兴铁冶，每年献铁103.7万余斤。⑧

不论从工匠人数还是从生产规模看，其手工业生产，显然都已达到相当发展的程度。

根据现有资料，其手工业生产中，兵器制造业已相当发达。史载其兵器有甲、弓箭、刀、剑、弩、枪、炮等物。甲有柳叶甲、罗圈甲诸类，皆以革制成。其制作方法，是将牛皮或其他动物皮，先切成条状，再将3—4块条状革叠放一起，涂以树脂，最后用皮条和皮绳连结，质地极坚固耐用。也有以铁制作的。其法：是先把铁制成薄片，宽一指，长一掌。每一

---

① 参阅［波斯］志费尼《世界征服者史》（上），第140页。
② 参阅［波斯］拉施特《史集》第1卷第2册，第298页。
③ 同上书，第309页。
④ 参阅《鲁不鲁乞东游记》，载《出使蒙古记》，第203页。
⑤ 《元史》卷63《地理六》。
⑥ （元）李志常：《长春真人西游记》卷下。
⑦ 招集放良还俗僧道，从事各种匠役者称为"怯怜口"。
⑧ 《元史》卷134《月合乃传》：因其先世曾仕金为马步军指挥使，因以马为氏，故又称"马月合乃"。

铁片钻八个小洞，然后分别将每两片铁片叠放，再把它们连结于三根皮带上，既可制成人的胸甲，也可制成马的护甲。箭有响箭（鸣镝）、驼骨箭、批金十箭等，锋甚锐。其刀，因略呈环状，故又称环刀。据说它是仿效回回刀制成的，"靶小而褊"，"轻停而犀利"。枪分长、短枪，刀扳如凿，"着物不滑，可穿重札"。有防牌，"以革编絭"，或以铁制成，供冲锋破敌之用。钩杆，用于刺杀，或用于拉人下马。炮（抛石机），"有棚，棚有挽索者之蔽"。①

在官营手工业发展的同时，个体家庭手工业也有一定进步。例如，谦谦州地区居民，原皆以杞柳作杯碗，剡木为槽以济渡，不解制作农具。后因管理当地官员刘好礼奏请，元政府派工匠前往"教为陶冶"，②使当地人民逐步学会冶铁、造船等工艺，有力地推动了生产的发展。又如制毡，他们已能够利用石灰、白粘土和骨粉，使毛毡变得更加洁白，或将着色的毛毡，缝在其他毛毡上，制成鸟、兽、树、葡萄藤等各种图案。③

车辆的制作也有很大的改进。他们不仅能制造载着帐篷的车，还会制造一种"双轮的上等轿子车"。④设计精密，形式新颖，即使整天下雨，车里的人也不会受潮。

其四，商业和城市的发展。

随着畜牧业、农业、手工业的发展，对商品交换的要求也日趋迫切。蒙古族人民因长期生活于草原，禀性朴诚，大都不善于经商，从事贸易活动的大多数为进入蒙古地区的回回或汉族商人。他们或以绸缎、布匹、粮食、铜、铁器及各种生活必需品与广大牧民易换牲畜、毛皮或药材等物，或想方设法取得蒙古大汗、诸王和各级勋贵的信赖，充当其"斡脱"（原意为合伙，引申为商人）。从事前述活动的多为汉商，后者则多为回回商人。徐霆《黑鞑事略》记载，其贸易以羊马、金银、缣帛。其贾贩则自大汗及至诸王、太子、公主等，"皆付回回以银，或贷之民而衍其息"，"或市百货而懋迁"。正因为这样，不少回回商人后来都成了巨富。有的甚至操纵贸易，垄断国家财政权力。

---

① 参阅（南宋）彭大雅著，徐霆疏《黑鞑事略》；[意]普兰诺·迦宾尼：《蒙古史》，载《出使蒙古记》吕浦译，中国社会科学出版社1983年版，第32—33页。
② 《元史》卷63《地理六》。
③ 参阅《鲁不鲁乞东游记》，载《出使蒙古记》，第112页。
④ 《马可·波罗游记》，陈开俊等译，福建科学技术出版社1982年版，第62页。

由于手工业和商业的发展，城市也随着应运产生。蒙古国的早期都城哈剌和林（简称和林）就是在这样的基础上形成的。它是在窝阔台即位后第七年（1235）主持兴建的。建筑工程前后延续十余年。城市的主体建筑是以万安宫为中心的宫殿建筑群，皇宫四周有诸王的府邸，城内建有官员和各级功臣的邸宅，有存放金银和各种食物的仓库，气象雄伟壮观。城里设有两个街区：一个是回回商人的聚居区，一个是汉族工匠和商人居住区。城内还建有十二座佛教寺院，两座清真寺，一座基督教堂。城周围有土墙环绕，东、西、南、北各有一门，东门出售小米和其他谷物，西门出售绵羊和山羊，南门出售牛和车辆，北门出售马匹。① 在忽必烈迁都以前，它一直是各国使臣、中外商人和各色工匠、宗教界人士荟萃之地，是蒙古国的政治、经济和文化中心。

上都也是形成较早的重要城市。上都初名开平，是忽必烈即位以前命刘秉忠主持修建的，原是忽必烈的藩府驻地。1260年（中统元年），忽必烈就是在该地继位为蒙古大汗的。1263年（中统四年），忽必烈迁住大都（今北京）后，遂改称上都。它是蒙古大汗的驻夏地。上都建筑，是中原传统风格与蒙古族风格的有机结合。全城分内、外城和外苑三部分。内城称皇城，中有宫殿30余处，其中最重要的有大安阁、水晶殿、洪禧殿、睿思殿、穆清阁等建筑，布局严整，气势磅礴，金碧辉煌。外苑有伯亦儿斡耳朵（又称伯亦儿行宫）、失剌斡耳朵（义为黄色宫帐），风格清新，富有民族特色。② 外城主要是街区，周长17里，全部是板筑土墙，外围壕沟。区内有大小官署60所，手工艺管理机构及各厂局120余处，佛寺160余座。此外还有孔庙、道观、清真寺、鳞次栉比的商肆和住房等，是当时蒙古地区最大的城市。

除和林、上都外，称海、应昌路（今内蒙克什克腾旗西南）、集宁路（今内蒙集宁市东南）、汪吉昔宝赤（位于翁金河流域）等城，也是影响较大、工商业繁荣的重要城市。

城市的形成和发展，既是蒙古国政治、经济、文化发展的产物，也是其兴旺发达的重要标志。与此同时，也为蒙古族共同体的形成奠定了基础。

---

① 参阅《鲁不鲁乞东游记》，载《出使蒙古记》，吕浦译，第203页。
② 参阅叶新民《元上都宫殿楼阁考》，《内蒙古大学学报》1987年第3期。

三 14世纪中叶—17世纪初蒙古族的社会经济

随着社会经济的发展，社会物质财富也在与日俱增。但物质财富的不断增长，又大大刺激了统治阶级贪图享乐的欲望，促使其生活更加腐化。他们不仅终日饮宴作乐，"以飞觞为飞炮，酒令为军令，肉阵为军阵"，①还把大量财富奉献给各地寺观和勋臣贵戚，致使"国用不经，征敛日促"，②政治、经济由繁荣逐步走向衰落，阶级矛盾和民族矛盾日趋尖锐化。

14世纪中后期，由于蒙古统治阶级内部彼此争权夺利，互相倾轧，加上自然灾害迭起，饥馑严重，各族农民群众纷纷揭竿起义，结果，不但使自13世纪初年发展起来的农业、手工业、商业被摧残几尽，还促使蒙古贵族被迫退居漠北，原有的畜牧业生产也受到严重破坏。例如，1369年（明洪武二年），蒙古军因在开平战役中失败，除损失将士万人外，还失去车万辆，马三万匹，牛五万头。③1370年（洪武三年）4月，与明军战于沈儿峪，损失战马一万五千匹，橐驼、驴、牛、羊等牲畜一万五千余头。④1372年（洪武五年），当明军在亦集乃路一带发起进攻时，损失驼、马、牛、羊十余万。⑤1387年（洪武二十年），当明军挥师进入辽河流域时，又损失牲畜无数。⑥类似的例子很多，举不胜举，所有这些，都给生产的发展造成了巨大危害。这种情况一直延续了相当长的时间。

15世纪初年以后，瓦剌、东部蒙古统治集团相继振兴，势力增强，牧地相对有所扩大，社会经济又逐渐复苏。其生产不仅基本上可以达到自给，而且可经常匀出部分牲畜与明政府进行交换。例如，1439年（明正统四年），脱脱不花等遣使向明廷奉表贡，当次即贡马3750匹，驼13峰；⑦1441年（明正统六年），又遣使贡马2537匹。⑧据说土默特部俺答汗鼎盛时，曾拥有马40万匹，骆驼、牛、羊以百万数。其他大封建主也

---

① （元）叶子奇：《草木子》卷3。
② 《明太祖实录》卷53，洪武三年六月丁丑。
③ （清）谷应泰：《明史纪事本末》卷8《北伐中原》。
④ （明）谈迁：《国榷》卷4，洪武三年四月丙寅；洪武三年五月甲辰。
⑤ （明）王世贞：《弇山堂别集》卷68《命将上》。
⑥ 参阅（清）谷应泰《明史纪事本末》卷10《故元遗兵》。
⑦ 参阅《明英宗实录》卷60，正统四年十月丁亥。
⑧ 参阅《明英宗实录》卷84，正统六年十月甲申。

有几十万牲畜。自嘉靖时起，他们还不断请求明朝开放互市。后经长期努力，终于促使明政府同意开市。1571 年（明隆庆五年），双方在得胜堡、新平堡、张家口和水泉营四处互市，即换易牲畜二万九千余头。自 1582 年（明万历十年）后，每年于宣府、大同和山西三镇易马，额数都达三万匹以上。① 他们还把大量马匹奉献给达赖喇嘛及其寺院充当布施。

根据现有资料看，在这一时期中，其畜牧业生产之牲畜，数量最多的仍是驼、马、牛、羊。张瀚《松窗梦语》记载，"其俗……逐水草，资畜牧"，"上下山谷，惟牧驼、马、牛、羊，食其肉，衣其皮"。② 瞿九思《万历武功录·俺答列传上》："其畜之所多，则马牛羊"。显然，这是就其大概而言。实际上在察哈尔所属各部落中，因地势低湿，其饲养最多的还是牛羊。而居住于西北地区诸部落，以其多沙漠，有的则以驼、牛、羊为多。不过无论是在东部还是在西部，马都受到牧民的普遍重视，"爱惜一良马，视爱惜他畜尤甚。见一良马，即不吝三四马易之。"③

除驼、马、牛、羊外，驴、骡和牦牛的养殖也相当普遍。在其与内地各族人民的易换中，驴、骡也常是进行交换的重要商品。

由于战争频繁，封建割据严重，成吉思汗时代建立起来的千户制逐步为以地域关系为主的土绵和鄂拓克制所取代。"土绵"，蒙古语意为"万户"。但此时的万户已不是单纯的军事组织，而是由大部落集团构成的军政合一的社会组织，如鄂尔多斯万户、永谢布万户、察哈尔万户等。鄂拓克是"万户"以下以地缘为基础的组织。每个鄂拓克通常都以一个或数个爱玛克组成。爱玛克是"近亲家族的结合"，"可能由属于不同氏族（牙孙、族系、骨）但渊源于一个共同祖先的人们结合而成"。④ 土绵、鄂拓克、爱玛克首领都是世袭封建主。他们除拥有世袭领地和属民外，也拥有大量牲畜。领主的牲畜通常都由属民代为放牧。属民也各有多少不等的牲畜。其畜牧方式，虽依然是依季节不同"上下山谷"，"逐水草迁徙"。但这种迁徙是在领主指定的范围内进行的。放牧除个别地区外，一般都没有挖井、储草和棚圈等设施，生产状况与 13 世纪初年以前差不多，这是一种倒退，是由于长期战乱、社会动荡造成的。

---

① 参阅《明神宗实录》卷 156，万历十二年十二月癸卯；卷 187，万历十五年六月己未。
② （明）张瀚：《松窗梦语》，上海古籍出版社 1986 年版，第 39 页。
③ （明）萧大亨：《夷俗记·牧养》。
④ 参阅［苏］符拉基米尔佐夫《蒙古社会制度史》，刘荣焌译，第 214 页。

因单纯依靠畜牧业生产，无法满足生活的需要，故大多数牧民，除放牧牲畜外，都仍兼营狩猎。狩猎基本上仍是个人猎、群猎和集体围猎三种形式。个人猎和群猎一般在春、夏两季，而集体围猎则大都在秋末或冬季。萧大亨《夷俗记》："若夫射猎，虽夷人之常业哉，然亦颇知爱惜生长之道，故春不合围，夏不群蒐，惟三、五为朋，十数为党，小小袭取，以充饥虚而已"；及至秋风萧瑟，塞草枯萎，弓劲马强，兽肥隼击，乃"大会蹲林，千骑雷动，万马云翔"。就形象而生动地描述了群猎和集体围猎的精彩景象。集体围猎，一般都要按一定的规则和次序进行。如违反规定，便要受到严厉惩罚。如王公在禁猎区灭绝野山羊的，要科罚一九牲畜及驼一峰；围猎时与他人并立或并进的，科罚五牲畜；走出线外三射程以上的罚马一匹，二射程的罚母羊一只，一射程的没收箭五支；藏匿为箭所伤而逃走的野兽罚五牲畜，藏匿非箭伤之野兽要没收其马匹。①

集体围猎所得猎获物，一般按参加人数多寡均分，但也有首从之别。首中的可以多得皮毛、蹄角。

居住于河湖附近的人，也有从事渔捞的，但为数极少。

随着社会的相对稳定，农业也有一定发展。首先，农业生产较为发达的首推居住于辽东边外的兀良哈三卫。三卫在14世纪以后，虽然也屡遭战乱的破坏，但农业生产仍然在不断发展着。他们除通过贸易经常从中原地区输入各式农具、籽种、耕牛外，还不时请求明廷划给边地耕种。例如，1455年（明景泰六年），泰宁都督佥事革干帖木儿，就在给明廷的奏折中要求赐给"犁铧、种粮、耕地"。② 1467年（明成化三年），朵颜、泰宁二卫，请于"边地市牛和农具"。③

其次，是土默特部所处的丰州地区。丰州地区农业的发展与广大汉族人民的大量流入有关。王士琦《三云筹俎考》在叙及16世纪该地情况时说："崇山环合，水草丰美，叛人丘富、赵全、李自馨居之，筑城建墩，

---

① 参阅［俄］戈尔斯通斯基《1640年蒙古卫拉特法典》，圣彼得堡，1880年版，第40、54页；［俄］梁赞诺夫斯基《蒙古习惯法之研究》，第25、113条。参阅中国社会科学院民族研究所《准噶尔史略》编写组、国家清史编纂委员会编译组合编《卫拉特蒙古历史译文汇集》（第一册）罗致平译，《1640年蒙古—卫拉特法典》〈三种不同文本中所载之"1640年蒙古—卫拉特法典"条目译文对照〉（铅印本），第283页。

② 《明英宗实录》卷249，景泰附录67，景泰六年正月乙丑。

③ 《明宪宗实录》卷49，成化三年十月己未。

构宫殿，开良田数千顷"。① 瞿九思《万历武功录》也指出，在李自馨等归附俺答后，"他们通过互相延引，党众至数千"，"开云（屯）田丰州地万顷，连村数百"。②

丰州地区农业的发展，与俺答的积极倡导和鼓励也有一定关系。据说他为了鼓励蒙古族人民从事耕稼，1546年（明嘉靖二十五年），曾亲自以牛二稘耕砖塔城。③

由于汉民族人民先进耕作技术的影响，其耕种方式，与明北方边境农民大致相近。用牛犁田，农具除铁犁外，还使用锄、镰、锹、镢、耧、耙等。春种秋收，广种薄收。农作物主要有麦、谷、豆、黍、秋、糜子等。此外，还有瓜、瓠、茄、芥、葱、韭等诸菜蔬。④

手工业有一定的恢复。因战争频繁，封建割据影响，原有的官营手工业多已被毁废，重新发展起来的手工业大都是个体手工业。这些手工业产品主要是兵器和各种日用必需品，如大车、缰绳、套竿、马鞍、马镫、皮囊、水桶、三角架、刀、锤、斧、锯、钳、锉刀、剪刀、衣箱、锄、锹、镢、弓、弩、箭、剑、头盔、铠甲、皮袄、皮靴、毡、毯等物。

在手工业生产中，最发达的仍是兵器制造。其中尤以刀、箭、盔甲的制作最精良。刀的形制与中原地区所产相类；箭有阔二寸、三寸或四寸数种，临阵时若于20步左右发射，可"洞甲贯胸"；⑤ 甲也与内地出产产品近似，以铁制成，极坚固。因制甲需付出较大代价，故各部封建主对其生产都很重视。据《蒙古卫拉特法典》规定，凡40户每年必须造胸甲二件，否则便要受罚马、驼各一头。岷峨山人《译语》记载，"造甲胄一副，酬以一驼"，而造良弓一张或利刀一把，则只酬"一马"或"一牛"，其受重视程度若此。

制毡和制革也是较为发达的手工业。他们不仅将革制品制成一般的皮靴和皮袄，还能制作大皮袍、貂皮袄、银鼠皮袄等商品。刺绣业也有一定发展。萧大亨《夷俗记》："女工于刺绣"，其说当有所据。

土默特部俺答汗开发丰州地区后，由于汉族和藏族工匠大量流入，寺

---

① （明）王士琦：《三云筹俎考》卷1。
② （明）瞿九思：《万历武功录》卷8《俺答列传下》。
③ （明）瞿九思：《万历武功录》卷7《俺答列传上》。
④ （明）萧大亨：《夷俗记·耕猎》。
⑤ （明）萧大亨：《夷俗记·教战》。

庙和宫殿相继兴建，促使建筑、砖瓦、雕塑、木器、油漆业等也有不同程度的振作。

农业和手工业在各地虽有一定发展，但因其经济基础主要仍是粗放式畜牧业，其日用必需品除少数能自己生产外，大多数还需仰赖于中原汉地，故无论在战争时期，或是和平时期，蒙、明之间的贸易往来一直都相当频繁。

蒙、明之间的贸易活动，基本上可分为"通贡"和一般"互市"两种形式。"通贡"，有时又被称为"贡市"，它既反映着一定的政治联系，同时又是一种经济联系。从有关"贡市"的大量记载中，我们可以看到在这一形式当中，实际上又包含着二重交换关系：一是以"贡""赏"的形式进行的交换。例如，1442年（明正统七年），脱脱不花和也先遣卯失剌等2300余人驱马2300余匹向明朝进贡，明政府除分别给卯失剌等封赏外，又给脱脱不花及其妻子、也先与妻、也先母、瓦剌丞相把把只、平章伯颜帖木儿、小的失王、王子也先猛哥、同知把答木儿等分别赏赐彩缎、盔甲、乐器、蟒袍、丝绢等物。① 因这种形式完全是在统治阶级之间进行交换，故一般都将其称为"贡""赏"交换。但是前来进贡的使团，除携带马匹、皮张等物向明廷进贡外，往往还将额外多带牲畜、或畜产品至边境或北京等地与内地兵民交易。由于这种交换，主要是在民间进行，故又称为"私市"或"额外携货贸易"。例如，卯失剌等入贡，就私将马匹带至北京与民人换易弓矢等物。② 也有因马匹瘦小不堪役用，明廷准其于沿途发卖的，例如，1443年（正统八年）瓦剌使朵脱儿等入贡就是这样。③ 在蒙、明贸易交换中，"贡市"易换在相当长的时间内一直是贸易往来的主要形式。瓦剌、兀良哈三卫封建主为了取得贸易利益，有时每年遣使一次，有时二次甚至三次。每次遣使，规模小的数人、数十人，大的数百有时甚至数千人。据初步统计，自1403年至1570年前后160余年中，蒙古各部封建主遣使通贡于明廷，总共达800多次。其往来之频繁，于此可想而知。

"贡市"易换得来的商品，一般都为各级封建主所占有，普通游牧民，则除了受奴役外，是很难从中获得利益的。

---

① 参阅《明英宗实录》卷100，正统八年正月壬午；（明）王世贞：《弇山堂别集》卷77。
② 参阅《明英宗实录》卷97，正统七年十月乙卯。
③ 参阅《明英宗实录》卷109，正统八年十月庚寅。

一般"互市",通常又称之为"马市"。明、蒙马市产生于15世纪初年。《明史·食货志》记载,"永乐年间,设马市三:一在开原南关,以待海西(女真);一在开原城东五里;一在广宁,皆以待朵颜三卫"。1438年(明正统三年),复于大同设市,许东、西蒙古各部于其地易换牲畜。此后时设时罢。1551年(明嘉靖三十年),由于土默特俺答汗请求,复于大同镇羌堡、宣府新开堡、延绥、宁夏等地置市。1571年(明隆庆五年)俺答与明廷建立和平贡市关系后,贸易达到极盛。明廷先后于大同得胜堡、新平堡、守口堡、宣府张家口、山西永泉营、延绥红山寺堡、宁夏清水营、中卫、平房卫、甘肃洪水扁都口、高沟寨等11处开设马市。① 马市每年定期开市1—2次,每次3—15日左右,由明政府派官员管理。俺答及其各部首领也莅市监督。为约束各部部众,俺答还订立有关互市"规矩条约"13条,明确制定"市法五款"。根据规定,明朝政府须用银两、钞币、绸缎、布匹、铁锅等物,与之易换马匹等牲畜。由于这种交换,是以官方方式进行易换,故又称之为"官市"。

"官市"以外,又有"民市"。"民市"又称"私市",它与"贡市"中的"私市",实际是一回事。"民市"一般是在"官市"结束后,由牧民将所剩马、驼、驴、骡、牛、羊、毛皮等物与汉族商人进行的一种交换,主要换取绸缎、布匹、绢、针线、食品、药物、茶叶等物。但禁止易换兵器和铜铁。② "民市"虽然允许在蒙、汉人民之间进行直接交换,但因时间短促,无法满足两族人民日益增长的物质需要,因此,明廷后又在毗邻土默特和鄂尔多斯地区,根据需要开设"月市",又称"小市"。"民市"的发展,因为给广大蒙古族人民提供了方便,故其贸易额有时比"官市"还高出几倍。

17世纪20年代后,满族统治阶级崛起,蒙古诸部多为所并。而明政府由于在北部受制于满洲贵族集团,在西南、西北复为李自成农民起义军等困扰,于是贸易逐步走向衰落。

纵观以上事实,我们可以得到以下一些认识:

1. 随着蒙古国的建立,蒙古族的社会经济也出现了巨大的飞跃。不仅许多"森林狩猎民"从此纷纷走出丛林,转变为草原游牧民,使畜牧

---

① 《明会典》卷107《朝贡三》。
② 《明英宗实录》卷41,正统三年四月癸未。

业生产有了较大的发展和提高，同时，农业、手工业和商品交换也有很大的进步，其生产发展水平从此被推进到新的发展高度，从而为蒙古族的形成奠定了基础。

2. 当新的所有制关系确立以后，社会经济的发展在相当大的程度上则有赖于政治的稳定。13—14世纪中叶，由于蒙古族共同体处于形成发展时期，政治上空前统一，统治阶级内部以及统治阶级与广大劳动人民之间的矛盾比较和缓，人民安居乐业，因此经济上出现了一派欣欣向荣的景象。但自14世纪中叶后，由于政治腐败、统治阶级贪污腐化，阶级矛盾尖锐，政局动荡，其发展便立刻受到严重破坏。这充分说明，政治局势的变化与社会经济的发展是紧密联系、息息相关的。彼此之间互相依存，也互相制约。

3. 蒙古族人民的经济基础虽然主要是畜牧业，饲养驼、马、牛、羊等牲畜，并兼营狩猎，但他们并非完全不习农业、不识耕稼。早在蒙古国建立以前，蒙古地区就有农业萌芽，后经元代历朝统治阶级的大力提倡，农业在漠北地区及广大蒙古族人民中的影响又不断有所加强。15—16世纪时在兀良哈三卫及丰州等地发展起来的农业，就可说明这一点。因此，那种认为蒙古人不知农业，不识耕稼的说法是缺乏根据的。畜牧业经济与农业经济虽有一定矛盾，但它们也常常互相包容，互相补充，这是历史的结论。

4. 蒙古族人民所从事的畜牧业是粗放式的游牧经济，这种经济因存在严重的脆弱性，无法自给自足，因而迫切要求与中原地区各族人民建立贸易交换，以互通有无，充分反映了蒙、汉两族人民之间的经济联系是难以分割的。它是民族友好联系的强有力的纽带。

（原刊定宜庄等编《庆祝王锺翰先生八十寿辰学术论文集》，辽宁大学出版社1993年版）

关于明朝辖境内的蒙古人

朱元璋建立明朝之后，元末帝妥欢帖睦尔率众北走朔漠，但在明朝境内仍有为数颇多的蒙古人，这是众所周知的历史事实。然而有关这部分蒙古人的来源、数目、分布以及生活等情况，现有记载大都语焉不详。笔者不避鄙陋，愿就个人涉猎所得，就此作一初步探索。所述范围，不包括其羁縻卫所。

一

在明朝政府直接管辖范围内，究竟有多少蒙古人，《蒙古源流》卷五有个说法："方大乱时，各处转战蒙古人等四十万，内惟脱出六万，其三十四万俱陷于敌。"这个数字既不是户数，也不是人口数，而是一个象征性数字，与"八十万汉人"的说法大体相同。即使把它当成大概约数，也是经不起推敲的。因为"陷于敌"一语，概念极含糊，既可以包括被杀的，也可以包括被俘的。至于朱元璋统一中原地区后，分别从北方和西北地区流入的蒙古人是否包括在内，则不得而知。实际上，他们都是明辖区内蒙古人的组成部分之一。明辖区内蒙古人的数量虽然难知其确数，但其来源却大体可寻。

明朝辖区内的蒙古人，来源大体上可以分为三类。一是自元代以来因征战戍守、分封、出征等而定居中原及边疆各省的。例如，《元史·兵志》记载，"世祖之时，海宇混一，然后命宗王将兵镇边徼襟喉之地，而河洛、山东据天下腹心，则以蒙古、探马赤军列大府以屯之"。[①] 又《曹

[①]《元史》卷99《兵二》。

南王世勋碑》载："世祖皇帝既定海内，以蒙古一军留镇河上，与民杂耕，横亘中原，故将委忠信于国人，备非常于他日。"① 忽必烈在位时规定："以蒙古人充各路达鲁花赤汉人总管，回回人充同知，永为定制。"② 成宗大德元年又规定，"各道廉访司必择蒙古人为使"。③ 就平民而言，自忽必烈时起，蒙古牧民因战乱或灾祸，或犯罪被放逐流入内地的人很多，如宗王海都叛乱时，其民流散于云、朔间达七十余万；④ 乃颜叛乱失败后，其众分别被置于河南、江浙、湖广、江西等行省。至元三十年（1293），元大将土土哈收服吉利吉思等五部后，又将原依附于海都的部分属民相继迁到缙山（今延庆），继而又迁至山东，由官府配给耕具和田土，使与当地汉人一道务农。⑤ 元末明初，这部分人虽然由于战乱有的被杀，有的被俘，有的在元顺帝退出大都（今北京）时又重新返归漠北，但多数人仍滞居于明境内。如曾任河南道宣慰使的乃蛮人囊加歹，其后世仍居于河南；元初任官于河南汝阳府的也先帖木耳，后即定居于汝阳县；元末曾任河南北道廉访司佥事的答禄与权，后便居于河南永宁；成宗大德元年（1297），忽必烈孙铁木尔不花受封为镇西武靖王，后其裔即散居于河州等地；至元二十四年（1287），弘吉剌部昌吉驸马受封为宁濮郡王驻镇西宁，后其众遂析居其地。这部分人的数额，目前虽无法进行计算，但肯定也不在少数。

二是在战争中的被俘者。这些人又包含两部分：其一，是原住于内地的蒙古人，其二，是原住于大漠南北地区的蒙古人。这部分人从现有记载考察，估计总数约在 30 万以上。明洪武元年（1368）以前被俘的蒙古人姑且不论，仅从元年算起，当年三月，徐达定山东，俘获元军 3200 余人，马 16000 余匹；⑥ 十二月，徐达率兵进攻太原，又俘获扩廓帖木儿部众、马匹各 40000。⑦ 二年六月，常遇春与李文忠合兵进攻锦川（今辽宁锦县

---

① （元）虞集：《道园学古录》卷 24。
② 《元史》卷 6《世祖三》。
③ 《元史》卷 19《成宗二》。
④ 《元史》卷 173《马绍传》。
⑤ 参阅罗贤佑《元代蒙古人南迁活动述略》，《民族研究》1989 年第 4 期。
⑥ （明）王世贞：《弇山堂别集》卷 68《命将上》。
⑦ （明）谈迁：《国榷》卷 3，洪武元年十二月丁卯。

境内小凌河），①败元将江文清，"得士马以千计"；②继克大兴州及开平，俘其宗王庆生、平章鼎住、吏卒万人；③七月，李文忠进攻大同，与脱列伯交战，又"降其众万余"。④三年四月，徐达于陕西沈儿峪（今甘肃定西县北）与扩廓帖木儿交战，复掳其官属1865人，将校士卒84500余人，马15280余匹；⑤五月，李文忠克应昌，擒妥欢帖睦尔买的里八剌、后妃、宫人、诸王、省院官员，并于兴州、红罗山，降其兵民53000余人。⑥五年六月，冯胜等于永昌（今甘肃永昌县）扫林山一带，又降上都驴等兵民830余户；⑦七月，李文忠北征沙漠，由哈喇莽来经胪朐河（克鲁伦河）、土剌河、阿鲁浑河等地，先后俘获故元官属1840余人。⑧十四年，傅友德、蓝玉、沐英等受命征云南，俘梁王把匝拉瓦尔密兵二万。⑨二十年，冯胜等于金山亦迷河（驿马河）又俘元遗军45000人，老弱伤残24000余人。⑩二十一年，蓝玉率兵追击脱古思帖木儿至捕鱼儿海，俘脱古思帖木儿次子地保奴，故太子必里秃妃、吴王朵儿只、代王达里麻、平章八兰等3000余人，军士男女77037口；⑪继又败元将哈剌章，掳其士民15803户。⑫二十三年，朱棣北征，复收故元太尉乃儿不花等数万口。⑬类似的例子难以尽举。

三是自愿归附于明廷的蒙古人。这部分人数量虽不及前者多，但估计也不下30万左右。有明一代，差不多每朝都有自愿前来投附的蒙古人，只是数量多少有所不同而已。人数较多的是明代前期，其中又以洪武、永乐两朝最为集中。

例如，洪武二十年（1387），故元太尉纳哈出投诚时，其随同归附的

---

① 《明太祖实录》卷43，洪武二年六月己卯。"锦川"，《明史·常遇春传》作"锦州"。
② 《明太祖实录》卷43，洪武二年六月己卯。
③ （清）谷应泰：《明史纪事本末》卷8《北伐中原》。
④ 《弇山堂别集》卷68《命将上》。
⑤ 《国榷》卷4，洪武三年四月丙寅。
⑥ 《明史》卷125《徐达传》，卷126《李文忠传》。
⑦ 《明太祖实录》卷74，洪武五年六月戊寅。《明史·鞑靼传》作"八千三百余户"。
⑧ 《明太祖实录》卷75，洪武五年七月己未。
⑨ 《明史纪事本末》卷12《太祖平滇》。
⑩ 《国榷》卷8，洪武二十年闰六月己酉。
⑪ 《明太祖实录》卷190，洪武二十一年四月乙卯。
⑫ 《明太祖实录》卷190，洪武二十一年四月丙寅。《国榷》卷9作"万五千八百人"，《明史·蓝玉传》作"人畜六万"。
⑬ 《弇山堂别集》卷65《亲征考》。

部分就有"二十余万"。《明太祖实录》洪武二十年六月丁未条云:"纳哈出所部妻子、将士凡十余万在松花河北,闻纳哈出被伤,遂惊溃。余众欲来追,(冯)胜遣前降将观童往谕之,于是其众亦降,凡四万余。并得其各爱马所部二十余万人,羊马驴驼、辎重亘百余里。"①

洪武朝率众归附的蒙古人除纳哈出外,还有都连帖木儿、把丹、脱列干、赵灰邻帖木儿、薛台、通伯、瓒住(一作锁住)、那海、把思台等,他们都带有故元尚书、丞相、枢密知院、平章等官衔。史料虽未载其所带部众人数,但从其地位及所受明廷重视程度看,恐怕也不在少数。

永乐时故元官员率众前来归附的也很多。其中规模较大的有:永乐三年(1405)把都帖木儿"率妻子及部落五千(人)";② 七年,北元丞相昝卜、王亦儿勿秃、曲住哥等30000人;③ 二十年,也先土干等数千人。④ 此外,还有未载明携带部众数量的,如阿鲁哥失里、满束儿灰、苦木帖木儿、朵儿只、把秃、阿滩不花等。

洪熙至正统年间,前来归附者虽不及洪武、永乐两朝多,但小规模的迁移活动仍然相当频繁。他们有的携儿挈妇,合家迁徙,有的上下相约,举族南移,一年往往多达数起。

正统末年,因也先势炽,明境内虽曾出现少部分人"冲破关塞奔归故土"之事,⑤ 但直至弘治、嘉靖以后,仍有蒙古人不时迁入明境。将这部分人估定为30万左右,实不为过。

上面所提到的几部分人虽然不一定全为蒙古族,因为在元军中服役的,除蒙古族外,还有汉族和东北、西北及西南边疆各族人民。这些加入元军的各族士兵,在元顺帝退居漠北前后,是不可能一下子全部脱离元军或北元军的。因此,入明后被俘或随北元军将领投奔明廷的人众中,必然夹杂着一部分非蒙古族人众。如释家奴就是建州女真人,阿老丁、皮儿马

---

① 关于纳哈出归附部众人数,《明史纪事本末》卷10《故元遗兵》和《明史·鞑靼传》所载与上引数字有较大出入。《本末》说"降其众四万余",《鞑靼传》则说降其部曲三十余万人,后惊溃者四万人。

② 《明史》卷156《吴允诚传》。

③ (清)吴廷燮:《永乐别录》卷1,永乐七年七月乙未。"王亦儿勿秃""曲住哥",《国榷》卷14作"王亦儿忽秃""典住哥";《弇山堂别集》卷77作"王亦儿忽秃""典住""哥者"。这部分人后又有一支逃归漠北。

④ 《弇山堂别集》卷65《亲征考》。

⑤ (明)余继登:《典故纪闻》卷12,1981年中华书局校点本,第214页。

黑麻是回回人，刘朵儿只则可能是汉人。① 但从当时客观形势看，其以蒙古人为主体，则可以肯定。

二

这样多的蒙古人居住在明境内，那么他们主要分布在哪些地区呢？这里拟根据个人掌握的资料，述其大概。

首先，有相当大的一部分是分布于明朝西北边境的卫府中，其中又以平凉、宁夏、临洮、庄浪等卫府为多。洪武初年，因战事频仍，被俘或内附的蒙古人多被置诸明北部边境驻牧，由边镇管辖。当时中书省臣曾以时局未稳，建言将其"迁之内地"，以免"一旦反侧"，贻患于将来。但太祖朱元璋不同意，他严肃指出，治理蒙古"当顺其性"。蒙古人素性"习于苦寒"，若将其徙之内地，必令移居南方，使之"去寒冷而即炎热，失其本性，反易为乱"。不如"顺而抚之，使居就边地，择水草孳牧"。② 还指出，"凡有来归者，择善地以居之，便其畜牧"；有愿居京师（南京）者，"择善人以送之，毋使失所"。③ 由于朱元璋的坚持，不仅原有散居于边境的蒙古人未被全部南迁，且使后来款附者亦得以继续安住北方一带。

例如，洪武四年（1371），故元枢密都连帖木儿等自东胜州（今内蒙托克托县）归附，朱元璋即命于其地设失宝赤、斡鲁忽奴、翁吉剌等千户所，以都连帖木儿、刘朵儿只、丑的等为千户。④ 尔后，把丹等至，又授其为平凉卫正千户，命其部落散处于开城（今宁夏固原县南）等县，编户为民，精壮选入平凉卫为军。⑤ 另有巩卜失加者，也于是年随父脱欢归附，被授为百夫长，使领所部居庄浪，后受赐姓鲁，累功至庄浪卫指挥同知，蔚为大族。洪武二十年，原辽阳行省右丞相通伯款附，被置于永平卫（今河北卢龙县一带）。⑥ 二十二年，元枢密知院瓒住（一作锁住）内

---

① 据《弇山堂别集》卷88记载，直至永乐八年，明成祖朱棣还在诏令中要求明军，"凡遇一应汉达（指蒙古化汉人）及高丽、女直、野人、回纥、土番、云南百夷、罗罗各部落官军人等，毋得侵害，敢有侵害者问罪不轻"。可以看出在当时北元军中，还有其他各族人民在服役。
② 《明太祖实录》卷59，洪武三年十二月戊午。
③ 《明太祖实录》卷88，洪武七年三月己丑。
④ 《明太祖实录》卷60，洪武四年正月壬寅。
⑤ （明）魏焕：《皇明九边考》卷9《边夷考》。
⑥ 《明史》卷156《吴成传》《滕定传》。

迁，被置于会州卫（今河北平泉县南）。① 二十三年，原平章把都帖木儿至，令"听就水草边地居之"。②

朱棣统治时，对明境内蒙古人的管理基本上仍继承朱元璋提出的"顺而抚之"的政策，故大都仍"使居就边地"。例如，永乐三年（1405），原居住于甘肃塔沟一带的把都帖木儿、伦都儿灰等内徙，被置于凉州。③ 四年，满束儿灰、阿儿剌台、猛哥、脱脱、只朵、多列干、火失谷等至，分别被置于凉州、庄浪、宁夏三卫；④ 同年十二月，苦木帖木儿、达丹等至，被置于庄浪卫等地。⑤ 七年，昝卜、王亦儿忽秃等至，被置于宁夏。⑥ 这些人后来大都成为当地的著姓大户。

类似的例子还有，可以看出，住在明北边卫所的蒙古人数在明境内蒙古人中占有较大比例。

其次，是北京及其附近所属地区。洪武四年（1371）春，徐达受命至北平训练军士，修缮城池。他到达北京后，即着手整治，将原住于"北平山后之民三万五千八百户散处卫府"，将"已降而内徙者三万四千五十六户"⑦ 迁至北京屯田。所谓"已降而内徙者"，《明史·食货一》作"沙漠遗民"，显然是指被俘的蒙古人众。如果按每户五人计算，那么，居住于北京附近屯田的蒙古人大约有十六七万之数。

此外，从永乐初年起，自愿归附而被安置于北京的蒙古人也很多。例如，永乐七年（1409），伯客帖木儿及其部属徙居甘肃，朱棣因担心其仿效脱脱不花"来而复去"，便命总兵何福将其送往北京。⑧ 九年，柴苦帖木儿、米朵儿只、铁柱、朵来等至，请居京"以图报效"，⑨ 得到了允纳。永乐十八年，朱棣迁都北京，受命居住北京和主动要求居住北京的人便日渐增多。据不完全统计，从这一年起，至宣德末年止，蒙古人相继移居北京的约二十起。有的甚至还利用亲属关系以达到在当地落籍的目的。故元

---

① 《明史》卷156《吴成传》《滕定传》。
② 《国榷》卷9，洪武二十三年正月癸未。
③ 《明史》卷156《吴允诚传》。
④ 《明太宗实录》卷40，永乐四年正月己酉。
⑤ 《明太宗实录》卷47，永乐四年十二月癸巳。
⑥ 《永乐别录》卷1。
⑦ 《明史纪事本末》卷10《故元遗兵》。
⑧ 《明太宗实录》卷66，永乐七年九月庚午。
⑨ 《明太宗实录》卷78，永乐九年九月辛未。

贵族及其后裔也有不少居住于北京的，如也先土干、丑驴、安童、也先帖木儿、忽哥赤、阿滩不花等，就是具体的例证。这样，至正统初年，寓居北京城的蒙古人一度激增至万余人，几占当时京城居民的三分之一。正统十四年（1449）"土木之变"，明英宗被瓦剌俘执，也先乘胜进攻北京，少数蒙古族官校"在在纷然"，① 或谋为内应，或公开为之向导，为此，明朝大臣纷纷要求"迁徙其众，远居南土"。② 蒙古人流入北京从此便受到一定限制。原居京城者，有部分则被遣往南方戍边。《明史·于谦传》云："永乐中，降人安置近畿者甚众，也先入寇，谦谋散遣之，因西南用兵，每有征行，辄选其精骑，厚资以往。已更遣妻子。"由此可见，北京及其附近地区都是蒙古人分布较集中地区之一。

再次，是南京及其附近地区。明朝初年，南京是全国的政治、经济中心。朱棣迁都北京后，南京在全国仍具有重要地位。从现有记载考察，居住于南京的蒙古人主要有三种：一是故元贵族、将领及其家属。例如，洪武五年（1372），李文忠远征大漠南北，将所俘的故元官属1840余人送往南京。③ 十五年，傅友德等平定云南，又将故元威顺王之子伯伯及梁王家属318人解送南京。④ 二十年，纳哈出归降，部属3300余人被送至南京。次年，其将校脱因不花、塔不歹等934人继至。⑤ 类似的例子很多。初步估计，其额数恐不下万余人。二是自愿要求移居南京的，如虎力罕等。《永乐别录》永乐七年九月壬申条载："鞑靼虎力罕等率家属来归，奏愿居京师，赐钞币、衣服、布绢、鞍马、牛羊、米薪、居第、及日用什器……"。三是北元中下级官校附明后分别被授为都指挥、指挥、千、百户等职，有的分别被送南京锦衣卫安插。如景泰七年的阿儿叨哈答孙、宛者秃、伯颜哈麻只等。南京锦衣卫指挥佥事吕贵曾说，自明初至天顺元年（1457），南京锦衣卫安置"鞑官"千、百户总共有258人。⑥ 仅锦衣卫就集中了如此众多的具有百户以上职衔的蒙古人，其分布之密集情况于此可

---

① 《明英宗实录》卷184，正统十四年十一月壬申。
② （明）王鸣鹤：《登坛必究》卷38《奏疏二》。
③ 《明太祖实录》卷75，洪武五年七月己未。
④ 《明史纪事本末》卷12《太祖平滇》。
⑤ 《明太祖实录》卷190，洪武二十一年五月戊子。据《弇山堂别集》卷77记载，与地保奴一起被俘的吴王朵儿只等将校二千九百人估计也于当年被送至南京，因为朵儿只是与地保奴一起受赏的。
⑥ 《明英宗实录》卷281，天顺元年八月壬子。

见一斑。

最后，除以上数地外，青海西宁、河北河间府（治所在今河间县）、山东德州、莱州以及云南、四川、广东、广西、福建等地，也安置有大量的蒙古人。例如，洪武三年（1370）瓦剌人塔西沙归附，被安置于云南，为云南左卫副千户；① 四年，甘肃行省右丞朵儿只失结归附，受命招谕其部曲，遂率所部二千余人驻西宁；② 洪武二十一年，孛罗帖木儿归附，受命率所部258人驻四川泸州卫；③ 永乐六年（1408），都指挥脱火赤在升任中军都督佥事后，即被发往贵州驻扎。④ 正统元年（1436），瓦剌虎林必失归附，被授为山东试百户；与虎林必失差不多同时归附的满可帖木儿、鬼力赤、赛因帖木儿，也分别被授为德州卫指挥佥事、试镇抚和试百户；天顺元年（1457）复有新附者五百余人被发往莱州、登州安插；⑤ 成化九年（1473），满都鲁太子哈失帖木儿归附，被发往广东为广州前卫正千户；⑥ 弘治六年（1493），脱罗干部属把剌孩等十六人归附，受命被置于广西桂林前卫。⑦

《明史·柴车传》载，正统三年，明廷曾下令将原居留于北京的部分蒙古人安置于河北河间府、山东德州，并表示将不断于其地安置续降者。又方孔炤《全边略记》载，故元丞相纳哈出降明为海西侯后，所属官属分别授指挥、千百户之职，"分隶云南、两广、福建各部司处之"。⑧

以上所述，虽不免挂一漏万，但管中窥豹，仍不难窥见明境内蒙古人分布的大体情形。总而言之，归附明朝的蒙古人，分布极为广泛，其中除大部分被安置在明北方诸省外，还有为数颇多的人散居于全国各省区，与当地汉族人民杂居。

---

① 参阅张鸿翔《明西北归化人世系表》，载《辅仁学志》第8卷第2期。
② 《明太祖实录》卷190，洪武二十一年四月壬申。
③ 同上。
④ （清）吴廷燮：《永乐别录》卷1。
⑤ 《明英宗实录》卷280，天顺元年七月己卯。
⑥ 《明宪宗实录》卷116，成化九年五月庚子。
⑦ 《明孝宗实录》卷74，弘治六年四月己亥。
⑧ （明）方孔炤：《全边略记》卷10。

三

如此众多的蒙古人居住在明朝境内，那么他们的生活境遇又如何呢？

首先考察被俘者的情况。凡在战争中被俘的故元贵族、高级官吏及其家属，大都被送往南京及其附近地方居住，① 目的是为了防止他们脱逃和便于监视。他们的生活境遇若从买的里八剌、地保奴等的情况看，除了政治上不能自由行动外，其吃、穿、住等大体上都获优厚待遇。《明史纪事本末》载，洪武三年（1370）六月，买的里八剌及其母、妃等被俘送至南京。当时杨宪等议请依中国古代传统，"献俘于庙"。朱元璋没有同意，并且严肃指出，"元人入主中国，百年之内，生齿甚繁，家给人足，朕之祖先亦预享其太平。虽古有献俘之礼，不忍加之，只令服本俗衣以朝。朝毕，就令谢恩"。后只令买的里八剌朝见于奉天殿，令其母及妃朝见于坤宁宫，并分别颁给汉族服饰，"赐第于龙山，封买的里八剌为崇礼侯"。② 还不时地赐给生活用品。洪武三年，朝廷将镀金银首饰 60 副，纱罗布衣服 60 袭赐给买的里八剌母、妃以下等人。③ 洪武二十一年，蓝玉等送脱古思帖木儿次子地保奴及其后妃、公主等至南京，朱元璋除分别授给"宅廪"④ 外，还赏地保奴钞 200 锭，给随其一起被俘的吴王朵儿只等将校 2900 人钞 100 锭，绢 11700 匹；国公哈剌章男玉出忽儿秃哈白金 1250 两，钞 250 锭，文绮、帛各 50 匹。⑤

与前者相比，被俘的普通兵民的境遇则差得多。他们之中除了部分精壮被选入明军外，有的被散分至边境及全国各地卫所，编入当地民户，有的则被组织在一起，于北京等地屯田，成为农业生产者，自食其力。

《明史·食货一》载："徐达平沙漠，徙北平山后民三万五千八百余户，散处卫府。籍为军者给衣粮，民给田。又以沙漠遗民三万二千八百户

---

① 也有少数被流放至耽罗及琉球等地。
② 《明史纪事本末》卷 10 《故元遗兵》。
③ 《弇山堂别集》卷 77 《赏赉考下》。
④ 《国榷》卷 9，洪武二十一年七月戊寅。
⑤ 《弇山堂别集》卷 77 《赏赉考下》。"吴王朵儿只等将校二千九百人"，《明史纪事本末》卷 10 作"二千九百九十四人"。

屯田北平，置屯二百五十四，开地千三百四十三顷……"。① 所谓"沙漠遗民"，实际上就是蒙古人众的异称。"山后"一词，原为五代、北宋时对今河北太行山、都军山、燕山以北地区的统称。据《元史》记载，元时为了捍卫大都安全，这一带曾驻扎有大量的蒙古军与汉军。因此这里所说的"山后民"，估计大都为被收容的蒙古族兵民，否则不至于强令其散处于各地卫府的。

自愿降附的蒙古人，就其多数人来说，尤其是首领，生活境遇一般都比较好。他们不仅享有较大的行动自由，而且大都有较好的生活条件。被置于"边地"者，可以"择善地以居"，继续从事游牧，或耕牧兼行，如宁夏达官韩当道驴家就有马3000余匹，牛羊10000余头，在哈剌兀速、完者秃等处驻牧；灵州千户所达军别黑的等家，马多者千余匹，少者七八百匹，牛羊动以万计，在花马池等处驻牧。② 愿意居京师的，则可获钞币、衣服、布绢、宅第及日用什物等的赏赐。若是"元故官"，还可依旧有职位高低获得相应官职，取得俸禄。③ 如，前面提到的元万户把丹，洪武初年归附，被授为平凉卫正千户，部落获散处开城等地，还取得"仍故俗，无科徭"④ 的特权。元惠王伯都不花、储王伯颜不花、宗王子蛮伯帖木儿等，洪武四年（1371）归附，送至南京，受赐"第宅、袭衣、什器等物"，及"月给钱米"⑤。故元枢密都连帖木儿、刘朵儿只，洪武四年归附，除各授千户之职，仍统旧部驻牧外，又分别获文绮帛10匹、金绣盘龙衣、文绮、银碗、靴袜等赏赐。故元平章把都帖木儿永乐三年（1405）归附，被授为右军都督佥事，⑥ 耕牧凉州，还获岁给牛20只，羊150只，属下都指挥牛14只，羊70只；指挥牛12只，羊60只；千百户、卫所镇抚牛10只，羊50只；军民每户牛6只，羊20只等的赏赉。⑦ 瓦剌知院阿老丁，永乐二十二年归附，本人受都指挥同知之职，同他一起来的兀鲁思不花、也里忽里被授为指挥同知，秃列干为卫镇抚，不颜火者为百

---

① "沙漠遗民三万二千八百户屯田北平"，《国榷》卷4，洪武四年三月乙巳条下作"徙顺宁、兴州边民九万三千八百七十人于北平"与《明史》《明史纪事本末》记载俱不合。
② 《明英宗实录》卷16，正统元年四月庚申。
③ 参阅（清）吴廷燮《永乐别录》卷1。
④ 《明史》卷178《项忠传》。
⑤ 《明史纪事本末》卷10《故元遗兵》。
⑥ 《明功臣袭封底簿》，台湾学生书局，1970年版，第425页。
⑦ 参阅《弇山堂别集》卷77《赏赉考下》。

户，又各得白金、钞币、表里、棉布、金织文绮、袭衣、鞍马等物。①

取得赏赐最多、爵位最高的是纳哈出与也先土干两人。纳哈出在洪武二十年被送至南京后，封海西侯，服一品服，禄二千石；②又获赏赐玉带1条、金饰香带1条，白银1250两，文绮、帛各50匹。诸部将金带百花素银带700条，纱帽800顶，银钞各有差；赍钞30万锭，金文绮2000匹，赏其部众；妻子米500石，衣靴月钱。宗王全国公观童③等10人，文绮、帛各2匹，白银25两。将校男女44179人，布176716匹，棉袄27552领，皮裘5353领，冬衣及色绢32240余袭。继与部将318人又得银23840两，文、绮帛2094匹，钞12969锭。④也先土干是永乐二十一年（1423年）归附的，他不仅受封忠勇王，还得到了金印、朝服、公服、玉带、织金文绮衣，黄金100两，白银400两，钞2000锭，苎丝50表里，纱、罗、绫各20匹，鞍马2副，牛100头，羊500只，米100石和居第、床褥、薪刍、器用等物。其妻获黄金50两，白银100两，苎丝20表里，纱、罗、绫各10匹，钞1000锭，冠服一副，女衣一袭。其甥把台罕授都督，部下察卜等8员为都指挥，昂克土列等18员为千户。又给把台罕、察卜等8员各银两50两，钞700锭，织金文绮衣1袭，苎丝1表里，棉布30匹。给卜答帖木儿等31员各银30两，钞500锭，织金文绮衣1袭，苎丝5表里，棉布25匹。给昂克土列等18员各银20两，钞400锭，织金文绮衣1袭，苎丝3表里，棉布15匹。给百户、所镇抚格干帖木儿等25员，各白金15两，织金文绮衣1袭，苎丝3表里，棉布15匹，冠带、鞍马、薪刍、牛羊、居室、器皿等物各有差。⑤旋又加也先土干太子太保衔，并实支双俸。⑥

此外，受命居京官员还享有在城郊一带占有田地和草场的权利。宣德

---

① 《明仁宗实录》卷，永乐二十年十二月己丑。"阿老丁"一名，似是回回人名，或许其祖先为回回也未可知。

② 《国榷》卷8，洪武二十年九月戊寅。

③ "全国公观童"原文作"宗王先童、国公观章，显系讹误。参阅《明史·冯胜传》《明史纪事本末》卷10。

④ 参阅《弇山堂别集》卷77《赏赉考下》，同书卷14《皇明异典述九》所载与此略有出入。

⑤ 参阅《弇山堂别集》卷77《赏赉考下》，卷14《皇明异典述九》；《永乐别录》卷2，永乐二十一年十月甲寅。

⑥ 《明仁宗实录》卷9，永乐二十二年九月辛丑。

元年（1426），锦衣卫都指挥阿老丁等32人被允许于顺天府划拨地段，供其耕牧。① 同年，也先土干提出新近所赐牧地低洼，不便畜牧。明仁宗朱高炽即命户部于其附近三十里"高爽宜马"地方，另为拨给。②

在支取俸给方面，居京蒙古官员也受到特殊的照顾。正统初年，吏部主事李贤言："……切见京师达人不下万余，较之畿民三分之一。期支俸米，较之在朝官员亦三分之一，而实支之数，或全或半，又倍之矣。且以俸米言之，在京指挥使，正三品，该俸三十五石，实支一石，而达官则实支十七石五斗，是赡京官十七员半矣。"③ 如果李贤所说符合实际情况的话，那么当时朝廷对蒙古族官员的薪俸供给无疑是在一般汉族官员之上。在降附的蒙古人中，也有受遣发从事屯田的。《明史·食货一》载："迤北来归就屯田之人，给车牛农器。"不过从事屯田的人所占的比重有多大，目前尚不清楚。

居住明境内的蒙古人，还有正式从事商业的。洪武九年（1376），淮安海州儒学正曾秉正在上朱元璋疏中说："臣窃观近来蒙古、色目之人多改为汉姓，与华人无异，有求仕入官者，有登显要者，有为富商大贾者……"④ "色目人"素来娴于经商，其为"富商大贾"不足为奇。蒙古人从事经商，并发展成为"富商大贾"，这可以说是开创蒙古人从事商业活动的先河。据载焦礼之弟焦俊年轻时就"事商贩"。⑤ 弘治时，毛忠之孙毛锐出镇两广，曾被劾"广置邸舍，私造大舶以通番商"。⑥ 从以上记述来看，商业活动在明境内的蒙古人中已经有所发展了。

由于汉族生活习惯的濡染，加上害怕受歧视，大多数投附明廷的蒙古人不久即改用汉族姓名。洪武初年朱元璋虽然一再宣谕劝止，并表示"蒙古诸色人等皆吾赤子，果有材能，一体擢用"。但似乎并未收到多大成效。有的虽然暂时未改，但过了若干年，或一二代后也逐渐更改。如前面提到的阿老丁、亦卜剌、鬼力赤、赛因帖木儿、虎林必失等人就是如此。⑦

---

① 参阅《明宣宗实录》卷14，宣德元年二月戊寅。
② 参阅《明宣宗实录》卷15，宣德元年三月己亥。
③ 《明英宗实录》卷25，正统元年十二月庚寅；参阅《明史·李贤传》。
④ 《明太祖实录》卷109，洪武九年闰九月丙午。
⑤ 《明史》卷156《焦礼传》。
⑥ 《明史》卷156《毛忠传》。
⑦ 参阅张鸿翔《明西北归化人世系表》，载《辅仁学志》第8卷第2期。

更易姓名现象在上层蒙古族官员中尤为普遍，这与明朝统治阶级推行强迫同化政策有关。他们"借口蒙古人多同名"，"当赐姓别之"，[①] 借以促其汉化，以达到分化蒙古人众的目的。

赐姓名始行于洪武初年，此后历朝相沿不衰，其中又以永乐朝最盛，有史可稽者不下数十人。如把都帖木儿赐名吴允诚，伦都儿灰赐名柴秉诚，满束儿灰赐名柴志诚，阿儿剌台赐名杨汝诚，猛哥赐名安汝敬，脱脱赐名杨必敬，只兰赐名吴克诚，朵列干赐名吴存敬，火失谷赐名韩以谦，祖住不花赐名柴永谦，伯帖木儿赐名柴永正，达丹赐名安汝坚，朵儿只赐名马惟良，铁柱赐名柴克恭，把秃赐名赵忠美，伯克帖木儿赐名宋一诚，哈剌你敦赐名张隆善，也先土干赐名金忠[②]等，就是其中的一部分。

受赐姓名的蒙古官员后代基本上都用明廷赐给的姓，如吴允诚后裔子吴克忠、吴管者、吴克勤，孙吴玘、吴琮；毛忠后裔孙毛锐，曾孙毛汉；吴成后裔子吴忠，孙吴英，曾孙吴玺。重新改用蒙古名的极少。

因明朝政府明令："蒙古、色目人氏，既居中国，许与中国人结婚姻，不许本类自相嫁娶"，"违者杖八十，男女入官为奴"。[③] 由于信仰相近，故居汉地的蒙古人大都与汉族人通婚。如吴瑾妻李氏、吴玺妻刘氏、毛荣妻王氏、毛良妻郭氏等都是汉族人。他们的生活习俗也不断汉化。不仅讲汉语、习汉文，而且逐步接受儒家思想的影响，讲求忠孝、礼义等伦理道德。史载：道同"其先蒙古族也，事母以孝闻"。[④] 焦俊"少事商贩，既贵，能下士，而折冲非所长"。[⑤] 永乐年间与汤式、贾仲名同受赏于朱棣的杨景贤（一名杨讷、杨暹），在明初还是一位著名的剧作家，善琵琶，工散曲，一生著有杂剧十八种。约与杨景贤同时的旃嘉问，因爱好诗歌，同昆山顾英等经常互相唱和，在《元八百遗民诗咏》和《元诗选》中均有其遗诗。

---

① 《明史》卷156《吴允诚传》。
② 参阅《明太祖实录》卷40、47、48；《国榷》卷14；《明功臣袭封底簿》；《弇山堂别集》卷14《赐降虏姓名》，俱可供参考。但其中有不少讹误，且所列并非全为蒙古族人。
③ 《明律》卷6，蒙古色目人婚姻条。
④ 《明史》卷156《道同传》、《焦礼传》。
⑤ 同上。

四

下面探索一下部分蒙古官校及其后裔的历史活动与其在明朝政治、经济、文化事务中的作用。

明初规定，故元官员前来投诚，可按等第高低授职，"食禄不任事"。这一规定一直被历朝视为基本国策而奉行着。其目的一方面在于笼络归附者，防止他们"来而复去"或乘机作乱；另一方面则存在着吸引和分化塞外蒙古首领之意。《明史·邹缉传》言："漠北降人，赐居室，盛供帐，意欲招其同类也。"[①]《吴允诚传》载："吴允诚，蒙古人，名把都帖木儿，居甘肃塞外塔沟地，官至平章。"永乐三年来归，"授后军都督佥事，余授官赐冠带……。自是降附者益众，边境日安，由允诚始"。[②] 明确地阐明了这一意图。

不过，所谓"食禄不任事"，似乎不能完全理解为"赋闲"，养尊处优，无所事事。而只是说不得令其掌五府、都司、卫所印信，及任总兵镇守而已。至于从军征战，实际上与汉族官员毫无二致。王世贞《弇山堂别集》云："祖宗时有功，虽累封至侯伯，不得掌五府、都司、卫所印及总兵镇守，或于各镇住牧。惟有征行，则遴所部精骑以从，或别将，则副大帅耳。"[③] 这就是说，从军作战，仍是他们应当承担的义务。

明朝政府为增加战斗力，除了将被俘的蒙古兵中一部分选入卫府官军外，还经常选派自愿归附的蒙古官兵参加对边外蒙古人的战争。洪武二十年（1387），朱元璋出兵征讨纳哈出，令冯胜"选元旧官部下能骑射者，择千百户领之，充前锋"。[④] 永乐七年（1409），朱棣命丘福率军进攻本雅失里，以火真为副将军，一起出征。[⑤] 同年，又命吴允诚至亦集乃一带哨探敌情。八年，朱棣率军征本雅失里，吴允诚、苏火耳灰[⑥]各统众从行。

---

① 《明史》卷164《邹缉传》。
② 《明史》卷156《吴允诚传》。
③ 《弇山堂别集》卷9《皇明异典述四》。
④ 《国榷》卷8，洪武二十四年四月癸未。
⑤ 参阅《弇山堂别集》卷69《命将下》。火真，原名火里火真，洪武时归附，以骁勇过人受器重。永乐初年授同安侯，食禄一千五百石，是蒙古族受封侯伯中食禄较高的一位，仅次于纳哈出和也先土干。
⑥ 苏火耳灰，一作苏火儿灰，似为洪武时归附。朱棣嗣位后，也备受重用。

后二人俱在战斗中"立功"。允诚子吴管者还以功被晋升为都指挥同知。①二十二年，朱棣再次带兵亲征阿鲁台，忠勇王金忠请为前驱自效，遂被命为"与陈懋为前锋"。②

据初步统计，自明初至明末，蒙古族官员被授为侯伯的先后有16位。其中侯爵5位：海西侯纳哈出、同安侯火真（火里火真）、恭顺侯吴克忠（吴答兰、把都帖木儿）、安顺侯薛贵（脱火赤）、清平侯吴成（买驴）；伯爵11位：恭顺伯吴允诚（把都帖木儿，后进为侯）、永顺伯薛斌（脱欢）、忠勤伯李贤（丑驴）、广义伯吴管者、奉化伯滕定、顺义伯金顺（阿鲁哥失里）、忠勇伯蒋信（把台）、东宁伯焦礼、南宁伯毛福寿（毛胜）、靖安伯和勇（脱脱孛罗）、顺义伯罗秉忠（克罗俄领占）。以上17人中，除纳哈出是在归附时授封的外，其余16人的爵位都是归附后因"战功卓著"取得的。而其卓著的战功又大多是在同塞外蒙古各部作战中建立的。如：

吴克忠，永乐十五年受命袭伯爵。二十二年，随朱棣征阿鲁台，晋侯爵，禄一千二百石。③

薛贵，以舍人从朱棣起兵，积官至都指挥使。"再从北征，进都督佥事"。④ 永乐二十二年，又以从北征，"封流伯"，⑤ "宣德元年进侯"。⑥

吴成，洪武二十年随父归附，为永平卫总旗。后屡从明军出塞，积官至都指挥使。永乐八年，扈从朱棣征本雅失里，晋后军都督佥事；二十年从征阿鲁台，为前锋；二十二年再出塞，授左都督。翌年，晋奉天翊卫宣力武臣、特进荣禄大夫清平伯。⑦

滕定，洪武二十四年随父归附，永乐初袭燕山右卫指挥使。后屡从朱棣出塞征战，累迁至都督佥事，宣德四年封奉化伯。⑧

金顺，永乐七年归附，授大宁都指挥佥事。后从朱棣北征本雅失里、

---

① 参阅《明功臣袭封底簿》，第295页。
② 《明史》卷156《金忠传》。
③ 参阅《明功臣袭封底簿》，第425—426页。
④ 《明史》卷156《薛贵传》。
⑤ 《弇山堂别集》卷38《永乐以后功臣公侯伯年表》。该书记载与《明史·薛贵传》略有出入。
⑥ 《明史》卷156《薛贵传》。
⑦ 参阅《明功臣袭封底簿》，第539—540页；《弇山堂别集》卷38。
⑧ 参阅《明功臣袭封底簿》，第347—348页；《明史·滕定传》。

阿鲁台，累迁至都督佥事。宣德四年，复以扈从巡边，授顺义伯。①

吴管者，永乐三年随父归附，屡从北征有功，授广义伯。②

薛斌、毛福寿、毛忠等人，其晋封为侯伯，虽不完全是由于在明蒙战争中"立功"所致，但也与之有不可分割的联系。

《明史·薛斌传》载："……斌嗣职（按：指燕山右护卫指挥佥事），从起兵，累迁都督佥事。从北征有功，进都督同知。"③

正统十四年，也先进攻北京。毛福寿时为都督同知。他在于谦指挥下，率军御敌于彰义门北，以英勇和机智击退了瓦剌军对彰义门的冲击。二日后又于西直门外解除了另一部分瓦剌军对都督孙镗的围困，④ 受到明廷的高度赞赏。

又如毛忠，其晋升为指挥佥事就是从蒋贵往征朵儿只伯取得的。不久，又以十年守边劳绩晋同知。天顺五年（1461），"孛来以数万骑分掠西宁、庄浪、甘肃诸道，入凉州"。⑤ 忠奋力死战，后终于击退蒙古军的进攻。

明朝统治阶级利用归附蒙古官兵为之效力前驱，主要原因是因为蒙古人精骑射，识地理，善战斗，勇于冲锋陷阵，但其中也夹杂着企图以蒙古人打蒙古人的目的。然也不难看出，在明初统治阶级心目中，他们一直是受到高度重视的。

明初，由于蒙古官员归附未久，而明军兵精将广，故多不令其掌理军务。但随着明廷政治、经济危机的加深，边事日亟，这种情况也逐步有所改变。天顺年间，吴允诚孙吴瑾受命掌右军都督府，孙吴琮被遣发镇守宁夏；成化时东宁伯焦礼孙焦寿历镇蓟州、甘肃，弟焦俊历镇甘肃、宁夏、湖广、贵州；孛罗子镇四川；弘治时毛福寿孙毛文镇南京，就是其中的数例。愈往后类似的例子愈多，是以史称吴瑾掌右府为"番将握兵之始，自是而后，不可胜纪矣"。⑥

武职而外，在明廷任高级文职官员的也很多。如安童授刑部尚书，也

---

① 《弇山堂别集》卷38《永乐以后功臣公侯伯年表》，《明史·滕定传》。
② 参阅《明功臣袭封底簿》，第295—297页。
③ 《明史》卷156《薛斌传》。
④ 《明史》卷156《毛胜传》。
⑤ 《明史》卷156《毛忠传》。
⑥ 《弇山堂别集》卷9《皇明异典述四》。

先帖木儿、忽哥赤授工部侍郎，琐纳儿加授治书侍御史，答禄与权授御史，咬住授右副都御史，七十为行在鸿胪寺右丞，阎乃马歹为四川左参政等。①

在明朝政府中供职的蒙古官员，还有一部分终年奔波于漠北和瓦剌地区，为促进明蒙间的政治、经济和文化联系而尽力。其中最著名的首推完者秃、苏火耳灰、毛忠、吴良（完者帖木儿）等诸人。他们每次出使，不仅带去了明朝统治者给蒙古各部封建主的书札、礼品，代表政府与之交换意见，协调彼此之间的关系，同时，也向明朝报告蒙古封建主们在各地活动的情况。如永乐七年（1409），伯兰等自漠北返归，就向明政府报告了本雅失里杀明给事中郭骥，本雅失里和阿鲁台被瓦剌击败掩袭兀良哈的消息。②

也有从事教习翻译的。例如，李贤，初授为"燕府纪善"，累迁至都指挥同知，专事翻译"塞外表奏及朝廷所降诏敕"。③ 七十，以从事"教习翻译"见用，④ 嗣升鸿胪寺丞。蒙古族著名历史文献《蒙古秘史》就是在明初由明廷组织蒙、汉、回各族学者汉译的。火鲁剌氏人火源洁还主持纂辑了《华夷译语》，为沟通蒙汉语言，促进明蒙关系做出了重要的贡献。

在广大蒙古族官兵积极维护明朝政府统治的同时，也存在着某些与前者相反的倾向。例如，"土木之变"时北京城内外少数蒙古族官兵的骚动，喜宁和跛儿干潜通也先，成化四年"满四起义"，万历二十年"哱拜事件"等，就是这一倾向的具体表现。这些事件，给明王朝政府造成的危害是严重的，也给明蒙关系的发展带来了某些负面影响。例如，正统十四年（1449），当明英宗为也先俘获时，喜宁不但不想法保护明英宗，反而"数为也先画策，索赏赐，导入边寇掠"。⑤ 他还主动引导瓦剌军进攻北京，烧毁紫荆关，杀明都御史孙祥。⑥ 跛儿干也千方百计帮瓦剌使臣向

---

① 参阅《明仁宗实录》卷9，洪熙元年四月癸亥；《弇山堂别集》卷10《皇明异典述五》；《明史·答禄与权传》。
② 《明太宗实录》卷64，永乐七年六月辛亥。
③ 《明史》卷156《李贤传》。
④ 《明仁宗实录》卷9，洪熙元年四月癸亥。
⑤ 《明史》卷304《宦官一》。
⑥ （明）袁彬：《北征事迹》，载（明）沈节甫编《纪录汇编》卷18。

明廷进行勒索,"射内使黎定",① 使明蒙关系更加恶化。又如"满四起义",不仅使明廷丧失了大量人力、物力,还牺牲了伏羌伯毛忠、三位指挥及官军数千人。②

以上情况的产生,是与当时的阶级斗争和民族斗争相联系的。但从总体上看,蒙古族官兵对于明蒙关系的发展,基本上是起着促进作用的,因此,他们的历史活动应受到充分的重视和给予恰当的评价。

通过以上事实,我们大致可以得到以下几点认识:

1. 在明朝辖境内有众多的蒙古人居住,其中一部分是自元以来世居于内地者、一部分是元末明初的战俘、一部分是入明后相继自漠北自愿投附者。他们大多数都居住于明朝北方边境卫府中,但北京、南京、青海、山东以及南方各省也有广泛分布。这些人因与当地汉族人民长期共处,加上明朝统治阶级实施强迫同化政策,大都受汉族文化影响,并逐步汉化。

2. 除少数故元贵族及高级官员外,大多数被俘的蒙古族官兵俱被改造为农业生产者。他们生活在社会的底层,生活大都比较困苦。自愿投附的人,大多数都能取得较高的生活待遇,并享有一定自由权。尤其是故元官吏,基本上都获得了"按等第高低授职"的厚遇,还可按月取得俸给,他们实际上都已成为明朝统治阶级的一部分。

3. 由于长期生活于中原内地,广大蒙古族官兵还积极参与了明朝的政治、经济、文化活动,有的还直接介入了明蒙间的斗争,并对明蒙关系产生了重要影响。他们的历史活动也是蒙古族历史中重要的组成部分,应当受到人们的重视和正确的评价。

(原刊中国蒙古史学会编《蒙古史研究》第4辑,内蒙古人民出版社1993年版)

---

① 《明英宗实录》卷184,正统十四年十月乙酉。
② 参阅《明史纪事本末》卷41《平固原盗》。

从明英宗被俘至归京看也先

在明代蒙古历史上，瓦剌首领也先（一称额森），是一个有重要影响的历史人物。尤其是"土木之役"，为他平添了不少传奇色彩。长期以来，关于也先的评价，一直持有不同看法。有的认为他是蒙古族历史上"少有的杰出人物"，[①] 有的认为他除了留下"难以磨灭的臭名以外"，"没有一件值得称道的事迹"。以上说法，笔者虽然不完全同意，但从也先的历史活动考察，我以为他还是一个值得充分肯定的重要人物。特别是明英宗被俘后，在处理与英宗和明廷的关系方面，更充分表现出他完全具有一个政治家的气魄和本质。

一

明正统十四年（1449）七月，瓦剌也先借口明廷单方面解除婚约，削减马价，集军侵犯明边。也先兵分四路，亲率大军攻略大同，阿剌知院击宣府、围赤城，脱脱不花攻辽东，阿乐出犯陕西。蒙古军所向披靡，锐不可当。时太监王振专权，羽书踵至，王振劝英宗亲率大军往御。也先采取诱敌深入策略，把明军吸引至大同。俟明军发现中伏，急欲回师之际，复以骑兵冲击，歼明军主力于狼山西麓之土木堡，并俘虏明英宗。史称"土木之变"或"土木之战"。

"土木之战"是有明一代明蒙关系的一次重大历史转折，它以明军的惨败和英宗被俘而告终。从瓦剌方面说，则是也先进入鼎盛时期的重要标志。因为自此而后，明军一直处于被动的防御状态，而也先则从此把握了

[①] 参阅敖登《蒙古史文集》，内蒙古教育出版社1992年版，第15页。

战略上的主动权。

　　根据史籍记载，英宗初被俘时，也先并未知情。当军士将英宗押送至其营帐时，他"惊愕未信"，① 深感意外。后经"验证"，知道确是明朝皇帝英宗，非常高兴，立即传示众将集议处置方案。

　　在如何处置英宗问题上，其部下当时有二种截然相反的意见。一是以乃公为首的少数将领②，力主立刻将英宗杀掉。一是以特知院伯颜帖木儿为首的大部分官员积极主张派人向明廷报告，令差"好人"来取，"差好人送去，复在宝位"。③ 二种方案反映了二种不同的态度。前者之所以提出杀英宗，显然是认为明帝国是在推翻元帝国的基础上建立起来的，"大明皇帝"是"大元皇帝仇人"。④ 现在既然被俘，正是复仇的好机会，企图用简单办法解决错综复杂的明蒙关系。如果按照这种办法行事，显而易见，它不但对也先没有好处，且有促进明廷各派官僚的同仇敌忾，加深明军对蒙古军仇恨的可能性。弄得不好，还会落得万世骂名。主张差人送还的，应该说是建筑在对明蒙关系的清醒认识基础上提出的。史料记载，当乃公率先提出杀英宗时，伯颜帖木儿立刻伸手在乃公脸上击了两拳，并批驳说，"那颜（指也先——引着）只（求）万年的好名头，大明皇帝是云端里的皇帝"，"他不曾做歹，我每（们）也曾受他的好赏赐、好九龙、蟒龙，天地恠（怪）怒上，今日到我每（们）的手里，上天不曾着他死，我每（们）怎么害他性命？那颜图万年的好名头落在书册上，差人去报他家人知道……"⑤。

　　伯颜帖木儿讲完后，在场的首领纷纷表示赞同。史料虽然没有明确说明，也先在争论中所持之态度，但我们从他后来的一些自我表白中，不难发现，他完全支持伯颜帖木儿等人的意见。例如，他在接见明侍郎李实时有一次就这样说："大明皇帝与我是大仇，自领军马与我厮杀。天的气候落在我手里，众人劝我射他，我再三不肯。他是一朝人主，特着知院伯颜帖木儿吾早晚恭敬，不敢怠慢，你每（们）捉住我时，留得到今日么？"⑥

---

　　① 《明英宗实录》卷181，正统十四年八月甲子。
　　② （明）杨铭：《正统临戎录》，载（明）沈节甫编《纪录汇编》卷19。只提到乃公一人，然从有关记述看，有这种想法的实际上并不是乃公一人，故本文"以乃公为首的少数将领"概括。
　　③ （明）杨铭：《正统临戎录》。
　　④ 同上。
　　⑤ （明）杨铭：《正统临戎录》。参阅（清）谷应泰《明史纪事本末》卷32，中华书局1997年校点本，第474—475页。
　　⑥ （明）李实：《北使录》，载（明）沈节甫编《纪录汇编》卷17。

以上情况，我以为有两点值得注意：一是反映也先在处理英宗问题时，并没有被胜利冲昏头脑，从"报复主义"出发，独断专行，而是耐心听取不同意见。二是反映也先及其将领有一定的政治头脑和战略眼光。知道明英宗还不是个很"坏"的人，保全其性命，不但可以为瓦剌带来一些实际利益，而且可以图个"好名头"，彪炳于史册。也先自己就曾经说过，他要"图个好名头"。伯颜帖木儿的意见，显然正是他上述想法的反映。

　　此外，与也先和伯颜帖木儿对当时政治斗争形势的估计也有一定关系。据说伯颜帖木儿有一次对明英宗说："我每（们）这里怎保得长胜，长太平。比先汉王与霸王两个争皇帝、天下，霸王与汉王杀七十二遭，后天可怜见汉王，一遭杀了霸王，就得天下做了皇帝，你若回家坐了皇帝位，就是我的主人一般，我这里有好歹，我便表投你……"①

　　我们从前述记载中可知，伯颜帖木儿这段话，显然不是他个人的想法，而是代表也先真实思想的曲折表述。它反映了也先和伯颜帖木儿对瓦剌今后能否继续在蒙古地区称雄还没有把握。在他们看来，蒙古地区的政治局势并未稳定，谁胜谁败的问题还没有最后解决。而瓦剌也不可能对明廷保持"长胜"。这种估计大体上是符合当时的客观实际的。因为无论从军力和经济力两方面看，明王朝都还拥有强大优势，这是瓦剌所不及的。至于东部蒙古封建主，虽然暂时处于劣势，但他们一直在积累力量，准备东山再起。因此，瓦剌的地位并未因对明廷的军事胜利而得到有效的保证。从这里，我们可以看到，也先在掌握和分析当时的政治斗争和民族斗争形势方面，头脑是清醒的。英宗问题的解决，就是其清醒理智的具体表现。

二

　　对明英宗来说，也先是胜利者，而英宗是俘虏。然而在英宗被羁留期间，也先不仅无盛气凌人、鲁莽、粗鄙等种种行为，相反他显得谦和与平易近人，除经常关心英宗的衣、食、住外，还不时劝英宗不要过度忧愁、悲伤，以免影响健康。有时还与部众一起讴歌弹唱，为英宗排忧解闷，充

---

① （明）杨铭：《正统临戎录》。

分体现了他的旷达、豪爽、诚恳和率直等品格。

例如，刘定之《否泰录》在载述也先俘英宗后的情况时说："二十八日（正统十四年八月）至黑松林，也先营在焉。上入营坐，也先拜稽首，乃侍坐宰马设宴，出其妻妾四人以次奉上酒，歌舞以为娱。其后遂奉上居于伯颜帖木儿营，去也先营十余里。伯颜帖木儿与其妻见上亦如也先礼。伯颜帖木儿每二日献羊，七日献牛，也先每七日献马。"①

与英宗一起被瓦剌俘虏的明廷校尉袁彬在其《北征事迹》的记述中也指出："也先每二日进羊一只，七日进牛一只。五日、七日、十日做筵席一次，逐日进牛乳、马乳，又进窝儿帐房一顶"，选派蒙古妇女"管起管下"，料理其日常生活。"也先每宰马设宴，先奉上酒，就自弹虎拨思儿②唱曲"，众人"齐声和之"。③

又指出，景泰元年二月有一次，也先请英宗至其帐，也先不但自奉酒弹唱，还使其三个妻子"皆出叩头献铁脚皮"。④ 所谓"献铁脚皮"，毫无疑问，就是舞蹈的别称。

据说也先有一次在宴会上，因发现英宗忧心忡忡，满脸愁云，知道其正为不能迅速回归北京而痛苦。于是亲自上前规劝，向英宗表示他以后要将其送回北京，请不要过分忧虑，以免妨害健康。

历史事实还告诉我们，无论也先还是伯颜帖木儿，其每次出猎，凡有所捕获，都要以野马、野羊之类献英宗。例如，伯颜帖木儿有一次猎得一只野鸡，遂取酒一瓶并野鸡托杨铭转递，还对杨铭说，大海有一大鱼，因潮水上涨误入浅滩，浅滩虽无法容纳大鱼，但潮水不至，大鱼纵欲归大海也不可得。一旦潮水与浅水相接，大鱼自然会归大海。暗示请英宗不要焦急，注意保重身体。⑤ 显而易见，这是通过伯颜帖木儿之口传达也先对英宗的关切。

---

① （明）刘定之：《否泰录》，载（明）沈节甫编《纪录汇编》卷16；参阅谷应泰《明史纪事本末》卷33，中华书局1977年点校本，第479页。

② "虎拨思儿"又称"火不思""浑拨四"，指直颈琵琶。俞正燮《癸巳存稿》卷11云："琵琶直颈者，宋以来谓之火不思。"这种乐器最早出自"西域"，是"西域"中上用之乐，制作轻妙，元时传入蒙古地区。

③ （明）袁彬：《北征事迹》，载《纪录汇编》卷18；参见《明英宗实录》卷185，景泰附录三，正统十四年十一月癸巳。

④ 同上。

⑤ （明）尹直：《正统北狩事迹》，载《纪录汇编》卷20。

又如正统十四年（1449）十月，也先率众数万，拥英宗到北京。时景帝及明廷诸臣，恐坠入也先计谋，并力保卫北京，拒绝派遣重臣出城迎接。双方发生战斗，结果也先被迫带英宗撤离京城。途中，也先因担心英宗忧郁成病，使伯颜帖木儿转告："待到阳和城那里"，再"着使臣送皇帝顺大路往居庸关回去"，"不要见了京城想娘娘，忧戚出病来"。①

以上事实，表面上看来都是无足轻重、关于生活方面的"琐事"，但正是这些"琐事"，却使我们窥见了一个富有感情、思想敏锐、性格豪放、乐观的政治家的形象。看来，在一个相当长的时期内，也先之所以能取得广大蒙古族人民的支持，原因是多方面的，除了他的政治敏感和远见卓识外，他的豪放性格和能经常接近部众恐怕不无关系。过去有些史学家极力对他进行丑化，说他专横、残暴、欺诈，笔者以为是言过其实或者至少存在着以偏概全的弊病。

三

在英宗被羁留瓦剌期间，明廷曾先后两次遣使至瓦剌与也先进行谈判。第一次出使瓦剌的是礼部侍郎李实、少卿罗绮、指挥马显②等，第二次是都御史杨善、侍郎赵荣等。关于这两次谈判的情况，史籍中至今仍保存着不少有关这方面有价值的史料。考察这些史料，可以使我们更清楚地看到也先的远见卓识与不同凡俗的政治风范。

先谈也先与李实等的接触和谈判。

李实使瓦剌是在景泰元年（1450）七月。据《北使录》等书记载，其离开北京启程是七月初一日，经过十日行程，十一日至也先营失八儿秃之地。李实等一至瓦剌，就受到也先及其部众的热烈欢迎。沿途牧民"夹道讴歌"，纷纷前来献乳酪和奶酒，表示渴望与内地各族人民和睦相处。当李实等一行见到也先时，也先劈头就问：你们因何事而来？当李实说明特为议和而来时，也先听后一面激烈抨击陈友、马青、马云播弄是非，③以致双方失和，动了军马，"小事儿做成了大事"；一面又责问李

---

① （明）杨铭：《正统临戎录》。
② "马显"，《明史》卷328《瓦剌传》作"马政"，误。
③ 这三人都曾奉使瓦剌，潜许与也先细乐乐妓，并结为姻亲，而不报知明廷。正统十四年七月也先集军攻明，责明廷单方面废除婚约，即指此而言。

实：为什么他送英宗回北京时，明廷不派遣管事大臣迎接？而后却又杀其所派张关保、姚谦等人？李实见也先说话坦率，一针见血，也直言不讳地回答："太师说是送车驾，军马不由关入，漫山而来，肆意抢掠，不过假名送驾，我朝廷不能无疑，况又分兵各门厮杀！"李实还说，姚谦、张关保既是使臣，为何领蒙古"百余人"，各张弓矢，到处乱砍、乱杀，我们根本"不知二人为使臣"。[①]

也先看到以上问题没有难住李实，于是又进一步追问：喜宁[②]是朝廷内臣，为我所派遣，那么为什么也要杀死他？

李实知道，斩杀喜宁是当时明廷对付也先的一个重要决策，也先对此不会不了解，与其掩饰、回避，不如实话实说：喜宁"蒙太上（指英宗——引者）"厚恩，不但不知报恩，反而为太师当向导，杀掉他不是很合适吗？！[③]

应该说，对于也先的质询，李实的回答是中肯和直率的。有的地方措词还很尖锐。可是也先不但不见怪，还称赞其说得对。

就在李实抵达后的第二天，也先备酒宴为之"洗尘"。席上，也先令十余人弹琵琶，吹笛儿，按拍歌唱。又笑着对李实说：你们此次前来怕我吗！李实回答：古今敌国，皆以议和为上策。要议和，就必须命使臣沟通彼此情况。途中有寇盗，我们亲履其地，尚无畏惧，如今到了太师军营，还有什么可怕的呢？！也先听后笑逐颜开并表示赞赏地说："有礼的不怕"。接着，他又针对明廷敕书闭口不提迎回英宗一事打趣地问李实："你每（们）认得上皇，可想他么？"李实说："为臣尽忠，为子尽孝，君父之恩，岂可忘乎？我们之思上皇，如太师之思可汗耳。"听了李实的回答，也先抢白一句说："既是思想，为什么不将其迎回？"李实以攻为守地指出：朝廷四次派人，携带大量金帛，太师皆不肯发送，今既肯让我们迎回朝，自有厚礼，给予重赏。

也先知道李实并非为迎接英宗而来，如果令其迎回，那是一种轻率。因此他把话锋一转说："大明皇帝敕书内只说讲和，不曾说来迎驾。太上皇留在这里，又做不得我每（们）皇帝，是一个闲人，诸事难用，我还

[①] （明）李实：《北使录》，载《纪录汇编》卷17。刘定之《否泰录》记载与此略有出入。
[②] 喜宁，蒙古族人，原为朝廷太监，土木之变时，与英宗一起被俘。后因为也先出谋画策，深受其赏识。
[③] （明）刘定之：《否泰录》。

你每（们），千载之后，只图一个好名儿。你每（们）回去，奏知务差太监一二人，老臣三五人来接，我便差人送去，如今送去呵，轻易了你每（们）皇帝了。"①

大概就在这次会见后不久，也先便与李实约定，明廷如欲迎回英宗，须派大臣于八月五日以前至瓦剌，切莫拖延误事。随后，即令其部将那木罕偕明少卿罗绮往大同等地"调回扰边人马"，②又告诉明使转告大同、宣府等地百姓，蒙古军队绝不会损坏禾苗，可以放心出城打草。③

其次，略述其与杨善等的接触和谈判。

据说在李实等人从北京启程前往蒙古地区不久，也先和脱脱不花为了敦促明廷尽快迎回英宗，曾派遣把秃等到北京，重申议和及送还英宗诚意。当时明廷恐也先有诈，不敢贸然遣使。都御史杨善耻于朝廷软弱，慨然请行。诏令侍郎等同往。七月二十七日（9月3日）杨善等一行抵瓦剌也先军营。也先遣人谋探杨善等来意。杨善侃侃而谈，极言明廷备兵情况。也先知道杨善不易对付，故于第二天接见时便就相互关系问题对明廷进行指责，企图予杨善以威慑。也先提出："两家和好许多年，今番拘留我使臣，减了我马价；与的锻匹，一匹剪为两匹；将我使臣闭在馆中不放出，这等计较，关防如何？"对此，杨善巧妙地说："比先汝父差使臣到我太宗、宣宗皇帝前进马，不过三十人，所讨物件十与二三也，无计较，一向和好。汝今差来使臣，多至三千余人，一见皇帝，每人便赏织金衣服一套，虽十数岁孩儿，也一般赏赐。殿上筵宴为何只是要官人面上好看？临回时又加赏宴。差人送去何曾拘留？或是带来小厮，到中国（指内地——引者）为奸为盗，惧怕使臣知道，从小路逃去，或遇虎狼，或投别处，中国留他何用？"④杨善还指出，所谓"减马价"一事，根本不符合事实，"使臣到京，虚报数多，朝廷只照见（现）在者赏赐，虚报者不与，不是减了。"⑤有如买锅，"此铁锅出在广东，到京师万里，一锅卖绢二匹。使臣去买，止（只）与一匹，以此争闹。卖锅者闭门不卖，皇帝如何得知？譬如南朝向使臣买马，价少不肯卖，岂是官人（指也先——

---

① （明）李实：《北使录》；参见刘定之《否泰录》。
② 《明英宗实录》卷194，景泰附录十二，景泰元年七月丁卯。
③ （明）李实：《北使录》；参见刘定之《否泰录》。
④ （明）李贤：《古穰杂录》，载《纪录汇编》卷23。
⑤ 《明英宗实录》卷194，景泰附录十二，景泰元年七月己巳。

引者）吩咐他来？"关于裁剪缎匹一事，杨善明确告诉也先，那"是回回人所为，他将一匹剪做两匹，送与官人，充做裸程，若不信去搜他的行李，好的都在"。也先见杨善说的句句在理，完全符合实际情况，连连称"是"，赞扬杨善说的是实话。还指出，许多是非都是"小人"播弄所致。杨善见也先的思想受到打动，进一步提醒说："官人为北方大将帅，掌领军马，却听小人言语，忘了大明皇帝厚恩，便来杀掳人民，将无罪人民掳去……今日两家和好如初，可早出号令，收回军马，免的上天发怒降灾？"①

在会谈中，也先询问，英宗返归后，能否继续当皇帝？杨善斩钉截铁地说："天位已定，难再更换。"也先见杨善说得那样明确、肯定，遂反唇相讥：尧舜的故事当初是怎样讲的？杨善说，"尧让位于舜，今日兄让位于弟，正与尧舜一般"。参加会见的特知院伯颜帖木儿听后不服气地说，"将这使臣留下，再差人去问来"，若将帝位让与这皇帝，那么我们就将其放回，"不然，不要放（回）去也"。②

也先知道这样做既无助于问题的解决，且有失威信，于是插话：当初是我们派人请他们（指明廷——引者）遣大臣来迎，现在他们派来大臣，我们却又差人去问，这不等于我失信了。我们还是让其迎回吧！

参加会谈的瓦剌平章昂克听到也先说让杨善等迎回英宗，心里也不甚乐意，便冲着杨善问：你要来迎接皇帝，你带什么礼物来？杨善是一位谙练的外交活动家，遂脱口而出：倘若我带礼物来，人们必然要说太师贪财利，现在不用礼物，正说明太师重仁义，是好男子，可以名垂千古。一席话，说得也先连连称"是"，批评昂克意见不合理。在也先看来，名和利两者，对他来说都是不可少的东西。但如果两者只能挑一的话，他宁可不要利而要名。因此他表示，他不是要图利，而是要图垂名后世。③就在此次会见后第二日，也先便引杨善见英宗，并宴请英宗与杨善。

据说也先为了送英宗南归，特地在牙帐附近，为之筑一土台，台置座位。八月八日（9月13日），英宗将启行。也先大摆筵宴为英宗饯行。席上鼓乐喧天，也先令其妻妾及瓦剌众首领分别向英宗行礼进酒、献鞍马、

---

① （明）李贤：《古穰杂录》。
② 同上。
③ 参阅《明英宗实录》卷194，景泰附录十二，景泰元年七月己巳。（明）李贤《古穰杂录》、（明）刘定之《否泰录》记载与此略有出入。

貂鼠皮袄、弓箭等物。启行时，也先及其部将复恋恋不舍，扈从半日程。及至将别，也先又解随身佩带弓箭、撒袋、战裙献给英宗，并着伯颜帖木儿率众护送。瓦剌军将，日不离英宗左右，夜则围宿，直至英宗安全抵达北京后才迅速离去。

从也先与李实、杨善的谈判及其送英宗回京的记载来看，事实再一次说明，也先是个御众有方、处事果断，有政治谋略、性格豪爽、言而有信、有远见的历史人物。其与李实、杨善等的两次谈判，虽然当时的形势对也先极为有利，但他从不玩弄阴谋权术。谈话虽然有些咄咄逼人，但直抒胸臆。而当其意见受到李实和杨善的否定时，他不但毫不介意，相反，还不断称赞二人的意见。他虽然重利，却不唯利是图。他熟悉历史典故，学识渊博。总之，从其为人处事来考察，处处都表现出他是一个有才能、性格豪爽、率直的人。

恩格斯说："判断一个人，当然不是看他的声明，而是看他的行为，不是看他自称如何如何，而是看他做些什么和实际是怎样一个人。"[①] 恩格斯这段精辟论断，是人们评价历史人物的一个重要标准。我们虽然在这里只是截取也先生活中的一个片段，但透过这个片段，却不难看出，他实际上"是怎样一个人"。在笔者看来，全盘否定也先是不正确的、没有历史根据的。但说他是蒙古族历史上少有的杰出首领，则未免过誉。我倾向于将他看成蒙古族杰出军事家和政治家。诚然，也先也有其历史局限性，比如杀人较多，以及不重视社会经济发展等弱点，但不能因此而妨碍我们对他做出正确的历史评价。

（原刊白滨、史金波等编《中国民族史研究》第2辑，中央民族学院出版社1989年版）

[①]　[德]恩格斯：《德国革命和反革命》，载《马克思恩格斯选集》第1卷，人民出版社1972年版，第579页。

试论回回民族对汉文化的吸收和影响

回回，即今回族，是13世纪以后在我国诞生的重要民族之一。它是由移居中国的古代波斯、阿拉伯及中亚各国的穆斯林，在吸收和融合汉、维吾尔、蒙古等各族成分基础上发展起来的新的民族共同体。回回民族，由于其形成的历史条件与国内多数民族不同，故在其发展过程中，曾形成了许多不同于其他民族的重要特点。在这些特点中，尤以分布广泛、居住分散最为突出。他们大都与当地汉族人民杂居。这种特殊的居住环境，为广大回回人接受汉文化的熏陶提供了条件。于是随着时间的推移，不少汉族文化传统，亦逐步植根于其共同体中，并成为回回文化的重要组成部分。回回文化有吸收汉文化的一面，但给予汉文化的影响也很大。为了更好地了解汉、回两族间密切的文化联系，本文拟将个人掌握的情况，就此做一初步探讨。

一

回回人初到中国，他们最初大都讲阿拉伯语和波斯语，使用阿拉伯文和波斯文，汉籍文献谓之"亦思替非文"。《元史·选举志》"学校"条在叙及元至元二十六年（1289）尚书省臣上言时说，请于回回国子学中，教习"亦思替非文字"。所谓"亦思替非文字"，据著名元史专家韩儒林考证，以为当指波斯文。[①] 在元代，元政府为在回回人中推行政令，曾在中央以至各地政权机构中，分别设回回椽史、回回译史、回回令史等官职。这些官职的设置，显然就是为了减少由于语言不通而造成的障碍。它

---

① 参阅韩儒林《穹庐集》，上海人民出版社1982年版，第256—257页。

有力地说明，其初至中国时，在一个相当长的时期内（至少在元代），基本有保持着原有使用的语言和文字的习惯。可是，由于被签发东来的回回人，有的被遣发为军，有的充当工匠，有的受命于各地镇戍、屯垦，长期在各地与当地汉族人民杂居，于是随着岁月的推移，其后裔便逐渐"舍弓马而诵诗书"，① 学会汉语、汉文，并以汉语、汉文为其通用语文，从而产生了回回民族对汉文化的初步吸收。

迁居中土的回回人，起初并无姓氏，"唯遂其部族以为号"。② 原有名字，大都是由带有阿拉伯语或波斯语的音译，如马哈木、牙老洼赤、札马剌丁、赛典赤·赡思丁、阿里、伊思马因、勘马剌丁、舍剌甫丁、买述丁、纳速剌丁等就是如此。但由于汉文化的影响，自元中叶以后，不少回回人都纷纷按汉族的习惯，给自己改姓、取字。有的则在使用原来名字的同时，又取一个汉姓名。例如，哈只哈心孙凯霖，改汉姓苟，取字"和叔"；薛超吾，改汉姓马，取字"昂夫"，号九皋；伯笃鲁丁，改汉姓鲁，取字"至道"；萨都剌，取字"天赐"；买闾，取字"兼善"；赡思，取字"得之"；哲马鲁丁，取字"师鲁"。类似的例子很多，难以一一列举。总之，愈往后，效法者就愈多，最后终于发展成了一种趋势。因为在他们看来，"居中夏声名文物之区"，"衣被乎书诗，服行乎礼义，而氏名犹存乎旧，无乃不可乎"。③ 元大都路达鲁花赤回回人凯霖说得更为明确："予非敢变予俗而取摈于同类也，其戾于道者变焉。居是土也，服食是土也，是土之人与居也。予非乐于异俗而求合于是也，居是而有见也，亦惟择其是而从焉。"④ 凯霖的表白，充分反映了广大回回人在与汉族人民的共同生活中，已在逐步走向中国化。

明朝初年，朱元璋鉴于蒙古统治者过去曾歧视压迫汉族人民，下令"禁胡服、胡语、胡姓名"。⑤ 还规定不许互相嫁娶，企图实行强迫同化。诏令颁行后，立刻在全国掀起一场"更易姓氏"风潮。这股风潮前后持续两年。许多蒙古、色目士人纷纷要求更易姓名。后来朱元璋发觉这样做对监视蒙古、色目士人不利，又下令禁止"更易姓氏"，并且表示，"蒙

---

① （元）戴良：《丁鹤年诗集序》。
② （明）宋濂：《宋学士文集》卷5《四部丛刊》影印本。
③ 同上。
④ （元）许有壬：《至正集》卷53（四库全书本）。
⑤ （明）谈迁：《国榷》卷3。

古诸色人等，皆吾赤子，果有材能，一体擢用"。① 但更易姓氏之风不仅没有终止，反而有所扩大、发展，改用汉姓名的人越来越多。② 诚如王礼《麟原集》所说："西域之仕于中朝，学于南夏，乐江湖而忘乡国者众矣。岁久家成，日暮途远，尚何屑屑首丘乎？"③

二

由孔子及其门徒所创立的儒家学说，其主要内容是"祖述尧舜，宪章（效法）文武，"崇尚"礼乐"和"仁义"，提倡"忠恕"和不偏不倚的"中庸之道"。政治上主张"德治"和"仁政"。因其经典曾是封建统治阶级的最高信条，故其思想也深深植根于广大汉族人民群众之中。回回民族人民，由于与广大汉族人民长期共同生活，文轨日同，加上自元、明以来统治阶级积极倡行尊儒政策，它给予回回民族的影响也很大。有些回回上层，甚至把学习儒家文化，倡行儒家主张作为自己终生追求的目标。例如，阿鲁丁，就因"慕周公、孔子之道"，便改姓名玉元鼎。"盖取卑逊于内，文明于外之义"，④ 并矢志精读《大学》《论语》等典籍，研习"克己复礼"之奥义；又著《古今历代启蒙》，以供童蒙诵习，成为一个有影响的儒家学者。又如哲马鲁丁，取字"师鲁"，⑤ 即是立志要以鲁国为师，把学习儒家思想作为自己终身不渝的志向；伯笃鲁丁，改汉姓鲁，取字"志道"，是决意要通达儒家学说；沙的，因"慕乎周公、孔子之礼法"，以"行之为贵"，取字"行之"。⑥ 买闾及哲马鲁丁还因博通经史，被分别授为镇江路和嘉兴路儒学教授。赡思更是嗜儒成癖，他自幼即从儒学先生学儒经，九岁时便"日记古经传至千言"。⑦ 及成年后，复投师翰

---

① 《明太祖实录》卷51，洪武三年四月甲子。
② 洪武九年，淮安府海州儒学正曾秉正在奏折中惊呼："近来蒙古色目之人，多改为汉姓"，再次吁请"复姓"。可见"更易姓氏"风波仍在继续发展着。
③ （元）王礼：《麟原集》卷6（四库全书本）。
④ （元）吴澄：《玉元鼎字说》，载《临川吴文正公集》卷6；参阅《回族人物志》（元代），宁夏人民出版社1986年版，第416页。
⑤ （元）俞希鲁：《至顺镇江志》卷17。
⑥ （元）吴澄：《沙的行之字说》，载《临川吴文正公集》卷5；参阅《回族人物志》（元代），第424页。
⑦ 《元史》卷190《赡思传》。

林学士承旨王思廉门下，博览群籍，学识大增，享誉乡里。元泰定三年（1326），由于侍御史郭思贞、翰林学士承旨刘庚及参知政事王士熙等的多次推荐，以"遗逸"应召至上都（今内蒙正兰旗）朝见泰定帝，深受礼遇，后累官至陕西行台监察御史、浙西肃政廉访司等职。后至元二年（1336），以朝政腐败，曾上封事十条：曰法祖宗、揽权纲、敦宗室、礼勋旧、惜名器、开言路、复科举、罢数军、一刑章、宽禁网。毕生孜孜不卷致力于儒家学说的研究，并先后撰写了《四书阙疑》《五经思问》《奇隅阴阳消息图》《帝王心法》等多种著作，其中尤以对《易经》的研究最精深。除儒学外，他于天文、地理、钟律、算数、水利等也很精通。其所纂辑的《重订河防通议》，还是我国少数民族中第一部综合治理黄河的重要资料。

　　与赡思差不多同时代的伯颜，也是一位笃学硕儒。据说他从六岁起即从里儒授《孝经》《论语》，所学俱能成诵。后受业于南宋进士黄坦。自二十岁时起"即以斯文为己任，其于大经大法，粲然有睹，而心所自得，每出于言意之表"。对于慕名而来问难的学者，俱"随问随辨，咸解其惑"。① 中原学子，闻其声名者，多乐与游处。至正四年（1344），他以隐士应召至京师（大都，今北京），被授为翰林侍制，参与纂修《金史》。后以病辞归故里，② 专事讲学，从学者至千余人。所交皆"期措实用"。③ 有些学术观点与之相左的人，也多愿投其门下。曾修辑《六经》一书，后毁于火。

　　在明代，另一位有名的儒学家金贤，自少年时起就从儒家学者吴彦华学《易经》。因学习勤奋，肯于钻研，"穷探妙解"，④ 颇得时人称誉。后得晋江蔡氏《易说》，便于董生辈中推衍传授，尽其精微。曾说"圣人精蕴，尽于《易》矣。而妙用行事，则在《春秋》。学者不通《春秋》，终不达圣人之用"。⑤ 遂取《左传》《公羊》《穀梁》三传，并博采众家之说，研究其异同，著《纪愚》若干卷，发人所未发。

　　著名思想家李贽，初也崇尚儒学，并接受王阳明（王守仁）理学思

---

① 《元史》卷190《伯颜传》。
② 元时开州濮阳县，今河南省濮阳。
③ 《元史》卷190《伯颜传》。
④ （明）顾璘：《知府东园金先生传》，见（明）焦竑《国朝献征录》卷91。
⑤ 同上。

想影响，认为"天下无一人不生知，无一物不生知"。① 还与泰州学派王畿、焦竑、耿定理、罗汝芳等人过从甚密，并师事泰州学派创始人王艮之子王襞。及至54岁后，始以异端自任，自称不信道，不信仙释，公开贬斥《六经》《论语》和《孟子》等书，尖锐抨击封建礼教和纲常名教，反对以孔子言论作为划分是非的标准。

在儒家思想的影响下，明末清初时部分回回学者还以儒家学说去诠释伊斯兰教教义。因为在他们看来，儒家学说与"天方教义"不仅义理相近，且各有精旨，可以互相补充。例如，王岱舆，他在其所著《正教真诠》《清真大学》《希真正答》等著作中，一方面从正统的伊斯兰教神学出发，认为世界是真主创造的，从而建立起自己的"本体论"；另一方面，却又把《古兰经》《圣训》所反映出阿拉伯社会某些朴素的道德观念和道德规范，与宋代理学大师张载、程颢、程颐、朱熹等关于理、气、天命之性、气质之性，以及天理人欲等一系列观点相糅合，将其移植到"认主独一"的伊斯兰教体系中，把"前定""自由""先天""后天"这样一些对立的概念，用巧妙的思辨联系起来。②

又如刘智，他在其所著《天方典礼》《天方性理》《天方至圣实录》等书中，就把伊斯兰教的"微言妙义""伦理纲常""修身诚正""昭事上帝"等诸事，与儒家学说所讲君臣、父子、夫妇、兄弟、朋友、孝悌、忠信、礼义、廉节，以及"顾諟明命存心养性以事天"③ 等思想会通。如他在《天方至圣实录》关于"德性"一节中说："喜怒无私，动定有制，常悦不笑，极怒不暴，尊善检身，存诚执敬"；"柔言施济，爱人以常"；"无戏言，无厉色"。在"学问"一节中说："不耻问，不吝教"；"万事立于诚"，"恒其心，正其意"；"笃天方之学者，增广仁义，分明义理"。在"父母"一节中说："孝子不处有过之地，不辱父母之名，不没父母之善"；"不履危，不游远"；"爱其所爱，亲其所亲，有终身无改之道"。④

儒家思想在回回学者马注的著作中更是随处可见。例如，他在《清

---

① （明）李贽：《焚书·答周西岩》。
② 参阅罗万寿《试析王岱舆的宗教伦理思想》，载云南省编辑组编《回族社会历史调查资料》，云南民族出版社1988年版。
③ （清）鹿佑：《天方典礼》序。
④ （清）刘智：《天方至圣实录》，中国伊斯兰教协会1984年刊印，第310—311、316页。

真指南》"忠孝"门中,就大肆宣扬儒家的忠、孝主张,并把"无极"和"太极"之说与"真主独一"联系起来,"真主运无极而为万有之根。无极为种,太极为树,人极为果"。"人极之贵,莫尊乎君。君者,所以代主宣化,摄理乾坤万物各得其所",是三纲五常所由生之根源。在他看来,忠君是符合真主旨意之事。而不忠,则是违背真主旨意。穆斯林"七日朝礼,登楼赞念",就是为了祈求真主,"尊大皇王"。① 又如在"教条(八款)"中说:"吾先圣受授天经三十部册,祖述宪章,拨邪归正","因革损益,立为成宪。其伦则君臣、父子、兄弟、夫妇、朋友,其民则士、农、工、贾,其教则认、礼、斋、游,其训则事主、孝亲、忠君、信友……。其化则劝善止恶、悔罪自新,其赏罚则顺升逆降,地狱天堂。正心诚意,修齐治平"。② 在作者看来,伊斯兰教与儒家学说,除认、礼、斋、济、游五常略有区别外,余则无所不同。伍遵契在其所著《归真总义》中,甚至通篇宣扬明心养性、克己复礼和复命归真的处世思想。

儒家学说的伦理纲常,在马德新的《四典会要》《性命宗旨》《道行研究》《礼法启爱》,詹应鹏的《群书汇辑释疑》,张中的《归真总义》等著作中,也有强烈的反映。

三

回回文化除吸收儒家思想外,也大量吸收汉族的文学艺术。其中尤以唐诗、宋词、元曲、绘画和书法等最突出。不少回回学者,通过自己的长期耕耘,在许多领域中都取得了卓越的成就,成为其所处时代的优秀人才。例如,在元代,诗、词、赋、曲、绘画、书法等方面卓有成就的学者,就有高克恭、萨都剌、泰不华、迺贤、马九皋、伯笃鲁丁、丁野夫、沐仲易等多人。

高克恭是著名诗人兼画家。克恭(字彦敬)父是一位深通儒家学说的学者。他自幼"习父训",年轻时于儒家经籍奥义,即"靡不口颂心研,务极源委,识悟弘深",尤喜爱中国传统的诗和画。曾累官至刑部尚书。在元

---

① 参阅(清)马注《清真指南》,宁夏人民出版社出版1988年版,第210—212页、215—216页。

② 同上书,第352页。

廷任职期间，常于公务之余吟诗作画，与友人互相酬赠唱和。其为诗"不尚钩棘，自成天趣"，① 令人耳目一新。元末明初诗人戴良赞其"清醒俊拔，成一家之言"。② 还将其列为元西域十二著名诗人之一。③ 克恭的画比诗更有名，据说他早年学南宋米芾、米有仁父子技法，继又模仿李成、董元、巨然法。由于好学不倦画技不断提高，造诣日深，深得时人的高度评价。元人王冕说："国朝画手不可数，神妙独数高尚书。"④ 明人张羽说："近代丹青谁最豪，南有赵（孟頫）魏（燮）北有高。"⑤ 董其昌说："诗至少陵（杜甫），书至鲁公（颜真卿），画至二米，古今不变，天下之能事毕矣，独高彦敬兼有众长，出新意于法度之中，寄妙理于豪放之外，所谓游刃余地，运斤成风，古今一人而已。"⑥

克恭的画，主要是山水画，但也善画墨竹。画家倪瓒称赞他的作品说："石室风流继老苏，黄华父子亦敷腴，吴兴笔法钟山裔，只有高髯不让渠。"⑦ "石室"是指文同，又称文湖州；"老苏"指苏轼；"黄华"指王庭筠；"吴兴"，指赵孟頫。以上数人都是画竹名手。意思是说，高克恭的画是可与前述数人相媲美的，充分反映了高克恭在画坛上所拥有的崇高地位。

萨都剌是著名诗人兼画家。过去有的学者认为他是蒙古族，其实这是一种误解。近数年已有不少学者就此进行过详细的论证，笔者以为论据是充分的，恕不再赘述。

萨都剌在元代曾担任过多年的地方官，他虽有些政绩，但位卑职微，始终没有受到重用。萨都剌的诗，无论在数量和影响上都占有极重要的地位。据清嘉庆年间刊行的《雁门集》统计，其保存下来的诗词就有807首，但似乎还不是萨诗的全部。

萨都剌的诗，不仅题材广阔，风格清新，具有浓重的生活气息，且富有艺术感染力和浪漫主义色彩。如《鬻女谣》《征夫怨》《早发黄河即

---

① （元）邓文原：《巴西文集·故太中大夫刑部尚书高公行状》。
② （元）戴良：《丁鹤年诗集序》。
③ 元西域十二著名诗人指贯云石、马祖常、萨都剌、余阙、高克恭、巙巙、泰不华、雅琥、聂古柏、斡克庄、伯笃鲁丁、三廷圭。
④ （元）王冕：《竹斋诗集》卷2。
⑤ （明）张羽：《静居集》卷2。
⑥ （明）董其昌：《画旨》。
⑦ （元）倪瓒：《清闷阁集》卷8。

事》等作品，都是脍炙人口的好诗。干文传《雁门集序》以为"其豪放如天风海涛，鱼龙出没；险劲如泰华云门，苍翠孤耸；其刚健清丽，则如淮阴出师，百折不挠"。戴良以为其诗风格似李贺。他尤工宫词及艳情乐府。元人杨维祯说，其所写宫词及《芙蓉曲》，虽唐代王建和张籍也无以过之。① 他还善于作词，所撰《满江红·金陵怀古》《念奴娇·登石头城》等作品，都是时人争相传诵的名篇。

萨都剌不仅善写诗，还能作画。他的画从保存下来的《严陵钓台图》和《梅雀》看，主要倾向于意境表现，从中也可以看出其画具有深厚的功力。

泰不华是著名诗人兼书画家。泰不华原名达普华，字兼善，祖籍波斯，② 世居白野山。自幼酷好华学，曾拜南宋遗老名儒周仁荣为师。由于学习刻苦，17岁即获乡试第一。次年对策大廷，赐进士及第，授集贤院修撰，累官至翰林侍读学士、浙东道宣慰使都元帅、礼部尚书等职。曾参与宋、辽、金三史的修撰。又重类《复古编》，更其讹字。③ 文学造诣极深，著有诗集《顾北集》。其诗长于借题发挥，构思严谨，辞藻华美，感情充沛，富有韵味。论者以为元季诸臣诗歌，"以兼善（即泰不华）为首，廷心（余阙）次之"④ "新声艳体" "为异代所无"。⑤ 又长于书画，"善篆隶"，⑥ "其法自成一家"，"极高古可尚，非他人所能及"。⑦

迺贤，一作纳新、马易之，也是元代诗坛一大家。《四库全书总目提要》云 "其名少亚于萨都剌，核其所作，视萨都剌无不及也"。近人胡怀琛则称其诗在萨都剌之上，与马祖常、丁鹤年相垺。⑧ 据说其诗在元代，深得当时名士和士大夫的赏识，每当作者有新诗出，"士大夫辄相传诵之"。⑨ 它与浙人韩与玉的书法、王子充的古文，曾被时人目为江南 "三

---

① （元）萨都剌：《雁门集·别录》引（元）杨维祯《竹枝词序》。
② 张迎胜等：《回族古代文学史》，宁夏人民出版社1988年版，第92页。过去一般认为他是蒙古人，从其生平事迹看，似应为回回人。（元）戴良《丁鹤年诗集序》也说他是西域人。
③ 《元史》卷143《泰不华传》。
④ （清）顾嗣立：《元诗选》。
⑤ （清）顾嗣立：《寒厅诗话》。
⑥ 《元史》卷143《泰不华传》。
⑦ （明）陶宗仪：《书史会要》。
⑧ 胡怀琛：《元西域诗人马易之、马祖常》，《创导》1937年第1卷第3期。
⑨ 柯绍忞：《新元史》卷238《迺贤传》。

绝"，著有《金台集》《海云清啸集》行世。虞集、揭傒斯、欧阳玄、贡师泰、泰不华、危素、黄溍等人都相继为《金台集》作序和跋。

马九皋①是诗人兼散曲家。他自幼喜爱文学，曾拜当时著名文人刘辰翁为师，累官至肃政廉访司经历、典瑞院金院、衢州路达鲁花赤等职。晚年因不愿与统治阶级同流合污，徜徉于山水，沉湎于诗酒，是一位才华出众的著名文士，蓄书至数万卷。② 据说他31岁时就已有诗集问世，与当时著名诗人杨载、虞集、萨都剌等都有唱和之作。工唐诗，精七言律，善散曲，内容多为思乡、忧国、怀亲之作。所作诗词，深得时人称誉。元曲家曹明善《［小梁州］侍马昂夫相公游柯山》说："文采风流，新诗题满凤凰楼。"③ 萨都剌《寄马昂夫总管》说："人传绝句工唐体，自恐前生是薛能。"④ 赵孟𫖯在评其词曲时也认为"皆激越慷慨，流丽清婉"，"为累世儒者所不及"。⑤

伯笃鲁丁、丁野夫和沐仲易等的成就和影响，虽不及以上数人，但也都各有不少建树。

在明、清时期，卓有成就的文学艺术家、诗人也很多，丁鹤年、马世俊、金大车、闪继迪、丁澎等，就是其中的杰出代表。

丁鹤年是元末明初的著名诗人。其兄弟皆业儒，四个兄长中有三人举进士。其中爱理沙曾累官至翰林应奉，烈瞻官至万户。鹤年因家学渊源，从小便习儒书，17岁时就已精通《诗》《书》《礼》三经。曾师事豫章名儒周怀孝，深得周怀孝的器重。由于其所处时代政局动荡，终生励志于学，不求仕进。赋诗极多，"尤工于唐律"，⑥ 在元末明初诗坛上占有崇高的地位，是继萨都剌之后又一位杰出的回回诗人。其诗现多收入《丁鹤年诗集》中，总共有三百余首。论者以其诗"沉郁顿挫，逼近古人，一无元季纤靡之习"。⑦ 其怀乡志国之作，气势雄浑，情真意切，"读之使人感奋激烈，不知涕泪之横流也"。"其音节格调，绝类杜子美（杜甫）"，

---

① 马九皋，原名薛超吾，字昂夫，九皋是他的号。因其汉姓马，故也有被称为马昂夫的。
② （元）吴师道：《吴礼部文集》卷12。
③ 参阅《乐府群玉》卷1。
④ （元）萨都剌：《雁门集》（萨龙光本）卷13。薛能，唐代诗人。
⑤ （元）赵孟𫖯：《松雪斋文集》卷6《薛昂夫诗集叙》。
⑥ （元）戴良：《九灵山房集》卷19《高士传》。
⑦ 《四库全书总目提要》。

而措词命意则兼有元代诸名家之长。①

丁鹤年不仅擅长诗歌,还擅长文章,会通算数、导引、方药诸学。

马世俊,江苏溧阳人,明朝大臣马从谦曾孙。因自幼学习努力,8岁时即能撰作短文,15岁时便开始作诗,28岁就在家乡享有诗名。他一生勤于创作,曾创作大量诗歌,与兄马世杰齐名,世称为"二马",生前曾将自己从25岁时开始创作的作品集为30卷,收诗达千首以上。在唐代文学家中,他特别推崇杜甫和韩愈,并深受其影响。他在《杜诗序》中说,"余寝食于杜诗二十年。……诗至唐人而体无不备,杜诗又备唐人之体"。杜诗有"王、骆之庄赡,有储、刘之深厚,有王、孟之秀远,有韩、孟之镵削,有温、李之娟媚,有钱、刘之雅淡"。他在《彭上馨诗序》中叙及自己的学诗经历时又说,"初好温、李之作,如义山《锦瑟》《马嵬》诸咏,裒集成帙。既而厌之,尽刷去……,惟沐浴寝处于陶、杜二公","始悔昔多妄作也"。在《韩文公集序》中,他对韩愈"独持仁义之说",反对天子迎佛骨倍加赞赏,充分肯定其在古文运动中的历史功绩。②

金大车(字子有)是儒学者金贤之子。早年学诗于文坛巨宿顾璘,在同学中最受顾璘爱重。曾与陈凤、谢少南等修文会。以其"词义双美"③,深受同社好友推崇。因会试连连落第,一生未得一官半职,生活清苦,著有《子有集》行世。其诗多为抒发其怀才不遇的悲凉身世,意境深沉含蓄,感情真挚,语言朴实自然。钱谦益《列朝诗集》以为其诗"法襄阳(孟浩然)、随州(刘长卿)"。④

大车弟大舆(字子坤)也是当时一位颇有名气的诗人,著有《子坤集》。所写诗感情直率,气势磅礴,语言凝练,对仗工整,意境新奇,深得时人的高度评价。⑤

闪继迪是云南保山人,明万历十三年举人,曾任过吏部司务,著有《羽岑园秋兴》(一作《雨岑园秋兴》)《吴越吟草》诸集。惜多已佚失,现仅存六十余首。其诗多流露出对明朝政治腐败、奸佞当道的强烈不满,渴望朝廷任用贤能。诗的风格多受李贺影响,气势雄浑、富于想象,语言

---

① (元)戴良:《春草斋集》卷7《鹤年吟稿序》。
② 参阅《回族古代文学史》,宁夏人民出版社1988年版,第212—213页。
③ 参阅(明)陈凤《金子有传》。
④ (明)钱谦益:《列朝诗集》丁集第七。
⑤ (明)陈凤:《金子有传》。

简括。子仲俨、仲侗也各以诗名世。

丁澎是清代前期的重要回回诗人。祖籍浙江仁和（今杭州），清顺治十二年（1655）进士。初官刑部，后迁调礼部，任郎中等职。澎少有隽才，未显达时，即已名播江左，尝作白燕楼诗，流传吴下，仕女争相传诵。与同里吴百朋等人结社，号称"西泠十子"，撰有《十子诗选》。及走上仕宦生涯后，又与张文光、施愚山等，时相酬唱，号"燕台七子"，并有合刻诗集行世。①其诗主要收录于《扶荔堂集》中，有640余首，语多含忠爱。别有《扶荔词》一卷，收词50余首，言近旨远，语有尽而意无穷。

除以上诸人外，浦寿峨、张端、马文升、孙继鲁、马明阳、沙琛等人的诗文，也有很深的造诣。

此外，在绘画和书法艺术方面也有不少出类拔萃的人才。例如，丁澎之弟丁景鸿，不仅能诗，还工画，擅长书法。世人评其书画：直在李唐、马远之间；草书神俊，处于度羊欣、梁鹄、师宜君以前。又如安徽太和人王仁斋，因善花鸟和写真画，光绪十年曾被安徽提督学正奏请入如意馆，记名称旨，"加六品御书"，名倾京城内外。郑珊，擅长山水画，晚年名重江淮，曾为近代国画家黄宾虹之师。

值得着重一提的还有明代著名女书画家——马守贞。她既能诗，也工书画，尤善画兰、竹。时人评其兰仿赵子固（赵孟坚），竹法管仲姬（管道昇），而得文待诏（文征明）之三昧。②

以上所举，虽然只是其中的一部分，却不难窥见其大概情况。

四

回回民族对汉文化既有吸收的一面，但也有影响和促进的一面。

前面我们着重叙述其对汉文化的吸收，下面我们将侧重阐述其对汉文化的影响和推动。根据诸书记载，回回民族影响和推动汉文化的发展主要有以下几方面：

一是天文历法方面。中国是世界四大文明古国之一，天文历法，素称发达，向为历代统治阶级所重视。史载"天垂象，见吉凶，圣人象之"。

---

① （清）张潮：《虞初新志》卷4。
② 参阅（明）钱谦益《列朝诗集小传》。

"观乎天文以察时变。自古有国家者，未有不致谨于斯者也"。① 从先秦至元以前，还先后推行过"古六历""太初历""四分历""乾象历""景初历""大明历""戊寅元历""大衍历""符天历""十二气历""统天历"等多部历法。这些历法，虽然各有特点，但也各有不同程度的缺陷。故每当朝代更迭时，往往都要颁行新历法。蒙古统一中国时，忽必烈就以西域回回"阴阳星历"精妙，命西域回回人扎马剌丁任职司天台。扎马剌丁在职期间，为改进旧有历法，就根据西域历法，奏进"万年历"，并一度被采用。② 及至元至元十七年（1280）郭守敬创"授时历"后，始被废止。据说"授时历"即是以"万年历"及耶律楚材创修的《庚午元历》为蓝本而修成的。③ 其影响之大于此可想而知。扎马剌丁在进呈《万年历》的同时，还创造了"多环仪""方位仪""斜纬仪""平纬仪""天球仪""地球仪""观象仪"等多种天象观测仪器，④ 以辨东西南北，日影长短、星辰向背。由于"回回历"具有中国传统历法所未备的某些优点，故朱元璋建立明朝后，又命元回回司天监黑的儿、阿都剌、监丞迭里月实等为明廷修定历数。洪武二年，又令回回司天台官郑阿里等至南京议历法，占天象。三年，将司天监改为钦天监，设天文、刻漏、大统历、回回历四科，以"回回历"和"大统历"参照并用。十五年（1382），又以"西域推测天象最精，其五星纬度又中国所无"，命翰林李翀、吴伯宗同回回大师马沙亦黑等译其书，⑤ 有力地推动了明代历法的发展。

二是数学方面。中国数学，向以几何学最落后，对几何学的应用，主要局限于直角三角形。"弧矢之法，前此言测候者弗能用也"。⑥ 随着回回历在中国的传播，回回数学，如《撒唯那罕答昔牙诸般算法段目并仪式》十七部，《兀忽烈的四擘算法段数》十五部、《呵些必牙诸般算法》八部等数学典籍也相继传入中国。⑦ 据说郭守敬创《授时历》所使用"密算"

---

① 《元史》卷48《天文一》。
② 《元史》卷52《历一》；《明史》卷37《历七》。
③ （清）俞正燮：《癸巳存稿》卷8。
④ 参阅马坚《回回天文学对于中国天文学的影响》，参阅中国社会科学院民族研究所、中央民族学院民族研究所《回族史组》编《回族史论集》，宁夏人民出版社1983年版，第180—181页。
⑤ 《明史》卷37《历七》。
⑥ （清）阮元：《畴人传》卷25。
⑦ 《元秘书监志》卷7。

中的算弧三角法，就可能与回回人发明的"弧三角法"有关。日本学者三上义夫说："元置回回天文台，使回人主其事，西域之天文器械亦多传入，授时历即作于如斯事情之中……如授时历使用类似球面三角法，恐视为传阿拉伯之知识，亦无不可。盖古算书中无其痕迹，古历法中亦无其法，至是乃忽然使用……"① 联系到《授时历》所创制的历史环境，上述论断显然并非毫无理由。

三是建筑方面。回回人在建筑学方面的成就，主要反映在漠北城市和大都的建设上。据说窝阔台兴建和林城时，曾从各地调集各族工匠1500多人参与建筑，其中参加施工的回回人总计达500余人，工程前后持续十年始告完成。不久，窝阔台又使回回工匠于和林以北迦坚茶寒湖建造一宫殿，名曰"扫邻城"，作为春猎行宫；于城南建图苏湖城（迎驾殿），以供其自翁金河冬营地返回和林时驻跸之所。元代修建大都城时，回回著名建筑家也黑迭儿丁任茶迭儿局总管府达鲁花赤，兼领监宫殿。他不仅对大都宫殿建筑群进行了全面规划，还对"正朝路寝，便殿掖庭"，"崇楼阿阁，缦庑飞檐"② 逐一进行筹理，从而使这一重大工程得以顺利完成。他还主持创修"琼华岛"（今北京北海琼岛）工作，历三年而成。以上工程，都对中国建筑业产生了巨大影响，并放射出夺目光辉。

四是织造技术。回回人初至中国时，工匠出身的人很多，他们大都被安置于官营作坊或各级王公贵族家中从事各种劳作。因其原有织造业较发达，其中有不少人便被安置于织造作坊中服役。《元史·哈散纳传》记载，窝阔台继为蒙古大汗时，哈散纳受命统率阿儿浑军并回回工匠三千户，驻荨麻林（今张家口西洗马林堡），设局织造"纳失失"。③ 尔后，弘州（今河北阳原）纳失失局建立，元政府便以西域织绮纹工300余户，教习从中原各地签派前来的汉族及其他各族工匠织造该织品。其织造技术影响之大，于此可想而知。

除以上数款外，回回人在制革、制药、制香料、饮食等诸方面，也有许多创造，它们对汉文化也有不同程度的影响。

---

① ［日］三上义夫：《中国算学之特色》，转引自马坚《回回天文学对中国天文学的影响》，载《回族史论集》宁夏人民出版社1983年版，第187页。
② （元）欧阳玄：《圭斋集》卷9。
③ "纳失失"，西域锦中的一种。中嵌有金线和珍珠，极精美，是元代宫廷制作"质孙服"的主要原料。

综观以上所述，可以清楚地看出，回、汉两族人民，是有着多么广泛而又密切的联系！彼此间不仅语言相同，文字相同，而且文化艺术修养、传统习惯也很切近。回回文化的形成，既包含着大量的汉族文化，而其发展也给汉文化以巨大的影响和推动。它们互相依存，互相吸收，互相促进，并共同铸造着中华民族文化的丰碑。赡思、伯颜、萨都剌、泰不华、丁鹤年、李贽等，既是回回民族文化史上的精英，同时也是中华民族文化史上的精英，他们的业绩值得我国各族人民共同传颂！

（原刊中国民族史学会编《第四次学术讨论会论文集》，中央民族学院出版社1993年版）

清代蒙古族的封建等级

清代蒙古族的封建等级，是清朝统治阶级在统一蒙古各部过程中形成和发展起来的，前后曾经历三百余年，不仅对蒙古族政治、经济、文化有着广泛和深刻影响，对清代民族关系也有着不可忽视的重要作用，这是众所周知的历史事实。对于这个问题，在已出版的历史著作中，虽已有不同程度的反映，但是专门从事探讨者却所见甚少，且说法多抵牾。为了更好地揭示蒙古族封建社会发展情况，笔者以为就这一问题做进一步研究是必要的。现拟就个人掌握情况，作一较为全面的探索。

一 封建等级的形成和发展

明代后期，蒙古社会由于汗权浸微，各部封建主间彼此争权夺利，互相杀伐，称雄割据，致使社会逐渐分裂成为察哈尔、喀尔喀、卫拉特蒙古三大集团。察哈尔蒙古，是明代蒙古著名首领达延汗长子（汗系）所在部落，其众除察哈尔本部外，还有科尔沁、喀喇沁、土默特等部。因他们大都散居于瀚海以南一带，故史称之为漠南蒙古。喀尔喀蒙古是达延汗季子格埒森札札赉尔珲台吉所属部落，初分为三部：土谢图汗部、车臣汗部、札萨克图汗部。清雍正三年（1725），以原附土谢图汗丹津喇嘛部众析出，自为一部，称"赛音诺颜部"，合为四部。以其众居于瀚海以北地区，故向称之为漠北蒙古。卫拉特蒙古，即明代之瓦剌，由准噶尔、和硕特、土尔扈特、杜尔伯特四部组成。以其众大都居住于阿勒泰山及其以西地区，世称之为漠西蒙古或西蒙古。

明代末年，察哈尔蒙古因林丹库图克图汗"昏于酒色"，[①] 凭陵诸部，任意杀掠，引起了所属各部封建主的强烈不满与反抗。时值建州地区女真首领努尔哈赤崛起，势力迅速扩大，建立"后金"，给明王朝及察哈尔蒙古以巨大威胁。明王朝因政治腐败，江河日下，无力调集强大兵力对付后金，遂答应每年以银数十万两给林丹汗和蒙古其他封建主，企图利用林丹汗与后金进行对抗。后金贵族深知对蒙古政策关系到金的盛衰，决定采用联蒙抗明策略，把与林丹汗有矛盾的封建主拉向自己一边，对战败要求和好的封建主，也给予优厚待遇，使林丹汗完全陷于孤立。

1628 年（明崇祯元年），林丹汗在内争中被喀喇沁、鄂尔多斯等部封建主联军击败。不久，漠南蒙古各部封建主又与后金联合，败林丹军于绰洛郭勒。满洲贵族见林丹势蹙，于 1631 年至 1632 年举兵进击，败其众于西拉木伦河北岸。林丹走投无路，被迫西遁。1634 年走死于甘肃大草滩，察哈尔蒙古解体。诸部俱为后金所统一。

时后金统治者皇太极在位。皇太极是一位有远见卓识的首领，他统一漠南蒙古各部以后，为了改变其部落林立、彼此间为争夺牧场而经常互相劫夺状况，以便更好地利用蒙古各部的军事力量，决定在蒙古原有封建领主制的基础上，建立以旗为中心的"盟旗制度"，把蒙古各部封建贵族纳入盟旗制中，以利于控制与利用。

为了达到上述目的，皇太极首先于 1635 年（天聪九年）将相继来归的蒙古人 16953 名编成 11 旗，把其中的 8 旗按"满洲八旗"编制建立"蒙古八旗"，使直属于满洲贵族，而将余下 3 旗令喀喇沁部长苏布地子古噜思奇布、土默特右翼长鄂木布楚琥尔、土默特左翼长耿格尔等分别统辖。接着，又于 1636 年被蒙古各部拥立为帝后，[②] 将科尔沁、郭尔罗斯、敖汉、奈曼、巴林、四子部落、翁牛特、乌喇特等各部分编为 22 旗，并分别授予巴达礼、乌克善、布达齐、满珠习礼、洪果尔、衮楚克巴图鲁、耿格儿、善巴等为和硕亲王、多罗郡王、多罗贝勒、固山贝子、镇国公、辅国公、塔布囊等爵秩。这样，加上上年余下的一共 25 旗，全部令由前述授封的蒙古封建主掌握。新建立起来的旗，是在蒙古原有部落组织基础上，参照"满洲八旗"的某些原则加以改编而成的。它与从前组编的

---

① 《明史纪事本末》补编卷 3《西人封贡》。
② 1636 年皇太极称帝后，改国号为"大清"。

"蒙古八旗"不同的地方在于：其旗佐基本上仍局限在部落组织的框架之内，并居住于原有地方。此后随着户口的增殖，以及喀尔喀左右翼的移入，原有的25旗又扩编为49旗，从此成为定制。

在清朝统治阶级直接操纵下建立起来的旗，称为"扎萨克旗"①。"扎萨克"，蒙古语原义有"法令""条例"之意，后引申为"执政者"或"掌管法令的人"。"扎萨克旗"，顾名思义就是执掌法令者之旗。扎萨克平时执掌行政、司法以及征收税务等工作，战时则负责征兵和督率兵丁从事征战，以其毗邻内地，故又称之为"内扎萨克"。

各旗之上，后又置盟，作为旗的会盟组织。盟长由各旗中威望较高者兼摄。漠南蒙古49旗分别被编为"六盟"。盟旗制度就是由此发展而来的。

以盟旗制为基础建立起来的扎萨克旗，因大都是由于归附有功、或与成吉思汗家族有较密切关系而设置的，不隶满洲贵族直接管辖，爵秩俱可世袭，世称之为"外藩旗"。《大清会典》记载："外藩四十九旗，或以功，或以亲，或以举国输服，封亲王、郡王、贝勒、贝子、镇国公、辅国公，秩皆照内王等；台吉、塔布囊，俱给以品级。"②

据记载，哲里木盟（科尔沁、扎赉特、杜尔伯特、郭尔罗斯四部落）有：亲王、郡王各4人，贝勒3人，贝子2人，镇国公3人，辅国公7人，一等台吉1人；卓索图盟（喀喇沁、土默特二部落）：郡王、贝勒各1人，贝子3人，镇国公1人，辅国公2人，一等塔布囊1人；昭乌达盟（敖汉、奈曼、巴林、扎鲁特、阿噜科尔沁、翁牛特、克什克腾、喀尔喀左翼）有：郡王5人，贝勒6人，贝子4人，镇国公2人，辅国公3人，一等台吉1人；锡林郭勒盟（乌珠穆沁、浩齐特、苏尼特、阿巴噶、阿巴哈纳尔）：亲王1人，郡王6人，贝勒3人，贝子2人，镇国公1人，辅国公3人；乌兰察布盟（四子部落、茂明安、乌喇特、喀尔喀右翼）：郡王1人，贝勒、贝子各2人，镇国公3人，辅国公2人，一等台吉1人；鄂尔多斯：郡王1人，贝勒2人，贝子3人，辅国公1人，一等台吉

---

① 除扎萨克旗外，还有都统旗和总管旗。都统旗和总管旗称内属旗，由清廷直接控制，不在本文研究范围内。

② 康熙《大清会典》录勋清吏司。（本文所引用《大清会典》《理藩院则例》资料，均为赵云田辑校、中国社会科学院中国边疆史地研究中心编《清代理藩院资料辑录》，全国图书馆文献缩微中心1988年版。）

1人。① 科尔沁部因归附满族统治阶级最早，而与之关系又最密切，故所受的宠遇最为优渥，其爵秩位次和人数，皆居诸部之冠。

随着满族统治势力的扩大以及全国政权的建立，喀尔喀和卫拉特蒙古后也相继为其统一。喀尔喀和卫拉特蒙古归附后，清朝统治阶级为加强其统治，便沿用其对漠南蒙古的政策，在其各自所在地区，分别编旗设佐领，置扎萨克，并统称为"外扎萨克"。其中喀尔喀蒙古分83旗，置4盟；卫拉特蒙古分65旗，置6盟。与此同时，又给各部封建主颁授荣爵。这些荣爵，除喀尔喀、杜尔伯特、土尔扈特仍继续保留其原有汗号外，其余各爵，大体上仍与漠南蒙古人相同。《大清会典》记载："凡封爵，有汗以列王、贝勒、贝子、公之右，无塔布囊而有台吉。"②

关于喀尔喀和卫拉特蒙古各部封建主之授封情况，大体如下：

喀尔喀汗阿林盟（土谢图汗部20旗）：汗1人，亲王2人，郡王1人，贝勒2人，辅国公7人，一等台吉8人；齐齐尔里克盟（赛音诺颜部22旗）：亲王2人，郡王2人，贝勒2人，贝子1人，镇国公2人，辅国公8人，一等台吉9人；喀鲁伦巴尔和屯盟（车臣汗部23旗）：汗1人，亲王、郡王各1人，贝勒、贝子各2人，镇国公、辅国公各3人，一等台吉13人；扎克必拉色钦毕都哩雅尔盟（扎萨克图汗部18旗）：汗1人，贝勒1人，镇国公3人，辅国公6人，一等台吉9人。

卫拉特蒙古。青海额鲁特盟：亲王1人，郡王3人，贝勒2人，贝子2人，镇国公1人，辅国公5人，一等台吉16人；阿拉善额鲁特：郡王1人，镇国公2人；乌兰乌苏额鲁特：贝子2人；杜尔伯特二盟（附辉特，16旗）：汗1人，亲王、郡王各1人，贝勒2人，贝子4人，镇国公1人，辅国公2人，一等台吉6人；土尔扈特二盟（附额济纳土尔扈特）：汗1人，亲王1人，郡王2人，贝勒5人，贝子4人，辅国公2人，一等台吉3人；和硕特一盟：贝子1人，一等台吉3人。③

其所封各爵，原有世袭和非世袭之分。乾隆（1736—1795年）中期以后，以"追考励勤，覃敷恩赐"，遂定"袭爵之制，一如内扎萨克"④。清朝统治阶级之所以对喀尔喀和卫拉特蒙古封建主如此眷遇，目的是为了

---

① 乾隆《大清会典》旗籍清吏司。
② 嘉庆《大清会典》典属清吏司。
③ 参阅乾隆《大清会典》典属清吏司；嘉庆《大清会典》典属清吏司。
④ 嘉庆《大清会典》典属清吏司。

使各封建主能更好地为之"屏藩"。康熙有一次就说:"我朝施恩于喀尔喀,使之防备朔方,较长城更为坚固。"① 又云:"本朝不设边防,以蒙古部落为之屏藩耳。"② 显而易见,这是清代统治阶级一贯坚持的政策。

二 封建等级的基本构成及其关系

关于清代蒙古族的封建等级,学术界目前似乎还没有统一的分法。有的将其分为领主等级,缙绅等级,闲散王公贵族等级,阿勒巴图平民等级,属民等级,奴隶。③ 有的又将其分为:封建王公,僧侣封建主,阿勒巴图,随丁,陵丁,庄丁,奴仆。④ 上述两种分法,虽然都有其合理性,但依个人愚见,将其分为世俗封建主,僧侣封建主,平民(或阿勒巴图),属民,奴隶,似乎更为妥当,更能体现其阶级实质,更有利于我们对它进行分析和研究。

(一)世俗封建主

自17世纪中叶以后,蒙古族的封建主大体上可分为两类:一类是掌握充分司法权的执政王公,另一类是司法权受到一定限制的普通王公。⑤ 所谓"执政王公",或又称为"扎萨克王公",是指在盟旗中被授为"扎萨克"职位的王公。所谓"普通王公",是指没有"扎萨克"职位的王公,俗称为"闲散王公"。清朝政府规定:"凡封爵,亲王、郡王、贝勒、贝子、公(镇国公、辅国公)为五等,秩视宗藩,世袭罔替。自扎萨克外,皆属散秩。"⑥ 所谓"执政王公""普通王公",即由此而来。执政王公拥有领地,是旗政的执掌者。普通王公没有领地,不能干预旗政。

---

① 《清圣祖实录》卷151,康熙三十年四月壬辰。
② (清)俞正燮:《癸巳存稿》卷6。
③ 参阅蔡志纯《清代蒙古封建等级制度初探》,载《中国民族史研究》,中国社会科学出版社1987年版,第234—241页。
④ 参阅乌云毕力格等《蒙古民族通史》第4卷,内蒙古大学出版社1993年版,第297—312页。
⑤ 参阅[苏]符拉基米尔佐夫《蒙古社会制度史》,刘荣焌译,中国社会科学出版社1980年版,第278页。
⑥ 乾隆《大清会典》旗籍清吏司。

按清朝规定，凡受封为王公、台吉的贵族，都享有政治、经济特权。这些特权主要有以下几方面：

1. 享有清廷颁发的俸禄（闲散台吉除外）。这种俸禄包括俸银和俸缎。清朝政府规定：凡外藩亲王，颁给俸银二千两，俸缎二十五匹（科尔沁土谢图、卓礼克图、达尔汉三亲王俸银二千五百两，俸缎四十匹）；郡王俸银千二百两，俸缎二十五匹；贝勒俸银八百两，俸缎十三匹；贝子俸银五百两，俸缎十匹；镇国公俸银三百两，俸缎九匹；辅国公俸银二百两，俸缎七匹；扎萨克台吉、塔布囊俸银一百两，俸缎四匹。①

2. 有向属民征收赋税权利。清廷规定：蒙古王公、台吉等，每年征收所属，"有五牛以上及羊二十者，并准取一羊。有羊四十者，准取二羊，虽有余畜，不准增取。有二牛者，取米六锅。有一牛者，取米三锅。"② 其进贡、会盟、游牧、嫁娶等事，视所属至百户以上者，准于什长处取一牛一马之车。有三乳牛以上者，准取乳油一肚。有五乳牛以上者，准取乳酒一瓶。有百羊以上者，准增取毯一条。③

3. 子弟享有封爵特权。清廷规定：公主、亲王子弟，授一等台吉；郡主、郡王、贝勒子弟，授二等台吉；县主、郡君、县君、贝子、公子弟，授三等台吉；台吉子弟，概授四等。若简用扎萨克，则秩皆一等。王、贝勒族兄，亦封四等台吉。④

4. 子弟有袭爵特权。"凡封爵：亲王、郡王、贝勒、贝子、公（镇国公、辅国公）为五等，秩视宗藩，世袭罔替。""应袭爵之亲王长子，秩视公；郡王贝勒长子，视一等台吉；贝子、公长子，视二等。如长子不称袭爵，于余子内择其优者，报院奏闻，届期承袭。"⑤

5. 有授官特权。清朝政府规定：凡设官，每旗设扎萨克一人，总理旗务，"以汗、王、贝勒、贝子、公、台吉等为之"⑥。扎萨克以下置协理台吉，帮办旗务，亦"以王、贝勒、贝子、公、台吉为之"。遇有缺出，由扎萨克会同盟长于闲散王以下，台吉、塔布囊以上，"择其明敏能辖众

---

① 光绪《大清会典事例》卷987。
② 嘉庆《大清会典》旗籍清吏司。
③ 乾隆朝内府抄本《理藩院则例》录勋清吏司下。
④ 乾隆《大清会典》旗籍清吏司；嘉庆《大清会典》旗籍清吏司。
⑤ 乾隆《大清会典》旗籍清吏司。
⑥ 乾隆《大清会典》典属清吏司。

者"补放。其属有管旗章京和副章京，由扎萨克于本旗内择其台吉、塔布囊之能辖众者充任。所属都统、副都统等官，皆于本旗台吉内遴选。①

6. 子弟有进京接受教育特权。清朝政府规定：凡蒙古王、贝勒、贝子、公、台吉等之子，年15岁以上，人品聪敏，已经出痘者，令其进京教养。② 从而为蒙古王公贵族子弟文化水平的提高提供了有利条件。

此外，他们还分别享有仪从、服饰、随丁、陵户等种种权利，使他们成为凌驾于广大蒙古族牧民头上的特权阶级。

（二）僧侣封建主

蒙古各部自从俺答汗皈依藏传佛教格鲁派后，奉教之风便逐渐盛行。各部封建主纷纷于所在地区建立寺院，以表示对佛的虔诚。到了清代，满族统治阶级为了怀柔蒙古族人民，又采取"以神道设教"③ 政策，拨发大量金银，于各部中敕建喇嘛庙，促使喇嘛数量急剧上升，并逐步形成了一个庞大的僧侣集团。在这个僧侣集团中，出身于贵族家庭的，大都为上层喇嘛。上层喇嘛，即僧侣贵族。出身于平民的，大都为下层喇嘛。下层喇嘛经过长期的学习、修炼，也可跻身于上层喇嘛行列，但这是极少数。上层喇嘛因其有学位、有职位，在宗教事务和寺院财政两方面都居于统治地位，故他们实际上也是大小不同的封建主。据《大清会典》记载，清代蒙古地区的上层喇嘛，可分为数等：凡"道行至高者曰胡土克图，转世者曰胡毕尔汗。其秩之贵者曰国师、曰禅师，次曰扎萨克大喇嘛、副扎萨克大喇嘛、扎萨克喇嘛，又次曰大喇嘛、副喇嘛、闲散喇嘛"。④

胡土克图（与胡图克图、呼图克图，俱为同音异译）、胡毕尔汗，汉语一般称之为活佛。他们通常都具有两重身份：一为所在寺院信仰中心、或一方教主，一为所在寺院喇嘛的管理者和财富支配者。例如，库伦哲布尊丹巴胡图克图、多伦诺尔汇宗寺章嘉胡图克图，就分别为喀尔喀和漠南蒙古高僧，同时又各是所在地区最大的僧侣封建主。在蒙古地区，被尊称为胡图克图或活佛的人很多。据有关学者研究，乾隆时期仅内外蒙古就有

---

① 参阅乾隆《大清会典》旗籍清吏司、典属清吏司；嘉庆《大清会典》旗籍清吏司。
② 乾隆朝内府抄本《理藩院则例》宾客清吏司。
③ （清）昭梿：《啸亭杂录》卷10《章嘉喇嘛》。
④ 乾隆《大清会典》典属清吏司。

88 人。此外，驻于北京的还有 13 人。到了清代末叶，更增至 245 人。①扎萨克大喇嘛、副扎萨克大喇嘛、扎萨克喇嘛，都是由清朝理藩院请旨简放的喇嘛，位居于活佛之下。其统治范围主要是喇嘛旗，地位与一般蒙古旗扎萨克相当，拥有统治区域内的土地和属民。②凡与喇嘛有关的一切纠纷和案件，都由他们处理。大喇嘛、副喇嘛，是在没有扎萨克喇嘛等寺庙的住持喇嘛，其职位或又称为达喇嘛、副达喇嘛。"闲散喇嘛"或又称为"苏拉喇嘛"。"苏拉"，原意为"值勤"。"苏拉喇嘛"职责主要负责寺庙或扎仓的具体事务。据《大清会典》载：西勒图库伦有扎萨克大喇嘛 1 人，扎萨克喇嘛 4 人。漠南蒙古四十九旗，每旗各有大喇嘛 1 人。归化城有扎萨克大喇嘛 1 人，副扎萨克大喇嘛 1 人，扎萨克喇嘛 6 人。多伦诺尔汇宗、善因二寺，有扎萨克大喇嘛 1 人，大喇嘛 2 人，副大喇嘛 2 人。③

上层喇嘛除以上所述诸人外，商卓特巴、德木齐、格思贵等，也是其重要组成部分。

僧侣封建主的财富主要是依靠广大牧民群众的布施以及世俗封建主的捐赠。但他们大都也有自己的领地和属民。僧侣封建主的属民，俗称为庙丁或沙比纳尔。他们利用其放牧牲畜或耕种土地，并向其征收各种赋税。

（三）平民阶级

平民阶级，蒙古语称为阿拉特。阿拉特是蒙古社会中的主要生产者和赋税供应者。"赋税"，蒙古语称为"阿勒班"或"阿勒巴"，故史籍中又常常将其称为"阿勒巴图"。"阿勒巴图"意即"负担赋役义务的人，纳贡的人"④。每个阿拉特牧民，都是其领主的阿勒巴图。新中国成立以前在阿拉善旗，就一直流传着这样一句话："没有无诺颜（即王）的阿勒巴图，也没有无阿勒巴图的诺颜。"⑤王公贵族拥有阿勒巴图，就像拥有牲畜和其他财产一样。

首先，阿拉特牧民作为阿勒巴图，最主要的任务是定期向自己的领主

---

① 参阅乌云毕力格等《蒙古民族通史》第 4 卷，第 302 页。
② 参阅 [日] 田山茂《清代蒙古社会制度》，潘世宪译，商务印书馆 1987 年版，第 145 页。
③ 乾隆《大清会典》典属清吏司。
④ [苏] 符拉基米尔佐夫《蒙古社会制度史》，第 249 页。
⑤ 内蒙古自治区编辑组：《蒙古族社会历史调查》，内蒙古人民出版社 1985 年版，第 120 页。

缴纳实物税。额数一般是：有牛五头以上及羊二十只者，纳羊一只；有羊四十只以上者，纳羊二只；有二牛者，纳米六锅；有一牛者，纳米三锅。倘遇王公进贡、会盟、移营、嫁娶等事，则随时按领主要求缴纳。与此同时，还必须承担各种劳役。劳役主要有"乌拉""随丁"以及各种临时差派。"乌拉"最主要的是征用畜力，间也兼派管理牲畜的人。"凡王爷、官员出门，驮运粮饷、拉盐、运煤等事，都用'乌拉'解决，没有一定数目，也没有一定限制。""乌拉是牧民最感苛重的负担。"①

其次，是服兵役。按清朝政府规定，凡蒙古男子，"年十八以上，六十以下"丁壮，都要编入丁册，送理藩院审核，不得隐匿。倘有隐匿，便要受到惩罚。蒙古壮丁俗称"箭丁"。"箭丁"分马甲（骁骑）和闲散两种，二者轮流服兵役。"遇有征伐，以二丁遣战，一丁留家"。② 壮丁应召从军，必须自备马匹和口粮。

阿勒巴图与领主间的隶属关系是不能任意改变的。阿勒巴图未经领主许可而离开领主，一旦被发现，便要立刻追回，并受到严厉惩处。领主还可将其当作财产一样，分给自己的属下或子孙。如果是女阿勒巴图，则可将其嫁给自己领地内或其他领地的人。

阿勒巴图因领主地位不同而有所差别。据《蒙古族社会历史调查》记载："属于扎萨克王爷的叫做'阿勒巴图'，属于公爷、台吉的叫做'哈里雅图'。"③ 这就是说，严格意义上的"阿勒巴图"，是指扎萨克王公的属民，而普通王公的属民，则称为"哈里雅图"。扎萨克王公的属民（阿勒巴图）又称为"苏木阿尔得"或"京肯阿尔得"，意为正式旗民。"苏木阿尔得"必须服兵役，并可被选充为管旗章京以下官职。普通王公属民即"哈里雅图"，则不是"苏木阿尔得"，即非正式旗民。"哈里雅图"不需要服兵役，但除了要定期向主人纳实物税、临时税和服徭役外，还须向旗里缴纳临时税并承担各种徭役，并受主人和地方官双重管辖。④

按清朝政府规定，阿勒巴图外出探亲访友，须"禀明管旗王、贝勒、贝子、台吉或管旗章京，将缘由注明，给予执照前往"⑤ 阿勒巴图处理自

---

① 内蒙古自治区编辑组：《蒙古族社会历史调查》，第 131 页。
② 乾隆《大清会典》旗籍清吏司。
③ 内蒙古自治区编辑组：《蒙古族社会历史调查》，第 132 页。
④ 参阅内蒙古自治区编辑组《蒙古族社会历史调查》，第 142 页。
⑤ 道光《理藩院则例》卷 34。

己的牲畜和畜产品，要征得主人的同意或在主人的监督下进行。

寺院中的沙比那尔，或又称为"庙丁"，也属于阿勒巴图阶层。《大清会典》记载："旗各建其长曰扎萨克，而治其事（扎萨克之众曰阿尔巴图，其治皆统于扎萨克）。""凡喇嘛之辖众者，令治其事如扎萨克焉（喇嘛之众曰沙毕那尔，其治统之于喇嘛）。"① 《蒙古族社会历史调查》指出："阿尔德（阿拉特）在不同的场合又有不同的称呼，其属于王公、台吉者，称阿勒巴图，也叫'哈里雅图'；其属于格根、喇嘛坦（转世喇嘛）者，称'沙毕那尔'。沙毕那尔实际等于哈里雅图。"② 由此可见，阿勒巴图、哈里雅图、沙比那尔在本质上是相同的。有的学者把阿勒巴图同哈里雅图、沙比那尔分为完全不同的等级，其说法未必妥当。

沙比那尔的"沙比"一词，原义有二：一是指寺庙喇嘛的徒弟，一是泛指寺庙或某达喇嘛的属下人。其中有僧侣也有俗人。沙比那尔，意即寺院徒众。寺院中的沙比那尔，大都来自王公贵族献给寺院的属民。例如，喀尔喀伊拉古克三胡图克图七世呼毕勒罕，就依靠他哥哥达赖王的帮助，"使自己的沙比那尔人数，比从前增加了一倍"③。也有相当一部分，是由于天灾人祸破产或因故脱逃前来投充寺院的牧民。

作为寺院徒众的沙比那尔，一般都必须定期向寺院格根缴纳"阿勒巴"，并为之服各种劳役。这些劳役，主要是放牧牲畜、从事运输和各种杂役。在一些较大寺院中，沙比那尔通常都被分别编成若干鄂拓克、爱马克从事生产活动。例如，19 世纪时喀尔喀蒙古库伦喇嘛徒众，就分别被编成 28 个爱马克④。扎雅格根庙的沙比那尔被分编成 8 个鄂拓克⑤，伊拉古克三胡图克图的沙比那尔被分成 3 个鄂拓克⑥。这些鄂拓克，一般都由达尔嘎和宰桑治理，其权力集中于"塔玛嘎"——格根衙门，由商卓特巴负责总管。清代在蒙古地区还设有喇嘛旗。全蒙古地区共有喇嘛旗 7 个：其中喀尔喀 5 旗，漠南蒙古 1 旗，青海额鲁特蒙古 1 旗。

沙比那尔一般都不服兵役，但编入喇嘛旗的则要服兵役。据说在同治

---

① 嘉庆《大清会典》旗籍清吏司。
② 内蒙古自治区编辑组：《蒙古族社会历史调查》，第 119 页。
③ ［俄］波兹德涅耶夫：《蒙古及蒙古人》第 1 卷，刘汉明等译，内蒙古人民出版社 1989 年版，第 404 页。
④ 同上书，第 86 页。
⑤ 同上书，第 447 页。
⑥ 同上书，第 406 页。

（1862—1874）年间，陕甘地区因发生回民起义，阿拉善旗的沙比那尔也有应征入役的。沙比那尔一般不必向扎萨克王公缴纳赋税。但若遇全旗性大事，如战争、或王爷进京等事，也同样要承担部分赋税。

沙比那尔因赋税比较重，故他们大都"愿意转入苏木籍为苏木阿尔德即正式旗（扎萨克旗）民"。有的还以此要挟自己的主人，使其减轻自己的负担。而旗衙门也常常寻找机会，将沙比那尔"收归苏木管下"①。

（四）属民等级

这里所说的"属民"，②是指有着严格的人身依附关系，终身为主人服役的随从。其中主要包括随丁、陵丁和庄丁。

"随丁"，蒙古语称"哈木吉拉嘎"，是从"箭丁"中抽出，充当王公贵族的侍从人员。"随丁"有"随人箭丁"和"随缺箭丁"两种。"随人箭丁"是供王公贵族私人役使、终身为主人服务者。"随缺箭丁"则仅限主人在职期间服役。若主人被解职，则仍须返回原来的苏木，恢复原有的身份。随丁一般都不缴纳赋税，不服兵役和其他杂役，也不能出任旗佐官员，一切俱听从主人驱使。按清朝政府规定，各级王公贵族均有权占有一定比例的随丁："内外扎萨克汗、亲王给随丁六十名，郡王给随丁五十名，贝勒给随丁四十名，贝子给随丁三十五名，公给随丁三十名。"此外，固伦额驸、和硕额驸、郡王额驸、县主额驸、郡君额驸，以及一、二、三、四等台吉也分别给予四十、三十、二十、十五、十二、八、四名随丁。③

按定例，王公、台吉随从，都必须从自己所属阿勒巴图中选择。但由于扎萨克王公权力大，他们实际上并不执行这些规定，不论是其自身的阿勒巴图，普通王公的哈里雅图，还是格根的沙比那尔，都可随意加以调用。

王公贵族的随丁，社会地位极为低微。不仅要终身为主人服务，而且在主人死后要继续为主人的子孙服务。按清朝规定，主人杀死随丁，只要课罚牲畜若干头交死者家属，即可完事。

---

① 内蒙古自治区编辑组：《蒙古族社会历史调查》，第130页。
② 广义的"属民"，还应包括"阿勒巴图"。这里所说的是除"阿勒巴图"以外的"属民"。
③ 嘉庆《大清会典》旗籍清吏司。

"陵丁"，蒙古语称"雅木坦"，指为王公贵族守护陵墓者。王公贵族占有陵丁的数额，清朝法律也有明确规定：亲王 10 户，郡王 8 户，固伦公主与郡王同，贝勒、贝子各 6 户，和硕公主、郡主与贝勒相同，公四户，郡君与公相同①。"陵丁"也是终身为主人及其子孙效劳的。

"庄丁"，是指专门为主人从事耕作的农夫。这些人大都是随公主陪嫁而来的人户，满语称为"包衣"，意为"下人"，俗称"尹吉满洲"②。其实他们并非满族人，而是汉人。由于他们经常接近王爷、公主而得到信任。据载阿拉善旗在新中国成立以前就拥有数十户。③

"随丁""陵丁""庄丁"，虽然都各有家庭，并拥有一定数量的财产，但其人身、家庭、财产、子女等，都必须由主人支配，个人没有任何自主权利。其社会地位实际上与家奴差不多，只是不能随便买卖和典当而已。

（五）奴隶

奴隶，蒙古语称"孛斡勒"或"乞塔特"。奴隶的主要来源：一是前明时代奴隶后裔。因为祖先是奴隶，此后便世代为主人服役。二是从战争中掠夺来的战俘。例如，1755 年（乾隆二十年）九月，当清廷得知阿睦尔撒纳叛逃后，便下令掳其残余部众，"分赏喀尔喀为奴仆"④。三是因盗窃、负债而被籍没者。四是由于天灾人祸经济破产而卖身的人。例如，康熙年间，哲盟杜尔伯特旗就因"连年亢旱，米谷不收，牛羊倒毙"，其中就有 6000 余人被迫卖身于黑龙江、郭尔罗斯等处。⑤ 五是从外地流入的蒙、汉户口。六是随公主陪嫁的侍女或陪嫁户。其中大多数都是家内奴隶。

奴隶，一般都住在主人家，为主人从事各种杂役。凡是苦、脏、累的活，都由他们承担。他们没有任何人身自由，一切俱听命于主人。没有姓氏，婚姻也不能自主。在主人心目中，奴隶是其家庭私有财产，既可以用作赠与，也可用来抵押或典卖。他们生活在社会最底层，是受压迫、剥削最为沉重的阶层和阶级。

---

① 乾隆《大清会典》旗籍清吏司。
② 参阅内蒙古自治区编辑组《蒙古族社会历史调查》，第 142—143 页。
③ 同上。
④ 《清高宗实录》卷 497，乾隆二十年九月戊戌。
⑤ 《清圣祖实录》卷 281，康熙五十七年九月壬午。

三　等级特点

纵观清代蒙古封建等级的形成、发展过程，以及基本构成情况，其主要特点可以归纳为以下几个方面：

（一）世俗封建主阶级是以满族封建等级为基础，结合蒙古的某些原有等级而形成的

据记载，蒙古王公贵族阶层中的亲王、郡王、贝勒、贝子、镇国公、辅国公诸爵秩，原是满族统治阶级用以封赐其宗室王公的，世称为九等封爵。后来漠南蒙古各部相继归附，清朝统治阶级为了笼络各部封建主，始又将其封赐蒙古各部王公。清世宗胤禛有一次就说："亲王、郡王、贝勒、贝子等爵位，俱系我朝册封宗室子孙兄弟之号。其余臣下，虽效力立功，并无封贝子之例。惟四十九旗扎萨克成吉思汗之后，博尔济锦氏台吉等诚心归顺，我太宗皇祖俱赐以宗室封号，视如骨肉。"[①] 由此可见，蒙古王公贵族的主要称号，与满洲贵族的主要称号大体上是一致的。

可汗、台吉、塔布囊诸爵位，则是蒙古族旧有的称呼。《元朝秘史》记载，蒙古人早在立国之前，其首领就已自尊为汗了。蒙古国建立后，不仅大首领称汗，各地的封君也相继称汗。明末清初时，由于封建割据加剧，称汗的人数又不断有所增加。例如，喀尔喀就有土谢图汗、车臣汗、扎萨克图汗；卫拉特蒙古有顾实汗、鄂齐尔图汗、博硕克图汗等。他们之所以纷纷称汗，是因为在其心目中，汗是最为尊贵的职位。"台吉"，原是成吉思汗黄金家族后裔通称。各级台吉均为同一族成员，彼此不能通婚。后卫拉特蒙古势力扩大，其各部封建主也相继称洪台吉、台吉。于是，"台吉"便由博尔济锦氏一族专称演变为一般蒙古贵族的通称。凡台吉都有自己的领地和属民。"塔布囊"，是明代蒙古人对女婿、仪宾的专称，又译"倘不浪""他不能"等。他们也是拥有大量财产和属众的封建领主。

以满族宗室王公等级封赐蒙古的封建王公，充分反映了清代统治阶级对蒙古封建主的高度重视与宠遇。

---

① 《清世宗实录》卷112，雍正九年十一月丙寅。

(二) 王公贵族分"执政"与"闲散",等级制度森严

在明代,构成蒙古社会的统治阶级,是世袭领主和以军事领袖资格而居于兀鲁思或鄂拓克领导地位的人。他们一般都拥有额毡、诺颜、太师、太保、知院、宰桑等称号。兀鲁思土绵首领,除大汗、济农、台吉等黄金氏族成员外,通常还有赛特。东部蒙古各兀鲁思,在达延汗去世后,其土绵首领,全部为成吉思汗黄金家族所独占,他们是蒙古社会中的大领主。而鄂拓克和爱马克首领——台吉和宰桑,则是社会中的小领主。明代蒙古人,由于战争频繁,割据严重,故当时虽有不同等级的划分,但并没有将官与爵加以区别。对各级官吏的特权与义务,也没有任何具体的规定。权力的大小依照占有属民的多少、领地的广狭而取得。小领主依靠大领主而得到保护,大领主则依赖小领主的支持而使势力得到巩固;小领主对于大领主,处于层层藩属地位。所有领主都有处理领地内的军事、行政、司法以及向自己属民征收赋税的权力。

清代蒙古的王公贵族则不同。清廷将被授封的各级王公的官和爵完全加以割离,规定只有被授为"扎萨克"的王公、台吉才有权管理旗政,未被授为"扎萨克"者,不论其爵位多高,都没有干预旗政的权力。这样一来,原有的王公贵族便被分离为"执政王公"和"闲散王公"两个不同阶层,并使后者完全处于前者的约束之下。姚锡光《筹蒙刍议》云:"蒙古王公、台吉、塔布囊凡两等:一世袭扎萨克之王公、台吉、塔布囊;一不管旗务、非扎萨克之闲散王公、台吉、塔布囊。世袭扎萨克之王公、台吉、塔布囊,有管本旗土地、人民之权;不管旗务非扎萨克之闲散王公、台吉、塔布囊,无管本旗土地、人民之权,而各有其私产、私奴才,如采邑然。"[①] 这就是说,扎萨克王公占有领地,也有管理领地内人民的权力;普通王公只有属民,没有领地,也没有权力过问领地内事务,在旗内只能处于从属地位。

扎萨克王公虽有掌握全旗权力,但由于他们是清朝政府藩臣,故其权力也要受到一定限制。"扎萨克给属下分配旗地时,通常须遵守清廷所定

---

① (清) 姚锡光:《筹蒙刍议》卷上《续呈实边条议以固北圉说帖》(光绪三十一年八月上练兵处王大臣)。

的准则，按时和条件分配"。① 他们也没有权力任命本旗官员。例如，任命协理台吉，要由扎萨克会同盟长，于闲散王以下，"择其明敏能辖众者"② 充任。也没有立法权。其处理旗务，必须遵守清廷为之制定律例行事，否则便要受到惩处。闲散王公虽不能干预旗政，但有被选拔为协理台吉的权利。闲散台吉、塔布囊可充当管旗章京、副章京、都统、副都统。

按规定，凡被授予爵秩的各级王公贵族，都享有各种政治、经济特权，其中包括剥削和压迫人民的特权。可是却规定不准人民有任何不满表示或反抗，明显地反映出压迫有理、剥削有理的封建本质。例如，《大清会典》规定："庶人在王前出恶言者，罚三九；犯台吉、塔布囊等，罚一九；虽非面言而审实者，亦坐。诟骂都统者罚一九；犯副都统，罚七头；犯参领，罚五头；犯佐领，罚三头。"③ 又定："庶人虽在不管扎萨克事之贝勒、贝子、公、台吉前明出恶言者，亦照扎萨克例罚取牲畜。"④ 刨发王公及其妻坟墓的人，首犯"拟斩立决，抄没其妻子畜产"；从犯"鞭一百"，并"罚牲（畜）"若干⑤。

王公贵族犯法，一般也要受到惩处。例如："外藩蒙古，三年一会，清理刑狱，编审壮丁。"又定："会集不来者，王等罚马二十匹，扎萨克贝勒、贝子、公等罚马十五匹，台吉等罚马十匹。不如期至者，按日罚马。"⑥ "外藩全旗逃者，不拘何旗，以军法往追。若王等不追者，罚马一百匹。扎萨克贝勒、贝子、公等罚马五十匹。"又定："带弓箭逃者，二十人以下，止令本旗追。二十人以上者，其相近之扎萨克王、贝勒等，量逃人之多少，备马匹行粮，视所往速行穷追。若有不追者，王罚马二十匹，贝勒、贝子、公罚马十五匹，台吉等罚马十匹。"⑦ 但更多的是采取庇护或者避重就轻政策。

例如，法律规定，从事破坏封建秩序的"强劫杀伤"和偷盗牲畜的的"盗贼"，要"处斩枭首示众"，并"籍没畜产"，或流放至边境及驿

---

① ［日］田山茂：《清代蒙古社会制度》，第 192 页。
② 嘉庆《大清会典》旗籍清吏司。
③ 乾隆朝内府抄本《理藩院则例》理刑清吏司。
④ 乾隆《理藩院则例》卷 144。
⑤ 道光《理藩院则例》卷 39。
⑥ 康熙《大清会典》录勋清吏司。
⑦ 雍正《大清会典》录勋清吏司。

站"充当苦差"①。可是扎萨克王公当盗贼,则仅判罚牲畜若干②。又如家奴杀死主人,或平民与福晋通奸,家奴和奸夫都要被凌迟处死。而王公贵族杀死家奴或奸污平民之妻,则仅判罚牲畜若干头③。

对各级王公贵族的权利和义务,以及行为规范做出如此具体而完备的规定,这不仅在蒙古族发展史上是空前的,在国内其他民族历史上也是罕见的。显而易见,这是清朝统治阶级为了加强对蒙古封建主的控制而采取的一项重要措施。

(三) 宗法封建关系牢固地被保存着

在元代,蒙古人就有以同一个祖先(额卜格)的子孙结成一个族系(牙孙),即宗族集团从事游牧的习惯。到了明代,由于社会变迁,这种游牧群体便逐渐转变为鄂拓克和爱马克。所谓鄂拓克,原是指"屯营地""棚子"和游牧于同一地区的阿寅勒集团,后发展成为一种社会组织。它是由地域接近的近亲集团所构成,有固定的领主、属民和领地范围。符拉基米尔佐夫说:"在一定地域内游牧,并使用其牧地的数量不等的阿寅勒集团,组成了鄂拓克。"④ 而"爱马克",则"是近亲家族的结合,是部落的分支,是从古代氏族的分裂中产生出来的"不同分支的联盟或结合体"⑤。

清代,满洲贵族以盟旗制代替蒙古族原有的鄂拓克和爱马克制,以扎萨克王公取代原有的台吉和宰桑,因而过去遗留下来的宗法关系,实际上并没有改变。按清朝法律规定,凡被授封为王公、台吉之子弟,俱有取得封爵和袭爵特权。"公主之子,亲王之子弟,授一等台吉;郡主之子,郡王、贝勒子弟,二等;贝子、公之子弟,三等;台吉之子弟,概授四等"。"袭爵之亲王长子,秩视公;郡王、贝勒长子,视一等台吉;贝子、公长子,视二等;如长子不称袭,于余子内择其优者,报院奏闻,届期承袭"。⑥ 于是,同一个旗的王公、台吉,实际上都是同一祖先的后裔。他们彼此之间,或为伯叔兄弟,或为儿孙侄孙;总之,都来自同一宗族、或

---

① 乾隆《蒙古律例》卷6。
② 同上。
③ 参阅乾隆《蒙古律例》卷7;道光《理藩院则例》卷40。
④ [苏] 符拉基米尔佐夫:《蒙古社会制度史》,第207页。
⑤ 同上书,第214页。
⑥ 乾隆《大清会典》旗籍清吏司。

同一宗族分支。松筠《纪略图诗》云："台吉有头、二、三、四等，皆汗、王公之宗派。凡王公头等台吉上加扎萨克字样者，皆有颁敕印，使统辖一旗之众。其无敕印者，概隶本旗扎萨克管辖。"所述与历史事实是相吻合的。

宗法关系是伴随着封建制的形成而发展起来的，它是封建统治阶级赖以巩固统治的重要武器和工具。清朝统治阶级为了维护其在蒙古地区的统治，也没有忘记利用这一重要武器和工具。例如，1705年（康熙四十四年），清廷为了加强对日益壮大起来的台吉队伍的管理，就提出要于各扎萨克旗中设立"族长"，以"稽查本族内酗酒行凶等事"。不设立族长，则诸台吉"无所统属"[①]。由于清廷决意推行，从此，各扎萨克旗遂"各设族长一人，稽查本族内一切事物"。[②] 据说"族长"直接从台吉或塔布囊中选出，直属于扎萨克王公管辖[③]。凡宗族内的一切重要纠纷，都由族长出面斡旋与解决，并以封建道德观念约束宗族成员。清朝统治阶级这样做的目的，显然是想通过"族长"这一形式，以加强对蒙古封建贵族的管理。但通过这一事实，却也不难看出宗法关系在蒙古封建等级制中的重要影响。

（四）上层王公贵族与满洲贵族大都有密切的姻亲关系

满族统治阶级深知，要实现统一全国梦想，没有蒙古各部封建主的密切合作，是难以想象的。因此，在其立国之初，就对蒙古各部封建主极力加以拉拢。一方面对前来归附的封建主予以优厚赏赐，另一方面则又将大批公主、格格"下嫁"到蒙古各部王公家中，择其才识出众者男子为婿，建立满蒙联姻关系，并将其作为一项重要国策加以推行，以致演绎成一项制度，世称为"额驸制度"。

据记载，凡娶中宫所生女固伦公主，称"固伦额驸"；娶帝妃女或养女和硕公主，称"和硕额驸"；娶郡王女称"多罗额驸"（或县主额驸）；娶贝勒女称"郡君额驸"；娶贝子女称"固山额驸"（或县君额驸）；娶镇国公、辅国公女称"乡君额驸"[④]。选择额驸，最初仅限于漠南蒙古各部王公家。后又扩展至喀尔喀和卫拉特蒙古王公家。蒙古王公贵族，上至

[①] 乾隆朝内府抄本《理藩院则例》录勋清吏司。
[②] 光绪《钦定理藩部则例》卷6。
[③] 参阅（日）田山茂《清代蒙古社会制度》，第111页。
[④] 参阅《清史稿》卷117《职官四》；《清史稿》卷166《公主表》。

汗王，下至普通台吉、塔布囊，都有人与满族联姻。据统计，从努尔哈赤到乾隆朝中后期，满洲贵族从蒙古各部中选择额驸前后共有56名。其中有固伦额驸、和硕额驸28名，县主额驸6名，郡君额驸9名，县君额驸7名，乡君额驸7名。① 随着岁月的推移，此后又不断有所增加。许多蒙古王公，甚至与满洲贵族累世联姻。例如，敖汉旗的班第家族，与清廷五世联姻。巴林部色布腾家族，与清廷四世联姻。由于姻亲关系的发展，在蒙古各部中，遂逐渐形成了一个"额驸"阶层。蒙古各部的额驸，在有清一代历史上，曾立下了不少汗马功劳。其中最为突出的是喀尔喀赛音诺颜部的策陵，因在与准噶尔军战斗中，功勋卓著，被清廷授为"超勇亲王"②，并被命为定边左副将军，总管喀尔喀四部兵马。

为了发展联姻关系，满族统治阶级除了在蒙古各部王公中选择额驸外，还经常于各部中选择美女，纳为后妃。据记载，努尔哈赤的后妃，就有2人来自科尔沁部。皇太极后妃，有7人分别来自科尔沁、阿霸垓、扎鲁特、察哈尔等部。顺治后妃，有9人来自科尔沁、浩齐特、阿霸垓。康熙有后妃2人、乾隆有后妃1人，皆出自科尔沁。③

以上事实表明，其相互间的关系是相当密切的。

（五）世俗封建主与僧侣封建主经常互相串通

按清朝政府规定，管理盟旗事务，是世俗封建主之事。寺院宗教事务，由僧侣封建主管辖。彼此各有所属，无权互相干涉。可是实际上并非如此。寺院的丰厚收入和胡图克图的"无冕之王"称号，对那些权势显赫的封建主来说，永远是一个巨大的诱惑。因此，只要一有机会，他们便假手达赖喇嘛，将自己的儿子或兄弟，变成寺院胡图克图的呼毕勒罕，以期达到控制寺院宗教权力的目的。而僧侣封建主为了扩大寺院影响，也乐于与世俗封建主相结纳，将呼毕勒罕托生于势要王公家门，以彰其显贵。这样一来，政、教两权便逐渐为个别王公家族掌控。例如，蒙古著名高僧第一世哲布尊丹巴呼毕勒罕（1635—1727年），就是由喀尔喀势力最大封建主土谢图汗衮布多尔济的次子转世的。对此，著名蒙古史学家符拉基米

---

① 参阅赵云田《清代蒙古政教制度》，中华书局1989年版，第223页。
② 《清史稿》卷296《策棱传》。
③ 参阅赵云田《清代蒙古政教制度》，第223页。

尔佐夫指出："这一情形，即显贵的强大的宗主的儿子充当佛教僧侣，使他高居任何人都不可能企及的地位。因此，库伦的呼图克图便成为喀尔喀一切寺庙、一切大喇嘛和其他喀尔喀喇嘛的领袖。"与此同时，由于他拥有众多沙比和"直接属他管辖的僧众，这就使他成为喀尔喀最有势力的封建领主之一"①。继第一世哲布尊丹巴之后，哲布尊丹巴第二世呼毕勒罕不久又由土谢图汗家族转世。他是第一世哲布尊丹巴的侄孙。

世俗封建主贪图寺院"赀产"插手胡图克图转世之事，在其他寺院中也屡见不鲜。例如，喀尔喀扎雅格根庙第二胡图克图，就是赛音诺颜部著名首领额驸策凌之弟罗布桑扬达克。② 漠南蒙古克什克腾旗主寺席勒图喇嘛的转世灵童，即是旗扎萨克的儿子，致使一个旗的世俗权力集中于两兄弟手中③。类似的例子很多，不胜枚举。《古丰识略》云："各大喇嘛，类多兄弟叔侄，且多出自蒙古汗、王、贝勒子弟。"④ 所说与事实大体上是相合的。上述现象，在西藏地区一度也很盛行。

清朝统治阶级深知，这种现象倘任其继续下去，不仅于蒙古、西藏社会不利，于清王朝统治也极为不利。为了改变这种恶习，乾隆遂决计于1792年在北京和西藏设立"金奔巴瓶"制签制度，规定将金瓶一个供于拉萨大昭寺，遇有呼毕勒罕转世，即将所觅得"灵童"名字，用满、汉、藏三种文字缮于象牙签上，置于瓶内，由驻藏大臣会同政教上层人士，于金瓶所在殿宇内，举行宗教仪式，当众掣签确定。将另一金瓶供于雍和宫内，将各扎萨克蒙古所觅得胡图克图之转世"灵童"，亦报名理藩院，由理藩院派人，会同驻京之章嘉胡图克图，共同掣签确认⑤。其由扎萨克王公子弟为呼毕勒罕事，"概行禁止"⑥。

规定虽然实行了，但类似的现象实际上并没有杜绝。例如，喀尔喀伊拉古克三胡图克图第七世呼毕勒罕，就是扎萨克图汗部达赖王旗扎萨克的弟弟。不久，八世呼毕勒罕又出自该扎萨克的儿子⑦。可见要制止其相互

---

① ［苏］符拉基米尔佐夫：《蒙古社会制度史》第289页。
② ［俄］波兹德涅耶夫：《蒙古及蒙古人》第1卷，第441—442页。
③ ［俄］波兹德涅耶夫：《蒙古及蒙古人》第2卷，刘汉明等译，内蒙古人民出版社1983年版，第415页。
④ 《古丰识略》卷7《人部》。
⑤ 参阅《清高宗实录》卷1411，乾隆五十七年八月癸巳；《卫藏通志》卷5。
⑥ 嘉庆《大清会典》典属清吏司。
⑦ ［俄］波兹德涅耶夫：《蒙古及蒙古人》第1卷，第404—405页。

串通关系，是极其困难的。

无论是在中国历史、还是在世界历史上，世俗封建主和僧侣封建主相互勾结，这是屡见不鲜之事。但世俗权力和宗教权力长期集中于一个家族手中，则极为罕见。以致直到现在，只要人们一提到喇嘛教，就要与之联系起来，可见其影响之大！

四　封建等级对蒙古社会的影响

清代蒙古封建等级的形成，是蒙古封建制度、同时也是满族封建制度发展的产物，它在蒙古社会中造成的影响是广泛的，其主要影响大体上可分为如下几个方面：

（一）促进了蒙古社会的稳定和发展

清朝统治阶级通过建立盟旗制度，把蒙古各级王公贵族都纳入盟旗组织中，这使其原有的部落组织完全成为徒具虚名的形式，并在实际上受到清朝政府的直接控制。因为按清朝政府规定，凡接受编设的扎萨克旗，都各有明确的疆界。各扎萨克都必须按规定在各自的旗内游牧和生活，不得任意越界游牧和迁徙。《理藩院则例》记载："国初定，越境游牧者，王罚马五十匹，扎萨克贝勒、贝子、公七匹，台吉五匹，庶人罚牛一头。又定：越自己所分地界肆行游牧者，王罚马百匹，扎萨克贝勒、贝子、公七十匹，台吉五十匹。庶人犯者，本身及家产均罚取，赏给见证人。"① 至康熙年间，又对上述规定进行了补充，除不准越旗游牧外，又明确宣布"各旗蒙古不得越旗畋猎"。又题准："蒙古扎萨克王、贝勒、贝子、公、台吉等，有因本旗地方无草，欲移往相近旗分及卡伦内者，于七月内来请，由院［理藩院］委官踏勘，勘实准行。若所居地方生草茂盛，甚于所请之处者，将妄请之扎萨克议处。"② 蒙古人是长期生活在马背上的民族，他们原来都各有部落，每个部落都各有分地。但从事畜牧生活，并未有过任何严格的分界。通常放牧牲畜，一般都在领主指定的范围内进行。但越界游牧，也是屡见不鲜的事，并未被视为违法。自建立盟旗后，无论

---

① 乾隆朝内府抄本《理藩院则例》录勋清吏司下。
② 光绪《大清会典事例》卷979。

王公、台吉及所属阿勒巴图，都必须在划定的疆界内游牧，否则就要受到严厉惩处。这实际上是把各部封建主固着于自己的土地上，使他们无法任意向外扩张。

把蒙古各扎萨克王公的领地严格加以固定，这不仅有利于抑制蒙古封建主势力的发展，同时也可以减少其相互摩擦、相互掠夺，有利于蒙古社会的稳定与发展，而且由于势力分散，便于清朝统治阶级从中进行操纵与控制。

（二）"台吉"阶层大为发展

"台吉"，原是清代蒙古王公贵族等级中的一个普通阶层。但由于清朝政府规定：凡受封爵子弟，不论执政王公还是普通王公，都享有受封为一、二、三、四等台吉权利。公主、格格之子，也享有同等待遇。此外，台吉爵位，还规定可以世袭。这样一来，台吉队伍随着岁月的推移，便会不断加大。时间越长，加入台吉队伍的人数就会越来越多，这是不言而喻的。

试以漠南蒙古为例。漠南蒙古 49 旗，其始封亲王 5 人，郡王 18 人，贝勒 17 人，贝子 16 人，镇国公 10 人，辅国公 18 人，一等台吉 4 人，塔布囊 1 人，共获封爵 89 人。若以每位获爵王公贵族家各有子、弟 2 人计，那么，第一次应授为台吉者就有 178 人。到了第二次（代），即可增至 356 人。这样一代一代传下去，其数量就会不断增加，这是毋庸置疑的。正因为这个缘故，到了 18 世纪初年，清廷便不得不提出于各旗中设立族长，以加强对台吉管理的决定："凡台吉等，每旗各设族长一人，稽查族内一切事务。"[①] 为加强对台吉的管理，需要于旗内专门设一"族长"来主持，说明当时的数量已相当可观了。

雍正、乾隆以后，台吉数量似乎又有了显著增加。据载其时数量少的旗，已有台吉数百人，数量多的旗，有的达千余人，有的达 2000 人左右。例如，《大清会典》就载："台吉、塔布囊每年冬季，准其进京献贡一次，各令轮流行走。""有千余台吉之旗，令二百人前来；五百台吉之旗，令百人前来；百余台吉之旗，令二十人前来。不能前来者听，毋得抑勒。"[②] 与满洲贵族关系最为密切的科尔沁部，以其台吉最多，被敕令分为 20 班，

---

① 嘉庆《大清会典》旗籍清吏司。
② 同上。

每班100人,一年一班轮流进京。①

从有关记载中可以看出,自清中叶后,"台吉"阶层已发展成一支相当庞大的队伍了。按清朝法律规定,台吉除被授为"扎萨克"者外,其余大多数俱为闲散台吉。闲散台吉中,除部分可供选任为管旗章京、副章京、都统、副都统以及清廷宿卫外,其余部分都是既无职又无权的真正"闲散"。真正的闲散台吉是不能享受清朝政府的俸禄的,他们的生活来源全部要靠征收属下的赋税过活。因此,台吉数量越多,队伍越庞大,广大蒙古族人民所受的剥削也就越重。由于闲散台吉经济来源有限,故其生活一般都不太好。随着社会经济的发展,此后其内部便逐渐发生分化,其中除一部分"转化为地主、牧主"外,一部分则"转化为自食其力的农牧业劳动者",并"在激烈的阶级斗争中""往往站到了农牧民方面"②。

(三) 促进额尔和坦和达尔哈坦阶层的形成

"额尔和坦",蒙古语音译,意谓"有权势的人"。它是阿拉特平民因长期充当旗佐官员有功而被王公贵族宣布免除赋役者。"达尔哈坦",又译"达尔和坦",蒙古语意为"有功的人"或"免除赋役者",主要来源于扎萨克旗的"世职官员"或"达尔罕号者"。《蒙古族社会历史调查》云:"额尔和坦之得来,多由于官职。"直译的意思是"权势者们"。"达尔哈坦"之得来则由于军功,意为"'达尔罕'的人"③。"达尔罕"本是自由自在,后来变成一种官职,享有免纳赋税权利。例如,阿拉善旗的达木丁策楞,就因其先祖长期在旗里做官而获"索颜达尔罕宰桑"称号,被宣布"子子孙孙免除纳税和乌拉之担负"④。

以上两种人,因拥有免纳赋税和徭役义务,其条件比普通阿拉特牧民,甚至比拥有贵族身份的一般台吉优越,因此他们大都拥有牲畜和奴仆。他们还能凭借自己的特殊地位,占有优良牧场,并用"苏鲁克"⑤剥

---

① 参阅(清)张穆《蒙古游牧记》卷1。
② 参阅黄时鉴等《中国旧民主主义革命时期内蒙古人民的革命斗争》,载《内蒙古近代史论丛》第1辑,内蒙古人民出版社1982年版。
③ 内蒙古自治区编辑组《蒙古族社会历史调查》第139页,内蒙古人民出版社1982年版。
④ 同上书,内蒙古人民出版社1982年版,第140页。
⑤ "苏鲁克",蒙古语音译。本意为"群",引申为"畜群"。它是在清中叶后发展起来的一种超经济剥削形式。原指王公贵族将牲畜委托牧民代为放牧的一种承放制度,后逐渐演变成为一种带有租赁性质的放牧方式。

削一般牧民，从而发展成为新的牧主。这些人与封建贵族大都有较密切的关系，有的甚至与他们建立了婚姻关系。

额尔和坦和达尔哈坦阶层的形成，是清代蒙古封建制进一步发展的产物。它的出现，不仅打破了封建贵族长期把持蒙古社会的局面，而且由于实行"放苏鲁克"制，对于封建统治阶级剥削方式的改变和牧民生产积极性的提高，都有着重要的促进作用。

（四）贫富悬殊，富者驼马千百为群，贫者难以自存

按清朝政府规定，蒙古王公、台吉征收所属，有五牛以上及羊二十只者，可收取羊一只。有四十羊者可收取二羊。有二牛者，准取米三锅。有一牛者，准取米一锅。虽有余畜，不准多取。可是实际上并没有完全按规定实行。王公贵族们为了掠夺更多的财富，总是想方设法对牧民进行敲诈勒索，往往于正税之外，又有临时摊派。临时摊派皆无定额，一般都是根据王公贵族自己开支的大小而任意决定，名目极为繁多。清人姚锡光《筹蒙刍议》云："蒙古部属有箭丁、有奴才。凡班兵更番，箭丁任之。王府差使，奴才任之。其不值班兵，不充差使者，须出税费。其税费按户摊派。即如喀喇沁右翼，户分三等：上户十千，中户八千，下户六千或四千（以津钱计）。西土默特差费最轻，每户收钱八千文（约合银一两）。其余各旗以此类推。而蒙户除供王府差费以外，则旗主年班赴京之摊派……每年例贡之摊派，需用牛乳之摊派，名目种种不一。""如府有大丧，则治丧之经费；有婚嫁，则婚嫁之经费，无不随时摊派。""王府一切费用，无一不派诸蒙户。"① 我们从姚氏的上述记载中，不难看出，王公贵族们对广大阿拉特牧民的压迫和剥削是多么的残酷！

鉴于广大阿拉特牧民用血汗换来的劳动成果，最后大都被王公贵族们掠夺而去，因此，王公们不仅牲畜众多，驼马千百为群，而且拥有大批金银财富，以供挥霍。据有关学者研究，1920年乌珠穆沁旗王府向属民共征收银20000—30000元，牲畜15000—17000头，盐税20000—30000元。1930—1932年，每年收银50000—60000元，牲畜23000头，盐税

---

① （清）姚锡光：《筹蒙刍议》卷下，《覆经画东四盟蒙古条议》（光绪三十二年丙午六月上练兵处王大臣）。

50000—60000元。① 乌珠穆沁旗只是一个普通的旗,其王爷府每年收入就可达到如此高的数额,其余各旗王公的富有程度可想而知。

僧侣贵族们也拥有大量财富。例如,19世纪时,喀尔喀阿穆尔——巴雅斯呼朗图寺的格根活佛,就拥有100峰骆驼,2000多匹马,约3000头牛和5000多只羊。② 伊拉古克三胡图克图,他除拥有3000匹栗色马可用来供养自己以及自己寺庙的侍从人员外,还有2500匹杂色马,分别分成300—400的马群,由沙比纳尔放牧。③

王公贵族和僧侣贵族因拥有大量财富,经常任意挥霍,过着纸醉金迷的生活。可是广大阿拉特牧民,却由于封建主们敲骨吸髓的剥削,常常弄得衣食无着,"困穷日甚一日"④。一旦遇到自然灾害,往往无法自存,不得不卖身为奴,或向外逃亡。例如,1712年鄂尔多斯地方,就因连年大雪,到处饥馑,许多人都被迫卖身至喀尔喀及其他扎萨克旗。⑤ 又如,1715年锡林郭勒盟和乌兰察布盟,也因雪灾,牲畜大批倒毙。仅苏尼特两旗,没有牲畜的就高达6490余人。这些人有的就被王公贵族用来卖钱。据说在喀尔喀蒙古一个扎萨克旗,1912年其中等牧户,平均只有马2匹,牛2头,羊15只。而在另一个旗,共有300牧户,其中有100户完全没有牲畜,或仅有几只羊。⑥

由于王公贵族们经常横征暴敛,广大阿拉特牧民为了活命,往往被迫奋起反抗。例如,1853年八枝箭人民抗拒比丁、从征,以及差派的斗争,1858年伊克昭盟乌审旗组织的"独贵龙"运动,1863年土默特左旗绰金太、那木萨来等领导的武装斗争,都是广大人民群众反对封建剥削的重要组成部分。

(五) 社会经济发展迟缓

蒙古族的经济基础,主要是畜牧业。史载:"蒙古生计,专赖畜牧,问其贫富,则数畜以对,有驼、马、牛、羊、骡、驴之属。而马、牛、羊

---

① 参阅高乐民《锡盟王公制度始末》,《锡盟史稿》1981年第3期。
② 参阅[俄]波兹德涅耶夫《蒙古及蒙古人》第1卷,第43—45页。
③ 同上书,第413页。
④ 《土默特志》卷8。
⑤ 参阅《清圣祖实录》卷251,康熙五十一年十二月丁巳。
⑥ 参阅邢亦尘《近代蒙古族畜牧业生产的商品化趋势》,载《蒙古族经济发展史研究》第1集,内蒙古自治区蒙古族经济史研究组1987年刊印。

三者，其大宗也。"① 这是其社会现实的具体反映。牲畜，不仅是其物质生活的主要来源，同时又是其赖以扩大再生产的重要基础。畜牧经济，是一种脆弱和不稳定的经济。单一的畜牧业经济，亟需与外界建立和发展贸易关系，才能弥补畜牧业生产带来的不足。可是，自盟旗制建立后，清朝统治阶级总是极力限制其与外界建立直接联系。例如，顺治五年（1648）就规定："蒙古王、贝勒所属人，有私来内地者，一概发还。"② 七年又重申："外藩人出境，令在本旗管旗章京处陈明，违者将失察之管旗章京、副章京、参领、佐领一并议处。"③ 对外出从事贸易的蒙古人，法律尤严格加以管制。例如，《大清会典》记载，国初定："外藩蒙古买卖人出边，永行停止。"顺治四年题准："科尔沁十旗，违禁遣人向黑龙江等处买貂皮者，系王罚九九，扎萨克贝勒罚七九，台吉罚五九。往贸易之人，为首者斩，余各罚三九，携往之赀入官。迎往贸易者，概罚三九，货亦入官。"④

清朝统治阶级之所以一而再、再而三地强调，禁止蒙古人与外界接触，其目的显然是想将蒙古人与汉族人严格加以隔离，以免他们联合进行反抗。但这样做的结果，则使蒙古地区经济完全陷于与外界隔绝境地，不仅农业、手工业和商品经济难以发展，即其原有畜牧业生产，也长期处于停滞或半停滞状态中。不储备草料、不设棚圈、随水草而畜牧的自然放牧方式一直被保存着，生产效率极为低下。这种状况，直至清中叶后始有不同程度的改变。

导致这一变化的主要原因，是与汉族农民和商人的不断流入相关的。因为随着汉民族农民和商人的大量涌入，其土地租佃关系和商品货币关系也相继得到了一定发展，致使部分王公贵族也逐渐采用新的剥削方式将自己的土地租给农民耕种，实行地租剥削，有的甚至向农民提供生产资料和口粮，待秋后与农民进行分成，从而为农业生产的发展提供了有利条件。随着农业的进步，手工业和商业也得到了相应发展。手工业主要有采矿、采盐、粮食加工、毛皮加工等。商业则主要充当贩运和小商贩。他们将牲畜、毛皮、粮食、盐碱、蘑菇、药材贩运到临近市镇与汉族商人易换绸

---

① （清）徐世昌：《东三省政略》，《蒙务下·筹蒙篇》（清宣统年间刻本）。
② 光绪《大清会典事例》卷994。
③ 光绪《大清会典事例》卷993。
④ 雍正《大清会典》理刑清吏司。

缎、布帛以及茶叶等物。①但从有关记载看，其经营规模和活动范围都很有限。

蒙古族社会经济之所以长期处于落后状态，既与蒙古族固有的牧奴制经济有关，也与清朝统治阶级的封锁和禁锢有着不可分割的联系。

（六）寺院林立，笃信喇嘛教

喇嘛教在蒙古地区的传播虽始于明代，但其广泛盛行则始于清代。清代喇嘛教之所以特别盛行，这与满族统治阶级的大力鼓励和推动有关。

清朝统治阶级为了利用喇嘛教怀柔蒙古，立国后即于盛京建立实胜寺、北京修西黄寺、多伦诺尔建汇宗寺、归化城扩建席力图召、乌兰察布盟修建广福寺等多处寺庙。到了乾隆统治时期，又因出兵平定准噶尔部割据势力，统一了西北地区，于承德又陆续修建普宁、普佑、安远、普乐、普陀宗乘、须弥福寿等庙，以供蒙古各部王公贵族膜拜瞻礼。与此同时，又给蒙古地区各寺院上层喇嘛分别颁赐胡图克图、扎萨克大喇嘛、扎萨克喇嘛等名号，使其享有与扎萨克王公贵族同等特权。在清朝统治阶级的影响和推动下，蒙古各级王公贵族不仅纷纷皈依喇嘛教，并派遣子弟出家当喇嘛，同时，也各于其地广建寺院，大肆宣扬教法。据有关学者统计，截至20世纪30年代，漠南蒙古地区就先后建有寺院1000余座，其中东部各盟旗有662座，锡林郭勒盟有100余座，伊克昭盟和乌兰察布盟有392座，阿拉善旗有20座。②漠北喀尔喀蒙古有747座，青海、甘肃、新疆等地蒙古及藏族地区有五六百座。这些寺庙，大者有喇嘛数千人，少者十数人，在蒙古族人口数中占相当大的比重。有的盟旗喇嘛所占的比例竟高达百分之二十以上。据载，在蒙古人中，凡家有男子三人的，一般都要使一人出家当喇嘛。大多数蒙古人都有家人出家当喇嘛。

由于王公贵族的积极倡导，促使喇嘛教广泛渗透于蒙古族人民生活的一切领域之中。"每胡图克图出行，无不膜拜道旁，以金宝戴于首献之。但得其一摩顶，便以为有福，欢喜无量"。③"患病不延医，请喇嘛诵经。不治则跳鬼。再不治则布施财产、牛马、奴婢，以为祈福，甚至舍身为佛

---

① 参阅《东三省政略》，《蒙务下·筹蒙篇》；《蒙古及蒙古人》第1卷，第117—119页。
② 参阅沈斌华《内蒙古经济发展史札记》，内蒙古人民出版社1982年版，第209页。
③ 《清朝野史大观》卷12。

供奉。死葬，则亲友唪经为赙，以资冥福。若有幸事，亦唪经以谢佛"。

"凡扎萨克驻处，必有大庙，几无不唪经。中人之家，亦二三月诵小经一次，延喇嘛一二人，三年诵藏经一次，三日或五日"。① 每年都要至大庙向活佛磕头。富有人家，则要自备资斧，至西藏熬茶布施。

封建统治阶级之所以极力宣扬喇嘛教，目的是想借喇嘛教使广大阿拉特牧民，服服帖帖接受其统治，弱化他们的反抗意识。因此，喇嘛教是麻醉人民思想的精神鸦片。

通过对清代蒙古封建等级的形成、发展、特点，以及蒙古社会发展影响的全面考察，我们清楚地看到：清代蒙古封建等级，既是清代封建制度的产物，又是蒙古封建制度进一步发展的产物。它在历史上所起的作用，既有积极的、进步的一面，又有消极、落后的一面。蒙古族之所以能从一个古代民族发展成为一个现代民族，显然与此有着密切关系。而蒙古族社会经济之所以长期处于落后状态，也与此有着一定关系。与此同时，也使我们深刻体会到：清朝统治阶级为了笼络蒙古各部封建主，确是煞费苦心！从清朝建国伊始，就制定了一系列的对蒙政策，把蒙古各部封建主牢牢地掌握于自己手中，任意加以驱使，并把满蒙关系推进到了一个新的发展阶段，这是值得引起我们重视并认真加以批判总结的。

（原刊中国社会科学院历史研究所编《清史论丛》，中国广播电视出版社2001年版。该文荣获2001年度民族研究所优秀科研成果三等奖。因所述内容具体、全面，富有鲜明的时代和民族特色，后被收录于中国社会科学院世界历史所施治生、徐建新主编的《古代国家的等级制度》，中国社会科学出版社2003年版）

---

① 参阅佚名《塞外闻见录》（中国社会科学院民族研究所手抄本）。

噶尔丹与五世达赖关系刍探

在卫拉特蒙古史上，噶尔丹是一位声名显赫的重要人物。因为他不仅创建了准噶尔汗国，还出兵挺进天山南路，统一了新疆全境，从而结束了自17世纪初年以来天山南北各地封建主长期分立割据、经常混战的局面，使社会得到了相对安定，这显然是一种进步现象。有关这方面，目前从事研究的学者很多，并不断有新作问世，其于深化噶尔丹历史活动的研究，无疑是有着很大的帮助。不过，大多数学者研究的重点，都集中于噶尔丹对卫拉特各部、天山南北的统一及与清朝政府的关系等方面，而对其与西藏格鲁派寺院集团，特别是与五世达赖喇嘛的关系，则鲜有人进行深入探讨。个人以为，如果不了解噶尔丹与五世达赖及其所属格鲁派寺院集团的关系，就不可能真正了解噶尔丹。本文拟将个人所见资料，在此作一初步考察，以为抛砖引玉。

一　进藏师事达赖喇嘛

噶尔丹是准噶尔部长巴图尔珲台吉第六子，1644年（顺治元年）生。因降生时适逢西藏高僧尹札胡图克图圆寂，遂被确认为尹札胡图克图转世活佛。

尹札胡图克图一名，在汉籍文献中最早见于清崇德三年（1638）。据《皇朝藩部要略》记载，他曾于当年十二月遣其属下额尔格布什格隆等人到盛京献贡。[①] 有关此事，与俞正燮《癸巳类稿》所说大体相同。尹札胡图克图，诸书称呼不一，有的又译称尹咱胡图克图、印藏胡图克图、温

---

① （清）祁韵士：《皇朝藩部要略》卷2《内蒙古要略二》，道光十九年刊本，第16页。

萨胡图克图、恩萨胡图克图、安萨胡图克图。据有关学者研究，"尹札"或"温萨"，原为西藏日喀则附近的一座小寺院，世称为"恩萨贡巴"，汉籍文献称为"安贡寺"，它是二世和三世班禅的诞生地，为萨迦派寺院。二世班禅索南确朗返回故乡后因住其地，招收僧徒，传习格鲁派黄教，寺院始改奉格鲁派。① 这就是说，尹札胡图克图是这座寺院坐床活佛。

有的学者认为，尹札胡图克图是卫拉特人认定的活佛，而在西藏格鲁派中并未确认他是活佛。其说实是一种误解。因为在《五世达赖喇嘛传》的1644年条下，明载有"温萨活佛在札什伦布突然亡故"一语，② 这说明达赖喇嘛此前已知道"尹札"是活佛了，否则他绝不会这样说，这是一。其二，在《咱雅班第达传》中，载有尹札胡图克图于1640年夏，在塔尔巴哈台的乌孙·呼吉尔阿巴赖诺颜母亲的纪念塔上主持法事之事。在这次法会上，"尹札"不但盛赞了咱雅班第达的广博学识，还尊称其为"拉让巴呼图克图"。③ 如果"尹札"不是西藏确认的胡图克图，我相信，他也不可能这样说。其三，据乌云毕力格《关于尹咱库图克图》一文考证，"温萨活佛系统始于三世班禅的徒弟、四世班禅的师傅海都布·桑杰伊西"。④ 噶尔丹前世胡图克图名罗卜藏丹津扎木措，是其三世活佛。

有关噶尔丹成为尹札胡图克图的转世活佛事，史籍曾有过二则不同的传说。一说在17世纪前期，当西藏红教势盛时，由于格鲁派黄教一度受到其排挤与打压，班禅额尔德尼和达赖喇嘛为保护格鲁派，便派遣尹札胡图克图到卫拉特蒙古地区请兵护教。卫拉特蒙古各部首领经过研究，遂派遣30000军队前往。因他们非常敬重尹札胡图克图，故当胡图克图临走时，各部首领都向他奉献大量供品，巴图尔珲台吉也向他献了布施。其妻玉木阿合则拉住了胡图克图的马镫恳求道，我只有一个儿子，请再赐给我一个儿子吧！尹札胡图克图说，我只是一个出家的格隆，无法给你儿子。

---

① 参阅牙含章《班禅额尔德尼传》，西藏人民出版社1987年版，第9页。
② 参阅五世达赖喇嘛阿旺洛桑嘉措《五世达赖喇嘛传》（上），陈庆英、马连龙、马林译，中国藏学出版社2006年版，第208页。
③ 参阅喇德纳巴德喇《咱雅班第达传》，成崇德译，中国社会科学院中国边疆史地研究中心编《清代蒙古高僧传译辑》（蒙古卷），全国图书馆文献缩微复制中心1990年版，第4页；[日]若松宽《清代蒙古的历史与宗教》，马大正等编译，黑龙江教育出版社1994年版，第241页。
④ 参阅乌云毕力格《关于尹咱库图克图》，《内蒙古大学学报》1994年第1期。

玉木阿合说：你既身为格隆，无法给我儿子，那么你年事已高，难道你不能托生为我的儿子吗？尹札胡图克图说："好吧！"及尹札胡图克图身故，玉木阿合便喜结珠胎，并于不久降生一子，即为噶尔丹。①

另一说是在巴图尔珲台吉为卫拉特蒙古四部盟主时，其妻（玉木阿合）有一次突然夜梦"身毒（印度）僧"寄灵于其身。后有孕，金山（阿尔泰山）顶上便经常有彩云缭绕。巴图尔珲台吉以为是神明附体，甚为高兴。及噶尔丹生，果与众迥异。稍长，即"喜奉释氏，有大志好立奇功"，巴图尔珲台吉深爱之，欲立为珲台吉。噶尔丹云有"阿哥在"，辞不肯受，"乃尽髡其发，独身往乌思藏"，"师事达赖喇嘛，著黄衣帽"。②

噶尔丹何时进入西藏？根据《五世达赖喇嘛传》记载，是在1656年初。《传》中云：火猴年（1656），闰正月"十二日，我们在哲蚌寺吉康举行了新年庆宴。宴会后，我绕道前往法轮之地大昭寺，在按例举行的祈愿大法会上，我接受了温萨活佛和土尔扈特衮布伊勒丁（登）等新客人呈献的供养以及百份、千份礼品。我给诸位新客人传授了三部怙主随许法、长寿灌顶与马头明王随许合一之加持法"。③ 根据以上记载，噶尔丹显然是12岁时进藏的。据说噶尔丹在接受达赖喇嘛传授的戒法后，不久便去后藏跟随四世班禅学习经典。1662年，四世班禅圆寂后，又至拉萨师从达赖喇嘛学习经典。

达赖喇嘛以其为温萨活佛转世，于次年四月即给他"传授了文殊教法的几种随许法，六臂观音、阎罗王、多闻子的随许法，轨范师班禅仁波且所著六十食子的教法等"。④ 接着，于六月给其传授"具足戒"。"具足戒"俗称"大戒"。按佛教规矩，"具足戒"一般不授予未满二十岁之人。因为未满二十岁，大都不堪忍受寒热、饥渴与恶言，难以继续持戒。达赖喇嘛为噶尔丹授"具足戒"，此时他已十九岁，但未满二十岁，大概是由于其身份特殊，故达赖便提前为他受戒，正式接收其为自己的门徒。

---

① 参阅特克第《蒙古溯源史》，《蒙古学》1989年第1期。
② （清）梁份著，赵盛世、王子贞、陈希夷校注：《秦边纪略》卷6《噶尔旦传》，青海人民出版社1987年版，第419页。
③ 五世达赖喇嘛阿旺洛桑嘉措：《五世达赖喇嘛传》（上），第292页。
④ 同上书，第388、390页。

二 受命返归准噶尔

噶尔丹自成为达赖喇嘛的门徒后，一直享受着与众不同的特殊眷顾，史载"达赖喇嘛之徒遍西域，而特重嘎尔旦。所语密，虽大宝法王、二宝法王不得与闻"。① 噶尔丹虽然遁入佛门，但因自幼生长在草原，过着事畜牧逐水草的生活，故虽居西藏日久，仍"不甚学梵书，惟取短枪摩弄"，日以弯弓驰射为乐。不少喇嘛都对此表示不解，对他冷嘲热讽。噶尔丹非但不恼怒，反而笑着说："安知护法不生今日？"② 噶尔丹的行动，达赖喇嘛显然有所了解，但并未对他严加约束。

在达赖喇嘛看来，噶尔丹虽然不是一位出色的僧人，却是一位前途远大的首领。因此，当他在给噶尔丹授予"具足戒"等教法数年之后，便要他返回准噶尔，此事在《五世达赖喇嘛传》中说得很清楚。1666年，当达赖喇嘛再次接见噶尔丹时，除了向其"传授珠杰派的长寿灌顶"法外，又向他"赠送了僧人用具，素色氆氇等送别用品"，教导他"为了政教利益，各方面要尽职尽责"。在即将分手时，亲手交给他一串念珠，"详尽地盼咐了如何为佛法服务等眼前利益与长远的利害得失等事"。此外，还以赐坐、派人护送等方式，对他"表示嘉奖"。③

达赖喇嘛为什么要这样匆忙派遣噶尔丹返回准噶尔？据我估计，这与其时卫拉特蒙古各部的混乱局面有关。

众所周知，卫拉特蒙古各部自17世纪初年以后，由于缺乏强有力首领以统摄，一直处于各自为部，各有首领以雄踞的分散状态之中。各部之间虽然有一个松散的联盟维系着，但它只是在对付外敌入侵时才起作用，平时则大都仍各行其是，以致不但部落与部落间经常发生战争，即使在部落内部，叔伯兄弟之间也不时发生战争。和硕特部的鄂齐尔图与阿巴赖、准噶尔部的车臣、卓特巴巴图尔与僧格的纷争，就是其中的突出事例。类似情况在杜尔伯特与土尔扈特部中，也不鲜见。这些纷争，短的往往延续数年，长的则多达数十年，给各部落人民带来了巨大灾难。车臣、卓特巴

---

① （清）梁份：《秦边纪略》卷6《嘎尔旦传》，第419页。
② 同上。
③ 五世达赖喇嘛阿旺洛桑嘉措：《五世达赖喇嘛传》（上），第448页。

巴图尔与僧格的纷争，最后甚至演变为卫拉特蒙古各部的全面内战。咱雅班第达虽然多次出面为之调停，但斗争非但没有因此而止息，反而愈演愈烈。1660年，达赖喇嘛为了劝其和解，曾派热振寺堪布丹巴达吉（又称热振诺门汗）前往斡旋，① 也没有奏效。于是达赖喇嘛便把希望寄托在噶尔丹身上。对于达赖喇嘛的决定，噶尔丹显然心领神会，因而在即将离开西藏时，便将其在札什伦布"新建的一座寺院"呈献。达赖喇嘛对噶尔丹的明智表现极为赞赏，云"我高兴地接受了"。②

在达赖喇嘛的精心安排下，噶尔丹很快便踏上了返归准噶尔之路。为拓展势力，他四处活动，等待时机，以求一逞。

不久，车臣、卓特巴巴图尔与僧格的纷争又起。1670年，卓特巴巴图尔与车臣两人乘僧格不备，以兵袭击僧格。噶尔丹时在准噶尔，得知情况后，便打着达赖喇嘛的旗号，招集僧格旧部众，杀车臣，逐卓特巴巴图尔。

有关噶尔丹返回准噶尔之事，梁份《秦边纪略·嘎尔旦传》载，言系僧格被杀后，其妻阿努派人间道至西藏告知噶尔丹，噶尔丹告别达赖喇嘛后返归。而特克第《蒙古溯源史》则说是噶尔丹生母玉木阿合在僧格被杀后，亲至西藏告知噶尔丹，要求噶尔丹要为其兄僧格复仇。上述两种说法，现在看来，俱系讹传。

噶尔丹杀车臣，逐卓特巴巴图尔后，接着又把打击的矛头指向其堂兄弟巴噶班第。巴噶班第是楚琥尔乌巴什长子。因前与僧格有过矛盾，噶尔丹遂引兵杀之，并侵入楚琥尔乌巴什的兀鲁思，把他的领地"连同耕地和属民完全摧毁了"。③ 楚琥尔乌巴什时在西藏熬茶，得知情况后，派人请求达赖喇嘛派遣甘丹赤巴前往调解。达赖喇嘛知一时难以解决，不想派人，因碍于情面，不得已将仲尼达达派去。为了稳妥起见，又请吉雪活佛罗卜藏胡图克图（楚琥尔乌巴什子）一同前往。罗卜藏胡图克图说：我"为了父母而修心"，"打算居住在西藏"。达赖指出："在现在这个悲痛时候，你应该像患难知己一样，使他能得到安慰和裨益，因此还是应该去准噶尔"。罗卜藏胡图克图说，他"不愿从寂乐的道路上返回"。④ 意思是

---

① 参阅五世达赖喇嘛阿旺洛桑嘉措《五世达赖喇嘛传》（上），第343页。
② 同上书，第449页。
③ 参阅［苏］兹拉特金《准噶尔汗国史》，马曼丽译，商务印书馆1980年版，第246页。
④ 参阅五世达赖喇嘛阿旺洛桑嘉措《五世达赖喇嘛传》（下），第54页。

说，不愿再行介入世俗之事。

据有关学者研究，罗卜藏胡图克图自幼留学西藏，先进入扎什伦布寺闻思洲院从阿阇梨活佛根敦雅贝学习显教，随后又从阿阇梨活佛多杰金巴恭却坚赞学习密教。20岁（1658年）时，从班禅确吉坚赞受比丘戒，是班禅额尔德尼的门徒。①

罗卜藏胡图克图之所以不愿随仲尼达达返回准噶尔，显然他知道站在噶尔丹身后的是达赖喇嘛，而站在自己身后的是班禅额尔德尼，他即使去了，也无济于事。

噶尔丹虽然出身佛门，但却是一个工于心计而又险狠好斗之人。他深知夺取了准噶尔部政权，只是跻身于卫拉特社会的开始，而在四卫拉特联盟中，仍然不会有什么地位。因此，当他掌握准噶尔部统治大权后，便一面打着达赖喇嘛的旗号，四处招兵买马，积极扩充实力。杜尔伯特部阿勒达尔台什，和硕特部的丹津珲台吉，就是在这种背景下相继麇集于其旗下的。阿勒达尔台什是谁？据《皇朝藩部要略》记载，他是达赖台什曾孙，其祖、父"世为杜尔伯特部长"，②而丹津珲台吉则是昆部伦乌巴什长子迈玛达赖乌巴什之子。在巴图尔珲台吉为卫拉特四部盟长之时，他一直是四卫拉特联盟的重要支持者之一。1646年时，他曾与准噶尔部的丹津珲台吉密切配合，共同出兵夹击其祖昆都仑乌巴什，把昆都仑乌巴什打得大败。③此后又在鄂齐尔图率领下，在爱古斯河畔，击败了阿巴赖的军队，在卫拉特各部中拥有很大的声望与崇高的政治地位。因而阿勒达尔台什和丹津珲台吉的加入，促使噶尔丹势力很快得到了增强。

另一方面，又积极加强与达赖喇嘛的联系。据初步统计，从1671年起，他每年都派人进藏熬茶布施，并给达赖喇嘛送去"书信及压函礼品"。这些礼品，大都是金银制品和绸缎等物。例如，1671年由定结措索巴等人带去的礼品就有"黄金一千钱，僧格扎都取自于白头人税而托交的黄金一千钱"。达赖喇嘛为了僧格的孩子则"回赠了珍珠一包，并写了话语很多的回信"。④1672年，噶尔丹又派曼兰木嘉措进藏向僧众发放布

---

① 参阅［日］若松宽《清代蒙古的历史与宗教》马大正等编译，黑龙江教育出版社1994年版，第253页。
② 参阅（清）祁韵士《皇朝藩部要略》卷9《厄鲁特部要略一》，第7页。
③ 参阅喇德纳巴德喇《咱雅班第达传》，第8页。
④ 五世达赖喇嘛阿旺洛桑嘉措：《五世达赖喇嘛传》（下），第56页。

施，在经院中举行诵经仪式；派措索克热降巴向达赖赠送了"五十两重的银锭十四块，重约七十五两的银茶桶，黄金、绸缎等大批礼品"，又"向僧众发放了布施礼品"。①

随着噶尔丹势力的扩大，与鄂齐尔图车臣汗的矛盾又开始突出，此事当与其出兵进犯楚琥尔乌巴什有关。楚琥尔乌巴什在准噶尔卫拉特各部中，一直是鄂齐尔图汗的积极支持者。噶尔丹集兵进犯楚琥尔乌巴什，在鄂齐尔图汗看来，则无异于公开向自己挑战。于是双方矛盾逐渐加剧，并演变为战争。达赖喇嘛得知情况后，为了调和双方关系，于1675年初分别给鄂齐尔图、噶尔丹和丹津珲台吉派往西藏熬茶布施的代表带去礼品与书信，"告诫他们要为教法的利益和声誉着想"。② 此外，又根据噶尔丹要求，派遣居麦热降巴罗桑强巴和医生墨竹仁钦林罗桑官却两人一起去准噶尔。

达赖喇嘛的所谓"告诫"，实际上只是一种敷衍，骨子里则巴不得噶尔丹能迅速将鄂齐尔图汗击败，尽快完成对卫拉特各部的统一。因他派遣噶尔丹返回准噶尔，根本目的就是为此。故其所说，完全是为了佯装公正而已。

战争是如何引起的？或者说是谁首先发动的？《咱雅班第达传》认为是鄂齐尔图汗首先挑起的。书中云："兔年（1675）夏天，车臣汗出兵攻打博硕克图汗"，他遣"楚库尔、阿勒达尔和硕齐率七千兵出战，俘获阿勒达尔吉什"。③ ［法］耶苏会传教士张诚在他所著《对大鞑靼的历史考察概述》中则说：是噶尔丹首先发动的。导致战争的原因是"他们的臣属之间发生了争端，这给了噶尔丹一个发动战争的借口。他带了军队进入鄂齐尔图的国家，鄂齐尔图带领着他的军队出来迎战"。④ 两种说法，究竟孰是孰非？目前尚难以断定，有待进一步查证。

据说战争爆发后，噶尔丹便集中兵力，于1676年春自斋尔特莫尔火柱发起攻击，鄂齐尔图汗由于缺乏充分准备，被迫慌忙逃走。噶尔丹率军乘胜追击。双方在哈拉塔拉、库克乌苏和图斯库勒湖等地发生鏖战。鄂齐

---

① 五世达赖喇嘛阿旺洛桑嘉措：《五世达赖喇嘛传》（下），第108页。
② 同上书，168页。
③ 参阅喇德纳巴德喇《咱雅班第达传》，第47页。
④ 参阅［法］张诚《对大鞑靼的历史考察概述》，陈增辉译，引自杜文凯编《清代西人见闻录》，中国人民大学出版社1985年版，第97页。

尔图兵败，其众纷纷四散逃走。有的提出要往西藏，有的说要往南疆，有的则想随鄂齐尔图妻多尔济拉布坦前往伏尔加河土尔扈特部。鄂齐尔图因年迈无法远遁，最后在沙喇伯勒地方为噶尔丹所俘。①

噶尔丹在击败鄂齐尔图汗统一四卫拉特后，为了向达赖喇嘛报喜，不久又遣人进藏熬茶。据《五世达赖喇嘛传》记载，此次遣人进藏熬茶所带礼物特别多，除了各种"会供的资具"外，还有一部分珍玩物品。其中最令达赖喇嘛高兴的是，"有派遣毕齐依齐格隆前去汉地贸易时花了三千两白银才设法买来的被称为'娱客箱'的箱子，里面有用檀香木、菩提树、金、银、玉石等制造的大厦，还有水流、山崖、树木、庄稼、民居等，前面有一个轮子转动，下面四周的水面上有小人驾船，中层的房子里有鼓、铙钹、号角等器乐奏响，房顶上立有伞盖、幢、飞幡等，为能工巧匠所造，精妙绝伦，神幻无比，此种物品在西藏从没有听说过，为一奇迹"。②

三　荣获博硕克图汗号

随着准噶尔地区卫拉特各部统一的实现，噶尔丹势力从此大为增强。他为了扩张实力，曾阴图举兵进攻清军，与平西王吴三桂等发动的"三藩之乱"相呼应，后由于达赖喇嘛派人阻止，遂作罢。但他不久又把斗争的矛头指向青海。大家知道，青海是准噶尔进入卫藏地区的重要通道，17世纪40年代以后，一直为固始汗裔和硕特人所盘踞。与此同时，又是噶尔丹异母兄卓特巴巴图尔逃亡之地。其弟卓哩克图和硕齐和班达哩因不满其所为，也避居于此。③因此，夺取青海便成为噶尔丹扩张计划中不可分割的一部分。时因清军于甘、凉边外实施严密戒备，计划始被迫取消。④

噶尔丹拟兴兵夺取青海，五世达赖喇嘛肯定知道，噶尔丹每年派人进

---

① 参阅喇德纳巴德喇《咱雅班第达传》，第47—51页。
② 参阅五世达赖喇嘛阿旺洛桑嘉措《五世达赖喇嘛传》（下），第218页。
③ 参阅（清）祁韵士编纂，包文汉、奇·朝克图整理《蒙古回部王公表传》卷86《扎萨克辅国公阿喇布坦列传》，内蒙古人民出版社1998年版，第585页；张穆《蒙古游牧记》卷12。
④ 参阅《清圣祖实录》卷72，康熙十七年三月己未；《清圣祖实录》卷83，康熙十八年八月己丑。

藏熬茶，向达赖送信并奉献大量礼品，说他根本不知道，于情于理，都说不过去。即使事前不清楚，在噶尔丹出兵前，曾派人进藏布施，他也应当有所了解。但他一直都未表示过态度，明眼人一看就明白，这是在故意装聋作哑。

更为有趣的是，当噶尔丹拟出兵青海时，达赖喇嘛为了表彰噶尔丹的功绩，还于1678年中（藏历五月十二日）派遣甲尔波哇、多吉旺秋前往准噶尔，赠噶尔丹以"丹增博硕克图汗"号印章和全套衣物等礼品。此外，又给他带去"一箱纸写信函，并让他传达详细口信，以设法使施主们获得平安"。①

"博硕克图汗"，意为"天命汗"。在卫拉特各部中，向来只有和硕特部有汗号，而准噶尔部则从未见有汗号者。达赖喇嘛此举用意何在？笔者以为目的主要有二：一是想树噶尔丹权威以慑服准噶尔地区的卫拉特各部，二则是用以牵制卫藏地区的和硕特人。因为卫藏地区的和硕特人自固始汗以后，达延汗和达赖汗都是极少过问政事的庸懦之辈。在达赖喇嘛心目中，他们已完全成为摆设。

正当甲尔波哇、多吉旺秋出发前往准噶尔之时，噶尔丹则遣温穷等为使，送信给达赖喇嘛，随信还带去了噶尔丹妻子②献给达赖喇嘛的大量礼品。达赖喇嘛收到礼品后，非常高兴。其中最让他爱不释手的是：俄罗斯金丝缎和玻璃筒（可以看到筒内有马、羊、狗、野兽等多种动物在互相追逐嬉戏）、玻璃箱子（透过箱子的空隙，可以看到无限广阔的奇妙景象等物）。③达赖喇嘛为了感谢温穷等的到访，特地接见了他们并向其馈赠了赆仪。④

四　驰师进援阿帕克和卓

阿帕克和卓是天山南路伊斯兰教白山派首领。17世纪初年，伊斯兰教苏菲派和卓家族，由于受到叶尔羌汗国统治阶级的怂恿与支持，曾相继

---

① 参阅五世达赖喇嘛阿旺洛桑嘉措《五世达赖喇嘛传》（下），第291页。
② 据史料记载，噶尔丹曾先后娶过三位妻子。一是阿努，二是阿海，三是布林。此处所说，当指阿努。
③ 参阅五世达赖喇嘛阿旺洛桑嘉措《五世达赖喇嘛传》（下），第294页。
④ 同上书，第295页。

从乌兹别克斯坦移居至叶尔羌汗国境内,并于当地形成了两个相互对立的宗教派别——白山派和黑山派。

白山派又称"白山宗""白帽回",主要活动于以喀什噶尔为中心的维吾尔地区;黑山派又称"黑山宗""黑帽回",主要活动于今新疆阿图什、乌什以及伊塞克湖周围等地。两派虽然在穿戴上有所区别,但宗教观点并没有很大不同。由于他们分别得到叶尔羌汗国内部两个相互对立派别的支持,故其斗争实际上是叶尔羌汗国统治集团内部争权夺利斗争的反映。[①]

两派之间的斗争,在17世纪初年就已存在,但矛盾的激化则是在17世纪中叶以后,由于叶尔羌汗王阿布杜拉与其子尧乐巴斯产生的摩擦。时白山派和卓玉素甫与其子阿帕克和卓为了扩大势力,乘机支持尧乐巴斯夺取政权。于是,一场由白山派引起的战争序幕便逐渐被拉开。

据史料记载,尧乐巴斯自取得政权后,不但终日不恤政事,大肆吃喝玩乐,且任意草菅人命,镇压黑山派群众。尧乐巴斯的倒行逆施,引起了广大人民群众的强烈不满。1670年(康熙九年),黑山派首领率领泽浦、叶城等地人民举行暴动,进逼叶尔羌,推翻尧乐巴斯的统治,拥立阿布杜拉汗弟伊斯玛依勒为汗。伊斯玛依勒执政以后,又大肆迫害白山派徒众,将其首领玉素甫杀害。玉素甫子阿帕克和卓被迫流亡于中亚、甘肃、青海等地。他为了东山再起,遂于1678年经克什米尔(一说经甘、青)地区前往西藏投靠达赖喇嘛,请求达赖给予帮助。达赖喇嘛对他的不幸遭遇深表同情,便为他写了一封致噶尔丹的推荐信。信的内容大致如下:"和卓阿帕克是一位伟大的人物,他的国土(故乡)是叶尔羌和喀什噶尔。他是那个国家的穆斯林和卓,伊斯美尔汗强占了他的国家,把他赶出来了。你应该派支军队,收复他的国家,并交还给他"。[②] 阿帕克得到信后,立刻带着它返回新疆。但他途经青海、甘肃时,又于肃州拜会了当地的佛教高僧。这位高僧在阿帕克要求下,也为他写了一封信给噶尔丹,请他设法帮助阿帕克夺回失去的政权。[③]

据说噶尔丹接到达赖喇嘛给他的信后,即调集大军,在阿帕克和卓的引导下向喀什噶尔和叶尔羌进军,俘伊斯玛依勒汗,将其押往伊犁。阿帕

---

① 参阅马大正、蔡家艺《准噶尔贵族对南疆的统治》,《新疆大学学报》1981年第2期。
② 参阅[英]罗伯特·沙敖《和卓传》摘要注释,陈俊谋、钟美珠汉译,载中国社会科学院民族研究所历史研究室编译《民族史译文集》,1980年铅印本第8期,第124页。
③ 参阅李进新《新疆宗教演变史》,新疆人民出版社2005年版,第415页。

克和卓为了报答噶尔丹恩情,则"下令六城地方为他们收集各种土布,送给他们以表寸心"。① 至此,延续一百六十多年的叶尔羌汗国宣告终结。

噶尔丹虽然夺取了喀什噶尔和叶尔羌,但他并未亲自进行统治,而是扶植原吐鲁番的统治者阿布都里什特为他的代理人,自己则满足于每年收取10万腾格的贡赋。②

自从噶尔丹取得博硕克图汗号后,他每年都先后两次派人进藏熬茶,送信给达赖喇嘛向其奉献礼品。负责送信及携带礼物之人,如色康活佛、措索然坚巴、热振寺堪布瓦布多、喇布坦、啊旺曲札、阿旺嘉措等,这些人基本上都是有名的大喇嘛或噶尔丹亲信。所送礼品亦名目繁多,花样百出,其中数量最多的是各种金银制品与珠宝之类。在所送物品中,令达赖喇嘛最为兴奋与自豪的是其1681年收到的两次礼品。

第一次,是在藏历新年到来的最初几天。首先是初二日的"南疆地区疆域图及其档册"。据云:这一天噶尔丹"把以鸭儿看(按:即叶尔羌异译)为主的一千五百座城镇、二百万户人口奉献给我",我令罗卜藏喜饶在庆祝新年宴会上当众宣布:"'这些地方过去属于准噶尔蒙古,时至今日,任何国王都未作过治理。现在顺利收归于治下,又毫不吝惜地奉献出来',并将文册交到我手中。这种转大力法轮进行统治的事业值得称颂,我写信感谢,并为三位施主及其代表献了哈达。"③ 接着,于正月五日又收到其呈献的"丰富的会供曼荼罗物品,有镶有金刚石、蓝宝石、绿宝石、红宝石、珍珠等各值数百钱黄金的许多宝饰的用纯金打造的缠头人的帽子、金银、上部霍尔的大批器物以及内外衣服等无数礼品,给每个僧人布施金印哈达一条,黄金各二十八厘,面子薄绫各一幅,在经院中举行了与光明寿主的彩云坛场有关的祈寿仪轨,祝我寿如不坏金刚。"初六日,噶尔丹代表"又像第一天那样正式献礼,以哈达代替黄金,举行祈寿仪轨"。初八日,他们又"像第二天那样呈献会供曼荼罗和礼品,高颂寿词"。④

---

① 参阅毛拉·木萨·赛拉米《伊米德史》,新疆少数民族社会历史调查组编译,1959年油印本(上),第95页。
② 参阅[英]罗伯特·沙敖《和卓传》(摘要),载《民族史译文集》第8期,1980年铅印本,第100页。
③ 五世达赖喇嘛阿旺洛桑嘉措:《五世达赖喇嘛传》(下),第422页。
④ 同上书,第423页。

第二次，是当年的三月二日，收到了噶尔丹为其铸造的"一尊银质身像"，内装"有如来佛舍利，印度、尼泊尔和西藏具有加持力的圣物若干件"，以及达赖自己的破旧衣服等。"整个身像内从头到脚都装满了莲花经咒等物，使之与誓言尊和智慧尊没有区别"。①

无论在卫拉特蒙古还是东部蒙古人中，除噶尔丹外还未见有任何别的首领或胡图克图能与达赖喇嘛保持着如此密切的联系，也未见有任何人能像噶尔丹那样，把如此众多的珍贵礼物奉献给达赖喇嘛。噶尔丹之所以这样做，道理很简单，因为达赖喇嘛不仅是他宗教上的老师，同时又是他的军师、旗帜与靠山。噶尔丹每次派人进藏熬茶并给达赖喇嘛送信时，达赖喇嘛总是不厌其烦地进行详细答复。这些信的内容虽然至今尚不清楚，但不难想见，它实际上是在为噶尔丹出谋划策。在噶尔丹看来，自己的前途与荣显，都是达赖喇嘛的赐予，没有达赖喇嘛的支持与指点，就没有他现在所拥有的一切。故凡是自己能够找到的东西，都要拿来献给达赖喇嘛。

1682年，达赖喇嘛圆寂，这时由于噶尔丹忙于进征中亚哈萨克等国，而第巴桑结嘉措为保护自己的权势，采取秘不发丧办法，故有关达赖喇嘛的死讯，噶尔丹显然并不知情，但桑结嘉措究竟是如何瞒过噶尔丹并与之进行联系的，因涉及的问题比较复杂，故本文只好就此作结。

通过以上事实，我们不难看出，在噶尔丹的历史活动中，其与五世达赖喇嘛的关系，具有不可忽视的重要地位。噶尔丹之所以能够统一准噶尔地区诸卫拉特，称雄于西北地区各族，应该说五世达赖喇嘛功不可没。因此，我们完全有理由这样说，如果没有五世达赖喇嘛的支持与帮助，噶尔丹要在卫拉特蒙古各部的斗争中取得政权，估计是相当困难的。

（原刊陈理等主编《纪念王锺翰先生百年诞辰学术文集》，中央民族大学出版社2013年版）

---

① 五世达赖喇嘛阿旺洛桑嘉措：《五世达赖喇嘛传》（下），第431页。

策妄阿喇布坦与噶尔丹交恶缘起与发展考论

策妄阿喇布坦与噶尔丹，原是至亲侄叔关系。当准噶尔汗国始建之时，两人曾共同执掌汗国的统治大权，世称为准噶尔"两台吉"。但在汗国建立后不久，彼此间不仅未进行合作，反而成了不共戴天的仇敌，究竟是什么原因造成的？它给噶尔丹的发展带来了什么影响？学术界对此虽有过不同程度的揭示与论述，但因史料限制，故有关其真相及影响，实际上并没有得到全面的披露与解读。因此，对其作进一步的研究笔者以为是必要的。

一 缘起

策妄阿喇布坦是僧格长子，生于1665年，1670年僧格被其异母兄车臣和卓特巴巴图尔杀害时因尚在幼年，故当噶尔丹夺取准噶尔部领导权后，策妄阿喇布坦与其弟索诺木阿喇布坦、丹津鄂木布一起，俱服属于噶尔丹。

据俄罗斯档案资料记载，当噶尔丹继为准噶尔部首领时，由于策妄阿喇布坦拥有其父属民与领地，因而在政治上仍享有与噶尔丹同等的地位与权力。准噶尔部每次派人外出贸易，俱由噶尔丹和策妄阿喇布坦共同派出。例如，1671年俄国托博尔斯克军役人员谢伊特库尔·阿勃林和哥萨克伊塔鲁京在托博尔斯克官署，报告其往清帝国之行时就说："有消息传来说，僧格台吉被打死了，……台吉的兄弟和他的儿子拉布坦台吉，派了自己的干员伊尔克格涅茨等人和他们一同前来。"[①]

---

① [苏]齐赫文斯基主编：《十七世纪俄中关系》（1608—1683年）（2），厦门大学外文系译，商务印书馆1978年版，第434页。

1673—1674年，噶尔丹又与策妄阿喇布坦一起派人至莫斯科，与沙俄进行贸易。① 时因沙俄政府急欲与清朝政府建立贸易关系，于1675年派遣斯帕法里前往中国。斯帕法里要进入中国，须经准噶尔地区东行。沙俄政府为了使团在准噶尔地区能得到噶尔丹的支持与帮助，曾分别送给噶尔丹和策妄阿喇布坦"两位台吉价值一百卢布的赏礼"，"另有二百卢布的貂皮和二十普特的烟叶作为分赠之用"。②

但是，随着准噶尔部势力的扩大，特别是噶尔丹统一准噶尔地区诸卫拉特后，统治阶级内部之间的权力斗争也在不断酝酿着，并最后走上冲突与分裂之路。反映这种矛盾冲突的斗争，主要表现在以下两个方面。

一是噶尔丹利用手中的权力，将原与策妄阿喇布坦"议婚"之妻阿海据为己有。为了夺取阿海，噶尔丹又暗中派人刺杀策妄阿喇布坦。阴谋虽然没有得逞，但却使策妄阿喇布坦从此失掉了一只眼睛。有关此事，我们可以从法国传教士张诚《对大鞑靼的历史考察概述》一文中得到证明。他说，噶尔丹"不止对侄儿采取这种非正义的行为，又雇用一些暗杀者去行刺他，可是没打准，只打掉一颗眼睛"。③ 策妄阿喇布坦仅有一只眼睛之事，有黄文炜《重修肃州新志》记载可供佐证（详见下文）。

噶尔丹夺取策妄阿喇布坦"议婚"之妻阿海发生于那一年？史未见明文。但据蒙古习惯法则可知约在1680年左右。因为习惯法规定男子15岁即可结婚。④ 策妄阿喇布坦生于1665年，那么1680年正是15岁。这就是说，此事发生于这一年之前或于当年。

二是1688年（康熙二十七年），噶尔丹乘策妄阿喇布坦外出之机，竟然在一位老喇嘛的唆使下杀害策妄阿喇布坦之弟索诺木阿喇布坦。这位唆使噶尔丹杀死索诺木阿喇布坦的老喇嘛是谁？史籍无载。从现有记载看，他很可能是指西藏哲蚌寺的"奈冲喇嘛"。"奈冲"一名，当为藏语"chos skyung"异译。旧又译作"乃穹""吹忠""垂仲"，意为"降神

---

① ［苏］齐赫文斯基主编：《十七世纪俄中关系》（1608—1683年）（2），厦门大学外文系译，商务印书馆1978年版，第470页。

② 同上书，第504—505页。

③ 参阅［法］张诚《对大鞑靼的历史考察概述》，陈增辉译，引自杜文凯编《清代西人见闻录》，民族出版社1989年版，第98页。

④ 参阅内蒙古自治区编辑组《蒙古族社会历史调查》，内蒙古人民出版社1985年版，第168页。

人""护法者"。例如，佚名《西藏志》在其寺庙门中说："垂仲殿，在大召东半里许，寺名噶玛霞。内塑神像狰狞恶煞，内居护法，乃喇嘛装束，仍娶妻生子，世传其术，乃中华之巫类，""凡人叩问吉凶，托神言判祸福。""凡各大寺皆有垂仲，亦有女人为之者，俱为番人所敬信崇奉焉。"① 笔者之所以认为是哲蚌寺"奈冲喇嘛"，因为在清代档案文献《宫中档康熙朝奏折》第八辑中，至今仍保存着1696年（康熙三十五年）噶尔丹致"拉穆奈冲"和"哲蚌寺奈冲"的信件，言及他在昭莫多战役失败后于塔米尔会盟之事。② 而根据《亲征平定朔漠方略》记载，1691年（康熙三十年）策妄阿喇布坦在向清廷述说其"与噶尔丹交恶始末"时称："因奈冲鄂木布擅权毒杀我弟，与我亦不睦。"③ 策妄阿喇布坦在这里所说的"奈冲鄂木布"，显然即是指哲蚌寺的"奈冲喇嘛"。因为噶尔丹在西藏学经时，曾在三大寺学习过，说明他与哲蚌寺的"奈冲喇嘛"始终有着密切联系，不过其中也不排除同桑结嘉措的干预有关。因桑结嘉措也在西藏三大寺学过经，两人关系极为密切。④ 据耶喜·巴勒登《蒙古政教史》说，建议噶尔丹"斩除策妄阿喇布坦"，就是他出的主意。⑤

有关噶尔丹杀索诺木阿喇布坦和迫害策妄阿喇布坦之事，在温科夫斯基的《新疆见闻录》中说得更为具体。他说："策妄阿喇布坦（现今珲台吉）及其兄弟索诺木阿喇布坦和丹津鄂木布当时业已成年，在其叔父身边效力，当头领，特别是策妄阿喇布坦和索诺木阿喇布坦效力有方，运气很好。博硕克图汗听信大喇嘛（神父）诽谤，意欲将两个侄子秘密害死，免得他们羽毛丰满之后，根据继承权，剥夺他博硕克图汗的统治权力。他起了这个念头之后，于一天夜里将索诺木阿喇布坦秘密勒死，而策妄阿喇布坦（现今珲台吉）当时出门在外。当他兄弟死后几天回来时，他叔父博硕克图汗对策妄阿喇布坦说，你兄弟索诺木阿喇布坦突然身故，他想在

---

① 参阅佚名《西藏志》，西藏人民出版社1982年版，第15页。
② 参阅台湾故宫博物院印行《宫中档康熙朝奏折》第8辑，第535—564页。引自齐木德道尔吉《昭莫多之战以后的噶尔丹》，载《蒙古史研究》第4辑，内蒙古大学出版社1993年版，第106页。
③ 参阅《亲征平定朔漠方略》卷9，康熙三十年二月戊午。
④ 参阅《清圣祖实录》卷174，康熙三十五年七月戊午；牙含章编著《班禅额尔德尼传》，西藏人民出版社1987年版，第61页。
⑤ 参阅（清）耶喜·巴勒登《蒙古政教史》，苏鲁格译注，民族出版社1989年版，第30页。

当天夜里也把策妄阿喇布坦杀死，但是一位叫阿兰扎巴的喇嘛对策妄阿喇布坦说，你兄弟被秘密杀害，要是你还不走掉，你也要被害死。"据说策妄阿喇布坦听了阿兰扎巴喇嘛的忠告后，即匆忙"带上七名自己的忠诚可靠的卡尔梅克人和这位阿兰扎巴喇嘛，前往博罗塔拉河"。①

温科夫斯基虽将策妄阿喇布坦被迫出逃经过进行了较全面的描述，但对规劝策妄阿喇布坦出逃的"阿兰扎巴喇嘛"之全称，以及噶尔丹杀索诺木阿喇布坦时策妄阿喇布坦"当时出门在外"做什么这两个问题，并没有交代清楚。

个人以为，"阿兰扎巴喇嘛"的全称，应是"盆素克·丹津"胡图克图。众所周知，"阿兰扎巴"一名，原是指佛教经学院的最高学位。汉籍文献中所称的"阿喇木扎木巴""喇木扎巴""兰占巴"等诸称呼，俱是其异译。这就是说，规劝策妄阿喇布坦逃走的喇嘛是一位高级喇嘛。这位高级喇嘛在随策妄阿喇布坦出逃之后不久，即成为策妄阿喇布坦治下的掌教喇嘛。有关此事，我们可以从黄文炜《重修肃州新志》一书中得到证实。书中云："策妄为人，外若平易而中藏机变，语言巧饰，左眇一目，所居一大营盘，周围有千余家。""有供佛大房，周围百余间系喇嘛居住，名为三大桑，所与议事之大喇嘛，名盆素克·丹津阿拉木扎木巴，与策妄同坐床上。"② 大家知道，在噶尔丹统治时期，并未见有任何一位高级喇嘛能与之同坐床上。因此，前述所称的"盆素克·丹津"，当即为温科夫斯基所说的"阿兰扎巴喇嘛"无疑。"盆素克·丹津"因学识高深，后还在准噶尔地区产生过呼毕勒罕。及噶尔丹策零继位，因不承认他是真正的呼毕勒罕，始被废。③

在噶尔丹统治时期，为了便于与清朝政府建立政治、经济联系，曾经常委派高级喇嘛带领商队到内地进贡贸易。策妄阿喇布坦统治初年，盆素克·丹津作为高级喇嘛也曾奉命率领进贡贸易商队进京纳贡，并受到康熙皇帝的接见。④

---

① ［俄］伊·温科夫斯基：《十八世纪俄国炮兵大尉新疆见闻录》，宋嗣喜译，黑龙江教育出版社1999年版，第199页。
② （清）黄文炜：《重修肃州新志·西陲全册》（乾隆二年木刻本）。
③ 中国历史档案馆档案，军机处满文录付奏折，雍正十二年四月三日厄鲁特人荦章奏。参阅蔡家艺《西藏黄教在卫拉特蒙古的传播和发展》载《民族史论丛》，中华书局1987年版，第191页。
④ 参阅《清圣祖实录》卷187，康熙三十七年正月庚寅。

其二，噶尔丹杀索诺木阿喇布坦时，策妄阿喇布坦"当时出门在外"做什么？从有关记载看，笔者以为是指他正率领骑兵追击哈萨克头克汗的儿子企图叛逃之事。《咱雅班第达传》记载，自1682年起，噶尔丹为了扩张势力，曾多次出兵远征布鲁特、哈萨克等国。1683年，他因在与哈萨克头克汗的斗争中取得胜利，即将其两个儿子"苏勒坦俘获带回"。从此这两位"苏勒坦"便一直被禁锢于准噶尔地区。1688年（康熙二十七年），噶尔丹举兵进军喀尔喀，头克汗的儿子想乘其后方防守薄弱，劫掠准噶尔的"小库伦"逃跑。时策妄阿喇布坦得知消息，立刻带兵跟踪追击，直"追到布古什河，迫使对方丢弃小库伦"，[①] 并再次将其俘获。噶尔丹派人杀索诺木阿喇布坦，估计即于此时。倘若个人判断无误的话，那么噶尔丹此举，表面上看来自以为得志，实则无异于自掘坟墓，因为他使策妄阿喇布坦感受到了巨大威胁，不得不与之背道而驰，从而使自己陷入腹背受敌的境地。

二　发展

噶尔丹秘密杀害索诺木阿喇布坦，不仅引起了策妄阿喇布坦的强烈怨恨与愤怒，也引起了广大准噶尔牧民的不满与反对。因此，当策妄阿喇布坦带领少数侍从及阿兰扎巴喇嘛逃往博罗塔拉时，沿途所有准噶尔人也跟着逃跑。噶尔丹得知消息，因感事情不妙，匆忙领兵2000跟踪追击。他在翻越哈喇阿扎拉卡山后于乌兰乌苏地方与策妄阿喇布坦相遇。噶尔丹见到策妄阿喇布坦后，佯装不解地问策妄阿喇布坦："尔何所恨而来？"策妄阿喇布坦对曰："我原议婚之妻阿海，尔取之；我亲弟索诺木喇卜滩，尔杀之，又恐杀我，故畏惧而来。"[②] 噶尔丹见策妄阿喇布坦面对大兵压境仍毫无惧色，还当众揭露了他的罪行，极为恼怒，立刻挥师发起进攻。

乌兰乌苏，位今新疆沙湾县东，旧隶绥来，以地有乌兰乌苏河得名。徐松《西域水道记》云："玛纳斯河西七十余里为乌兰乌苏河，源出绥来县南古尔班多博山，亦曰乌兰乌苏山。"[③] 乌兰乌苏，"四面皆山，地方狭

---

① 参阅喇德纳巴德喇《咱雅班第达传》，成崇德译注，第52、55页。引自《清代蒙古高僧传译辑》。
② 《亲征平定朔漠方略》卷47，康熙三十五年七月戊午。
③ （清）徐松：《西域水道记》卷3，中华书局2005年校点本，第190页。

隘"，易守难攻。① 噶尔丹所带军队虽然不少，但在四面皆山的地方开辟战场，兵力根本无法展开，因此战斗打得很激烈。但他不但没有取胜，结果反遭惨败。有关这次战斗的情况，喇德纳巴德喇所撰《咱雅班第达传》有着较全面的反映。书云："蛇年（1689 年）之春，策妄阿喇布坦托活佛达赖喇嘛之福，与没有被阻挡住的七人一起叛逃，沿途所有的人也随其逃跑，在翻越哈喇阿札拉卡山时，博硕克图汗率全军从后面追击。不久就追到了乌兰乌苏，博硕克图汗率兵与叛逃者正在激战，以乌尔津扎布为首的属下，知道汗要败了，就竖起了大纛，遵照旧例进行安抚，汗就回去了。"②

作者虽然将战斗产生缘起及经过作了较具体的描述，但对其结局却轻描淡写地一笔带过，而《清圣祖实录》则对此次战斗的结局作了一定的渲染，云其"下人散亡略尽，又极饥窘，至以人肉为食。"③《实录》所说，显然不无夸大成分，但称其遭受惨败，并不为过。

《平定准噶尔方略》记载，策妄阿喇布坦子噶尔丹策零于乾隆元年在给清廷的一份表文中说："我父幼时与博硕克图汗同居共事，后彼渐强盛，既害其弟，又潜图我父。岁在己巳（1689 年），我父年四十七（按：当为二十五之讹），与彼交恶，收其土地人民之半，建牙于额林哈毕尔噶（位于乌兰乌苏西北）之地，彼发兵来攻，我大败于乌兰乌苏。"④ 噶尔丹策零所说，与我们的判断，基本上是相符合的。

自从噶尔丹取得准噶尔部统治大权后，由于得到五世达赖喇嘛的积极支持，他所到之处，向来攻无不克，战无不胜，但这次却在与策妄阿喇布坦的交战中，吃了如此重大的败仗，这不能不使他受到了深深的刺激与伤害。但由于当时与喀尔喀封建主的斗争正处于关键时刻，因此无暇继续采取措施对策妄阿喇布坦进行大规模征讨，故当其返回科布多后，又立刻挥师进入喀尔喀蒙古，大肆进行掠夺。

噶尔丹再次举兵进入喀尔喀之事，《咱雅班第达传》说：博硕克图汗于 1689 年秋，率领 16000 人从科布多出发，先于额和色楞格地方洗劫根敦戴青（和托辉特部台吉）牧地，接着又于次年春进袭托图额尔德尼珲台吉、策旺额尔德尼阿海、沙尔都勒车臣珲台吉、满珠习礼胡图克图、昆

---

① 参阅《清圣祖实录》卷 143，康熙二十八年十二月辛未。
② 喇德纳巴德喇：《咱雅班第达传》，第 56 页。
③ 参阅《清圣祖实录》卷 143，康熙二十八年十二月辛未。
④ 《平定准噶尔方略》（前编）卷 40，乾隆元年正月丙午。

都仑博硕克图、巴图尔宰桑等牧地。① 在噶尔丹军队的猛烈攻击下，喀尔喀各部人民，纷纷四散逃走，逸入清朝边境以内。

面对噶尔丹的疯狂掠夺，清朝政府由于担心听任形势继续发展，将给西北边境地区造成严重威胁，因此，康熙皇帝一面派人谕令噶尔丹停止继续发动进攻，一面又遣使前往西藏要求达赖喇嘛出面干预，使双方重归于好。时因达赖喇嘛已离开人世，政教大权俱为第巴桑结嘉措掌握。桑结嘉措与噶尔丹原是同窗，故他表面上佯装拥护清廷主张，暗中则又极力纵容噶尔丹不断扩大战事。例如，1689年（康熙二十八年）十二月，善巴陵堪布受命进京时，他在给康熙皇帝的奏疏中说："我起行时，往达赖喇嘛所，未见。第巴出语我曰：达赖喇嘛令奏圣上，但擒土谢图汗、泽卜尊丹巴胡土克图畀噶尔丹，则有利于生灵，此两人身命，我当保之。"康熙皇帝接奏，便一针见血地指出，这是为了庇护噶尔丹！② 桑结嘉措之所以要千方百计庇护噶尔丹，目的是想利用其"来钳制和硕特部青藏汗王"，将固始汗子孙逐出西藏。③

由于桑结嘉措的积极支持，噶尔丹对康熙皇帝的劝阻非但不予理会，反而不断扩大战事，任意进行烧杀抢掠。与此同时，还扬言借俄罗斯兵"会攻喀尔喀"。④ 1690年（康熙二十九年），又以追击喀尔喀兵为名，闯入内蒙古乌朱穆沁迤东地方。张诚说："厄鲁特王大约在1690年7月末，领着一支很短小精悍的军队向帝国边境进攻，他所发现的喀尔喀人都沿着克鲁伦河扎营。为了寻找饲料，他曾沿着这条河走下去，他对这些喀尔喀人不是杀掉就是掳掠为奴，追杀那些杀死他兄弟的凶手，甚至进入皇帝指定给他们的避难所。"⑤

清廷得知噶尔丹引兵潜入汛界，立刻派兵前往堵截。双方于乌尔会河流域相遇。清军因缺乏充分准备，加上指挥失当，被击败。及至乌兰布通又发生交战。噶尔丹因力弱，最后被败，自西拉穆楞河遁。

先是，噶尔丹举兵进军喀尔喀时，将其"大本营"设于科布多。科

---

① 参阅喇德纳巴德喇《咱雅班第达传》第59页。
② 参阅《清圣祖实录》卷143页，康熙二十八年十二月辛未。
③ 参阅王森《西藏佛教发展史略》，中国社会科学出版社1987年版，第190页；牙含章《达赖喇嘛传》，人民出版社1989年版，第38页。
④ 参阅《清圣祖实录》卷146，康熙二十九年五月癸丑。
⑤ ［法］张诚：《对大鞑靼的历史考察概述》，陈增辉译，引自杜文凯编《清代西人见闻录》，第109—110页。

布多之所以能成为噶尔丹"大本营",这是其所处地理位置决定的。因为这里不仅土地肥沃,可耕可牧,而且战略地位极为重要。史载地当奇兰与库列图二道要隘,又与布拉罕路相近,向为准噶尔人与喀尔喀人往来要冲。① 所谓"大本营",世称为"老小营",蒙古语称为"阿兀鲁黑"或"奥鲁"。按蒙古定制,男子从军出征,妇孺等则按千户编制经营畜牧业,以供应前方。设于蒙古本部的称"大奥鲁",随军转移的称"小奥鲁"。策妄阿喇布坦为了向噶尔丹进行报复,遂乘其出兵喀尔喀时,"尽收噶尔丹之妻子、人民而去。"② 凡所留辎重,均洗劫一空,其伊犁旧部属,也尽为策妄阿喇布坦所并。

策妄阿喇布坦何时举兵潜袭科布多?学术界一般认为是在噶尔丹进袭乌兰布通时的1690年。所说虽然没有错,但其具体时间,则未有人进行深入考证。根据现有记载,笔者以为应当在1690年底至1691年初之间。之所以这样说,主要根据有二:

一是据《咱雅班第达传》载,策妄阿喇布坦在将吐鲁番、辉特等部并入自己的管辖范围后,"并于马年(1690)出兵,于羊年仲春初一侵入汗的领地。他们到达和布克后,和这个牧地的兀鲁思汇合"。③ 这里所说的"侵入汗的领地",当即指科布多而言。

二是祁韵士在其《皇朝藩部要略》中说:"策妄阿喇布坦侦噶尔丹侵喀尔喀,潜兵至科布多,掠噶尔丹妻阿努及牲畜去。"④《皇朝藩部要略》是一部编年史书。作者把上述事件系于康熙二十九年十一月之下。根据中西历对照表,康熙二十九年十一月恰好是1690年12月至1691年1月。两书写作年代虽有所不同,其所述时间,则是一致的。

策妄阿喇布坦为什么选择这一时间进袭科布多?显然是他得知噶尔丹在乌兰布通战役失败后并未立刻离开乌珠穆沁地区,而是在克什克腾一带进行劫掠。及至当年十月,始遁出汛界。尔后不久,又移师于俄依河(按:指鄂尔浑河)流域。清廷恐其往袭车臣汗部,"劫其糇粮"。⑤ 令近

---

① 参阅《清世宗实录》卷109,雍正九年八月甲辰条;(清)张穆《蒙古游牧记》卷16。
② 《清圣祖实录》卷174,康熙三十五年七月戊午。
③ 喇德纳巴德喇:《咱雅班第达传》,第60页。
④ 参阅(清)祁韵士《皇朝藩部要略》卷9《厄鲁特要略一》。
⑤ 参阅《清圣祖实录》卷149,康熙二十九年十一月戊子条;(清)祁韵士《皇朝藩部要略》卷9《厄鲁特要略一》。有的学者说"俄依河"位于和布克萨里之地,所说非是。此处的"俄依",当为"鄂嫩"的异译。

于彼处之喀尔喀牧民内徙。但噶尔丹实际上并未前往其地，只是在回归时又"遭罹瘟疫"，以致"得还科布多者，不过数千人耳"。① 据说因"瘟疫"而死亡之人，"约有半数"。②

如果说，乌兰布通战役使噶尔丹受到了一定打击的话，那么策妄阿喇布坦潜袭其科布多大本营，则使噶尔丹在政治和军事上都受到了巨大损失。笔者之所以这样说，主要根据有三：一是使准噶尔地区从此尽归策妄阿喇布坦所有；二是其大本营辎重马驼均落入策妄阿喇布坦手中，从而使其战斗力受到严重削弱；三是使其部众因妻离子散而情绪波动，无法安居。

鉴于噶尔丹一再违反清廷旨意，在喀尔喀境内不断扩大战事，故康熙帝曾一度下令，禁其遣人至内地贸易，拟切断其同内地各族人民的贸易联系。噶尔丹在失去广大准噶尔牧民的支持后，与内地各族人民的贸易联系又被切断，于是随着时间的推移，所部不久便出现了严重的经济危机。1691年（康熙三十年），一位逃往内地的喀尔喀人在给清廷的奏疏中说："厄鲁特牲畜已尽，无以为食，极其穷困，人被疾疫，死亡相继。"③ 所说虽不一定与事实完全相符，但其大概情况，当属不诬。《清圣祖实录》记载，当噶尔丹在科布多大本营被劫后不久，就派人向清廷请求"恩赐"白金。他在给康熙皇帝的奏疏中说："自喀尔喀变乱以来，贸易不行，吁请恩赐白金，以育众庶。"时理藩院及议政王大臣纷纷表示反对，云"无赐白金之例"。但康熙皇帝为了争取噶尔丹，仍然表示"吁请恳切，著（着）赐白金千两"。④ 从以上记载来看，当时噶尔丹境遇相当困难是不争的事实，否则他绝不会提出这样的要求。

有关策妄阿喇布坦与噶尔丹交恶一事，清廷虽然早有所闻，但因虚实情况并不很清楚，为了弄清事件真相，1690年康熙命侍读学士达虎出使准噶尔去见策妄阿喇布坦。达虎前往时还带去了清廷敕书及赐物，希望策妄阿喇布坦及噶尔丹妻阿努将"交恶"情由，"明告使臣"。⑤

据说达虎抵达准噶尔向策妄阿喇布坦申明来意后，策妄阿喇布坦与阿

---

① 参阅《清圣祖实录》卷183，康熙三十六年五月癸卯。
② 参阅［苏］兹拉特金《准噶尔汗国史》，马曼丽译，商务印书馆1980年版，第286页。
③ 《清圣祖实录》卷150，康熙三十年二月丁卯。
④ 《清圣祖实录》卷149，康熙二十九年十二月己未。有关其生计困迫情况，康熙三十二年正月丙午条亦有一定反映。
⑤ 《清圣祖实录》卷145，康熙二十九年四月甲子。

努都非常高兴,即于次年初遣达尔汉囊素随达虎等进京,将彼此交恶经过向清廷报告。策妄阿喇布坦说:"侍读学士颁到敕书恩赏,不胜欣幸,我国内自交恶,因奈冲鄂木布擅权毒杀我弟,与我亦不睦,我国人民交恶离散,职此之故。"阿努在其奏疏中则称:"我等奉达赖喇嘛之令分出,博硕克图汗违达赖喇嘛之教,多为不义,杀索诺木喇卜滩,又与策妄喇卜滩及我,亦皆反颜,是以各自分散。"①

康熙皇帝派遣达虎出使的目的,是想利用策妄阿喇布坦与噶尔丹之间的矛盾,以期共同对付噶尔丹。策妄阿喇布坦对此显然心知肚明,故在遣使达尔汉囊素带信给康熙皇帝的奏疏中便明白表示:"嗣后大君凡有谕旨,皆愿遵行。"② 希望清朝政府给予积极支持。清廷见策妄阿喇布坦诚心"向化",不久又派侍郎马迪前往颁赐赏赍。但马迪在到达哈密后,即为噶尔丹属下图克齐哈什哈所害。策妄阿喇布坦得知消息,立即派沙克海喇图奏报并入贡,表示愿与清廷协剿噶尔丹。由于共同利害关系的驱使,清廷与策妄阿喇布坦关系从此日渐密切,从而使噶尔丹陷于四面受敌的危险之中,这显然是噶尔丹连做梦也意想不到之事。它给噶尔丹造成的损害,笔者以为无论怎么评价,都不为过。

三　后果

噶尔丹虽然受到来自清廷及策妄阿喇布坦的共同掣肘,但他梦想称雄于全蒙古地区之心却始终未泯。为了达到这一目的,他一面令其部下耕于乌兰古木和扎布罕河流域等地,一面又想方设法派遣商队到内地贸易,借以摆脱迫在眉睫的困境。但当其经济相对有所好转后,又谋出兵喀尔喀。康熙皇帝本想约其会盟,使之不再继续兴兵,噶尔丹非但置之不理,还于1695 年(康熙三十四年)暗中使济尔哈朗格隆通过乌拉佐领必立克图致书科尔沁土谢图亲王沙津,煽动其反清,说:"我们已变成往日一直受我们控制的人的奴仆,还有什么事比这更可耻的呢?我们是蒙古人,团结在一个王法之下,所以让我们的军队联合起来,重建一个属于我们的帝国,继承我们祖先的遗业。在征战中有光荣和成果,我将乐意同你们共享,有

---

① 《亲征平定朔漠方略》卷9,康熙三十年二月戊午。按:有关奈冲其人见前。

② 同上。

灾难则同你们共当。"① 这种自欺欺人的做法，结果不但没给自己带来福音，反而使他陷入了更大的被动。

噶尔丹的行动使康熙皇帝深切体会到，此人一日不灭，"则边陲一日不宁"，② 于是决定将计就计，命沙津伪与相结，诱其兵来。噶尔丹不知是计，不久又挥师进入克鲁伦河流域，至西卜退哈滩巴图尔及纳木札尔陀音等牧地，"恣行劫掠"，③ 把凡是被发现的喀尔喀人一概予以俘虏。康熙皇帝得悉，决定于1696年再次亲征。诏发兵十万，三路出师，自领中军禁旅，由独石口径趋克鲁伦，"约期夹攻"。是年夏，双方于昭莫多（今蒙古人民共和国乌兰巴托迤南之宗莫德）相遇。"昭莫多"，蒙古语意为"大森林"。其北大山千仞，矗立如屏；大山之下，平川数里，林木蓊郁，有河穿流其间；南有小山似马鞍，宜于攻战。清军依山列阵，把部分骑兵隐蔽于林中。噶尔丹见清军占据山头，与其妻阿努"皆冒炮矢舍骑而斗"，企图夺取制高点。双方激战一天，胜负未决。将近薄暮，宁夏总兵殷化行侦其后阵人马甚盛，知系辎重，派人往劫，而自率山上守军大呼压而下。噶尔丹听说辎重被劫，一时惊慌失措，军中大乱，遂败。部众被杀2000余人，丢弃驼马牛羊无数，其妻阿努被杀。噶尔丹率亲随20余人遁，被迫逃往塔米尔河流域。④ 康熙皇帝为切断其溃窜之路，一面敕令青海诸台吉各防边界，如遇噶尔丹，即行擒解；一方面又派人往伏尔加河土尔扈特阿玉奇及准噶尔部策妄阿喇布坦处，谕令协擒噶尔丹。阿玉奇闻讯，遣多尔济扎卜以所部兵千人驻防于阿尔泰土鲁图地方。⑤ 策妄阿喇布坦也"遵旨领兵来剿噶尔丹"。

有关策妄阿喇布坦领兵协擒噶尔丹一事，史籍有两种不同说法。

一说当他领兵走了"二十程"至萨克萨特呼里克时，因遇到达赖喇嘛（实即桑结嘉措）使人达尔汉厄木齐前来阻挠，说"达赖喇嘛已故十有六年，小达赖喇嘛已十五岁，尔等各居其地，不得兴兵。"由于达赖喇

---

① ［法］张诚：《对大鞑靼的历史考察概述》，引自杜文凯编《清代西人见闻录》，第111—112页。
② 《清圣祖实录》卷173，康熙三十五年五月癸酉。
③ 同上书，康熙三十四年九月己巳。
④ 参阅《清圣祖实录》卷173，康熙三十五年五月癸酉；卷175，康熙三十五年八月甲午；（清）殷化行《西征纪略》。
⑤ 参阅《清圣祖实录》卷178，康熙三十五年十一月戊午；（清）祁韵士《皇朝藩部要略》卷10《厄鲁特要略二》。

嘛使人作梗，遂"按兵而退"。①

一称当策妄阿喇布坦接到敕书后说："阅来文，已备晰，倘彼从此过，必不使之脱去，已遣阿玉什（阿玉奇）之子臧济扎卜带兵二万起行。""闻噶尔丹仍在格格忒哈郎古特，其他俱无食四散，我欲探明噶尔丹去向，已留下兵马一枝（支）。因我游牧地方，近于白帽，故先已回去。"②

以上两说，表面上虽然有所不同，但所表述内容，则基本上是一致的，即策妄阿喇布坦得到康熙皇帝敕谕后，便立刻遣兵前往阿尔泰驻防，拟配合清军，协同进攻噶尔丹。

自从昭莫多战役失败后，噶尔丹部众便纷纷四散逃亡。有的携孥带子，举家逃往内地投附清朝政府；有的三五成群，往策妄阿喇布坦；有的则风餐露宿，相率投奔青海和硕特部。这对噶尔丹来说，无疑是一个沉重打击。但他显然并没有气馁，仍令人四处收集残众，妄图重整旗鼓，东山再起。为了达此目的，1696年六月，他把所有的将领都聚集到塔米尔台库勒地方举行会盟，商讨今后的去向及行动方针。③ 但由于士无斗志，军心涣散，结果不但没有使凝聚力得到相应加强，反而加速了内部的分崩离析。《清圣祖实录》记载，噶尔丹因在盟会上坚持要率领余众"将视无兵之地，掠瀚海四围居人，取其糗粮，以往哈密"，受到其亲信丹津鄂木布和丹津阿喇布坦的坚决反对。丹津鄂木布说："哈密皆村落，我不惯居其地，于七月初四日叛而西去。"④ 噶尔丹引兵追赶，结果无功而返。丹津鄂木布走后不久，丹津阿喇布坦以取辎重为名亦率属下离开噶尔丹，移营于控奎扎巴哈一带。噶尔丹数次遣使往招，希望继续得到他们的支持，但均无法实现。⑤ 康熙皇帝为了打击噶尔丹，派人往谕丹津鄂木布和阿喇布坦，云尔等"前虽附噶尔丹，然非倡乱之人。今归降之人，皆云尔等与噶尔丹分析各居，朕嘉尔犹知天道，能自振拔，怜尔等之马畜等物临失，衣食已绝……前此依附噶尔丹之咎，朕概不介意，必待尔以富贵。尔之部

---

① 参阅《清圣祖实录》卷182，康熙三十六年闰三月辛巳。
② 同上。
③ 参阅《清圣祖实录》卷174，康熙三十五年七月甲戌。
④ 《清圣祖实录》卷175，康熙三十五年八月癸卯。
⑤ 参阅齐木德道尔吉《昭莫多之战以后的噶尔丹》，载《蒙古史研究》第4辑，内蒙古大学出版社1993年版，第104、109页。

落，亦使各得生业，妻子完聚，从容度日"。"若尔尚有疑惧……往附策妄阿喇布坦处，朕亦不穷诘"。① 由于清朝政府强大的政治攻势，噶尔丹从此更加孤立。

在清朝政府与策妄阿喇布坦的夹攻下，一向自视甚高的噶尔丹对自己的前途于是逐渐动摇，故除继续努力笼络余众外，又积极为自己的未来做准备。他一面派人嘱托达赖喇嘛照看自己的儿子色布腾巴尔珠尔，一面又令部下俄尔遮图、祁齐克等四出捕猎，以供养其女钟齐海。康熙三十五年（1696）八月，当他得知噶尔亶多尔济部属多尔济阿尔达尔哈什哈欲往寻旧主，又请其告噶尔亶多尔济，云"汝姐［按："姐"，当为"姑"字之说］阿奴在日，言我必以以女钟齐海嫁噶尔亶多尔济，我已允之矣。今汝姐已殁，此女或娶或不娶，唯汝裁之"，② 显而易见，这是担心一旦发生不测，可让自己的女儿将来有一个好归宿。策妄阿喇布坦得知消息，立刻派人往阻，云："今闻彼遣阿儿达尔哈什哈前来招尔，将以其女妻之，思其情，殆因无定居之策，故诳汝是实，倘汝坠其计而娶其女，则与众为戎首。倘谓我言不妄，则毋结姻。"③ 策妄阿喇布坦之意，不言自明，就是说，噶尔丹已走投无路了，他是想诱你上当，千万不可坠其奸计。

鉴于对噶尔丹的强烈怨恨，策妄阿喇布坦对噶尔丹部下的普通将领及一般牧民前来归附，大都给予热情接待，而对曾经协助噶尔丹反对过自己的重要将领，则往往要给予惩罚。例如，丹津阿喇布坦兄罕都（又作憨都），因前曾协助过噶尔丹，乌兰布通战役时由于不满噶尔丹所为前往投附，结果被禁锢达七年之久。④ 其弟丹津鄂木布脱离噶尔丹后往投，也被处以同样的刑罚，以发泄自己的不满。

随着噶尔丹政治、军事地位的急剧恶化，促使其生活来源也日渐枯竭。康熙三十五年（1696）九月，丹津鄂木布护卫吴默赫墨尔根在其内附清廷时说："目下噶尔丹，人止千余，马驼亦甚少，今天时渐寒，大半无居无食。"⑤ 与此差不多同时，格垒沽英属察罕哈什哈于内附时说："噶

---

① 参阅《清圣祖实录》卷177，康熙三十五年十月己酉。
② 《清圣祖实录》卷181，康熙三十六年三月甲子。
③ 参阅《清圣祖实录》卷181，康熙三十六年三月乙丑。
④ 参阅《钦定外藩蒙古回部王公表传》卷77《厄鲁特扎萨克多罗郡王阿喇布坦列传》。
⑤ 参阅《清圣祖实录》卷176，康熙三十五年九月乙丑。

尔丹困穷已极，糇粮庐帐俱无，四向已无去路，目下掘草根为食。"① 当年十一月，其属布达里又称："噶尔丹现存千余之兵，数日来食用困乏，天时寒冽，溃散逃亡及冻饿而死者甚多。又火药、军器遗亡殆尽。"② 其悲惨境遇，甚至连他自己也不得不承认："我居无庐，出无骑，食无粮。我属下丹津阿喇布坦、杜尔伯特车凌、滚占之子车凌多尔济，俱不能自活，散去捕兽。"③ 之所以出现这种情况，与其活动的地理空间日渐受到限制有关。因为自他进入塔米尔河流域后，便一直被挤压在塔米尔至萨克萨特呼里克一带。其地大都为荒漠性草原，不但鲜有居民，且地方狭窄，交通极为不便。如此恶劣的环境，噶尔丹显然无法接受，故不久即于四面楚歌中病死。

四 余论

有关策妄阿喇布坦与噶尔丹交恶之事，虽然只是噶尔丹政治生涯中的一个侧面，但却是一个有着重要影响的侧面。噶尔丹之所以会成为卫拉特蒙古史上的"悲剧英雄"，原因虽然很多，但以此为最重要，而与此有关的又大体上可以分为三个方面：

其一，为了满足个人私欲，独揽权柄，任意杀戮，把骨肉亲情完全置之度外。先是，为了夺取策妄阿喇布坦"议婚"之妻阿海，便暗中派人对其刺杀。阴谋虽然最后没有得逞，却使策妄阿喇布坦从此成了终生残疾。尔后不久，又乘策妄阿喇布坦带兵外出征战之机，杀其弟索诺木阿喇布坦，并拟再次对策妄阿喇布坦下毒手，这种伤天害理的行径不仅引起其妻阿努的不满，也受到广大准噶尔人民的唾弃。策妄阿喇布坦被迫逃走时，沿途所有的人都跟着逃走，就是这一事实的有力佐证。卫拉特蒙古学者噶班沙喇布在其《四卫喇特史》中说："博硕克图汗因奸猾诡诈而失败。"④ 所说真是一针见血，深中肯綮。

其二，穷兵黩武，缺乏政治远见。噶尔丹自夺取准噶尔部统治大权后，差不多年年都对外用兵。因为在他看来，只要有地盘，即可称雄称

---

① 同上书，康熙三十五年九月庚午。
② 参阅《清圣祖实录》卷178，康熙三十五年十一月甲寅。
③ 参阅《清圣祖实录》卷182，康熙三十六年闰三月壬辰。
④ 参阅噶班沙喇布《四卫喇特史》，引自《蒙古学资料与情报》1987年第4期。

霸。可是他对自己已经取得的地盘，则从未见采取过任何富有成效的巩固措施，以致当策妄阿喇布坦一逃走，阿尔泰以西的广大地区便全部落入策妄阿喇布坦手里，这不仅使他失去了额尔齐斯河以西直到巴尔喀什湖的肥沃土地，与此同时，也使其无法继续同当地准噶尔人民取得联系。既失地又失民，最终将使自己成了无根之木，无源之水，即使是英雄再世，也只能成为孤家寡人。日本学者若松宽在其《策妄阿喇布坦的崛起》一文中说："策妄阿喇布坦与噶尔丹的斗争，多半是由于噶尔丹的失算，以前者的胜利而告终了，但是回想起来，倘若噶尔丹不与清朝为敌，随回过头来集中精力对付占据博尔塔拉的策妄阿喇布坦，也许他创建的喇嘛教——准噶尔世界帝国的理想就有可能实现也未可知。"① 作者所说虽然只是一种想象，但如果真的是那样，我以为其可能性是存在的。

其三，盲目自大，过高估计了自己的力量。噶尔丹对当时雄踞中原地区的清王朝原没有多少了解，却片面地认为只要有五世达赖喇嘛的支持与帮助，即可无往而不胜，称雄于蒙古各部。尤其是在荣获博硕克图汗号后，便立刻以雄踞一方霸主姿态，梦想同康熙皇帝平起平坐，殊不知即使五世达赖喇嘛在世，也需要看清王朝的脸色行事。为了展示自己的权力与声望，他甚至还毫不加掩饰地对康熙皇帝说："圣上君南方，我长北方"，声言要联合"青海诸台吉并俄罗斯国人，与彼同攻中国。"② 口气之大，鲜有其匹。俗话说，知己知彼，百战不殆。显然他既不知己，也不知彼，甚至连自己的行动长期被桑结嘉措所左右，仍不知觉。及至昭莫多战役失败后，始知是"达赖喇嘛陷我，我又陷尔众人矣"，但为时已晚。因此，噶尔丹的失败，实际上是他自己打败自己。

（原刊《西蒙古论坛》2014 年第 1 期）

---

① 参阅［日］若松宽《清代蒙古的历史与宗教》，马大正等编译，黑龙江教育出版社 1994 年版，第 99 页。

② 参阅《亲征平定朔漠方略》卷 26，康熙三十五年六月乙酉。

策妄阿喇布坦功过评述

策妄阿喇布坦是准噶尔历史上一位有重要影响的珲台吉。他统治准噶尔达三十多年，曾领导准噶尔人民参加平定噶尔丹叛乱的斗争，抗击了沙俄的多次武装侵略，促进了准噶尔的社会经济发展。可是，由于在他统治准噶尔时期，派兵侵袭过哈密和西藏，和清政府发生过战争，因此，史学界过去有关准噶尔历史的论著，都一直把他作为准噶尔的"反动贵族"予以全盘否定，我们认为这是不妥当的。对于策妄阿喇布坦，非但不能全盘否定，而且应该给予肯定。下面试就我们的看法作一概述。

一

策妄阿喇布坦生于1665年，[①] 是巴图尔珲台吉第五子僧格的长子。1671年，僧格与异母兄车臣、卓特巴巴图尔"争属产"，为车臣所杀。僧格在西藏当喇嘛的同母弟噶尔丹得悉，聚集僧格旧属，袭杀车臣，卓特巴巴图尔被迫逃往青海，策妄阿喇布坦弟索诺木阿喇布坦继为准噶尔大台吉。时因策妄阿喇布坦、索诺木阿拉巴坦皆年幼，其统治权遂为噶尔丹所掌握。

噶尔丹虽然在西藏当过多年喇嘛，"习沙门法"，[②] 却是个"险狠好

---

① 关于策妄阿喇布坦的生年，中外记载很不一致。据日本学者若宽松考证，应以1663—1665年为妥。参阅［日］若松宽《策妄阿喇布坦的上台》，载《史林》48卷第6号，1965年11月。

② （清）祁韵士：《皇朝藩部要略》卷9《厄鲁特要略一》。（补按：有关噶尔丹返回准噶尔事，作者在《噶尔丹与五世达赖关系刍探》中有新的看法。）

斗"[1]的野心家。他夺取准噶尔统治权后，便立刻在辖境内培植亲信，[2]翦除政敌。接着，又侵服天山南路，遥控青海、西藏，与沙俄暗中勾结，配合沙俄的武装侵略，出兵进攻喀尔喀蒙古，使喀尔喀蒙古人民的抗俄斗争遭到严重破坏，使中国人民在即将举行的中俄尼布楚条约谈判中处于不利地位。1688年冬，噶尔丹为了巩固自己在准噶尔的统治地位，"毒杀"准噶尔的合法继承人索诺木阿喇布坦，[3] 暗中迫害策妄阿喇布坦。策妄阿喇布坦被迫率领僧格"旧臣"七人、部众五千人逃往额琳哈必尔噶，不久又徙博罗塔拉（今新疆博乐县地）。

噶尔丹侵喀尔喀，"精骑"三万人。[4]策妄阿喇布坦逃走时带走部众五千，其中大部分是杜尔伯特人。[5]杜尔伯特"俗兼耕牧"，[6]是噶尔丹侵喀尔喀时粮秣的主要供给者。杜尔伯特人民站在策妄阿喇布坦一边反对噶尔丹，不仅使噶尔丹失掉了杜尔伯特人民的支持，更重要的是使他失掉了经济依赖。因此，噶尔丹听说策妄阿喇布坦外逃，立刻率兵二千追赶，企图挽回损失。噶尔丹追至乌兰乌苏（今新疆沙湾县东乌拉乌苏），被策妄阿喇布坦打败，"下人散亡略尽，又极饥窘，至以人肉为食"。[7]

博罗塔拉，是噶尔丹的重要冬营地。这里土地平旷，牧草丰茂，博罗塔拉河经流其间。自达尔达木图小喀伦以西，鄂克拓赛西喀伦以东，长二百余里，夹河苍翠，短草长林，襟带沃衍，是准噶尔部重要的优良牧区。它北接额敏河谷地，南通伊犁河草原，东至乌鲁木齐，西抵斋桑湖一带，是准噶尔人民的重要聚居区。策妄阿喇布坦在噶尔丹发动叛乱的严重时刻，脱离噶尔丹，徙牧博罗塔拉，这不仅严重削弱了噶尔丹叛乱势力，而且使噶尔丹失掉了可靠的根据地，切断了噶尔丹与准噶尔人民的联系，对于孤立噶尔丹是一个不容忽视的重要条件。噶尔丹在昭莫多失败

---

[1] （清）温达：《亲征平定朔漠方略》卷1，第10页。
[2] 《钦定外藩蒙古回部王公表传》卷78，传62记载：噶尔丹在准噶尔诸台吉、宰桑中，唯善丹济拉、阿喇布坦（都噶尔阿喇布坦）、丹津鄂木布、格类固英四人，而信丹济拉尤笃。
[3] 《亲征平定朔漠方略》卷9，康熙三十年二月戊午。
[4] （清）魏源：《圣武记》卷3《康熙亲征准噶尔记》。
[5] 据《钦定外藩蒙古回部王公表传》卷95《杜尔伯特部总传》记载：策妄阿喇布坦徙牧博罗塔拉，"杜尔伯特诸台吉从往"。据此可以断定，策妄阿喇布坦五千部众中，大部分是杜尔伯特人。
[6] （清）张穆：《蒙古游牧记》卷13，商务印书馆1938年版，第304页。
[7] 《清圣祖实录》卷143，康熙二十八年十二月辛未。

后，之所以不得不到处流窜，与此有着密切的联系。

策妄阿喇布坦坚决反对噶尔丹，加速了噶尔丹叛乱势力的分化瓦解。凡是不愿追随噶尔丹叛乱的准噶尔人民纷纷脱离其营垒，投奔策妄阿喇布坦。一位西方学者说，当噶尔丹开始构成对"中国的直接威胁时，部下的将领都抛弃了他"，"转向他的侄子策妄阿拉（喇）布坦"。① 达赖喇嘛（实是第巴桑结）在给康熙皇帝的奏疏中也称："但厄鲁特大半附策妄阿拉（喇）布坦"。② 显而易见，策妄阿喇布坦在争取准噶尔人民反对噶尔丹的斗争中是起着重要作用的。

为了同噶尔丹进行斗争，策妄阿喇布坦在博罗塔拉巩固了自己的统治地位后，即派人同清政府联系，积极协助清朝政府平定叛乱。

策妄阿喇布坦徙牧博罗塔拉，在乌兰乌苏大败噶尔丹的消息传到北京，正是清王朝着手从事平叛的重要时刻。因此，康熙对此十分重视。他一面命理藩院侍郎文达至喀尔喀墨尔根济农所"确觇噶尔丹情形"，③ 调兵遣将对付噶尔丹的进犯；一面又令侍读学士达虎到策妄阿喇布坦驻牧地颁赐敕书、赐物，名义上是要达虎调查其与噶尔丹冲突原因，实则是"谕策妄阿拉（喇）布坦绝噶尔丹"。④ 1690 年，噶尔丹进一步勾结沙俄，扩大叛乱，率兵侵入乌兰布通（今内蒙克什克腾旗）大肆劫掠。策妄阿喇布坦侦知，立刻派人向清朝政府禀报，⑤ 并派兵袭击噶尔丹的大本营科布多，"尽收噶尔丹之妻子、人民而去"。⑥ 1691 年，又派兵攻取撒克里、乌兰古木（今蒙古人民共和国境内乌兰固木）。⑦ 据 1691 年末到噶尔丹营帐的沙俄特务马特维·尤金报告，他在前往噶尔丹营地的路上，就已听到策妄阿喇布坦率领四万军民游牧于额尔齐斯河谷地，⑧ 说明到 1691 年，额尔齐斯河上游至乌布萨泊的广大地域，已为策妄阿喇布坦所掌握了。

策妄阿喇布坦的军事进攻，使噶尔丹陷入腹背受敌的困难境地。西藏第巴桑结嘉措与噶尔丹"相昵"，暗中庇护噶尔丹。曾以达赖喇嘛名义劝

---

① ［英］巴德利：《俄国·蒙古·中国》卷 2，1919 年伦敦版，第 191 页。
② 《清圣祖实录》卷 158，康熙三十二年二月己丑。
③ 《清圣祖实录》卷 144，康熙二十九年正月辛酉。
④ （清）祁韵士：《皇朝藩部要略》卷 10《厄鲁特要略二》。
⑤ 《平定准噶尔方略》（前编）卷 40，乾隆元年正月丙午。
⑥ 《亲征平定朔漠方略》卷 47，康熙三十五年七月戊午。
⑦ 《平定准噶尔方略》（前编）卷 40，乾隆元年正月丙午。
⑧ 参阅［日］若松宽《策妄阿喇布坦的上台》，载《史林》48 卷 6 号，1965 年 11 月。

说策妄阿喇布坦与噶尔丹通好。策妄阿喇布坦不但表示拒绝，而且向清朝政府表示："噶尔丹若逼近我土，必竭力擒剿"，一切行动"随圣上指示，效力尽瘁"。①

康熙三十五年（1696）九月，康熙皇帝再次亲征噶尔丹，驻归化城（今内蒙古呼和浩特），敕谕青海蒙古台吉及策妄阿喇布坦"协擒噶尔丹"。② 策妄阿喇布坦接到谕令后，即领兵出发，与台吉厄尔克巴图等会于阿尔泰，"约共擒噶尔丹自效"。③ 结果，噶尔丹不敢越阿尔泰，只得奔白格尔西去。

三十六年（1697）三月，策妄阿喇布坦探悉噶尔丹派人招诱噶尔亶多尔济，④ 欲将其女钟济海妻之，便以自己亲身经历的教训，劝阻噶尔亶多尔济切勿上当。在策妄阿喇布坦劝释下，噶尔亶多尔济拒绝了噶尔丹的诱惑，使噶尔丹更加孤立。

由于策妄阿喇布坦对噶尔丹进行了坚决斗争，积极协助清朝政府平叛，又经常遣使进贡，因此，在相当长的时间内，深得康熙皇帝的信任与重视。1696年，策妄喇拉布坦遣囊素进贡方物，要求将噶尔丹派到内地贸易的维吾尔族商人，不要令其回归噶尔丹地方，而将他们遣送至伊犁。康熙立刻谕复："此后或来，朕必交该部查明，如尔所请发往"。理藩院鉴于策妄阿喇布坦派到内地贸易人数往往浮多，难于应付，奏请"嗣后，策妄阿喇布坦使人，不得过二百名"。可是康熙却谕令："使人往来，以三百为限"，⑤ 还特地派内阁侍读学士常明、理藩院司务英武为使，赍花缎二十匹，银茶桶、茶盆各一具，狐腋蟒袍一袭，貂帽一顶，玲珑鞓带一围，皮靴蟒袜各一对赐策妄阿喇布坦。噶尔丹暴病身死后，策妄阿喇布坦要求留用噶尔丹部将吴尔占扎卜、阿巴、色棱等人，很快就得到康熙的允诺。⑥ 第巴桑结嘉措因策妄阿喇布坦"不附噶尔丹"，心怀妒恨，曾诬告他想侵青海和西藏，受到康熙皇帝的训斥。⑦ 事实清楚地表明：策妄阿喇布坦在反对噶尔丹叛乱的斗争中，是有贡献的。噶尔丹叛乱之所以能迅速

---

① 《亲征平定朔漠方略》卷13，康熙三十二年二月壬午。
② （清）何秋涛：《朔方备乘》卷4《准噶尔荡平述略》。
③ （清）赵翼：《武功纪盛》卷1《平定朔漠述略》。
④ 鄂齐尔图汗孙，阿努之侄。
⑤ 《亲征平定朔漠方略》卷20，康熙三十五年二月己亥。
⑥ 《清圣祖实录》卷190，康熙三十七年九月癸未。
⑦ 《皇朝藩部要略》卷10《厄鲁特要略二》。

得到平定，除了清朝方面的努力外，策妄阿喇布坦对噶尔丹所发动的凌厉政治、军事攻势，也是一个重要因素。

二

尼布楚条约的签订和噶尔丹叛乱被平定，使沙俄在黑龙江流域及喀尔喀地区的扩张受到了遏制。于是，他们便将侵略矛头集中指向准噶尔人民世代游牧和居住的额尔齐斯河流域的中、上游地区，企图从这里打开缺口，进入我国西北地区。沙俄殖民者的扩张野心，激起了准噶尔人民的无比愤慨。他们奋起一次又一次的反抗斗争，给沙俄殖民者以坚决的打击，有效地挫败了沙俄的侵略阴谋，维护了我国西北边陲的安全。准噶尔人民所取得的光辉业绩，是与策妄阿喇布坦的领导和组织分不开的。

1709年，沙俄殖民者溯鄂毕河而上，侵入毕雅河与哈屯河间的准噶尔辖地，筑造比斯克等要塞工事。策妄阿喇布坦得知消息，表示极大愤慨，派人捣毁沙俄要塞巴肯，袭击了他们的侵略据点巴拉巴和库兹涅茨克，令人到被沙俄占领的准噶尔辖地巴拉宾斯克去征收实物税，以此向沙俄表示抗议。面对准噶尔人民的武装反抗，沙俄殖民者不但不稍加收敛，反而于1713年6月20日派遣伊凡·契列多夫到准噶尔，要求策妄阿喇布坦"严惩"袭击"俄国城市"的"准噶尔属民"，[①] 停止向巴拉宾斯克居民征收实物税，归还被缴获的商品并赔偿其损失。[②] 针对沙俄的无理指责，策妄阿喇布坦据理驳斥。指出是俄国人侵略了准噶尔，而不是准噶尔人"侵犯"了俄国，有力地回击了俄国政府的政治讹诈。契列多夫一无所获，悻悻而归。为了伸张正义，当契列多夫回国时，策妄阿喇布坦还派人送信给沙俄政府，指出：托木斯克、克拉斯诺雅尔斯克、库兹涅茨克等城市是建在准噶尔的土地上，应该坚决拆除，否则他将派兵占领这些城市。[③]

准噶尔人民的英勇斗争，使沙俄对准噶尔部的觊觎遇到了巨大障碍。1713年，西伯利亚总督加加林从到西伯利亚经商的维吾尔族商人处获悉，

[①] 参阅［苏］兹拉特金《准噶尔汗国史》，第323—324页。
[②] 参阅［法］加恩《早期中俄关系史》1961年商务版，第76页。
[③] 参阅［苏］兹拉特金《准噶尔汗国史》，第324页。

准噶尔地区的叶尔羌（今新疆莎车）出产沙金。他立刻向彼得一世报告并附上金沙样品。在报告中加加林向彼得一世建议：溯额尔齐斯河而上直至叶尔羌，建起一连串碉堡，并配足量守军，以占据该地，第一处碉堡应设在亚梅什盐湖旁（蒙古语称达布逊淖尔），然后依次向前延伸。① 彼得一世接到报告后，如获至宝，立即决定"占有这座富有的城市"。②

1715年，彼得一世派遣中校布赫戈利茨率领两团步兵、700名骑兵、一小队炮兵和70名工匠，侵入准噶尔达布逊淖尔地区，企图在那里设堡建寨，作为占领叶尔羌的"桥头堡"。策妄阿喇布坦得悉，旋即派他的堂兄弟大策凌敦多布，带领准噶尔军民近万人前往驱逐侵略者。布赫戈利茨侵略军在大策凌敦多布等的沉重打击下，遭到了可耻的失败。③

布赫戈利茨远征军的失败，宣告了沙俄企图侵占叶尔羌的第一次计划的破产。然而沙俄并没有死心。不久，他们听说策妄阿喇布坦与哈萨克发生冲突，又派兵侵扰西藏，北部边境空虚，派人重新占领达布逊淖尔，并推进到森博罗特地方，建立塞米巴拉丁斯克要塞。1719年，沙俄得悉准噶尔军队在西藏被清军击败，遂想利用策妄阿喇布坦的困境，派遣利哈列夫率领一支配备有新式步枪和火炮的军队，"继续布赫戈利茨的远征"，④ 指示他"尽可能达到斋桑泊，……傍湖筑造要塞"，⑤ 开辟到叶尔羌的道路。

1720年，利哈列夫带领440人的队伍，分乘着34只小船，偷偷摸摸窜入斋桑湖，并向哈喇额尔齐斯河航行八十多里，阴谋在河的一侧建立要塞。这时驻守在斋桑湖附近的准噶尔军民，在策妄阿喇布坦的儿子噶尔丹策零带领下，用刀剑和弓箭同侵略者展开英勇搏斗，经过三天激战，迫使侵略者不得不放弃原来的计划，向后撤退，再次挫败了他们进入叶尔羌的阴谋。⑥ 准噶尔人民抗俄斗争所取得的巨大胜利虽然不能完全记在策妄阿喇布坦一人的功劳簿上，但他领导和支持准噶尔人民坚决抗击沙俄的侵

---

① 参阅［俄］格·弗·米勒《布哈里地区的沙金，为寻金而派出的历次远征及沿额尔齐斯河构筑鄂木斯克诸堡记》，见格·弗·米勒《俄史杂纂》，圣彼得堡俄罗斯帝国科学院，1760年版第4卷，第3分册，第187—188页。

② 俄国土地建设局移民处编《亚洲的俄罗斯》1914年彼得堡版，第27页。

③ 关于这次战斗的详细经过，参阅蔡家艺、马大正《十八世纪初准噶尔人民抗俄斗争的重要一页》，载《中俄关系史论文集》，甘肃人民出版社1979年出版，第329—337页。

④ 俄国土地建设局移民处编：《亚洲的俄罗斯》，第27页。

⑤ ［苏］兹拉特金：《准噶尔汗国史》，第329页。

⑥ 参阅［英］霍渥斯《蒙古史》第1卷，1876年伦敦版，第648页。

略，维护民族尊严和主权的精神，是值得充分肯定的。

有人认为，策妄阿喇布坦在准噶尔人民迫使利哈列夫远征军撤退后，不但没有派兵追击俄军，反而在不久之后，释放了被扣留在准噶尔达五年之久的契列多夫；还于1721年派博罗库尔干到彼得堡，妄图借助俄兵以抗清军，于是就给他安上"勾结"沙俄、"出卖祖国""发动叛乱"的罪名，把他与噶尔丹、阿睦尔撒纳叛乱相提并论。我们认为这种看法是不妥当的。

"在分析任何一个社会问题时，马克思主义理论的绝对要求，就是要把问题提到一定的历史范围之内"，① "对每一特殊的历史情况进行具体的分析"。②

众所周知，自从清朝获悉大策凌敦多布率兵六千人窜扰西藏后，清朝军队一直在西藏和西北两个方向对准噶尔军队发动进攻，给策妄阿喇布坦造成巨大压力。1720年秋，大策凌敦多布因在西藏失败逃回准噶尔，清军在西北分两路向乌鲁木齐、乌兰呼济尔等地进击，俘杜尔伯特台吉垂木拍尔，降宰桑色布腾等二千多人，截获其马、驼、牛羊、器械无算。垂木拍尔所属部众尽被消灭。③ 清军还准备第二年发动更大规模的进攻。在准噶尔西部，哈萨克的酋长们也在积极准备，伺机夺取伊犁河流域。④ 而俄国方面由于与瑞典的战争正面临着最后的决战，对准噶尔则极力采用软化政策。博罗库尔干赴俄正是在这样的历史条件下产生的。

博罗库尔干的任务，主要有两条：一是以允许俄国人过境开矿为交换条件，要求俄国派军队到额尔齐斯河流域帮助准噶尔对付清军；⑤ 一是要求确定准噶尔与俄国在额尔齐斯河流域的疆界，重申准噶尔对额尔齐斯河流域的领有权。⑥

1721年9月，博罗库尔干到达彼得堡。沙俄以为吞并准噶尔的时机已经成熟，便要博罗库尔干代表策妄阿喇布坦"承认自己是俄国的臣民"。⑦ 然而沙俄贪得无厌的扩张野心非但没有使博罗库尔干屈服，反而

---

① 《列宁选集》第2卷，人民出版社1974年版，第512页。
② 同上书，第857页。
③ 《清圣祖实录》卷289，康熙五十九年九月壬申。
④ 参阅兹拉特金著《准噶尔汗国史》，马曼丽译，商务印书馆1980年版，第330页。
⑤ [法] 加恩：《早期中俄关系史》，第80—81页；陈复光：《有清一代之中俄关系》，云南崇文印书馆1947年版，第41页。
⑥ [苏] 兹拉特金：《准噶尔汗国史》，第331页。
⑦ [苏] 兹拉特金：《蒙古近代史纲》，1957年莫斯科版，第72页。

引起了他的警惕。他抱怨沙俄霸占额尔齐斯河流域的准噶尔辖地，对沙俄的扩张行径表示了强烈的不满，博罗库尔干的使命实际上并没有完成。

沙俄看到从博罗库尔干身上捞不到利益，遂想直接向策妄阿喇布坦施加压力。1722年春，博罗库尔干返回准噶尔，彼得一世派翁科夫斯基带着礼物与他同行。彼得一世授意翁科夫斯基要充分利用赠给策妄阿喇布坦本人的礼物，以及给他的部众的"赏赐"，促其"臣服"，希望翁科夫斯基向策妄阿喇布坦表示：如果他（指策妄阿喇布坦）与俄国签订"臣服条约"，俄国就会对中国采取强硬态度，甚至采取一次军事示威，暗示翁科夫斯基设法使策妄阿喇布坦"让与领土"，以便俄国在这些领土上"建筑堡垒要塞"。① 但翁科夫斯基到达准噶尔后，尽管费尽心机，仍然没有取得什么成果。相反，策妄阿喇布坦由于准噶尔部分封建主的坚决反对及康熙之死这一政治形势的变化，使他对沙俄的态度又变得"强硬"起来。他不但拒绝沙俄要他"臣服"的要求，而且坚决反对沙俄在准噶尔领土上筑造要塞和派遣驻防军，反复重申额尔齐斯河中、上游一带是准噶尔的土地。②

博罗库尔干赴俄，不论从主观动机，还是从客观效果看，都没有构成"出卖国家""出卖民族利益"的罪行。因此，说策妄阿喇布坦"勾结"沙俄，发动"叛乱"，是没有根据的。区分是否"勾结"，必须看其是否出卖民族利益、民族主权。如果没有出卖民族主权和利益，那么就不能把与俄国的一切联系统统斥为"勾结"，安上卖国的罪名。这样做既不符合历史唯物主义的原则，也不利于民族的团结和统一。

三

策妄阿喇布坦及其儿子噶尔丹策零统治时，由于与周围各族人民的战争相应减少，人民生活相对稳定，而又比较注意发展生产，促使准噶尔的社会经济达到了空前的繁荣。

社会经济的发展在畜牧业、农业和手工业生产上都有所反映。

畜牧业是准噶尔人民的经济基础，人们的衣、食、住、行基本仰赖于

---

① ［法］加恩：《早期中俄关系史》，第81页。
② 参阅［苏］巴托尔德《欧洲和俄国的东方研究史》，列宁格勒1925年版，第210页。

牲畜。"饥食其肉，渴饮其酪，寒衣其皮，驰驱资其用，无一不取给于牲畜"，① 就是这种社会生活的真实反映。因为牲畜在人们社会生活中具有特殊的意义，准噶尔统治者与周围民族间的战争，也往往是和争夺牧地，发展畜牧业生产有关。如焉耆西北的珠勒都斯谷地一带，原是维吾尔族人民耕稼种植的好地方。准噶尔统治者后却把维吾尔族人民赶走，辟为牧场，以供畜牧。吹河、塔拉斯河流域原是哈萨克族人民的优良牧地，准噶尔统治者也据为己有。噶尔丹策零说："我（准噶尔）原在阿尔泰山阴游牧，后因动兵，移于额尔齐斯西里博罗他拉，又因窄狭，直至哈萨克、布鲁特交界游牧。"② 牧地的扩大，是畜牧业生产引起的结果，同时又为畜牧业的进一步发展提供了广阔前景。当时伊犁、乌鲁木齐、雅尔（今哈萨克斯坦共和国境内的乌尔扎尔）、玛纳斯、著（珠）勒都斯、巴彦代一带，草肥水甘，牲畜易于蕃息。③ 各地的畜牧业生产都呈现出一片生机勃勃的兴旺景象。

随着牧地的扩大，牲畜头数的增加，人口的增长，便要求生产的组织和管理与之相适应。策妄阿喇布坦统治初年，原设十二鄂拓克，五"集赛"。④ 后来，由于社会经济的发展，才由十二鄂拓克改编为二十四鄂拓克，由五集赛变为九集赛。至噶尔丹策零时，又设二十一昂吉，二十一昂吉境内设六游牧台吉，统领游牧。⑤ 社会组织的发展变化是与畜牧业等的发展变化相一致的。所谓"控弦之众百余万，驼马牛羊遍满山谷"，⑥ 就是当时繁荣景象的生动写照。

策妄阿喇布坦不仅对畜牧业生产重视，对农业也极为关心。准噶尔的农业，除杜尔伯特部外，虽然在此以前已有所发展，但仍然是有限的。到策妄阿喇布坦统治时，情况就不同了。他从乌什、阿克苏、喀什噶尔、叶尔羌等地强迫许多维吾尔族劳动人民到伊犁等地，为准噶尔封建主耕种，从而使伊犁及准噶尔其他地区的农业得到了进一步发展。对于愿意从事农业的准噶尔人，策妄阿喇布坦还极力予以鼓励。据《卫拉特人的故事》

---

① （清）傅恒：《西域图志》卷39《风俗一》。
② （清）阿克敦：《德荫堂集》卷14《再使准噶尔奏》。
③ 参阅（清）椿园《西域记》卷2《哈喇沙拉》。
④ 轮流供养喇嘛之鄂拓克谓之集赛。
⑤ 参阅（清）傅恒《西域图志》卷29《官制一》。
⑥ （清）椿园：《西域记》卷5《准噶尔叛亡纪略》。

作者加班沙拉勃记载，策妄阿喇布坦为了在准噶尔人民中提倡农业，常常把"臣民招来种地，且把此事归入所做好事之列"。① 在策妄阿喇布坦的积极倡导下，不少准噶尔人也逐渐从事农业。1723 年到过伊犁河流域的俄国炮兵大尉翁科夫斯基说："约三十年前，卡尔梅克人（即准噶尔人）完全没有农业，现在不仅布哈拉人（指维吾尔族人）俘虏，而且好多卡尔梅克人也从事农耕了。他们栽培小麦、大麦、黍、糜子、南瓜、西瓜、葡萄、杏和苹果等果树"。② 1729 年，沙俄派往噶尔丹策零处的译员埃蒂格罗夫在其旅途札记中也说，他在塔尔金山一带看到"布哈拉人、卡尔梅人在珲台吉（噶尔丹策零）领地上耕种"。③ 由此可见，农业在准噶尔人民中确有了进一步的推广。

由于维吾尔族人民的大量迁入与策妄阿喇布坦的积极扶植，使伊犁地区的农业得到了巨大发展。这里"习耕佃者，延袤相望"，④ 园田遍布，"加意经画"。⑤ 除伊犁外，乌鲁木齐、额尔齐斯河流域、赛音塔拉等地，农业生产也有很大进步。他们不但种植高粱、糜、大麦、小麦、稻米、青稞等粮食作物，而且种植各种瓜果蔬菜。"是以百谷园蔬之属，几于无物不有"。⑥

手工业的发展是准噶尔社会经济繁荣的又一个重要方面。策妄阿喇布坦及其子噶尔丹策零统治时，曾先后在准噶尔地区，建立了呢绒、布匹、皮革、造纸、印刷、造炮、冶炼等手工业"作坊"。其中又以兵器制造及冶炼的规模最大。

准噶尔地区，矿产资源丰富，多铜、铁、锡、铅，也产硫黄。由于战争频繁，加上畜牧业、农业、手工业的发展，因而促进了采矿、冶炼和兵器制造业的发展。1716 年被俘的俄国俘虏索洛金证实，他亲眼见到准噶尔人在杰克谢尔湖畔开采铁矿，铁矿开采后运到对岸山上用老法熔炼，后又改用熔炉。炼出来的铁，他们自己制造刀矛、盔甲等武器，这类匠人有

---

① 转引自［苏］兹拉特金《准噶尔汗国史》，第 314 页。
② ［俄］温科夫斯基：《准噶尔遣使记》，转引自［日］佐口透《俄罗斯与亚细亚草原》，东京吉川弘文馆 1966 年版，第 156 页。
③ ［苏］兹拉特金：《准噶尔汗国史》，第 342 页。
④ 《清高宗实录》卷 612，乾隆二十五年五月壬子。
⑤ 《平定准噶尔方略》（正编）卷 85，乾隆二十五年二月癸未。
⑥ （清）傅恒：《西域图志》卷 43《土产》。

近千人。① 另一位长期住在准噶尔的商人巴霍穆拉托夫也说：噶尔丹策零时，准噶尔办过银矿和铜矿，他们自己制造火药、铅弹和铁器。② 管理铁匠器械铸造是准噶尔二十四鄂拓克之一，占有户口数在二十四鄂拓克中居首位。

因为炮是杀伤力最大的武器，造炮备受策妄阿喇布坦和噶尔丹策零的重视。其炮按形制可分为三种。"以铁为腔，中施硝黄铅弹之属。或高二三尺，圆径三寸，驾于驼背施放；或高二三尺，圆径五六寸，木架上施放；或长四尺余，制如内地鸟枪，手中施放"。③ 为了改进制作技术，他们还利用1716年在达布逊淖尔被俘的瑞典军官林纳特④的帮助，为准噶尔造了十五门四磅炮，五门小口径炮，二十门十磅炮。⑤ 从炮的形制及效用看，其制作技术已具有相当高的水平了。

农业、手工业的发展，是促进城市出现的重要因素。在策妄阿喇布坦时，伊犁不仅是准噶尔的政治中心，而且是经济、宗教、文化中心，西北各族人民甚至中亚各地商人，经常到这里来和准噶尔人民进行交换，是以史称："人民殷庶，物产饶裕，西陲一大都会也"。⑥

四

关于策妄阿喇布坦派兵侵袭哈密和西藏问题，我们认为只有以民族平等的原则来认识和处理，才能够做出正确评价。

策妄阿喇布坦为什么要派兵攻打哈密？1715年在哈密被俘的土尔扈特人曼济对此有过颇为明确的回答："曾闻年老准噶尔人言，去年喀尔喀擒我处阿尔泰打牲一人，杀一人。又我处贸易之人，为哈密人阻截，⑦ 以此欲蹂躏哈密，使之残困"。⑧ 根据曼济提供的情况，策妄阿喇布坦派兵

---

① [苏] 兹拉特金：《准噶尔汗国史》第345页。
② 同上书，第345—346页。
③ （清）傅恒：《西域图志》卷41，《服物一》。
④ 1709年在俄瑞战争中被俄国俘虏。1715年参加布赫戈利茨远征军，为准噶尔所俘。
⑤ 参阅兹拉特金《准噶尔汗国史》第344页。
⑥ （清）傅恒：《西域图志》卷12，《疆域五》。
⑦ 喀尔喀擒杀阿尔泰乌梁海人一事，及哈密人阻截准噶尔商队进入内地贸易之事，完全是事实，清政府对此是确认的。见《清圣祖实录》卷263，康熙五十四年五月乙卯。
⑧ 《清圣祖实录》卷263，康熙五十四年五月壬子。

袭击哈密的直接原因：一是对1714年喀尔喀擒杀阿尔泰乌梁海人一事进行报复，另一是对哈密兵民"阻截"准噶尔商队到内地贸易泄愤。两者之中，后者尤占主要地位。清人常钧说："阻绝泽旺阿喇蒲坦市易孔道，遂开边衅"。① 哈密扼西北各族人民进入内地之要冲，是准噶尔商队到内地贸易必经之地，哈密道梗，其与内地人民的贸易联系势必中断，而准噶尔人民的生活也必然要受到影响。因此，策妄阿喇布坦侵袭哈密是有深刻的政治、经济原因的。如果我们不是存在民族偏见的话，可以看出，对武装冲突②应负有主要责任的是清廷而不是策妄阿喇布坦。因此，与其说策妄阿喇布坦要搞分裂割据，不如说这是策妄阿喇布坦对清朝政府"阻绝"贸易通道的一种抗议。

  策妄阿喇布坦派遣大策凌敦多布侵袭西藏，无论以其规模还是以其社会影响来说，比起进攻哈密要大得多，它是策妄阿喇布坦与清廷矛盾的总爆发。大策凌敦多布进入西藏，动员兵力六千多人，历时三年多，给藏族和其他各族人民带来了巨大损失。毫无疑问，这是策妄阿喇布坦在这一时期的重要过错。但必须看到，策妄阿喇布坦侵扰西藏，与噶尔丹侵入喀尔喀是性质完全不同的两回事。前者是国内兄弟民族统治者为争夺对劳动人民的统治权的斗争，是当时国内民族斗争的尖锐反映，而后者则是配合沙俄的武装侵略而进行的叛卖性活动，我们绝不能把它们混为一谈。从现有史料看，策妄阿喇布坦进攻西藏，与沙俄并无牵涉。因此，大策凌敦多布率兵袭杀拉藏汗完全是中华民族内部的民族斗争和政治斗争，而他的错误也只是在国内民族斗争中的错误。如果我们把它放在策妄阿喇布坦整个的历史活动中加以考察，把他的过失和他的整个贡献作一比较，那么不难看出，策妄阿喇布坦的贡献是主要的。

  其实，就是清朝政府对策妄阿喇布坦也不是持完全否定的态度。1723年（雍正元年），策妄阿喇布坦派垂木喀进京纳贡。雍正命都统拉锡、理藩院尚书特古忒传谕曰："尔台吉在我圣祖皇考时，虽有微劳，也多罪戾，乃无故侵我哈密，发兵往招（拉萨），杀害拉藏，毁坏佛教……"③

---

① 《清圣祖实录》卷263，康熙五十四年五月壬子。
② 策妄阿喇布坦派兵二千侵袭哈密北境五寨，事在1715年3月。这是一次小规模的战斗。过去很多人都把它作为重大事件看待，其实事件本身并不大。如果说它有重要性的话，那么，是因为它是策妄阿喇布坦与清朝矛盾激化的转折点。
③ 《清世宗实录》卷3，雍正元年正月丙午。

这里所说的"微劳",显然即是指策妄阿喇布坦协助清廷平定噶尔丹叛乱而言。封建统治阶级由于民族偏见和阶级偏见,对少数民族中的重要人物是不可能作出全面、恰当的评价的,但尚且不得不承认他有"微劳",可见全盘否定策妄阿喇布坦是违背客观历史事实的。策妄阿喇布坦是准噶尔全盛时期的创立者,我们从他一生的历史活动中,可以清楚地看到,他是准噶尔历史舞台上一位出类拔萃的重要珲台吉,他对于准噶尔历史、对中华民族历史做出的贡献是重要的,必须给予充分的肯定。

(原刊《民族研究》1980年第2期,收入1981年卢明辉等编辑《蒙古族人物论集》)

简论噶尔丹策零

噶尔丹策零是准噶尔后期的杰出首领。他统治准噶尔前后长达十八年，对准噶尔的政治、经济、文化的发展都有着重要的贡献。但多年来，国内学者对噶尔丹策零的评价，却一直持否定观点，斥之"勾结"沙俄的"叛乱"势力。我们认为把这些看法加之于噶尔丹策零身上，是不能令人信服的。为了更好地推进准噶尔史的研究，笔者不避浅陋，拟就噶尔丹策零的主要活动，谈一谈个人看法。

一

关于噶尔丹策零同清廷的关系，过去人们一直把发动战争的责任都推到噶尔丹策零身上，断言他的活动是分裂祖国统一的"叛乱"，这种看法笔者认为是值得商榷的。为了弄清这个问题，我们有必要先了解一下历史事实。

1727年，策妄阿喇布坦死，噶尔丹策零嗣为珲台吉。他继承了策妄阿喇布坦时期与清朝政府的友好关系，派遣特磊到北京"纳贡"，奏知伊父"病故"，呈请清廷允其派人至西藏熬茶（礼佛），为其父"设供"。[①]清廷因其时西藏正值阿尔布巴、隆布奈等与康济鼐、颇罗鼐结仇为叛，恐噶尔丹策零袭其父"故辙"[②]，进扰西藏，拒其所请，令其将青海罗卜藏丹津[③]送还。噶尔丹策零没有迅速答复，及至1729年始将罗卜藏丹津

[①] 《清世宗实录》卷64，雍正五年十二月甲午。
[②] 《清世宗实录》卷78，雍正七年二月癸巳。
[③] 罗卜藏丹津，青海和硕特部，是顾实汗季子达什巴图尔子。1723年发动叛乱，为清军所败，逃准噶尔。

解送。

雍正皇帝等了一年，见没有消息，以准噶尔匿罗卜藏丹津"将不靖，必扰青海及唐古特，因决策遣讨"。① 诸王大臣坚决反对。唯宰相张廷玉"力为怂恿"，② 于是，雍正帝命侍卫内大臣三等公傅尔丹出师北路，三等公岳钟琪出师西路，"声罪致讨"。③

噶尔丹策零派遣押送罗卜藏丹津的队伍行至伊勒布尔和硕，得知岳钟琪率兵二万径出哈密，便将罗卜藏丹津携归伊犁，派遣特磊奏报："因闻进兵之信，暂行中止，若天朝俯念愚昧，赦其已往，即将罗卜藏丹津解送。"④

雍正帝接到疏报，一面令"暂缓一年"⑤ 进兵，一面又谕令噶尔丹策零"请封号；所属下悉编旗分佐领"。噶尔丹策零对此大为恼火，1730年（雍正九年）便趁西路军营不备，派兵袭击阔舍图卡伦，⑥ 于是战争爆发，前后延续达四年之久。

上述情况清楚地表明，导致战争的原因，并不是由于噶尔丹策零要分裂祖国统一，而是清朝统治者想趁准噶尔统治权力更替，把它置于自己的直接控制下引起的。噶尔丹策零说："从前我父亡故，我遣特累（磊）告知，反有兵来，继遣特累请示大部，反令我请封号……""又传旨图尔扈特所属亦编旗分佐领，另为部落，丹津拉布坦之子属下旧户，查明送还；再策凌端多布等大台吉亦各令别为部落，管其奴仆此自我祖父以来未从之事，我岂能从。我亦并无过失。"⑦ 战争的性质，并不是取决于谁先发动进攻，而是取决于进行战争的阶级以及产生战争的原因。列宁说："我觉得，在战争问题上……主要是这样一个基本问题，即这个战争具有什么样的阶级性，它是由什么引起的，它是由哪些阶级进行的，它是由什么样的

---

① （清）祁韵士：《皇朝藩部要略》卷11《厄鲁特要略三》。
② （清）昭梿：《啸亭杂录》卷3《记辛亥败兵事》。
③ 《清世宗实录》卷80，雍正七年四月癸卯。
④ 《平定准噶尔方略》（前编）卷20，雍正八年五月丁丑。
⑤ 《清世宗实录》卷94，雍正八年五月丁丑。
⑥ 位于哈密与巴里坤之间。
⑦ （清）阿克敦：《德荫堂集》卷13《初使准噶尔奏》。图尔扈特，即土尔扈特。丹津拉布坦亦称都噶尔阿喇布坦，是巴图尔珲台吉弟墨尔根岱青孙，曾与噶尔丹游牧于科布多。噶尔丹叛乱失败后，于康熙四十一年率部众投归清廷。

历史条件和历史经济条件造成的……"① 从这里我们可以看出，发动战争的主要责任不在噶尔丹策零方面，而在清廷一方。不分青红皂白把这场战争归结为"叛乱"和"反叛乱"，笔者认为是缺乏历史根据的。

事实上，噶尔丹策零统治时，准噶尔同清廷的关系、矛盾和战争是次要的，是支流；主流是发展和平友好关系。大家知道，准噶尔与喀尔喀游牧界的划分是在噶尔丹策零时确定的，准噶尔同内地各族人民联系最紧密，贸易活动最频繁的时期，也是噶尔丹策零开创的。根据史籍记载，自 1735年（雍正十三年）至 1754 年（乾隆十九年），准噶尔先后向清廷遣使二十七次。其中到北京进贡和贸易的有十七次，②定期到肃州"互市"有五次，为进藏熬茶在哈密贸易的有二次，为进藏熬茶在东科尔等地贸易的有三次。差不多每年都有准噶尔的贡使及商队进入内地向清朝政府纳贡以及同内地人民贸易。贸易额低的值银数万两，高的则达到十多万两。如 1750 年（乾隆十五年）宰桑诺落素伯等带至肃州贸易的牛、羊、马、驼及各色毛皮就值货银十八万两。③ 这种紧密联系虽然主要是各族人民共同努力的结果，不能把功劳完全记在噶尔丹策零的账上，但可以认为这是与他的努力分不开的。关于这一点，就是清廷最高统治者乾隆也不得不承认噶尔丹策零是有贡献的，因此对他希望扩大贸易要求，俱尽量满足。1746 年春，策妄多尔济那木扎勒遣人进京报知噶尔丹策零病故，要求准予进藏熬茶时，乾隆表示"深为轸惜"，④特地赏银满达、茶桶、察喇、红黄香等，以为其进藏布施。由此可见，对噶尔丹策零同清廷的关系必须给予合理的评价。

二

凡是否定噶尔丹策零的学者，均众口一词认定，噶尔丹策零同沙俄有"勾结"，他同清廷的战争是与沙俄相"勾结"而发动的"叛乱"。对这一严肃问题，我认为应实事求是地做一考察。我们不要把他与沙俄的所有联系统统看作是与沙俄勾结，这样处理，只会混淆是非界限，并无补于历

---

① [俄] 列宁：《战争与革命》，《列宁选集》（第二版）第 3 卷，第 70 页。转引自马克思、恩格斯、列宁、斯大林《论历史科学》，人民出版社 1975 年版，第 352 页。
② 此数字是根据《清高宗实录》等书记载及中国第一历史档案馆部分档案资料统计的。
③ 《平定准噶尔方略》（前编）卷 52，乾隆十五年十二月癸未。
④ 《清高宗实录》卷 261，乾隆十一年三月甲申。

史研究。要弄清其与沙俄是否有勾结，主要应该看其是否出卖民族主权、民族利益，如无叛卖民族利益，而只有一般贸易往来则不能视为"勾结"。根据我们查证，目前尚无有力证据足以说明他向沙俄出卖民族利益或主权的行动。陈光复在其《有清一代之中俄关系》一书中说，1728年（雍正六年）参与签订布连斯奇条约的首席官员萨瓦，曾训饬俄方长官"巴赫尔慈上校及其他军事长官"，"续与噶尔丹策零暗中联络，按年送给所许与之津贴，以酬策零在布连斯奇谈判时暗助之功"。[①] 作者所据资料是加恩《早期中俄关系史》。查《早期中俄关系史》（此书 1980 年出版时称《彼得大帝时期的俄中关系史》，是据法文原著译出，因《有清一代之中俄关系》用的是前者，故仍循其旧。）并无上述说法。看来作者是把萨瓦指示"巴赫尔慈上校""应与蒙古奸细噶尔丹继续秘密通信，并按年付给噶尔丹以萨瓦所应诺的酬金"[②] 误解为"续与噶尔丹策零暗中联络"了。其实加恩所说的噶尔丹与噶尔丹策零毫无关系。根据萨瓦报告，"噶尔丹是一个年老的王太子，被称为'台吉'，相当于团长级的官员（译注：应指蒙古各旗指挥官梅伦）。因为年纪关系，在蒙古人中很受尊敬……。他是已故费要多罗·阿历克塞维奇（柯罗文）时期宣誓［为俄国］尽忠效劳的七个'台吉'之一；后来［1689 年］，他在一天清晨四点钟时，悄悄来找我，并哭泣着宣誓……：他要秘密为俄罗斯帝国效忠，并向我泄露中国大臣们所有的计划……我答应秘密给他二十卢布，直到他死为止……。不过，他已不能活很久"，"因为他已有七十岁"。[③] 由此可知，萨瓦所说的噶尔丹根本不是准噶尔人，而是一位年老的喀尔喀王公，一个早就投靠沙俄的奸细，同噶尔丹策零是风马牛不相及。

对噶尔丹策零与俄国的关系，就个人所接触材料，笔者认为不但不应予以否定，而且应给予充分肯定。

众所周知，1720 年（康熙五十九年），利哈列夫率领远征军侵入斋桑湖地区时，率领准噶尔人民坚决击退沙俄侵略军的是噶尔丹策零；[④] 及

[①] 陈复光：《有清一代之中俄关系》，云南崇文印书馆 1947 年版，第 57 页。

[②] 此段文字，见 1961 年出版的《早期中俄关系史》第 120 页，1980 年出版的《彼得大帝时期的俄中关系史》第 136—137 页无此语。看来陈复光参考的恐是英文译本，而不是法文原著。

[③] ［法］加恩：《彼得大帝时期的俄中关系史》，第 338—339 页；1961 年出版的《早期中俄关系史》，第 195 页。

[④] 参阅［法］莫里斯·古朗《十七世纪和十八世纪的中亚细亚—卡尔梅克帝国还是满洲帝国？》，里昂—巴黎 1912 年版，第 68 页；［英］霍渥斯：《蒙古史》第 1 卷，1876 年伦敦版，第 648 页。

后，彼得一世派遣翁可夫斯基到准噶尔，企图胁迫策妄阿喇布坦"臣服"沙俄时，站在抗俄斗争立场上，坚决主张拒绝沙俄的利诱与欺骗，推动策妄阿喇布坦同沙俄侵略阴谋作斗争的，也是噶尔丹策零。沙俄扩张主义分子巴布科夫说，翁可夫斯基到达准噶尔时，"在策妄阿喇布坦的亲信人员中形成了两派，一派愿意同俄罗斯国结成密切同盟，另一派以珲台吉的长子和继承人噶尔丹策零为首，反对同俄国亲近。因此，翁可夫斯基使团尽管作了很好的安排，而且住了很久（1722—1724 年），在政治方面实质上并没有取得任何实际结果。"① 事实表明，他在掌握准噶尔统治权以前，就已在准噶尔人民反抗沙俄侵略的斗争中建立功勋了。

在继位珲台吉之前是如此，在继位珲台吉后他的对俄态度又是如何呢？

1729 年，沙俄托波尔斯克派埃蒂格罗夫到准噶尔，企图对噶尔丹策零进行拉拢，要他效忠俄国。噶尔丹策零不但没有答应，还强烈要求把建造在额尔齐斯河和鄂毕河的俄国城市撤走，将被非法占领的土地和爱马克归还他。②

1732 年，沙俄"使臣"乌格柳莫夫再次到准噶尔，妄想继续对他进行收买和利诱，并索取 1716 年在亚梅什湖被俘的俄国官兵。噶尔丹策零没有被乌格柳莫夫的花言巧语所迷惑，他指派巴图尔宰桑同乌格柳莫夫举行谈判。要求沙俄归还被占领的土地。乌格柳莫夫故意回避。巴图尔宰桑根据噶尔丹策零的指示，严厉谴责了沙俄的丑恶行径，揭露了沙俄假和谈，真欺骗的险恶用心。巴图尔宰桑指出："对于我们，另一件事比人更重要，那就是土地。可是你们对这件事并没有真正的答复。为了土地，我们愿交出更多的人。因为我们自己明白，我们需要土地。如果那个地方不是我们的，我们也不会去过问，亚梅什湖之争是争地，而不是争人。"③乌格柳莫夫在事实和正义面前，理屈词穷，无法反驳，矢口否认鄂木河以

---

① ［俄］巴布科夫：《我在西西伯利亚服务的回忆》，彼得堡 1912 年版，第 146 页。

② 额尔齐斯河和鄂毕河上的俄国城市是指：托木斯克、克拉斯诺雅尔斯克、库兹涅茨克、鄂木斯克、塞米巴拉丁斯克及乌斯特－卡缅诺戈尔斯克等城市。关于上述城市领地问题，早在策妄阿喇布坦时就已一再向沙俄提出照会了。它是 17 世纪初至 18 世纪初先后被沙俄侵略者掠夺去的。

③ 俄国对外政策档案馆，准噶尔卷，1731—1733 年第 3 卷，第 108 页反面。参阅［苏］兹拉特金《准噶尔汗国史》，马曼丽译，商务印书馆 1980 年版，第 371 页。

南土地属于准噶尔,胡说准噶尔人"从未到那些地方游牧过"。[①] 他甚至以攻为守,胡搅蛮缠地提出,要噶尔丹策零"交还"从伏尔加河移徙到我国西北地区的"两万"土尔扈特"帐篷"。[②] 在乌格柳莫夫的破坏下,谈判没有取得结果。

噶尔丹策零不愿就此罢休,1734 年,他派宗杜伊扎木苏到彼得堡,就收复失地继续向沙俄进行交涉。俄国政府蓄意拖延,破坏和谈。和平解决遭到失败。

噶尔丹策零争取收复失地的努力和决心,引起了沙俄殖民者的严重不安。因为在他们占领区内,保存着许多用蒙古语命名的地名,这些地名是准噶尔人民在这里劳动生息的铁证。沙俄殖民者担心有朝一日这些地名将要给他们带来麻烦,因此,暗地里把占领区内所有蒙古地名都换成俄国地名,妄图抹掉准噶尔人民在这个地区留下的足迹,堵住准噶尔人民的嘴。噶尔丹策零获悉,旋即派阿瓦斯巴伊到托波尔斯克向沙俄提出强烈抗议,指出额尔齐斯河和鄂毕河"从河口到源头自古以来是他们的领地,现在俄国大臣却改成了他们的地名"。[③] 阿瓦斯巴伊要求沙俄政府立即停止一切敌视和损害准噶尔人民利益的敌对行动,把额尔齐斯河流域的土地归还准噶尔。

可是,沙俄殖民者把准噶尔人民的正义要求当耳边风。他们为了加速这个地区的"俄罗斯化",大力扩充移民,开矿设厂,配置重兵。有鉴于此,1742 年 3 月,噶尔丹策零不得不又派出喇嘛达什为首的"使团"到俄国,重申准噶尔人民的坚定立场。喇嘛达什带去了噶尔丹策零致俄国沙皇的一封信。在这封信中,噶尔丹策零以大量的事实阐述了准噶尔的北部边界是在鄂木河河口及其附近沿线,严厉谴责了沙俄对准噶尔的掠夺和侵略。噶尔丹策零指出:在黑鄂木河河口有一片森林,双方曾在此设标定界,约定"任何人不得进入他方捕捉野兽、建造要塞和其他住房……可

---

① 参阅 [苏] 兹拉特金《准噶尔汗国史》,第 365 页。
② [俄] 巴布科夫:《我在西西伯利亚服务的回忆》,第 147 页。这里所说的"两万帐篷",实际上是一万五千帐篷。1689 年(康熙三十七年),阿玉奇之子三济扎布送策妄阿喇布坦之妻(三济扎布之姐)至准噶尔,带来了一万五千户。后策妄阿喇布坦将三济扎布遣归,而将其部众留于准噶尔。此事本来与沙俄毫无挂涉,而沙俄却以此作为对准噶尔进行要挟的筹码,并将一万五千帐篷,升格为两万帐篷。
③ 俄国对外政策档案馆,准噶尔卷,1737 年第 2 卷,第 5—6 页。参阅《准噶尔汗国史》,第 363 页。

是后来另一个沙皇（指彼得一世）执政时，你方却在黑鄂木河河口建造了要塞。为拔除要塞，我们曾出兵，并发生了不少的冲突。现在你们的人又在我们的地方筑造要塞，挖金取铜……"。①

噶尔丹策零还指出：如果你们继续在我的土地上待下去，那就是把我的土地据为己有，而我是不能交出土地的。他警告沙俄政府，必须将驻扎在这一地区的俄国军队撤出，否则，他将要采取行动。

喇嘛达什向俄国政府递交了一份分布于额尔齐斯河和叶尼塞河流域准噶尔爱马克的清单。清单中提到的准噶尔爱马克分布在托木斯克、库兹涅茨克和克拉斯诺雅尔斯克毗连地区，总数约有五千个帐篷。

喇嘛达什重申：俄国必须将托木斯克、库兹涅茨克、克拉斯诺雅尔斯克及沿额尔齐斯河沿岸各要塞拆除，因为这些地区是准噶尔人及其属民居住的地区。②

喇嘛达什使团是噶尔丹策零为争取收复失地而进行的最后一次努力。对此沙俄不但无动于衷，而且加紧暗中策划，阴谋进一步扩大入侵我国西北地区。

1743年3月17日，西伯利亚长官苏哈廖夫和奥伦堡省长涅普柳耶夫就如何对付噶尔丹策零举行会晤。双方经过讨论最后商定：

1. 从黑卢茨卡亚镇溯额尔齐斯河上航到塞米巴拉丁斯克一段，增建一些多面堡。

2. 从塞米巴拉丁斯克经捷米多夫斯克（克雷万、沃斯克列先斯克）到捷列茨湖重建起一道防线，使与萨彦岭相连。

为了安全起见，在新防线上拟派一万名正规军驻守，发动哈萨克人和卡拉卡尔帕克（黑帽子）人③起来反对噶尔丹策零。

1744年，西伯利亚当局又大力扩充各城市哥萨克人员的编制，把人数增加至六千人，其中三千人被调到准噶尔边界。金杰尔曼少将率领三个龙骑兵团和一千雅伊茨克哥萨克驻守于西伯利亚防线。④ 面对着沙俄虎视

---

① 俄国对外政策档案馆，准噶尔卷1742，第2卷，第160—161页反面。参阅《准噶尔汗国史》，第363页。
② 参阅［苏］兹拉特金《准噶尔汗国史》，第363页。
③ 他们居住于今乌兹别克共和国境内。18世纪初年，曾被策妄阿喇布坦的军队所征服。
④ 参阅［俄］瓦西里耶夫《外贝加尔的哥萨克（史纲）》第2卷，徐滨、许淑明等译，商务印书馆1979年版，第74页。

眈眈的侵略威胁，噶尔丹策零不但没有被吓倒，还大力扩充军备，加强同内地各族人民的政治、经济联系。直到临死（1745年）前，还在"为同俄国打仗而尽力作准备"。① 噶尔丹策零这种英勇顽强的斗争精神，是准噶尔人民酷爱自由、富于反抗外来民族压迫传统的具体表现。

以上事实充分表明，噶尔丹策零在沙俄殖民者的侵略威胁面前，始终是站在抗俄斗争的立场上的。武力威胁没有使他屈服，物质利诱也没有使他上当受骗。他为维护准噶尔人民的尊严，为收复早年被沙俄侵占的土地，一直同沙俄进行了针锋相对的斗争，尖锐地揭露了沙俄的扩张主义行径，无情地鞭挞了沙俄的侵略暴行。为了阻遏沙俄的侵略，他还于1741—1742年趁巴什基尔人进攻准噶尔之机，派兵进入哈萨克草原，给沙俄"吞并哈萨克草原"以巨大"障碍"。② 有鉴于此，说他"勾结"沙俄，我以为是不公平的。

三

噶尔丹策零统治准噶尔前后十八年，时间虽然不算长，但他对准噶尔政治、经济的发展却有着重要的影响，是一位有政治才能，深受准噶尔人民拥戴的首领。我之所以这样说，主要是：

1. 善于用人，"亲贤使能"。1729年（雍正七年）清朝政府议进军准噶尔，散秩大臣达福极力谏阻。雍正斥问他："彼境呈分崩之势，何云不可？"达福曰："策旺虽死，其老臣固在，'噶逆'亲贤使能，诸酋长感其先人之德，力为扞御……我以千里转饷之劳，攻彼效死之士，臣未见其可！"③ 结果，雍正瞠目结舌，无词可对。

噶尔丹策零善于用人，在清朝统治阶级中并不是达福一人的见解，而是代表了相当一部分大臣的看法。雍正九年（1731）六月，靖边将军傅尔丹因听信准噶尔俘虏谎言，在没有调查研究的情形下，欲挥师进军准噶尔。副都统定寿、永国坚决反对，还发泄了对雍正无故用兵的不满。永国说："国闻用师乘瑕而战，未闻无隙而能致胜者。今'噶逆'亲亲用能，

---

① ［日］佐口透：《俄罗斯与亚细亚草原》，东京1966年版，第130页。
② 同上书，第127页。
③ （清）昭梿：《啸亭杂录》卷3《记辛亥败兵事》。

人惟求旧，选不失材，贤不失位，疆圉远辟，牧养蕃滋。彼虽犯我师旅，尚当良筹以御之。"①

达福、永国等之所以如此推崇噶尔丹策零，并非没有事实根据。大小策凌敦多布，是策妄阿喇布坦时期身经百战之骁将。"大者善谋善将将，小者勇万夫莫当。"② 他们是准噶尔"最优秀的首领"。③ 策妄阿喇布坦势力的迅速发展，与他们有着不可分割的联系。噶尔丹策零嗣为珲台吉，不因自己年轻有为傲视他们，也不因为他们不是自己的亲信而加以排斥。而是以材取人，量材用人，使他们充分发挥其特长。《西陲总统事略》云："策妄阿喇布坦死，子噶尔丹策零嗣为汗，……颇能用其父旧人。大策凌敦多布称善谋，小策凌敦多布以勇闻。"④ 噶尔丹策零不仅对本部落、本民族的才能之士寄予高度重视，而且对被俘的异族人才也很爱护。他对瑞典军官林纳特⑤的器重就是突出的一例。由于他重人才，许多有学问或者学有专长的人都经常聚集在他周围。一位西方学者指出：当时在他周围有许多有学问、有教养的人。这些人不仅有本部族的，而且有汉族、满族、俄国以及瑞典的战俘。⑥

2. 体恤部属，"善驭士卒"。⑦ 部属从战有功，他躬亲酌赏；秋日"行围"，他与将士纵横驰骋，无分彼此。1750 年（乾隆十五年），达什达瓦部宰桑萨拉尔投奔清廷，乾隆询问准噶尔情形，萨拉尔答曰："噶尔丹策零在时，优待下属，亲如骨肉；其宰桑有功者，噶亲酌酒割肉食之；每秋末行围，争较禽兽，弯弓驰骋，毫无君臣之别，故人乐为之用。"⑧ 关于这一点，就是乾隆也不得不承认他有过人之处。⑨

---

① （清）昭梿：《啸亭杂录》卷 3《记辛亥败兵事》。
② （清）傅恒：《西域图志》卷 41《服物一》。
③ ［法］莫里斯·古朗：《十七世纪和十八世纪的中亚细亚——卡尔梅克帝国还是满洲帝国?》，第 85 页。
④ （清）祁韵士：《西陲总统事略》卷 1《初定伊犁纪事》。
⑤ 林纳特是 1709 年于波尔多瓦战斗中被俄军俘虏的瑞典军官。1715 年因参加布赫戈利茨远征军侵入亚梅什湖，于 1716 年为准噶尔军俘虏。由于他懂得制炮技术，甚得策妄阿喇布坦和噶尔丹策零的重用。他曾为准噶尔制造过四磅炮 15 门，十磅炮 20 门，小口径炮 5 门，还帮助过噶尔丹策零改进了炼铁技术。参阅 ［英］巴德利《俄国·蒙古·中国》卷 1，第 180 页。
⑥ 参阅 ［英］巴德利《俄国·蒙古·中国》卷 1，第 168 页。
⑦ （清）昭梿：《啸亭杂录》卷 3《记辛亥败兵事》。
⑧ （清）昭梿：《啸亭杂录》卷 4《萨赖尔之叛》。
⑨ （清）彭元瑞：《高宗诗文十全集》（丛书集成本）卷 7，第 62 页。

值得着重指出的是，噶尔丹策零对于来自部下的不同意见颇为重视。1734年8月，清朝政府为了安定西北地区的局势，派侍郎傅鼐等至准噶尔，提出以阿尔泰山为准噶尔、喀尔喀二部游牧界，以后二部游牧各毋相逾越，以免产生衅端。噶尔丹策零初极力反对，后集诸大台吉及宰桑们会议，以小策凌多布等大部分台吉、宰桑、喇嘛力主依清朝方案"和议"，准噶尔广大人民也以"定界和好为乐"。① 于是，过了不久，噶尔丹策零便派人表示接受和议。

3. 噶尔丹策零在农业和手工业生产中对凡是愿意从事农业的人一概予以奖励。与此同时，又继续强迫部分维吾尔族农民迁入准噶尔地区，从事耕种。为了提高准噶尔地区的农业生产水平，他还在伊犁等地建立园艺业。管理园艺的人一般都由维吾尔族人担任。1732—1733年到过伊犁河流域的俄国"使臣"乌格柳莫夫说，他在准噶尔曾亲自探访过由维吾尔人管理的园圃。这些园圃大都属于准噶尔贵族所有。园圃一般都有用砖砌成的围墙，园内种植着果树和蔬菜，点缀着建筑物和篱舍。像这类园子在准噶尔相当多。由于他的大力扶植，从事农业的人越来越多，以至"无牲畜只依靠耕种而谋生者，十分之内有二分"②。有的地区，甚至"除略大台吉、宰桑外，其村俗中，有马百匹者竟不见一人，全靠庄稼度日"。③乌鲁木齐，从事农耕者八百余人（户？），其中准噶尔有五百人（户？），④占总农户的百分之六十二左右。额尔齐斯河、额敏河、博罗塔拉河、伊犁河流域等地，耕地随处可见。有些地方甚至以土地膏腴，"宜种植"而得名。如赛因塔拉就是因其地多良田，阿里玛图是因其地多苹果树，昌吉是取其地多场圃。⑤ 由此可见，农业生产在人们社会生活中所处的重要地位!

噶尔丹策零对手工业的重视较之农业有过之而无不及。他为了加速准噶尔手工业的发展非常注意搜罗人才，凡是能够为他发展手工业生产提供帮助的，就是被俘虏的战俘，也要千方百计加以利用。上面提到的对林纳特的使用就是明显的例证。由于爱护人才，又善于用人，因而在他的统治

---

① 《平定准噶尔方略》（前编）卷42，乾隆元年十一月壬辰。
② 满文:《月折档》，雍正十二年三月十九日富鹏等奏。
③ 同上书，雍正十一年十二月十七日富鹏等奏。
④ 中国第一历史档案馆，军机处录付奏折，民族类，蒙古项2297卷第3号。
⑤ （清）傅恒:《西域同文志·天山北路》（日本东洋文库丛刊影印本）。

下，各种手工业都在不同程度上有所发展，还产生了一大批本族各色工匠。他们自己开矿、冶炼，自己制造枪支、火药、子弹和大炮。此外还建立印刷、造纸、制革等多种手工业"作坊"。其具体发展情况，我们在《策妄阿喇布坦功过评述》一文中已有所涉及，故此处从略。

由于畜牧业、农业、手工业的发展，促使其社会逐步走向繁荣，把策妄阿喇布坦创立的"全盛"时代推向了高峰。是以史称其"且耕且牧，号强富"。①

1734年，俄国奥伦堡探险队长基里罗夫在给沙俄政府的报告中说：准噶尔统治者噶尔丹策零是"所有土著民族中最强者"，他拥有持火炮军队八万人，同哈萨克的汗们对属下的无能为力相反，"准噶尔统治者对属下拥有无上的权力"。②噶尔丹策零之所以对属下拥有"无上的权力"，除了他个人杰出的政治才能外，恐怕与他重视发展经济有着密切的关系。

除社会经济外，噶尔丹策零在文化方面还是一个学识渊博的学者。据说噶尔丹策零每次徙牧时，要用上百峰骆驼驮载各种书籍跟着迁移，③以备其随时取阅。瑞典军官林纳特证实，在他保存的两幅准噶尔地图中，一幅是准噶尔人根据一幅清朝原图描绘下来的（俗称林纳特图2），而另一幅则是噶尔丹策零"亲自绘制的准噶尔境域图"④（俗称林纳特图1）。由噶尔丹策零绘成的这幅图，不仅有山脉、河流、湖沼等标识，而且有民族、森林、矿产以及野骆驼等的注记和标识。整幅图一共有250个地名和注记。这不仅为研究准噶尔历史提供了重要资料，而且也为研究我国西北以及中亚地区的地理、矿产、森林资源提供了重要资料。虽然目前还没有足够资料可以让我们更多地看到他在文化事业方面的成就和贡献，但仅就这一点而论，也是值得引起我们重视的。

综上所述，笔者认为噶尔丹策零是准噶尔史上一位较有政治远见、在人民群众中有广泛影响的首领。因为他不但积极主张反抗沙俄的侵略威胁，为维护我国西北地区的安全做出了有益的贡献，还在促进准噶尔人民

---

① （清）祁韵士：《西陲总统事略》卷1《初定伊犁纪事》。
② ［日］佐口透：《俄罗斯与亚细亚草原》，第124—125页。
③ ［英］巴德利：《俄国·蒙古·中国》卷1，第168页。巴德利在同书第51页注②中则说，是二百峰骆驼。
④ 同上书，第178页。清朝原图据说是清军在吐鲁番等地进攻准噶尔时为准军获得的。这两幅图都是1733年林纳特被释放时，噶尔丹策零根据他的要求送给他的。林纳特回瑞典后，于1743年又将其转送瑞典乌普萨拉市皇家大学图书馆。

同内地各族人民发展友好关系方面起了重要作用。在他统治下，准噶尔人民同中原各族人民的联系比以往任何时期都更加密切。因此，我以为必须实事求是地、辩证地看待他同清廷的关系。他对准噶尔社会经济的繁荣所做出的贡献也是任何人无法抹杀的。由此可见，否定噶尔丹策零是缺乏根据的。

当然，我们肯定噶尔丹策零，是肯定他在当时的历史条件下，顺应历史发展趋势，做出有益于民族和社会的事，而不是肯定他的一切。作为一个民族政权的首领，一个封建统治者，他有取得人民拥戴的一面，但也有残酷压迫剥削准噶尔及西北各族劳动人民的一面。在这方面，史籍的记载也很多。比如他对准噶尔人民和西北各族人民征收苛重的赋税，强迫维吾尔族劳动人民到伊犁等地为准噶尔贵族耕种，其中有阶级压迫也有民族压迫，对此我们不但不应该给予肯定，而且应该坚决予以揭露和批判。

总之，我们认为对噶尔丹策零一生的实践活动，必须历史地、全面地看待，不要一概加以否定。

（原刊《民族研究》1981年第3期。文章发表后，1982年《中国历史年鉴》第82页曾就本文中的历史观点做了简要介绍，并称是值得重视的重要作品。）

罗卜藏舒努生平事迹辑探

在准噶尔汗国史中，罗卜藏舒努的声名虽然并不显赫，但却是一个富有传奇色彩的重要人物。他不但因与噶尔丹丹衷交好并主张要同清朝政府和平共处而遭拘禁，还领兵远征过哈萨克，成为被派驻哈萨克地方的最高军事长官。而在他被迫离开准噶尔时，又神奇地成为哈萨克小玉兹汗阿布勒海尔的女婿。及其移居土尔扈特后，他又满怀信心地向当时访问土尔扈特部的清廷使臣满泰等表示要同噶尔丹策零进行殊死斗争的决心，热切地希望清朝政府帮助他重返准噶尔。但当他的美好愿望宣告破灭时，又在阿布勒海尔的支持下举兵进攻准噶尔，致使准哈之间又发生战争。但所有这一切，长期以来一直鲜为人们所了解。因此，根据历史事实，对其历史活动作一初步考察，笔者以为不仅对准噶尔汗国史的研究有益，其于准哈关系等的研究也有重要帮助。

一

罗卜藏舒努是策妄阿喇布坦的次子，噶尔丹策零的异母兄弟。他的名字最早见于《清世宗实录》雍正五年（1727）。[①] 中国历史档案资料朱批奏折民族事务类作"罗卜藏绰诺"，[②] 军机处录付奏折民族事务类又作"罗卜藏硕诺"[③]，《清代中俄关系档案史料选编》第一编则译作"罗卜藏苏努"。无论是"罗卜藏绰诺""罗卜藏硕诺"还是"罗卜藏苏努"，都是"罗卜藏舒努"的同名异译。

---

① 参阅《清世宗实录》卷64，雍正五年十二月乙巳。
② 朱批奏折民族事务类，雍正六年七月九日驻扎哈密郎中赫格等奏折。
③ 军机处录付奏折民族事务类，雍正九年六月二十四日宁远大将军岳钟琪等奏折。

据说策妄阿喇布坦先后曾娶过三位妻子：长妻弓格拉布坦、次妻色特尔扎布，又次曰叶木蠢（春？）（详见下文）。弓格拉布坦是西藏达赖汗之女，拉藏汗之姊；色特尔扎布是伏尔加河土尔扈特汗阿玉奇之女；叶木蠢出身不详。弓格拉布坦生有一子二女。子曰噶尔丹策零（凌），女曰博托洛克、达什色布腾。① 色特尔扎布所生子女，诸书记载不一。一作"四子四女"，名字未详；② 一作"二子一女"：子曰罗卜藏舒努、舒努大娃，女名未载；③ 一曰"四子三女"，四子分别是舒诺达巴、舒诺卡什卡、巴拉伊格（大）、巴拉伊格（小），三女是奇赞格、诺延达什加、博隆格；④ 一称"三子四女"，但均未载名字。⑤ 根据记载，当以"三子三女"较为可信。我之所以这样说，主要根据有二：一是根据傅恒《西域图志·准噶尔世系》记载，策妄阿喇布坦有四子：长为噶尔丹策凌（零），次曰罗卜藏舒努，三曰达木巴巴朗、四曰巴噶巴朗。⑥ 策妄阿喇布坦的第三位妻子没有儿子。因此，除噶尔丹策零外，其余三个儿子均为色特尔扎布所生，罗卜藏舒努是她的长子。温科夫斯基说色特尔扎布的长子是舒诺达巴，其说显然有误。"舒诺达巴"应是《重修肃州新志》中所说的"舒努大娃"的异译，《西域图志·准噶尔世家》中的达木巴巴朗，当为色特尔扎布的次子。二是有关其女儿的记载，其他书均未载其名字，而温科夫斯基言之凿凿，估计可以信赖。

　　罗卜藏舒努生于何年？史未见明文。但从有关记载中可知，他约生于1701年左右。众所周知，1698年（康熙三十七年），策妄阿喇布坦当年曾在上呈清朝理藩院奏书中说：其岳父阿玉奇令三济扎布（又称散扎布）护送其妻色特尔扎布到准噶尔与伊成婚，时哈萨克头克汗非但没有积极予以协助，反而派人加以拦截，致使护送队伍没法顺利通行。⑦ 由于哈萨克人的阻截，估计三济扎布等并未在是年抵达准噶尔。那么他们又于何时进

---

① 参阅（清）傅恒《西域图志》卷首一《准噶尔全部记略》；松筠《新疆识略》卷首。
② 参阅《平定准噶尔方略》（前编）卷42，乾隆元年正月壬辰。
③ 参阅（清）黄文炜《重修肃州新志·西陲全册》。
④ 参阅［俄］温科夫斯基《十八世纪俄国炮兵大尉新疆见闻录》，宋嗣喜译，黑龙江教育出版社1999年版，第211页。
⑤ 参阅［英］霍渥斯《蒙古史》，卫拉特蒙古史译文汇集《清史译文汇编》第3辑，第150页。
⑥ 参阅（清）傅恒《西域图志》卷47。
⑦ 参阅《清圣祖实录》卷188，康熙三十七年四月癸亥。

入准噶尔呢？据温科夫斯基猜测，当在"1700年前后"。① 我以为其说大体上是可信的。因此，罗卜藏舒努不是生于1700年就是1701年。

罗卜藏舒努的青少年时期，是在准噶尔汗国开始进入鼎盛时期度过的。这时策妄阿喇布坦不仅在同哈萨克头克汗的斗争中屡占上风，取得了多次胜利，使其西部边境得到了巩固，而且出兵挺进天山南路，平息了叶尔羌和喀什噶尔的叛乱，赶走了一度据有当地的布鲁特人，从而使汗国重新获得统一。与此同时，又由于实行奖励农业和手工业政策，使社会呈现了一片欣欣向荣的局面。但随着汗国势力的增强，其所面临的挑战与威胁也在与日俱增过程中。这种威胁主要来自三个方面：一是沙俄扩张主义势力的不断南侵，二是驻防于阿尔泰及哈密等地清军的压迫，三是哈萨克封建主的不断骚扰与掠夺。罗卜藏舒努生活在这个复杂的社会环境中，由于长期经受着战争的磨炼，因而很快便成长为一个智勇双全、性格豪爽的年轻将领，深得大策凌敦多布、韦征和硕齐等重要将领的赏识。因其作战勇敢，驭下有方，善于与人相处，许多普通的准噶尔人都很喜欢他。雍正年间脱出准噶尔厄鲁特人特古斯济尔罕说："罗卜藏索诺从小人品好，对下仁慈，我准噶尔之人，大部分倾心于罗卜藏索诺。大策凌敦多布亦与罗卜藏索诺相好。"② 特古斯济尔罕的话，虽然只有寥寥数语，却把他在准噶尔人民心目中的地位刻画得淋漓尽致。

罗卜藏舒努因生性活泼，喜欢与人交往，与其姐夫噶尔丹丹衷关系一直较为密切。噶尔丹丹衷是西藏拉藏汗长子，深得拉藏的宠爱，他是应策妄阿喇布坦请求到准噶尔与其女博托洛克成婚的。策妄阿喇布坦之所以要将己女配与噶尔丹丹衷，目的是想通过联姻，拉近与拉藏的关系，从而达到控制西藏的目的。众所周知，拉藏自杀第巴桑结嘉措掌握西藏政教大权后，因不满桑结嘉措所立六世达赖喇嘛仓央嘉措，擅立意希嘉措为六世达赖喇嘛，结果引起了青海诸台吉及西藏僧俗人众的强烈不满与反对。他们纷纷派人或写信给策妄阿喇布坦，要求其出面干涉。策妄阿喇布坦早就想控制西藏，挟达赖喇嘛以号令众蒙古。拉藏此举恰好为其实现这一梦想提供了有利机会。策妄阿喇布坦原是拉藏姐夫，于是便派人送信给拉藏汗，建议加强彼此间的姻亲关系，"祈求接纳自己的女儿为其长子的妻子，借

---

① 参阅［俄］温科夫斯基《十八世纪俄国炮兵大尉新疆见闻录》，第202页。
② 参阅军机处满文录付奏折，雍正十二年定边大将军富鹏等奏。

以增进亲谊。如拉藏汗同意，就请把长子送到独立上鞑靼（准噶尔）去"。① 拉藏汗对策妄阿喇布坦的意图，最初因有所顾虑，故在接到来信后立刻表示："此事万万不可，制止长子前往"，极力拖延婚事。但由于噶尔丹丹衷不听劝告，提出"如果阻止我去准噶尔迎亲，失去良缘，我就要自杀"。② 拉藏见劝告无效，最后只好答应。

噶尔丹丹衷前往准噶尔，大约在1714年（康熙五十三年）间。据《清圣祖实录》康熙五十六年七月条记载，驻防于巴尔库尔（巴里坤）清军俘获厄鲁特哨兵阿筹拉克、推扎布两人问之，其云"策妄阿喇布坦仍驻于本处"，"拉藏之子娶策妄阿喇布坦之女三年，已经生子。达赖喇嘛、班禅及拉藏之使，俱在策妄阿喇布坦处"。③ 这就是说，噶尔丹丹衷自进入准噶尔后，一直滞居在准噶尔地区。他因与罗卜藏舒努岁数相差不远，旨趣相投，故彼此相得甚欢，感情极为融洽。

1715年（康熙五十四年），策妄阿喇布坦因贸易人在哈密受阻，举兵袭击哈密北境五寨，促使准清关系逐步趋于紧张。时准噶尔汗国部分上层贵族，力主同清军进行对抗，而噶尔丹丹衷和罗卜藏舒努则积极主张同清廷"和好相处"。因罗卜藏舒努意见与策妄阿喇布坦相左，引起了策妄阿喇布坦的猜忌，说他存"有偏心"④，妄想与噶尔丹丹衷一起投奔清廷，下令将其拘禁，前后达"三年"之久。⑤

有关罗卜藏舒努被其父拘禁之事，温科夫斯基《十八世纪俄国炮兵大尉新疆见闻录》则说，是由于罗卜藏舒努要求与沙俄结好所致。他说：策妄阿喇布坦本无意与沙俄结好，而策妄阿喇布坦的儿子噶尔丹策零则主张同俄国"媾和，交还俘虏，对这些俘虏予以多方优待。大喇嘛和珲台吉的儿子舒诺达巴（指罗卜藏舒努）也请求珲台吉，要在各方面都倾向于皇帝陛下"。舒诺达巴甚至在口头上向父亲提出："如果你跟皇帝陛下不讲和，我就离开你，到外公阿玉奇汗那里去。舒诺达巴由于说了这样的

---

① 参阅［意］德斯得利《唯噶尔贵族侵扰西藏目击记》，李坚尚译，引自杜文凯编《清代西人见闻录》，中国人民大学出版社1985年版，第125—126页。
② （清）多卡夏仲·策仁旺杰：《颇罗鼐传》，汤池安译，西藏人民出版社1988年版，第135页。
③ 参阅《清圣祖实录》卷273，康熙五十六年七月壬申。
④ 参阅《清代中俄关系档案史料选编》第1编（下），雍正十年三月十二日《理藩院为前遣俄使已返回及希土尔扈特出兵事致俄萨纳特衙门咨文》。
⑤ 参阅满文《月折档》，雍正十年三月五日满泰、阿斯海等奏。

话而被监禁,有两年左右的时间不许他到跟前。"①

温科夫斯基提供的情况,虽然并非空穴来风,但所说实不可信。主要理由有二:一是其消息是被俘至准噶尔的俄国战俘从一户普通牧民家里听到的,是从间接渠道获得的资料,而我们所提供的史料,则是罗卜藏舒努亲自向清副都统满泰等说的。二是温科夫斯基的说法,前后互相矛盾。他在该书的另一处说:"珲台吉的儿子噶尔丹策凌(零)和珲台吉的第一宰桑、他的堂弟大策凌敦多布不愿跟珲台吉去称臣,吹牛说要把卑职等全部打死,好像珲台吉为了这件事想用马刀把儿子砍死……。"② 如果把这一段话和前述所说的话相对照,不难看出这是自己在打自己的嘴巴。显而易见,温科夫斯基是把两件毫不相干的事搅在一起了。

二

在准哈关系史上,1723 年的战争始终为人们所关注。哈萨克人一直将此次战事,视为是他们在同准噶尔人的战争中损失最为惨重的一次战役。战争是如何引起的?是谁领导的?学术界向来存在两种不同说法。瓦里汗诺夫和兹拉特金认为:是策妄阿喇布坦。前者说,它是策妄阿喇布坦"率领无数的士卒向吉尔吉斯草原进攻,报复哈萨克人昔日的侵略和暴行"。③ 后者说,是"策妄阿喇布坦聚集了大量兵力,重重地打击了哈萨克斯坦的大玉兹和中玉兹的领地","使之变成自己的进贡者"。④ 而《吉尔吉斯—哈萨克各帐及各草原的述叙》作者列夫申则认为,它是策妄阿喇布坦的儿子噶尔丹策零发动的。他指出:"噶尔丹策零既不能眼看着他的人民的宿敌的复灭而无动于衷,又不能对自己的祖先在一百多年以前受到的侵略和伤害而不予报复。他在他们的几次可怕的打击之后,在 1723 年拿下了他们的首都土耳其斯坦,还有塔什干和赛拉木,并最后使大帐和中帐的几个分支屈服于他的权势之下。"⑤

---

① [俄]温科夫斯基:《十八世纪俄国炮兵大尉新疆见闻录》,第 189 页。
② 参阅同上书,第 131 页。
③ 参阅[俄]乔汉·瓦里汗诺夫《阿布赉》,圣彼得堡《俄国地理协会会刊》卷 29,1904 年。
④ 参阅[苏]兹拉特金《准噶尔汗国史》,马曼丽译,商务印书馆 1980 年版,第 337 页。
⑤ [俄]列夫申:《吉尔吉斯—哈萨克各帐及各草原的述叙》,新疆维吾尔自治区民族研究所译,新疆维吾尔自治区民族研究所 1975 年铅印本,第 38 页。

以上两种说法，究竟哪一种正确？根据我们所掌握的资料，其实两种说法都不很准确。依据中国历史档案资料，当时决定派兵远征哈萨克的是策妄阿喇布坦，而奉命领兵出征哈萨克的则是其次子罗卜藏舒努。雍正年间奉派出使土尔扈特部的清朝副都统满泰，在其返归时上呈的奏折中说，当他们在土尔扈特部时，罗卜藏舒努曾亲自向他们诉说了自己的不幸遭遇：由于积极主张与清廷结好而被其父禁锢"三年"，及至清军举兵进攻准噶尔时始被释放，"放之征伐哈萨克"。① 这就是说，领兵向哈萨克人发动突袭并取得巨大胜利的是罗卜藏舒努，而非策妄阿喇布坦或噶尔丹策零。

有关罗卜藏舒努领兵远征哈萨克之事，我们从俄国历史资料中也可得到充分的印证。例如，温科夫斯基在《十八世纪俄国炮兵大尉新疆见闻录》中就说："去年（1722 年），珲台吉的儿子舒诺达巴（按：指罗卜藏舒努）已被派去攻打哈萨克玉兹，现在已传来消息，他打败了哈萨克人，攻下 3 座城池，带回 1000 户哈萨克人。这 1000 户人家不久便可来到这里。3 座城市是塔什干、塞拉姆和哈拉穆鲁特。"②

据说罗卜藏舒努由于在远征中获得胜利，从此人气大升。"他在其父浑台吉的兀鲁思时，兀鲁思全军都爱戴他，希望他成为他父亲的继承人"。③ 策妄阿喇布坦也因其出色表现，逐渐改变了对他的看法，决定派他前往督理新取得地方的军政事务。据史料记载，他先后在哈萨克地方"行走六年"。④

但正当他以骄人的业绩而踌躇满志之时，却由于一场突然事变的爆发，使他从事业的巅峰而迅速滑落到人生的谷底。这场突然事变的制造者是谁？不是别人，而是他的异母兄弟噶尔丹策零。

事情经过情况大致是这样的：

1727 年（雍正五年），策妄阿喇布坦突然猝死于其妻帐中。其子噶尔丹策零认为，是其继母色特尔扎布同阿玉奇汗派到准噶尔汗国的使者一起害死的。于是便在汗国内部进行大清洗。有关此次事件发生经过，中外史籍虽有不同程度的披露，但都很不具体。现存于中国历史档案馆的一份报

---

① 参阅满文《月折档》，雍正十年三月五日满泰、阿斯海等奏折。
② ［俄］温科夫斯基：《十八世纪俄国炮兵大尉新疆见闻录》，第 208 页。
③ 俄国对外政策档案馆，卡尔梅克卷宗 1729—1730 年第 16 卷第 22 张，参阅［苏］兹拉特金《准噶尔汗国史》，第 340 页。
④ 参阅满文《月折档》，雍正十年三月五日满泰、阿斯海等奏折。

告，是目前所能见到的资料中，记述最为详尽的重要史料，现将其摘录于下。

雍正六年三月初十日杭州左翼副都统长泰奏：

> 今于雍正六年三月初八日据王自福密禀，据夷使内阿尔架、温都伯二人口称：策妄阿喇布坦病故缘由，系去年五月初九在第二个妇人塞特尔扎布帐中饮了一碗酒，随往第三妇人叶木蠹帐房里坐下，骤然心慌腹痛，即令额木齐喇嘛来看。喇嘛看了说，珲台吉在那里吃什么东西来。策妄阿喇布坦说，我在塞特尔扎布帐房里吃了一碗酒。喇嘛说，珲台吉中毒了。策妄阿喇布坦心内着忙，急唤伊长子噶尔丹策零吩咐，我一世好汉，今日死在托洛贺阿由克（按：即土尔扈特阿玉奇异译）女儿手里了。我亡后，你不可在哈喇巴尔图地方居住，当搬回伊里地方住坐，即速遣人在天朝皇帝上恳恩护庇。你若不听我的话，必受托洛贺阿由克的害。吩咐毕须臾身亡。

史料接着又说：噶尔丹策零在策妄阿喇布坦死后，立刻命令部下将色特尔扎布捉拿归案，问她为何要"毒坏珲台吉"？色特尔扎布说："我是托洛贺阿由克罕女儿，我生的儿子反不如噶尔旦（丹）策令（零），所以用毒酒将珲台吉毒坏了。"说毕，众人将塞特尔扎布用刀棍打，顷刻毙命。①

通过以上记载，我们可以看出：

1. 策妄阿喇布坦是色特尔扎布用酒毒死的。他死于1727年6月28日（雍正五年五月初九日）。

2. 色特尔扎布之所以要毒死策妄阿喇布坦，是因为策妄阿喇布坦想让噶尔丹策零作为自己的继承人，而色特尔扎布则希望由自己的儿子罗卜藏舒努来继承汗位。

3. 策妄阿喇布坦死前曾告诉噶尔丹策零要搬回伊犁居住，要与清朝政府结好。噶尔丹策零在策妄阿喇布坦死后，即将色特尔扎布打死。

噶尔丹策零在处死色特尔扎布后，仍然觉得难解心中怨恨，接着又将色特尔扎布所生子女逐一加以杀害。时罗卜藏舒努领兵驻守在外，其部下纳木库得知消息，立刻驰奔往告。罗卜藏舒努得到报告，极为恐惧，便率

---

① 朱批奏折民族事务类，雍正六年三月十日杭州左翼副都统杨长泰奏。

少数侍从逃往哈萨克境内。

噶尔丹策零的粗暴行动，立刻在准噶尔贵族内部引起了人们的强烈不满。他们有的敢怒而不敢言，有的则窃窃私语暗中密谋，企图推翻噶尔丹策零的统治。其中表现最为明显的是噶尔丹策零的姐夫（一作妹夫）罗卜藏车凌。

罗卜藏车凌谓谁？史载为长期居住于准噶尔地区的和硕特台吉。《外藩蒙古回部王公表传》云："有罗卜藏车凌者，多尔济曾孙也，策妄阿喇布坦以女妻之。"① 多尔济者谁？根据《西域图志》等书记载，他即是驰名于史籍中和硕特部"五虎将"之一昆都伦乌巴什的第三子。如此说来，罗卜藏车凌即是昆都乌巴什之玄孙。策妄阿喇布坦统治时，罗卜藏车凌因年少英勇、忠厚朴诚而深得其喜爱。他与罗卜藏舒努因年龄相近、兴趣相同，彼此关系也极融洽。噶尔丹策零杀死色特尔扎布等后，罗卜藏车凌因不满其所为，便暗中与前逃至准噶尔地区的青海罗卜藏丹津联络，约共同杀噶尔丹策零。噶尔丹策零知觉，派人拘罗卜藏丹津。罗卜藏车凌时领兵万余驻沙喇伯勒境，得知罗卜藏丹津被拘，知道难以继续在准噶尔汗国立足，拟率众逃奔伏尔加河土尔扈特部。及抵布鲁特界，适准噶尔台吉噶旺端多克等领兵追至，被夺回5000户，余众悉入布鲁特。② 罗卜藏车凌由于来不及逃走，被俘执。辉特台吉韦征和硕齐向也与罗卜藏舒努交好，噶尔丹策零为了对他进行笼络，便"以其妻给韦征和硕齐，二子交乌鲁特鄂拓克宰桑伍巴什安置"，③ 借以安定内部。

哈萨克人早就想对准噶尔人进行报复，只是一时未能找到合适的机会。准噶尔贵族的内讧为他们实现其梦想提供了有利条件。故当罗卜藏舒努遁入哈萨克后，哈萨克小玉兹汗阿布勒海尔立刻为之提供了庇护之地，并决定将自己的女儿配给他，以使其与噶尔丹策零相对抗。与此同时，又与各部封建主联络，约共同联合，一起对付噶尔丹策零。④

---

① 参阅《钦定外藩蒙古回部王公表传》卷106《和硕特部总传》。
② 参阅军机处录付奏折，雍正十年五月二十九日宁远大将军岳钟琪等奏。按：《王公表传》卷106《和硕部总传》记载与此有出入。云：罗卜藏车凌"率户三千余，由噶斯走青海，将内附。噶勒丹策凌遣宰桑乌喇特、巴哈曼集等追之，为所败"。
③ 参阅（清）傅恒《西域图志》卷首一《准噶尔全部记略》；（清）松筠《新疆识略》卷首。
④ 参阅［英］加文·汉布里主编《中亚史纲要》，吴玉贵译，商务印书馆1994年版，第199—200页。有关哈萨克各部约共同联合对付噶尔丹策零事，作者已在另一文章中有着较详尽的论述，此不赘。

罗卜藏舒努虽然得到了阿布勒海尔的支持而免受到其异母兄的迫害，但他深知自己前曾举兵进攻过哈萨克，给哈萨克族人民造成了巨大损失，当地人民决不会轻易饶恕他，故在他进入哈萨克后不久，又移居于伏尔加河土尔扈特部。

三

罗卜藏舒努何时移居于土尔扈特部？据中国历史档案资料记载，大约在1728年（雍正六年）春夏之间。有关此事，我们可以从当年脱出准噶尔之哈密回人阿舒尔的供词中得到佐证。阿舒尔说："闻得塞布腾今年自噶尔丹策零处回来说，罗卜藏绰诺自土尔古特遣人寄书云：尔将我生母及弟俱已杀害，此仇难忍！我今与土尔古特如同一体，又与哈萨克、布鲁特互相结好，我必会合此三处兵丁，一年之内，将你的牲畜杀尽，二年之内，害及尔命。"① 有关该信内容，脱出准噶尔回人麻木雅尔说得更为具体。他说：罗卜藏舒努在信中表示，"我们两人系至亲兄弟，父亲所遗产业是你一个人独占了。你又将我母亲并我同胞妹子、兄弟都杀了，我与你系仇敌，你当自己斟酌。若将哈萨克、布鲁特等各处抢掠来的人俱行放回本处，再将父亲遗留的产业分与我就罢了。若不如此，你可约定地方，我们彼此发兵相战。我兵的数目即如带与你的粟米数……"②

噶尔丹策零接到来信，极为愤怒，立刻将来使"杀害"。

罗卜藏舒努得知消息后，知道噶尔丹策零决心与自己为敌，于是便决定使用武力进行抗争。1732年（雍正十年），他利用部分哈萨克人对噶尔丹策零的不满情绪，带领他们向准噶尔大策凌敦多布等牧地发动进攻。其宰桑博多永、纳尔苏得知情况，率其属下2000余户降。曼济之子也率100余户往附。③ 罗卜藏舒努这次行动，虽然取得了一些收获，但因实力过弱，最后仍然无法摆脱失败的命运。

罗卜藏舒努移居土尔扈特之事，虽然清朝政府在1728年就已知道，但由于当时同噶尔丹策零的关系并不很明朗，因此，对如何处理与罗卜藏

---

① 朱批奏折民族事务类，雍正六年七月九日驻扎哈密郎中赫格等奏。
② 军机处录副奏折，雍正九年六月二十四日宁远大将军岳钟琪等奏。
③ 参阅《雍正满文朱批奏折全译》（下），黄山出版社1998年版，第2186页。

舒努的关系问题一直持审慎态度。后见噶尔丹策零迟迟不肯将罗卜藏丹津送还，遂一面命将出师征讨，一面又利用托时出使俄国祝贺沙皇彼得二世继位机会，派遣副都统满泰等前往土尔扈特部，希望联络土尔扈特部及罗卜藏舒努共同对付噶尔丹策零。

有关托时、满泰使团的出使，中外历史文献已有不少披露。有的学者还就其出使时间、经过路线、以及动机等，进行了深入的探索。陈复光《十八世纪初叶清廷进攻准噶尔期间第一次到俄属及俄京的中国使节》[①]，马汝珩、马大正《试论"雍正谕土尔扈特汗敕书"与满泰使团的出使》，[②] 就是有关这一重要课题的力作。尤其是后者，由于利用了新发现的《雍正谕土尔扈特汗敕书》等资料，从而使有关托时、满泰使团出使的研究得到了进一步提升。然而需要指出的是，由于资料限制，该作对满泰等在土尔扈特部的活动并没有充分展开，如其与罗卜藏舒努等的会谈情况，就没有给予全面展示与诠释。事实上，此事在满文《月折档》上是有明确记录的。

据载，满泰等至土尔扈特部时，在达尔玛巴拉的亲信管事鄂尔齐木哈什哈安排下，与罗卜藏舒努曾有过亲切的会晤，喀尔喀台吉公格齐旺、副都统固鲁扎布也一起参加了会谈。双方见面时，罗卜藏舒努曾对满泰等倾诉了他被禁锢经过及带兵征讨哈萨克事。时公格齐旺和固鲁扎布在与之交谈中，曾婉转地向罗卜藏舒努进言，云你来土尔扈特，虽有尔舅父在，但居于俄罗斯，俄罗斯乃异教之国，倘加入异教，日后如何为人之长占据地盘？尔正值年轻，当勤于大事。若不勤于大事，丧失良机，则悔之晚矣！

罗卜藏舒努听了使臣的话，显然有所领悟，因而恳切地表示：听说博格达汗大军来讨准噶尔，请协助我大军数千，前往我之游牧。若多与兵丁有难，给我兵丁二三百，将我送往阿尔泰、杭爱一带。到彼之后，则视我之造化耳！若不与兵丁，则我无法。[③]

通过满泰使团，清朝政府得知罗卜藏舒努虽然身处异域，仍然渴望要争取机会重返准噶尔，故在满泰等回归后不久，又利用内阁学士德新、侍读学士巴延泰等前往祝贺沙俄女皇安娜即位机会，遣内阁学士班第总管内

---

① 参阅《云南大学学报》1957 年第 2 期。
② 参阅《民族研究》1998 年第 1 期。
③ 参阅满文《月折档》，雍正十年三月五日满泰、阿斯海等奏。

务府大臣来保等前往土尔扈特部迎护罗卜藏舒努,表示"伊若诚心返回,与我大臣同来,并可与我大臣一同前往报仇"。① 沙俄政府得知使团目的,是要"武装卡尔梅克人反对准噶尔人",说服噶尔丹策零的一位兄弟罗卜藏舒努"归顺中国皇帝",断然加以拒绝。② 由于沙俄政府的极力阻挠,其与罗卜藏舒努的联系从此宣告结束。

四

罗卜藏舒努在同清朝政府失去联系后,经过多年的准备,又在哈萨克小玉兹汗阿布勒海尔等的支持下,率领部分哈萨克人进袭准噶尔。列夫申在《吉尔吉斯—哈萨克各帐及各草原的述叙》中说:"1741年,一位以噶尔丹策零为兄的准噶尔人将军","他曾带领大量武装的吉尔吉斯人,去摧毁准噶尔人的一些居民点。噶尔丹策零获悉后,为了惩罚这些强盗们,派出一支有一万五千人的军队,追击他们直到接近了奥伦堡。在穿越吉尔吉斯草原的路上,抢劫了他们所遇到的所有阿乌勒,杀戮和带走了这些阿乌勒的人和牲畜。"③ 列氏在这里所说的"准噶尔人将军"是谁?毫无疑问,这个人即是罗卜藏舒努。因为"以噶尔丹策零为兄"的"准噶尔人将军",除罗卜藏舒努外,别无他人。

列氏的记载,我以为是可以信赖的。因为此事在我国历史档案资料中也有相应的反映。乾隆六年(1741),脱出准噶尔的哈萨克人厄图米式在其逃往内地时曾向清军官员说,罗卜藏舒努在逃往土尔扈特后,曾于"厄什太"地方娶了一个妻子,他们共同生活了六年,后又前往哈萨克,现在领兵与准噶尔人打仗。④ 厄图米式所提供的情况,与列氏所述,大体上是相合的。

罗卜藏舒努之所以能够带领"大量武装"的哈萨克人向噶尔丹策零发动进攻,显然是在阿布勒海尔的支持下实现的。但由于实力远不如噶尔

---

① 参阅《清代中俄关系档案史料选编》第1编(下),中华书局1981年版,第56页。
② 参阅[俄]班蒂什-卡缅斯基编《俄中两国外交文献汇编》,中国人民大学俄语教研室译,商务印书馆1982年版,第215—216页。
③ [俄]列夫申:《吉尔吉斯—哈萨克各帐及各草原的述叙》,新疆维吾尔自治区民族研究所译,第82页。
④ 参阅朱批奏折民族事务类,乾隆六年脱出准噶尔哈萨克人厄图米式供词。

丹策零，结果仍然遭到惨败。不仅如此，还使哈萨克各玉兹再次受到了沉重打击。① 罗卜藏舒努由于此次失败，从此即从史籍上消失。

罗卜藏舒努死于何时？史未见明文。霍渥斯《蒙古史》说他死于1732年（雍正十年），②兹拉特金《准噶尔汗国史》则说他死于1735年（雍正十三年）。③ 两说均不准确。因为从以上叙述中可以看出，他至少在1741年还活在世上。

（原刊《西蒙古论坛》2012年第2期）

---

① 参阅蔡家艺《十八世纪前期准哈关系述论》，载《西蒙古论坛》2012年第4期。
② 参阅［英］霍渥斯《蒙古史》，卫拉特蒙古历史译文汇集《清史译文新编》第3辑，第150页。
③ 参阅［苏］兹拉特金《准噶尔汗国史》，第342页。

拉藏汗刍议

拉藏汗一登上西藏政治舞台，就同当时掌握西藏政教实权的代表桑结嘉措展开了激烈的斗争，为恢复汗权而努力，并最终战胜桑结嘉措，其所表现出的气魄，即使在今天看来，也是令人叹服的。可是在过了十三年之后，他却在与准噶尔策妄阿喇布坦的斗争中，被杀于乱军之中，以悲剧结束自己的一生，从而使他成为卫拉特蒙古人统治西藏的最后一位汗王。究竟应该如何看待拉藏汗？现有著述，往往将其归结为"昏聩无能和独断专横"，我以为未免失之偏颇。在这里，我想谈一点个人的粗浅看法。

一

西藏自藏巴汗被杀后，一直处于卫拉特蒙古和硕特部首领固始汗的统治下。固始汗是一位精明强干的卫拉特蒙古汗王。他为了建立"霸业"，巩固在西藏的统治，尊五世达赖喇嘛为西藏宗教领袖，将卫藏赋税交黄教寺院集团使用，而将军权和政权牢牢掌握于自己手中，令诸子游牧青海，以喀木赋税作供养。史称"阳崇释教，阴自强"。[1]

固始汗在世时，由于他的威望，西藏僧俗除五世达赖喇嘛以外，无不听命于他。可是自他去世以后，其子达延汗、孙达赖汗，[2] 因政治能力、智慧和个人威望都无法与之相比，加上内部"彼此互相猜疑，兴趣不止

---

[1] 祁韵士：《皇朝藩部要略》卷17《西藏部要略一》。
[2] 达延汗，固始汗长子，生于1596年，藏名丹增多杰，号鄂齐尔；达赖汗，达延汗长子，原名衮楚克，藏名丹增达赖。

在西藏，还关心远方蒙古发生的事件"，① 又不经常住于拉萨，只在冬天才到噶丹康萨宫，权力大都委交第巴（一作第悉）执行，结果，遂导致汗权衰弱和达赖喇嘛势力的增长。

汗权的严重衰弱主要是在达赖汗统治时期。达赖汗是一位"死气沉沉"的汗王，他平时极少过问政事，而时任第巴的桑结嘉措，则是一位精明的政治活动家和具有多方面才能的学者。因而在他取得达赖喇嘛和达赖汗的信任后，便利用达赖喇嘛的声望及达赖汗长期养尊处优的条件，大肆培植亲信，集政教大权于一身，任意发号施令，视汗位如同虚设。政教权力的高度集中，遂使桑结嘉措日渐恣睢与跋扈。康熙二十一年（1682），五世达赖喇嘛圆寂，桑结嘉措为了保住自己的权力和地位，竟"匿达赖喇嘛之丧"不报；② 又与准噶尔部长噶尔丹博硕克图汗暗中勾结，朋比为奸，于准噶尔军与清军作战时，遣济隆胡图克图"为噶尔丹诵经，且择战日"，③ 阴图与清朝政府分庭抗礼，借助噶尔丹兵力，把和硕特部势力逐出西藏。当其阴谋败露后，他先是矢口否认，后知无法抵赖，始遣尼麻唐胡图克图持章向清廷"输诚吐实"。④ 此外，又将放荡不羁、沾染了"各种恶习"⑤ 的风流青年仓央嘉措，擅自扶上达赖喇嘛转世灵童宝座。桑结嘉措的所作所为，不但引起了清朝政府的高度不满，痛斥其存心欺众，"其罪甚大"。⑥ 与此同时，也激起了达赖汗家族的强烈愤慨，于是，一场加强汗权与削弱汗权的斗争便开始酝酿成熟。

二

斗争是从达赖汗之死引起的。

康熙四十年（1701），达赖汗因食物中毒身死，汗位由其子旺扎勒继

---

① ［意］杜齐：《西藏中世纪史》，李有义、邓锐龄译，中国社会科学院民族研究所1980年刊印，第127页。
② 《清圣祖实录》卷174，康熙三十五年六月癸丑。
③ 《清圣祖实录》卷175，康熙三十五年八月甲午。
④ 《清圣祖实录》卷181，康熙三十六年三月庚午。
⑤ ［意］德斯得利：《准噶尔贵族侵扰西藏目击记》，李坚尚译，载杜文凯编《清代西人见闻录》，中国人民大学出版社1985年版，第124页。
⑥ 《清圣祖实录》卷175，康熙三十五年八月甲午。

承（旺扎勒，一称丹津旺杰）。达赖次子拉藏鲁贝"贪嗜权力"，①杀旺扎勒，自立为汗，是即拉藏汗。

拉藏鲁贝称汗后，因感于桑结嘉措擅弄权柄，故弄玄虚，断言达赖汗之死，是由于桑结嘉措买通汗府内侍投毒所致，遂决心进行报复。② 1703年（康熙四十二年），拉藏汗为了向桑结嘉措进行复仇，便于当年举行的祈愿大法会上发难，指使部下杀死桑结嘉措近侍及官员多人。按固始汗时惯例，第巴原是由汗委任之人，于汗王不得有越轨无礼举动，但桑结嘉措自恃为五世达赖喇嘛亲信，大权在握，有恃无恐，便立刻组织兵力进行反击，逼迫拉藏汗离开拉萨。

拉藏深知，不根除桑结嘉措，汗权将难以恢复，故在离开拉萨后便前往当雄组织蒙古骑兵进行反攻，誓与桑结嘉措不相两立。色拉、哲蚌、噶勒丹三大寺上层喇嘛见形势不妙，战争如箭在弦，一触即发，从中进行斡旋。结果，桑结嘉措被迫退位，由其子阿旺仁青出任第巴。矛盾虽然有所缓和，但斗争并没有止息。因为桑结嘉措并没有真正退出政治舞台，只是从前台隐退至幕后而已，实际权力仍然为其所掌握。③

从表面上来看，桑结嘉措的地位是无可替代的，稳如泰山，实际上也不尽然。因为在其周围，意见远未一致，"精神上的统一仅仅虚存于表面，而且不过是由一个胜利的派别所强制推行的统一，并非自然而然地出自人们的意愿"。④故在经过一番较量后，很快便露出许多破绽。斗争的实践促使他逐渐意识到，与拉藏进行公开的对抗，定难以取胜。于是在经过一番密谋之后，遂决定采用较为隐蔽的方式，以夺取斗争的胜利。不久，一个恶毒的计划酝酿成熟，决定通过汗府内侍的办法，于食物中投毒，以杀拉藏。在桑结嘉措看来，这是既省力又省事的有效办法，因此很快即被付诸实施。但计划刚要付诸行动，就为拉藏所察觉。拉藏借口返回青海，却在黑河（那曲卡）集合蒙古军队，自果拉、盖莫昌、堆隆分三路向拉萨进军。⑤拉藏自率左路，其妻次仁扎西率右路，图固宰桑率中

---

① ［意］杜齐：《西藏中世纪史》，李有义、邓锐龄译，中国社会科学院民族研究所民族史民族学室1980年铅印本，第140页。
② 参阅蒲文成《试论雍正"癸卯之乱"的历史渊源》，《西藏研究》1985年第1期。
③ 参阅王森《西藏佛教发展史略》，中国社会科学出版社1987年版，第196页。
④ ［意］杜齐：《西藏中世纪史》，第141页。
⑤ （清）松巴堪布·益西班觉：《青海史》，黄颢译，载《西北民族文丛》1984年第1期。

路，分兵并进。桑结嘉措获悉，集合卫藏民兵匆忙迎战，被击败。司令多吉绕旦被打死。"三大寺"上层喇嘛见形势危急，再次出面调解。桑结嘉措无法，被迫承认自己的失败，表示愿意放弃政权，前往贡嘎宗居住。拉藏初答应保证他的人身安全，但不久又将其处死，彻底根除其后患。

拉藏汗由一个徒有空名的汗王，敢于向一个手握重权、政治阅历丰富的摄政王桑结嘉措进行挑战，这在当时的历史条件下，没有一定的才智和勇气，显然是难以做到的。拉藏汗在这场斗争中，之所以能稳操胜券，根本原因在于他善于利用其掌握的蒙古军队，及时地给对方以坚决打击，致使桑结嘉措在组织起自己的抵抗力量之前，就被彻底打垮。其行动不仅果敢，而且相当神速，从而使长期虚悬着的汗权得到了一定的维护。

桑结嘉措之死，虽然使拉藏汗的心头隐患从此得到了消除，但他并未以此为满足。因为不废除桑结嘉措所立之六世达赖喇嘛转世灵童仓央嘉措，汗权仍然难以稳固。主要原因是在西藏僧侣中，特别是上层喇嘛中，尽管他们对仓央嘉措的"风流韵事"有种种看法，但却始终将其当成观世音菩萨的化身。一旦仓央嘉措羽翼丰满，其统治权力就会面临更加严峻的挑战。于是在桑结嘉措及其支持者受镇压后不久，他又把打击的矛头指向废除仓央嘉措为六世达赖喇嘛转世灵童的事务上。

从某种意义上说，废除仓央嘉措较之杀桑结嘉措更加困难。因为桑结嘉措是第巴，是汗管辖下的一位官员。处置第巴是政府内部的事，而仓央嘉措是蒙、藏两族的宗教领袖和精神支柱，弄得不好，还会带来诸多麻烦。因此，拉藏汗在处理这一问题时，较之于处决桑结嘉措，表现出更加冷静和慎重。他首先同班禅额尔德尼（五世班禅，1663—1737年）联络感情，令妻子向其馈赠昂贵礼品。接着，又将原属桑结嘉措的庄园仲美溪卡送给色拉寺，争取班禅和色拉寺上层喇嘛的支持。[①] 与此差不多同时，又派人向清朝政府疏报桑结嘉措逆乱情形和被杀经过，以及仓央嘉措贪恋酒色的情事，请求废仓央嘉措为达赖喇嘛呼毕勒罕名号，别立意希嘉措[②]为达赖喇嘛转世灵童。由于他的努力，结果不但取得了班禅额尔德尼的支

---

① 参阅［意］伯戴克《十八世纪前期的中原和西藏》，周秋有译，西藏人民出版社1987年版，第15页。

② 意希嘉措，1686年生于西藏察绒，传说他是拉藏的私生子，1699年被哲蚌寺接纳为僧侣。1707年在布达拉宫坐床。

持，还得到了清朝政府的嘉奖，被敕封为"翊法恭顺汗"。①

清廷这样做，表面上看来是为了支持拉藏汗，实则却使拉藏汗陷入了新的困境。因为清廷在派人敕封拉藏的同时，又谕令将仓央嘉措解送北京，以免准噶尔部策妄阿喇布坦将其接走。康熙指出：彼"虽系假达赖喇嘛，而有达赖喇嘛之名，众蒙古皆服之。倘不以朝命遣人往擒，若为策妄阿喇布坦迎去，则西藏、蒙古皆向策妄阿喇布坦矣。"② 由于生怕引起西藏上层喇嘛的反对，拉藏初并不愿意将仓央嘉措献出。但他又担心这样做，势必引起清廷的疑忌，失去其支持。故在经过一番深思以后，始勉强同意将仓央嘉措"起解"。可是，仓央嘉措在前往北京途中，却病死于西宁口外。③

拉藏废仓央嘉措立意希嘉措一事，由于事前未与青海蒙古诸台吉商量，征得其同意，因此当仓央嘉措死讯传开后，立刻引起了青海蒙古诸台吉的强烈不满与反对。他们"彼此争论讦奏"。④ 西藏"三大寺"上层喇嘛，也不满拉藏所为。原支持拉藏汗的哲蚌寺郭莽扎仓座主绛央协巴（1648—1721年），也投靠了青海和硕特人。⑤ 清朝政府为缓和他们之间的矛盾，曾遣内阁学士拉都浑为之斡旋，没有成功。1710年左右，西藏"三大寺"上层喇嘛在青海蒙古贵族的暗中支持下，于理瑭寻认另一呼毕勒罕转世灵童，作为六世达赖喇嘛的化身。消息传出后，拉藏汗曾先后派人进行追寻，企图加以迫害，但由于康藏僧侣的严密保护，拉藏的图谋始终无法得逞。康熙五十一年（1712），以达什巴图尔为首的青海蒙古，派遣了一个"百人团"到理瑭谒见"灵童"，并承认其为前辈达赖喇嘛的真身转世。此后不久，又将其护送至青海塔尔寺供养，要求清朝政府给予册封，指责拉藏汗题请安置禅踢之呼毕勒罕（指意希嘉措）为假呼毕勒罕。清廷因伊等皆固始汗子孙，恐其相互构难，特令众佛保进藏征求班禅大师意见，察其真伪。班禅额尔德尼因前已支持拉藏立意希嘉措为达赖喇嘛呼毕勒罕，遂不愿改口，答称："理瑭胡必尔罕是假。"⑥ 清廷得报，命侍卫

----

① 《清圣祖实录》卷227，康熙四十五年十月乙巳。
② 《清圣祖实录》卷227，康熙四十五年十月乙巳。
③ 据（清）松巴堪布·益西班觉：《青海史》，黄颢译，仓央嘉措死于青海"衮噶诺尔"。另有传说，他当时没死，而是逃往阿拉善蒙古境内。
④ 《清圣祖实录》卷236，康熙四十八年正月己亥。
⑤ 参阅［日］石滨裕美子《18世纪初藏传佛教的政治立场》，扎西译，载《民族译丛》1991年第1期。
⑥ 《清圣祖实录》卷263，康熙五十四年四月辛未。

阿齐图集青海诸台吉会盟，宣示清廷旨意及班禅"印文"。青海和硕特台吉察罕丹津等恐清廷派兵征讨，被迫让步，疏请于明年秋将新"灵童"送京师。于是，持续数年的"真""假"达赖喇嘛之争，便以拉藏汗的胜利而告一段落。

拉藏汗的胜利显然是暂时的，但从整个事件发展来看，其间也不无闪烁着他的理智与才识。尤其是在争取班禅大师和清廷的支持上，说明他并非完全是个不务实事、毫无见识的庸人。因此，我认为，如果没有准噶尔人发动的突然袭击，历史决不会朝着拉藏汗不利的方向逆转，或者可以说，不至于陷于灭顶之灾。

三

拉藏汗在与桑结嘉措的斗争中，虽然显示了作为一个汗王所具有的睿智与魄力，可是在与策妄阿喇布坦的斗争中，则显示了近乎愚昧与无能，与从前的拉藏汗相比，判若两人。

策妄阿喇布坦是拉藏汗的姐夫，为人多权谋，善机变。自从掌握准噶尔统治权以后，即有窥伺西藏号令"众蒙古"的野心，只是慑于清朝政府的威权，始未敢轻举妄动。拉藏汗杀第巴桑结嘉措，废桑结所立六世达赖转世灵童仓央嘉措，别立意希嘉措为达赖喇嘛呼毕勒罕，引起了青海和西藏僧侣的强烈不满，为策妄阿喇布坦插手西藏事务提供了有利条件。于是，他一方面暗中联系"三大寺"喇嘛及反对拉藏汗的西藏旧贵族，向他们表示推翻拉藏汗和恢复仓央嘉措合法地位的意图，以取得他们的拥护；另一方面，又假借联姻，派人送信给拉藏汗，令其护送长子噶尔丹丹衷到准噶尔成婚，以使之丧失警惕。

拉藏汗对策妄阿喇布坦的为人，显然早有所了解。因而当他接到策妄阿喇布坦送来的信后，便疑心重重，以为"此事万万不可"。[①] 极力阻止长子出行。可是当听到一心向往爱情的儿子声言："失去良缘，我就要自杀"[②] 时，便把对策妄阿喇布坦的防范，完全置之脑后，随即答允其带着300名侍从、10万两白银前往。为了消除清廷的怀疑，又令次子苏尔札率

[①] （清）多卡夏仲·策仁旺杰：《颇罗鼐传》，汤池安译，西藏人民出版社1988年版，第135页。
[②] 同上。

领 600 名军队到青海驻扎。

策妄阿喇布坦通过联姻骗取了拉藏的信任和钱财后，眼看时机成熟，便于 1716 年（康熙五十五年）遣大策凌敦多布率兵 6000 名，经阿里边隘向西藏进军。当准噶尔军即将到达阿里时，阿里驻军首领康济鼐，得悉准噶尔军正向西藏进发，一面做好应战准备，一面又派人送信给拉藏汗。据说拉藏汗及其僚属曾为此事向"大梵王问卜"。"大梵王"授记："茫茫之中起漩涡，边境险地有战祸。"① 如事实真是这样的话，那就是说，已有迹象表明，西藏已面临大兵压境的危险了。可是拉藏汗却对此毫无部署。在盛夏来临之际，仍像往常一样继续到达木草原度假，与回藏举行婚礼的次子苏尔扎、臣僚等，大肆饮酒，"游玩作乐，尽情欢娱"。② 只是在准噶尔军到达那仓后，才派遣阿斯达等人前去探听情况，并准备应战；令颇罗鼐从当雄赶到拉萨，征集卫藏官兵，组织抵抗，来个临急抱佛脚。

大策凌敦多布的军队是长途跋涉、远道冲雪而来；"士卒冻绥，马驼倒毙"，粮草奇缺，"沿途食人犬"。③ 如果拉藏汗此时能派出一支精锐军队，扼住险要，对准噶尔军进行截击，原有的被动状态是完全可以改变的。可是拉藏汗并没有这样做，他将卫藏兵力集中于达木后，便按兵不动，企图以逸待劳。

达木是一片草原，除沽堆山外，大都比较平坦，有利于进攻而不利于防守。卫藏军队大都受"三大寺"喇嘛的影响，与拉藏汗格格不入，斗志非常低。颇罗鼐因较了解情况，建议派一支火绳枪队预先占领沽堆山作为防御阵地，以控制原野。这一建议本来是正确的选择，但由于遭到拉藏岳父塔巴额尔克台吉的反对，以为有悖于蒙古人的作战方法而没有被采用，以致贻误了战机。当大策凌敦多布占领沽堆山后，卫藏军队仍然屯驻于草原上。在此万分危急的时刻，他甚至还想请班禅大师出面调解。在第一次向清朝政府疏陈准噶尔军入侵消息时，他甚至连吁请清廷出兵救援的话也没有提及。

由于战略决策上的频频失误，故战争开始不久，卫藏军队就纷纷溃退。拉藏汗派遣颇罗鼐去召回逃兵，并委任他为指挥作战的司令。④ 这虽

---

① （清）多卡夏仲·策仁旺杰：《颇罗鼐传》，汤池安译，第 137 页。
② 同上书，第 138 页。
③ 《清圣祖实录》卷 274，康熙五十六年十月乙巳。
④ 参阅 [意] 伯戴克《十八世纪前期的中原和西藏》，周秋有译，第 47 页。

然是一个正确的决定，但为时已晚。尽管颇罗鼐及部分将领奋力拼杀，暂时顶住了准噶尔军的冲击，但仍逃脱不了失败的命运。卫藏军队中的奸细，纷纷向准噶尔军报信，并在大策凌敦多布的蛊惑下投奔准军。拉藏汗本来想亲自上阵，与准噶尔军进行厮杀，但由于苏尔扎和塔巴额尔克台吉"抓住马缰，拖住马身"，使其"无法用刀背和马鞭抽打坐骑奔驰，没法子上阵"，最后只好被迫收兵。①

达木草原战败后，拉藏汗收军退保拉萨。拉萨地势平坦，四山环拱如城，虽然于防守颇为有利，但在敌我双方力量对比悬殊，清军援军遥遥无期，军队内部极不稳定的情况下，坐守拉萨，并非善策。颇罗鼐显然觉察到了局势的严重性，以为孤城难守，规劝拉藏汗率领少数亲随，经多康前往青海避难，待清军到达后再行回藏。② 这原是可以考虑的选择，而拉藏汗坚决不同意，表示宁可拖着几个敌人死去，也不愿这样逃跑。在他看来，却图汗、白利土司、藏巴汗、博硕克图汗、桑结嘉措，这些不可一世的人物，虽曾肆行于一时，但都已先后败亡，徒留虚名而已。至于他自己，则是"高贵嫡裔的后代"，倘"将佛教僧侣交给万恶的敌人"，那就不算是人!③ 决心要坚守拉萨，与敌人血拼到底！拉藏汗的决心与态度，表面上看来气壮山河，实际上却反映了他内心的脆弱以及对即将到来的战争的失望，因而其失败也就势所难免。

康熙五十六年（1717）十月二十一日，大策凌敦多布分兵四路包围拉萨，并与拉萨的内奸们取得了联系。十月三十日夜，准噶尔军全面发动进攻，驻守小昭的准噶尔人噶隆沙克都尔扎布首先以小昭叛入准军。接着，台吉那木札尔又开布达拉北门迎降。④ 战斗激烈地进行了一整夜。第二天黎明，准噶尔军占领了拉萨。拉藏见势不妙，带着近侍洛桑群培从布达拉宫东墙大门突围。但刚走上前往录布的大道，就被准噶尔军发现，并惨遭杀害，终于结束了自己的一生。持续七十多年的和硕特统治从此宣告终结。

在与策妄阿喇布坦的斗争中，拉藏汗之所以会遭到如此惨重的失败，笔者以为其首要原因是麻痹轻敌。早在大策凌敦多布率军进入藏地时，阿

---

① （清）多卡夏仲·策仁旺杰：《颇罗鼐传》，汤池安译，第144页。
② 同上。
③ 同上书，第149页。
④ 参阅《平定准噶尔方略》（前编）卷5，康熙五十七年五月丁巳。

里驻军首领康济鼐就派人向拉藏汗报警。可是拉藏汗非但不作准备，组织兵力进行防御与抵抗，反而在盛夏到来之际，偕次子苏尔扎和臣僚到达木草原度假，饮宴作乐，全无敌情观念，遂使准噶尔军所到之处，如入无人之境，到处通行无阻。

其次，战略战术失当。准噶尔军远道而至，沿途爬山涉水，历险冒瘴，所经行道路，大都是人迹罕至的荒山野岭，粮草奇缺，人饥马乏。如果在探知准噶尔军到达腾格里湖（纳木错湖）时，立刻集中兵力，前往迎战，即不获全胜，似也可歼其一部分，挫其锐气。可是拉藏汗并未这样做，而是把战场安排在达木草原，企图"以逸待劳"，以致贻误了战机，还为准噶尔军提供了休整机会。在达木草原战役中，则由于不采纳颇罗鼐的建议，夺取沽堆山这个制高点，致使有利的地理形势为大策凌敦多布所利用。

再次，昧于知彼，也昧于知己。在达木草原战役之前，拉藏汗对准噶尔军为何来藏，目的是什么？一直并不很清楚。故直到双方开战前，仍梦想聘请班禅大师为之调解，可见其对策妄阿喇布坦想夺取西藏的用意，并不真正了解。而在其内部，自六世达赖仓央嘉措被废黜后，一直在酝酿着不满与反抗，并与准噶尔军暗通消息，可他对此却毫无知觉。以致在生死存亡关头，还将守卫拉萨的重要权力交给那些内奸们掌握，终于造成无法弥补的损失，这无疑是最为致命的错误。之所以造成这样的局面，显然是其长期养尊处优贪图逸乐所致。

总之，拉藏汗的覆灭，绝非偶然。其中既有其主观原因，也有客观因素的影响，不能一概而论，以偏概全。

（原刊《卫拉特研究》2003年第4期）

土尔扈特东返经由何路进入沙喇伯勒

乾隆三十五年（1771）十一月，一次震撼中外历史的民族大迁移发生了。一支十几万人的队伍，从伏尔加河下游的阿斯特拉罕出发，浩浩荡荡，跨过哈萨克草原，向着中国的西北地区前进。经过八个多月的长途跋涉，终于在乾隆三十六年（1771）六月底全部到达中国伊犁地区。这支移民队伍，就是中国厄鲁特蒙古的一支——土尔扈特部。

土尔扈特人为什么要发动这次大迁移？他们是如何发动这次迁移的？关于这些问题，近年来随着厄鲁特蒙古史研究的深入，目前国内已有不少论著对它进行了全面的阐述，对此笔者没有任何重大补充，拟不再作赘述。这里要说的只是土尔扈特人经行何路，进入中国西北地区的沙喇伯勒的问题。

关于土尔扈特人进入中国西北地区的路线，学术界目前存在两种说法：一种认为土尔扈特人在横跨哈萨克草原后，经由"坑格尔图喇"[①]进入中国境，然后从斋桑湖[②]一路进入"沙喇伯勒"。其所说"沙喇伯勒"在今裕民县与塔城之间。因而也就是说，是经由斋桑湖一路进入塔尔巴哈台地区。另一种认为土尔扈特人在"坑格尔图喇"进入中国境后，又向南沿着巴尔喀什湖，穿过谢米列契沙漠，进入"沙喇伯勒"。其所说"沙喇伯勒"在伊塞克湖附近，故其说基本上可以归结为"沿巴尔喀什湖路"。

以上两种说法，虽然各自所指路线不一，但它们之间，却有一个突出

---

① 又称"铿格尔图喇"。其地原为中国准噶尔部辖地，18世纪初为沙俄所侵占，遂改其名为乌斯季卡缅诺哥尔斯克。参阅［苏］兹拉特金《准噶尔汗国史》，马曼丽译，商务印书馆1980年版，第329页。

② 一作"宰桑湖"，据说其名称来源于准噶尔官名"宰桑"。在汉籍文献中，它有时也称为"鸿和图淖尔"，参阅何秋涛《朔方备乘》卷26。

的共同点，这就是承认土尔扈特人是从"坑格尔图喇"附近进入中国境。

说土尔扈特人东返从"坑格尔图喇"入境，早在清代即已流行。倡其说者，实系曾为新疆镇迪道之椿园（七十一）。他是乾隆年间进士，曾滞居新疆多年，撰有《西域记》一书①。他在《土尔扈特投诚纪略》（下简称《纪略》）一文中云：

> 乾隆三十五年，天气温和。十月"中旬，河水不冻。乌巴锡不能待河北人户，遂杀鄂罗斯匠役千人及贸易人等，携所部之土尔扈特、霍硕特、怀（辉）特、都尔伯特、额鲁特人众四十六万余户，于十月二十三日起程，沿途劫掠，残破俄罗斯城池四处。其察罕汗闻警，使其济纳拉喇，领兵数万追袭（济纳拉喇，彼国之将军也）。而乌巴锡人众，已逾坑格勒图喇而南（坑格勒图喇，鄂罗斯边界之卡伦也）。已入中国地界，济纳拉喇乃引兵还。乌巴锡既入中国，乃由巴尔噶什淖尔而进。

《纪略》还指出，由于土尔扈特人在谢米列契沙漠，"遇到了哈萨克诸部封建主的袭击，遂又辗转至"沙喇伯勒"界②。

由于《纪略》作者曾留居新疆多年，而其成文年代又较早，去土尔扈特人东返时间未久，其关于土尔扈特人经过路线又描述得十分具体，因此，其后之学者如张石洲、何愿船、赵尔巽等皆摭拾其说③。看来，上述说法也没有摆脱其影响。不过持第一种观点者似乎觉得"逾坑格勒图喇而南"的说法未免过于离奇，于是，将其"由巴尔噶什淖尔"改为由"斋桑湖"一路前进。其实，不论是说从"斋桑湖"一路，还是说从"沿巴尔喀什湖"一路前进，笔者以为都是不正确的。因为无论前者，还是后者立论的前提，都是承认土尔扈特人从"坑格勒图喇"过境，而实际上土尔扈特人是不可能从"坑格勒图喇"附近过境的。我之所以这样说，主要有下列几方面理由：

---

① 《西域记》一书又称《西域闻见录》《西域总志》《异域琐谈》《西域旧闻》等名。因版本不一，各书卷数也不尽相同。
② （清）椿园：《西域记》卷6《土尔扈特投诚纪略》。
③ 参阅（清）张穆《蒙古游牧记》卷14；（清）何秋涛《朔方备乘》卷38；赵尔巽《清史稿》卷523《藩部六》。

第一，从军事上看。"坑格勒图喇"在哈萨克斯坦东北部边缘，这里是沙俄西伯利亚防线的重要据点。它不但有设防坚固的防御工事，且驻有不少俄军。在其附近，则是沙俄的另一要塞塞米巴拉丁斯克，也经常有一个团的俄军在该地驻扎①。上述情况，土尔扈特人应该说是清楚的。因为在东返的人中，土尔扈特台吉舍楞等在清廷统一西北地区时，就是从这里迁往伏尔加河流域的②。土尔扈特人既然采取了破釜沉舟的方式，抛弃了自己曾经努力为之开发的伏尔加河流域，那么在他们向东迁移过程中，必定要千方百计避开俄国军队，以免为其东返制造障碍，这是毫无疑问的。他们决不能一方面要努力粉碎沙俄军队的围追堵截，而另一方面却又向着设防的俄国要塞前进。

第二，从地理位置上讲。根据 M. 诺伏列托夫《卡尔梅克人》记载，土尔扈特人在离开阿斯特拉罕后，他们在乌拉尔高原南部渡过乌拉尔河，然后经由恩巴河、越穆戈鲁扎尔山、伊尔吉兹河、图尔盖河和帖萨克河等地前进。在渡帖萨克河后，他们便突然转向东南，朝着去巴尔喀什湖的方向。③ 根据这条线索，我们可以看到，土尔扈特人东移的路线大体上是沿着哈萨克斯坦草原中部的褶曲丘陵前进的。从哈萨克草原中部进入中国西北地区，有一条便捷路径，这就是跨爱古斯河进入塔尔巴哈台。这条路径，土尔扈特人肯定不会不知道。因为塔尔巴哈台既是土尔扈特人的故乡，又是土尔扈特人西迁后，经常与祖国各族人民进行政治、经济联系的必经之地。而土尔扈特人倘要从"坑格勒图喇"入境，则要通过爱古斯河附近往北走，这无论从客观条件上讲，还是从主观愿望上看，他们都不可能这样做。因为这样做，显然是舍近求远，舍易取难。

第三，自从土尔扈特人离开伏尔加河流域后，"坑格勒图喇"城衙门，一直肩负着沙皇俄国同中国清廷科布多参赞大臣传递信息并进行交涉

---

① 上述两要塞，是沙俄殖民军分别于1716年和1719年先后建立的。此后俄国人又将其与在萨彦岭一带建立的要塞连接起来，称之为"西伯利亚防线"。西伯利亚防线的建立，使俄国在西伯利亚地区的实力大为增强。沙俄仅在这条防线上部署的正规军就有9630人。此外还有515名军官。他们分别被编成十个团五个分队。参阅［俄］巴布科夫《我在西西伯利亚服务的回忆》，彼得堡1912年版，第144页。瓦西里耶夫《外贝加尔的哥萨克》第2卷，外贝加尔哥萨克军队经济出版社1916年版，53—55页。

② （清）祁韵士：《皇朝藩部要略》卷13《厄鲁特要略五》。

③ ［俄］M. 诺伏列托夫：《卡尔梅克人》，彼得堡1884年版，第50页。参阅马汝珩、马大正《漂落异域的民族》，中国社会科学出版社1991年版，第176—177页。

的任务。然而在土尔扈特人进入伊犁河前夕，他们对于东返的土尔扈特人的人数究竟有多少，为首者谁，向何地挺进等诸问题，始终不甚了解。乾隆三十六年五月初二日，伊犁将军伊勒图在其致乾隆皇帝的奏疏中指出：

> 近据科布多参赞大臣奏称，俄罗斯坑格尔图喇使者额勒费前来奉告："前准噶尔·卫拉特游牧动乱之际，厄鲁特等相继投奔俄罗斯，俱已安置在我游牧之地矣。于去年十二月，此等厄鲁特由我处反叛而去，故将此致书晓谕天皇大国卡伦之诺彦等，使告各之属管之卡伦人等，用心访查。我等希图双方悉仰天皇之福，永远太平度日，故我等致书前来相告'。复问俄罗斯伊万：叛逃者为首俱是谁人？共计多少人？答曰：据闻，我俄罗斯或许有四万人，但实数不详，亦不知为首者名字，言其中亦有鄂木布，郭勒卓辉属众和土尔扈特之一族人……。据说系寻杜尔本卫拉特而去。实去何方我等不知。①

据查，俄国"坑格勒图喇"城官员，将土尔扈特人离开伏尔加河事告知清廷科布多参赞大臣，最早一次时间在乾隆三十六年三月二十二日。伊勒图奏中所说，不知是指这一次还是在此以后。倘是指这一次，那么，其距土尔扈特先头部队策伯克多尔济等进入伊犁河畔时间（五月二十六日，见下文），相距不过两个月左右。其距渥巴锡等大队人马到达伊犁河流域的六月初五日，②也不过两个多月的时间。倘是在此以后，那么其相距的时间就更短了。总之，直至伊勒图撰奏之前，他们对土尔扈特人的动向仍然十分茫然。这一事实又再一次表明，所谓土尔扈特人"逾坑格勒图喇"进入中国境内的说法是靠不住的。

第四，清廷统一西北地区后，为了防止沙俄的侵略，曾先后于"坑格勒图喇"东南的额尔齐斯河两岸中国一侧设立两卡伦——辉迈拉虎及和尼迈拉虎。和尼迈拉虎隶科布多参赞大臣管辖，辉迈拉虎隶塔尔巴哈台

---

① 满文《土尔扈特档》，乾隆三十六年五月二日伊勒图奏。本文所引满文档案，系中国社会科学院民族研究所和新疆社会科学院民族研究所在编写《准噶尔史略》一书时组织专人译的满文档案稿本，下同。此处所说鄂木布、郭勒卓辉俱是阿尔泰乌梁海人。他们都是在阿睦尔撒纳叛乱时逃往俄国的。

② 满文《土尔扈特档》，乾隆三十六年六月二十五日伊昌阿等奏。

办事大臣管辖。① 如果土尔扈特人果真是从其附近入境的话，这里距坑格尔图喇并不远，清廷边吏不可能完全不知道。可是根据史籍及档案文献记载，他们对此并不了解。清廷有关土尔扈特人东返的比较确切情报基本上都是哈萨克阿布赉的使者提供的。这也是我以为土尔扈特人不可能越"坑格勒图喇"的重要依据。

第五，根据徐松《西域水道记》等书记载"沙喇伯勒"，在中国西北地区仅有一处地在伊犁河西、伊塞克湖北。准噶尔时，原是杜尔伯特部伯什阿噶什牧地。《西域水道记》引《额敏和卓传》云："先是，议以额敏和卓从定边将军兆惠赴沙喇伯勒剿厄鲁特……。额敏和卓奏：自沙喇伯勒取道巴达勒至喀什噶尔，取道木素尔岭至阿克苏，径皆险。别有间道，臣遣使赴兆惠军为导。盖沙喇伯勒之南通特穆尔图淖尔（即伊塞克湖——引者），南行越巴尔珲岭渡纳林河可至喀什噶尔。"又引《杜尔伯特部传》称："有伯什阿噶什者，伊斯扎布之曾孙也。祖扎勒，父车凌多尔济。伯什阿噶什兄：曰布达扎卜，曰达瓦克什；弟：曰达瓦济特，曰格咱巴克；聚伊犁河西沙喇伯勒境，邻哈萨克牧。"② 除此以外，别无再称"沙喇伯勒"者。而在新疆塔城与裕民县之间，有一沙喇布拉克，根本无"沙喇伯勒"之地。③ "沙喇伯勒"既是在伊犁河南，那么，怎么能够设想土尔扈特人沿着巴尔喀什湖而至沙喇伯勒呢？如果他们真的是从"坑格勒图喇"越境后向南的话，那么，为什么不在南移时直接进入塔尔巴哈台而要到远在千里外的"沙喇伯勒"？从土尔扈特人当时所处的生活条件与环境条件考察，他们根本无法这样长途绕行，也不需要这样绕行。

第六，《纪略》中关于哈萨克诸部牧地，以及哈萨克封建主劫掠土尔扈特人等记载，与历史事实大有出入。

众所周知，哈萨克自16世纪以后，一直分为三部：左部、右部、西部。或称东部、中部、西部。④ "左部哈萨克"即"鄂尔图玉兹"。其夏牧场主要在锡尔河中游及卡猎山脉一带，冬牧地在托波尔、伊施姆及卡猎山脉左近。《清朝文献通考》载其地"东去塔尔巴哈台，南去伊犁皆千里"，"驻伊什尔河傍……全境东西千里、南北六百里。环境皆山，山脉

---

① （清）祁韵士：《西域释地》卷1。
② （清）徐松：《西域水道记》卷4。
③ 据此，所谓经斋桑湖一路进入"沙喇伯勒"之说，是毫无根据的。
④ （清）祁韵士：《西陲总统事略》卷11《哈萨克源流考》。

自西而东"。①"右部哈萨克"即"乌拉玉兹"。牧地主要分布于七河及塔拉斯河附近。《通考》称其"东与左部接,东南与准噶尔接,南与布鲁特,安集延、纳木干诸部接"。②"西部哈萨克"又称"奇齐克玉兹"。其牧地在哈萨克斯坦西部。冬牧场在锡尔河、乌拉尔河两河下游及伊尔吉兹和图尔盖河流域,夏牧场在乌拉尔和托波尔河上游地区。乾隆三十六年(1771)土尔扈特蒙古东返,他们最先遇到的哈萨克人,是奇齐克玉兹努尔阿利汗等的军队,嗣后才是"鄂尔图玉兹"阿布赉等的军队。它们之间的战斗,主要是在哈萨克斯坦草原上进行的。初在图尔盖河,接着又在帖萨克河流域一带。及至巴尔喀什湖附近,其战斗大体上已经消失,有的只是小股的零星部队之间的冲突。③可是《纪略》却置上述事实于不顾,把土尔扈特与哈萨克封建主间的斗争,通通说成是在其"逾坑格勒图喇而南"以后,把"奇齐克玉兹"的辖地也改为在巴尔喀什湖东南部④,这无论在时间方面,还是在地理位置上,都是与事实大相径庭的。

鉴于以上种种,我以为土尔扈特人从"坑格勒图喇"进入中国境,及经"斋桑湖路",或"沿巴尔喀什湖路"进入沙喇伯勒的说法是不能成立的。

土尔扈特人既不是从"坑格勒图喇"入境,又不是经"斋桑湖",然后"沿巴尔喀什湖"一路进入"沙喇伯勒"的,那么他们是从何处过境,经何路到达"沙喇伯勒"呢?要解决这个问题,我以为首先应该先来研究一下乾隆皇帝御制的《土尔扈特全部归顺记》(下简称《归顺记》)。因为该《归顺记》是乾隆于当年九月在承德避暑山庄接见渥巴锡、策伯克多尔济后撰出的,其资料来源比《纪略》等可靠得多,在某种意义上说,它可称为是第一手资料。乾隆皇帝在该《归顺记》中写道:"土尔扈特,准噶尔四卫拉特之一。……自去岁十一月启行,由额济勒历哈萨克,绕巴勒喀什诺尔戈壁,于今岁六月秒始至伊犁之沙喇伯勒界,凡八阅月,历万有余里。"⑤

这里所说之"额济勒",显然即是"伏尔加河"一名之异译,而"巴

---

① 《清朝文献通考》卷300,《四裔八》。
② 同上。
③ 参阅准噶尔史略编写组《准噶尔史略》,人民出版社1985年版,第233—234页。
④ (清)椿园《西域记》卷6,《土尔扈特投诚纪略》。
⑤ 《清高宗实录》卷892,乾隆三十六年九月乙巳。

勒喀什诺尔"就是"巴尔喀什湖"之转写。这就是说，土尔扈特人是从伏尔加河，历哈萨克，"绕"巴尔喀什湖戈壁而至沙喇伯勒的。

根据有关地理资料证实，巴尔喀什湖四周，除个别地区外，大部分都是戈壁。① 既然周围大部分是戈壁，那么所谓"绕巴尔喀什诺尔戈壁"指的是"绕"哪一方之"戈壁"呢？如果这一问题能够解决的话，这样一来，其从何路入境，又从何路到达沙喇伯勒的问题就可迎刃而解了。

我想，要回答以上问题，我们还必须回忆一下《纪略》中的记载。椿园在该文中，当他谈到土尔扈特人在"清可斯察汉"等地受到哈萨克人的袭击时接着指出，土尔扈特人为了维护自身安全，不久便向"沙喇伯可（勒）"南界行进。"沙喇伯勒可南界，与布鲁特地界相连。布鲁特闻之，人各喜跃相庆，以为天赐，聚集十余万骑，星飞云拥"，企图向土尔扈特人发起进攻。土尔扈特汗渥巴锡等为了防止布鲁特人发动突然袭击，于是又从南界"避入沙喇伯可北界之戈壁"。②

前面我们已经指出，"沙喇伯勒"南通特穆尔图淖尔，经过特穆尔图淖尔可至喀什噶尔等地。其实它的作用远不止于此。从伊犁地区到达楚河、塔拉斯河一带也必须从这里取道。乾隆二十八年（1763），伊犁办事大臣伊勒图奏："查哈萨克，二路分巡。南路自特穆图尔淖尔之南，由巴尔珲岭至塔拉斯、吹地方。北路沿伊犁河由古尔班阿里玛图（今苏阿里玛图）至沙喇伯勒地方，方能周徧（遍）"。③

土尔扈特人既是先至沙喇伯勒南界，并在"南界"与布鲁特人相遇，然后"避入"北界，那么我们完全有理由断定，土尔扈特所"绕"之"巴尔喀什诺尔戈壁"，即是巴尔喀什湖西南之戈壁，其所经行的路线，是从楚河、塔拉斯河一路到达沙喇伯勒的。除此之外，别无他路。因为土尔扈特人如果走别的路，他们最先到达的就不可能是沙喇伯勒南界，同时也不可能与布鲁特人相遇。乾隆二十三年参赞大臣富德奏：布鲁特"东面不逾巴尔珲岭，北面不越塔拉斯河。"④ 这就是说，土尔扈特人与布鲁特相遇，是在他们到达塔拉斯河流域之时。

---

① ［苏］帕利哥夫等：《哈萨克苏维埃社会主义共和国》，张吾译，民族出版社1957年版，第6页。
② （清）椿园：《西域记》卷6，《土尔扈特投诚纪略》。
③ （清）徐松：《西域水道记》卷4。
④ 满文《月折档》，乾隆二十三年九月七日富德奏。

我这样说，不仅与现存的地理、历史记载相吻合，与我们在中国第一历史档案馆发现的满文档案资料记载也是一致的。乾隆三十六年六月十八日，伊犁将军伊勒图在给清廷的奏折中说："……适才奴才等以为从俄罗斯脱出之厄鲁特等经吹、塔拉斯沿沙喇伯勒路前来，故派侍卫普济保前去设卡伦探听消息。……五月廿七日，侍卫普济保等来报：二十六日前往彼处探信时，于察林河这边相遇土尔扈特台吉策伯克多尔济率近百人前来……已令宿于察林河岸。询之，其后面之人相继前来者不远。舍楞亲自殿后……"① 这个奏折，有两点值得我们重视，一是它告诉我们，伊勒图等从有关方面获悉：土尔扈特人是从吹（楚）河、塔拉斯河一路前来。二是伊勒图等根据得到的情报，派侍卫普济保前去探听消息，结果于察林河畔与策伯克多尔济相遇。察林河在沙喇伯勒东北，伊犁河南岸，这与椿园在《纪略》上所说，土尔扈特先至沙喇伯勒"南界"，后"避入北界"的说法，恰好互相印证。

我这样说，与国外的历史记载也完全一致。M. 诺伏列托夫在《卡尔梅克人》一书中说："土尔扈特人在战胜了哈萨克人后，土尔扈特人选择了一条通过沙石地区的道路。这是一个不可饶恕的错误。当他们来到巴尔喀什湖时，都贪婪地扑上去喝咸水。结果人畜在这里成千成千地死去。选择这条错误的路线，是为了绕开哈萨克人。结果头目们大错特错，败得很惨。他们逃脱了阿布赉的追击，又落入了同样的险境。对手是另外一些哈萨克人，他们纠合布鲁特——哈尔加斯和哈拉托尔人去打卡尔梅克人（指土尔扈特人——引者）。"② 不管作者在这里对土尔扈特人的选择如何大加指责，但他却说出了如下事实：即土尔扈特人在摆脱了阿布赉等的追击后，他们是向着巴尔喀什湖西南的戈壁前进的，并在那里遇到了布鲁特人的袭击。

也许有人要问，从哈萨克草原中部进入中国西北，既然有一条捷径可以直接进入塔尔巴哈台，那么土尔扈特人为什么不走这一条路，而要绕道巴尔喀什湖西南戈壁，从楚河、塔拉斯河一路前进？

关于这个问题，我以为从上述引文中已经可以清楚地看到，他们这样做，目的是为了"绕开哈萨克人"。这里所说的"哈萨克人"应理解为主

---

① 满文《土尔扈特档》，乾隆三十六年六月十八日伊勒图奏。
② ［俄］M. 诺伏列托夫：《卡尔梅克人》，第52页。

要是指"左部哈萨克"。因为"左部哈萨克""地广人稠甲于他部",[①] 势力最强,而他们距塔尔巴哈台又最近。土尔扈特人之所以不径入塔尔巴哈台正是与此有着密切的关系。乾隆三十六年八月十二日,办理接待土尔扈特人的清廷大臣色布腾巴尔珠尔在其奏疏中说:"渥巴锡等向(离)额济勒前来之时,舍楞言欲从伊辛诺尔、库库斯、喀喇塔喇、额尔克布奇径塔尔巴哈台而行。而渥巴锡、策伯克多尔济之向导仲堆、杜尔格齐言:若由彼处前往,恐遭哈萨克掠夺,故渥巴锡、策伯克多尔济等均由巴尔喀什湖之沙漠行走。舍楞亦同伊等一齐绕道巴尔喀什湖之沙漠……"[②]

从以上事实,我们可以清楚地看出,土尔扈特人之所以要绕道巴尔喀什湖西南戈壁,是经过一番周密的调查与反复的比较而做出的重要决策。事实证明,他们所选择的道路,是一条正确的道路。如果他们不是走这样的一条道路而是取道巴尔喀什湖西北进入塔尔巴哈台,或"逾坑格勒图喇"走斋桑湖一路的话,可以断定,他们要遇到的困难,一定要比现在的选择大得多。他们不仅要受到哈萨克封建主的强大打击,而且要受到沙皇俄国军队的强烈打击。这是毋须讳言的。

(原刊《西北史地》1983 年第 3 期)

[①] 《清朝文献通考》卷 300 《四裔八》。
[②] 满文《土尔扈特档》,乾隆三十六年八月十二日色布腾巴尔珠尔奏。

清代西北边疆民族史研究三题

有关清代西北边疆民族史及民族关系的研究，已越来越为人们所重视，使人们的视野大为开阔。但因史料关系，不少问题至今仍处于扑朔迷离状态之中。以是为非、以非为是、张冠李戴现象时有所见，给学者的研究带来了很多不便。现就个人所知，略举数端，以抒管见。

一 准噶尔兵锋到达黑海沿岸说考辨

自日本学者和田清提出1682—1683年噶尔丹率骑兵进攻哈萨克头克汗时，在先后攻下塔什干、赛里木等城市后，不久又挥师继续西进，兵锋直抵黑海沿岸诺盖人部族聚居区"美人国"的观点以来，① 国内学术界在有关准噶尔与哈萨克族关系研究中，不少学者遂将其视为信史，转相引用。和田氏的说法可信性究竟有多大？笔者以为是值得认真加以探讨的。

首先，是有关诺盖人的问题。据有关学者的研究，16—17世纪之间，在黑海沿岸并没有诺盖人的聚居区，此时的诺盖人基本上都聚居于乌拉尔河流域及其以东、以南地区。苏联著名学者巴托尔德说："在15世纪，特别是在16世纪，除鞑靼人之外，人们还提到了诺盖民族，它不仅形成民族单位，而且形成政治单位和有自己的君主。诺盖的中心在当时是萨莱楚克城，换句话说即小萨莱城，位于耶亦克河河口，是金帐汗国诸汗陵墓所在，从阿布哈齐以后，人们往往把萨莱楚克和新萨莱楚克混在一起。"② 他还指出，"诺盖"一名，当时只有"斡罗斯人"使用，在东方的史料

---

① 参见［日］和田清《明末清初蒙古族的西征》，《东洋学》，1921年第11卷第1期。
② ［苏］巴托尔德：《中亚突厥史十二讲》，罗致平译，中国社会科学出版社1984年版，第182页。

中，其中包括阿布哈齐的史料，"诺盖是按照突厥氏族之一的名称，叫作蒙古特人。但是，反之，现在在中亚，诺盖一名具有比在斡罗斯广泛得多的意义，人们也称伏尔加的鞑靼为诺盖，在南俄罗斯，人们今天称克里米亚和北高加索的一个民族为诺盖人"。① 这里说得很清楚，真正的诺盖国的政治、文化中心在耶亦克河（即乌拉尔河）河口的小萨莱城，其民族共同体，主要是被称为"蒙古特人"的游牧民。从有关记载中还可知，除"蒙古特人"外，与其经常聚居在一起的卡拉卡尔帕克人也被称为"诺盖"。至于伏尔加河流域的鞑靼和克里米亚、北高加索的一个民族被称为"诺盖"，那是在16—17世纪以后，或者说到了近代以后的事了。"蒙古特人"，有的著作则将其译为"诺盖""曼格特"或"诺尕夷人"。据历史文献记载，诺盖人原是金帐汗国的一个部族。金帐汗国衰落后，他们便从中分裂出来形成一个独立的部族集团，世称之为"诺盖汗国"。"诺盖汗国"后因内部不睦，政治衰微，其中有一部分便随着乌兹别克人徙居河中地区，散分于锡尔河下游一带，一部分则为哈萨克人所兼并。此外，还有相当的一部分则滞居于伏尔加河流域和西伯利亚。滞居于伏尔加河流域的诺盖人，17世纪初年时因卫拉特蒙古土尔扈特部西迁，他们又被迫西徙，居住于伏尔加河与顿河流域之间。

除"蒙古特"诺盖人外，"卡拉卡尔帕克"诺盖人由于战乱影响也在16世纪中叶后徙居河中地区了。王治来明确指出，在阿不都拉汗（乌兹别克汗）统治时期，"哈拉卡尔帕克人分布于锡尔河下游一带，处在哈萨克人包围中。他们分为许多部落，各有头人统领"，并"保有自己的语言、经济生活的特点和政治上的独立"。②

有关诺盖人的大致分布情况既已清楚，其次就是噶尔丹统辖的准噶尔军能否有条件纵骑到达黑海沿岸的问题。依笔者看来，这是根本不可能的。理由主要有二：

第一，在现有各种史料中，虽多处提到噶尔丹曾出兵进攻哈萨克头克汗事，但从无片言只语提到过噶尔丹挥师跨过哈萨克草原进入黑海沿岸的踪迹。例如，《清实录》康熙三十六年（1697）四月甲寅条："初，噶尔

---

① ［苏］巴托尔德：《中亚突厥史十二讲》，罗致平译，中国社会科学出版社1984年版，第182—183页。

② 王治来：《中亚近代史》，兰州大学出版社1989年版，第31—32页。

丹并吞吐鲁番、叶尔钦（指叶尔羌）、萨马尔汉、哈萨克等千余部落，本朝并不之问。"① 同年五月癸卯条："噶尔丹曾破回子中之萨马拉罕、布哈尔、哈萨克、布鲁特、叶尔钦、哈思哈尔、赛拉木、吐鲁番、哈密诸国，其所攻取降服者一千二百余城，乃习于战斗之国也。"② 康熙三十七年四月癸亥条："理藩院奏，策妄阿喇布坦疏言，臣之与哈萨克构兵，非得已也。昔噶尔丹擒哈萨克头克汗之子，以畀达赖喇嘛。"③

梁份《秦边纪略·噶尔旦传》也有类似记载："东方既臣服，乃西击回回，下数十城。回回有密受马哈纳非教者，初迎降，雪夜袭击之，杀伤至十余万，马匹器械失无算。"其下注云："壬戌年（1682），一入回回国，其国请降纳添巴，奉浮图教，许之。敛兵入其城，夜半，回回外援至，城中噪起应之，内外合攻，火光烛天，嘎尔旦部落皆溃走。是时积雪平坑堑，人马陷不可脱。城中尾击之，死者无数，唯嘎尔旦跃马持枪脱身去。回回削辫奏凯，辫有数骆驼云。"又云："马哈纳非，天方国以为圣人者。嘎尔旦丧师返国，未尝挫锐气，益征兵训练如初。使人谓回回曰：'汝不来降，则自今以往，岁用兵，夏蹂汝耕，秋烧汝稼，今我年未四十，迨至发白齿落而后止。'城中人咸闻股慄，门尝昼闭。其明年大破之。回回悉降，不敢复叛，于是益强盛。"④ 这段记载，说的虽然也很笼统，但较之《清实录》，却具体得多，故向为学者所珍视，⑤ 特别是文中提到噶尔丹曾先后两次出兵哈萨克草原事，与托忒文《咱雅班第达传》所载基本相符，只是时间上略有出入而已。据《咱雅班第达传》载，噶尔丹举兵进攻哈萨克人，一在康熙二十年，一在康熙二十二年。《传》中说："鸡年（1681），博硕克图汗出兵包围赛里木。狗年（1682），博硕克图汗在伊犁过冬。""猪年（1683），博硕克图汗出征赛里木，将两个苏勒坦俘获带回。"⑥ 这里所说的"两个苏勒坦"，显然即是前述策妄阿喇布坦所说的头克汗之子。

噶尔丹举兵远征哈萨克草原事，在苏联学者著作中也有反映。例如

---

① 《清圣祖实录》卷187，康熙三十六年四月甲寅。
② 同上。
③ 《清圣祖实录》卷188，康熙三十七年四月癸亥。
④ （清）梁份著，赵盛世等校注：《秦边纪略》，青海人民出版社1987年版，第422页。
⑤ 参见马大正《论噶尔丹的政治和军事活动》，《民族研究》1991年第2期。
⑥ 《咱雅班第达传》，成崇德译注，引自《清代蒙古高僧传译辑》，全国图书馆文献缩微复制中心1990年出版，第52页。

巴托尔德在其《卡尔梅克人》一文中就说：噶尔丹像他的先辈那样，同哈萨克人和柯尔克孜人作战，公元1681年和1683年，他进军赛蓝（赛拉木）。1684年他的将领拉布坦又攻占并破坏了赛蓝（赛拉木）。大家知道，从那时起，卡尔梅克人在七河流域的统治再也没有受到任何人的威胁。文中也无涉及噶尔丹纵兵跨越哈萨克草原到达黑海沿岸之事。

第二，从前述提供的资料可知，噶尔丹遣兵进攻哈萨克，每次出兵都是从吹、塔拉斯河流域进入锡尔河流域。上面所说的萨马尔汉（萨马尔罕）、布哈尔（布哈拉）、塔什干、赛拉木或赛里木（今哈萨克斯坦境内奇姆肯特）等，都是在锡尔河与阿姆河流域之间。这就是说，如果噶尔丹在攻下塔什干、赛拉木后继续挥师西进的话，其军队至多只能到达锡尔河下游一带也即咸海沿岸地区。前已指出，锡尔河下游从16世纪中叶以后，就已有许多诺盖人聚居区，处于"哈萨克人包围中"。因此，如果真有所谓"诺盖美人国"的话，笔者以为是指锡尔河下游的诺盖人居地，而不是黑海沿岸的诺盖人聚居地。因为准噶尔军要从锡尔河流域再转向黑海沿岸的诺盖人聚居区，不但要穿过辽阔而荒凉的咸海荒漠地带，还须穿过伏尔加河流域土尔扈特人聚居区，而此时的土尔扈特首领是阿玉奇汗。大家知道，阿玉奇之妹多尔济喇布坦是鄂齐尔图汗之妻。噶尔丹自杀害鄂齐尔图汗后，多尔济喇布坦一直避居于阿玉奇地方，从此阿玉奇即与噶尔丹断绝往来，并决心要为鄂齐尔图报仇。有关这一点，噶尔丹显然会不知道。噶尔丹倘要越过伏尔加河，则无异于自投罗网。

二　此噶尔丹非彼噶尔丹

在清代蒙古各部中，被称为噶勒丹或噶尔丹的重要历史人物，虽然为数并不很多，但若不认真加以鉴别，仍然会弄得人们晕头转向，甚至闹出笑话来。例如，陈复光《有清一代之中俄关系》根据加恩的《早期中俄关系史》（此书1980年再版时改称《彼得大帝时期的中俄关系史》）引用的俄文档案资料，便将一位与沙俄暗中进行勾结的喀尔喀台吉噶尔丹，指认为准噶尔部策妄阿喇布坦长子噶尔丹策零。声言俄帝曾明令其使臣巴赫尔慈"与噶尔丹策零暗中联络，按年送给所许与之津贴，以酬策零在布连斯奇谈判时暗助之功"。① 由于这一严重错误，此后许多从事中俄关系史之研究者，依据陈氏所提供的线索，遂纷纷于各种著作中，指责噶尔丹策零有出卖民族利益的明显举动，给他戴上了许多莫须有的罪名，严重地影响了人们对他的正确评价。

以上情况，显然不是偶然现象。近来笔者在学习过程中，发现又有学者将昭梿《啸亭杂录》中萨赖尔（又称萨拉尔）某些赞扬噶尔丹策零的谈话，安在僧格弟噶尔丹博硕克图汗身上，这显然又是一个违背历史事实的谬误。

为了弄清事实真相我们不妨将《啸亭杂录》中的有关记载转录于下：

> 准夷初乱时，达什达瓦部下有宰桑萨赖尔者，不肯他属，率千户首先降。纯皇帝召见询以准夷事。萨曰："目今诸台吉皆觊觎大位，各不相下。达尔札以方外之人，篡弑得国，谁肯愿为其仆？况往昔噶尔丹在时，优待下属，亲如骨肉，其宰桑有功者，噶亲酌酒割肉食之。每秋末行围，争较禽兽，弯弓驰骋，毫无君臣之别，故人乐为之用。今达尔札妄自尊大，仿效汉习。每召对时，长跪请命，罄欢之下，死生以之。故故旧切齿，其危亡可立待也。"上悦，授散秩大臣。②

之所以说上述这段引文所说的"噶尔丹是指噶尔丹策零而不是噶尔丹博硕克图汗，主要理由有三。

其一，萨赖尔，史籍或又称为萨拉尔，是小策凌敦多布之子达什达瓦的宰桑。噶尔丹策零在世时，达什达瓦为准噶尔二十一昂吉之一。③噶尔丹策零逝世于乾隆十年（1745）。萨赖尔内附于清是在乾隆十五年，④此时距噶尔丹策零逝世时间为五年。又从有关记载中得知，萨赖尔率众内附时年龄是44岁。准噶尔部宰桑一职，通常都是世袭的。这就是说，早在噶尔丹策零统治时期，萨赖尔就已是准噶尔的宰桑了。宰桑是鄂拓克和集赛等社会组织的首领，直接隶属于汗或珲台吉。凡鄂拓克、集赛、昂吉等

---

① 陈复光：《有清一代之中俄关系》，云南大学出版社1947年版，第57页。
② （清）昭梿：《啸亭杂录》卷4《萨噶尔之叛》。
③ 参见（清）傅恒《西域图志》卷首一《准噶尔全部纪略》。
④ 参见《清高宗实录》卷373，乾隆十五年九月壬戌。

大小政务，宰桑办理后须经汗允准后才能施行。因此，当噶尔丹策零在世时，萨赖尔就是噶尔丹策零的直接臣属，经常有着频繁的接触。从前述所引萨赖尔的谈话中，不难看出其所说显然为其耳闻目睹，否则便无法将事实说得那样具体与生动。实际上，噶尔丹策零的贤声，不仅在准噶尔上层封建主中有口皆碑，即便在清廷官员中，也有相当的影响。例如，清雍正七年（1729），清廷集议进征准噶尔，时任散秩大臣的达福就极力反对，云："策旺虽死，其老臣固在。'噶逆'亲贤使能，诸酋长感其先人之德，力为捍御……我以千里转饷之劳，攻彼效死之士，臣未见其可？"① 结果，雍正帝被说得瞠目结舌，无词以对。

其二，文中所提到的"达尔札"即是噶尔丹策零长子，史籍中或又称之为"喇嘛达尔札"。以其母出身贫贱，故在噶尔丹策零死后被剥夺了继承权，政权为其弟策妄多尔济那木扎勒所掌握。策妄多尔济那木扎勒为人残忍，嗜酒好猎，不务政事，弄得准噶尔人民怨声载道。喇嘛达尔札趁机夺取政权，杀策妄多尔济那木扎勒，还迫害策妄多尔济那木扎勒时倚任大臣达什达瓦，并其部众。萨赖尔作为达什达瓦部的大宰桑，自然无法忍受其屈辱，故当其内附清廷后，便表示了对喇嘛达尔札的强烈不满，其所褒贬，当然也是指噶尔丹策零父子之行事。而僧格之弟噶尔丹则在萨赖尔出生以前早已去世，萨赖尔对其行事焉能了解得如此具体，并将其与之毫无关系之喇嘛达尔札作比较。

其三，在历史文献上，"噶尔丹"一名并非只是僧格弟所专有，鄂齐尔图汗次子噶勒达玛（又称噶尔第巴）、西藏拉藏汗长子噶尔丹丹衷、噶尔丹策零都常被简称为"噶尔丹"。例如，以俄国档案文献为史料的《外贝加尔的哥萨克（史纲）》（中译本）第2卷在叙述到喇嘛达尔札夺取准噶尔政权时就说："准噶尔人推翻了噶尔丹之子，昏庸无能的珲台吉策妄那木·札尔。因为没有直系继承人，王室中的三位有势力的珲台吉都宣称有权登上准噶尔王位，他们是：噶尔丹的男系近亲达瓦齐，噶尔丹的外孙（按：应是外甥）阿睦尔撒纳和噶尔丹的非婚生儿子喇嘛额尔德尼·巴图尔珲台吉。"② 不言而喻，书中所说的噶尔丹就是噶尔丹策零的简称，这

---

① （清）昭梿：《啸亭杂录》卷3《记辛亥败兵事》。
② ［俄］瓦西里耶夫：《外贝加尔的哥萨克（史纲）》第2卷，徐滨等译，商务印书馆1979年版，第83页。

与《啸亭杂录》中所载萨赖尔对噶尔丹策零的称呼完全相同。

三　萨喇勒与萨赖尔是一人非二人

　　一人数名或一名数译，在清代历史典籍中，是屡见不鲜的现象。例如，前述提到的噶尔丹，有的称之为嘎尔旦、噶勒丹；噶勒达玛或又译之为噶尔第巴、噶尔旦木巴；噶尔丹策零，又称之为噶尔丹策凌、噶尔丹。类似的现象举不胜举，萨喇勒与萨赖尔也属于这一类。据笔者所知，"萨喇勒"一称，除被称为"萨赖尔"外，还有称之为"萨拉尔""萨喇尔"的。有关"萨喇勒"与"萨拉尔""萨喇尔"，目前还没有发现有人将其视为二人。至于"萨喇勒"与"萨赖尔"，则见有的著作将其视为不同历史人物。例如，《清代蒙古官吏传》中的"萨喇勒"条称："厄鲁特部，蒙古一等公爵。乾隆五年袭札萨克一等台吉。十九年十二月戊申，由北路参赞大臣授定边右副将军。""萨赖尔"条称："蒙古正黄旗，原厄鲁特头人，隶准噶尔台吉达什达瓦为宰桑。乾隆十五年，准噶尔内乱，萨赖尔率所属四十七户降，安置察哈尔，命入旗，授散秩大臣……"作者所据何书，因《传》中没有注明资料来源，因此无法就其所述内容逐一进行勘校。但就其所述情况看，笔者以为是作者不察所引起的。

　　有关"萨喇勒"其人，《清高宗实录》对其称呼前后就有所不同。当其率众附于清时，即将其名字译称为"萨喇尔"。而自乾隆十八年（1753）十一月起，则又称之为"萨喇勒"。

　　"萨喇勒"率众附清事在乾隆十五年（1750）九月。有关此事经过情况，《清高宗实录》九月壬戌条记载极为明确："准噶尔宰桑率所属来降，报准噶尔台吉策旺多尔济那木札勒为其下所弑。""据办理青海番夷事务副都统班第具奏，将萨喇尔送京。经军机大臣询问，据称：策旺多尔济那木札勒疑其姊夫赛因伯勒克，赛音伯勒克遂与宰桑厄尔锥音等同谋，将策旺多尔济那木札勒杀害，立其兄喇嘛达尔札。因我台吉达什达瓦为策旺多尔济那木札勒所信任，亦遂擒拿。又传唤大策凌敦多布之孙达瓦齐，达瓦齐不肯前往，喇嘛达尔札以其人众地险，亦未敢相迫。至我台吉被拿后，又欲将我等户口分赏各宰桑，是以我等来降等语。军机大臣具奏，并将萨喇尔等照例安插，赏给畜产等项，编设佐领，即令萨喇尔管理。奏入，命安插于察哈尔，寻授萨喇尔为散秩大臣。"①

萨喇勒内附后，乾隆十九年（1754）春，因偕侍卫努三前往招抚乌梁海诸部落时擒通玛木特，又获准噶尔札哈心宰桑库克新玛木特，被授为蒙古正白旗领侍卫内大臣。乾隆二十年（1755），清廷以准噶尔内乱频仍，广大准噶尔人民如处水火中，纷纷相率内徙，议出兵往征，授班第为定北将军，阿睦尔撒纳为副将军（又称定边左副将军），永常为定西将军，萨喇勒为副将军（又称定边右副将军），分别领兵进讨，这也是有明确记载的。例如，《清高宗实录》乾隆二十年正月丁丑条："谕军机大臣等，定边左副将军阿睦尔撒纳，带领哨探兵，由北路进剿，著参赞大臣额驸色布腾巴勒珠尔、郡王品级青滚杂卜、内大臣玛木特、奉天将军阿兰泰一同前进；定边右副将军萨喇勒，带领哨探兵由西路进剿，著参赞大臣班珠尔、贝勒品级扎拉丰阿、内大臣鄂容安一道前进。所有陈奏事件，北路著阿睦尔撒纳为首，西路著萨喇勒为首。"②

"萨喇勒"，祁韵士《皇朝藩部要略》作萨拉尔，魏源《圣武记》既称为"萨喇尔"，又称为"萨赖尔"，③昭梿《啸亭杂记》、赵尔巽《清史稿》则皆称"萨赖尔"。不过，无论称之为"萨喇尔"还是"萨赖尔"，有关其事迹的记载也有详略的不同，但其基本内容却依然是一致的。例如，《清史稿·萨赖尔传》载："萨赖尔，蒙古正黄旗人，本厄鲁特头人，隶准噶尔台吉达什达瓦为宰桑。乾隆十五年，准噶尔内乱，萨赖尔率所属四十七户降，安置察哈尔。命入旗，授散秩大臣。""十九年，乌梁海得木齐扎木参入边，萨赖尔以五百人御之，擒扎木参，而遣收凌朔贷、讷库勒等十人还。"既而，"自乌兰山后掩擒通玛木特，并护库克新玛木特送军营，安置其户畜于库卜克尔克勒。上嘉之，迁子爵世袭，迁正白旗领侍卫内大臣。""时议征达瓦齐，命萨赖尔为定边右副将军。"

通过以上事实，不难看出，无论是称"萨喇勒"，还是称"萨喇尔"或"萨赖尔"，都是指乾隆十五年率众内附被安置于察哈尔正黄旗的达什

---

① 《清高宗实录》卷373。
② 《清高宗实录》卷480。
③ 参见（清）魏源《圣武记》卷4《乾隆荡平准部记》。

达瓦部宰桑。他因在归附后屡建战功,由散秩大臣相继被擢为北路军参赞大臣、正白旗领侍卫内大臣、定边右副将军等官职,并被授为一等超勇公爵号。后因在伊犁宰桑克什木叛乱时临阵脱逃被囚于狱。旋又获释,被降封为二等超勇伯,死时被诏令图形紫光阁。将这样一位重要人物判为二人,无疑是一个重要的疏忽。

(原刊《民族研究》2003年第2期。文章发表后,中国人民大学书报资料中心于《民族问题》2003年第5期予以全文转载。原作为《清代西北边疆民族史研究四题》,此次编纂时发现其中有一部分与另一篇文章内容有重复,遂将其删去,改为三题。)

准噶尔的畜牧业

——准噶尔社会经济初探之一

关于准噶尔政治史的研究，近年来随着"百花齐放、百家争鸣"方针的进一步贯彻，目前已有大量文章公诸于世。可是，由于记载缺乏，有关准噶尔的社会经济发展情况，却至今没有人从事认真的探索。恩格斯在《社会主义从空想到科学的发展》一文中指出：

> 唯物主义历史观从下述原理出发：生产以及随生产而来的产品交换是一切社会制度的基础；在每个历史地出现的社会中，产品分配以及和它相伴随的社会之划分为阶级或等级，是由生产什么、怎样生产以及怎样交换产品来决定的。所以一切社会变迁的终极原因，不应该在人们的头脑中，在人们对永恒的真理和正义的日益增进的认识中去寻找，而应该在生产方式和交换方式的变更中去寻找，而应该在有关的时代的经济学中去寻找。①

恩格斯的精辟论断，是他运用了辩证唯物主义观点，考察了人类社会发展史以后而做出的高度概括。它是我们观察和研究人类社会历史必须遵循的重要原则。研究准噶尔历史当然也不例外。为了更好地揭示准噶尔人的社会历史发展情况，笔者拟就个人掌握的材料，对准噶尔的畜牧业经济情况作一初步探讨。

---

① [德]恩格斯：《社会主义从空想到科学的发展》，《马克思恩格斯选集》第3卷，人民出版社1972年版，第424—425页。

一

准噶尔是游牧民族，畜牧业是准噶尔社会经济的主要基础。

傅恒《西域图志》卷三十九云："准噶尔全境，不乏泉甘土肥种宜五谷之处，然不善田作，惟以畜牧为业，择丰草绿缛处所驻牙而游牧焉。各有分地，问富强者，数牲畜多寡以对。饥食其肉，渴饮其酪，寒衣其皮，驰驱资其用，无一事不取给于牲畜。"[1] 椿园《西域记》卷五载："准噶尔，额鲁特部落也。不耕五谷，以游牧为业，以肉为食，以牛马乳为酒……"[2] 王大枢《西征录》卷三说，准噶尔"因山谷为城廓，因（衍字）水草为仓廪，以驼马牛羊为资产，猛犬为护卫，牲畜之肉为粮饭，潼乳酥酪为餚饈……"[3]

牲畜，既是广大准噶尔人民赖以衣食的主要来源，同时又是他们从事生产与扩大再生产的物质前提与条件。牧养牲畜，是准噶尔人的主要生产方式，也是他们的主要生活方式。

畜牧业在准噶尔社会经济中的重要地位，在《蒙古—卫拉特法典》中表现得最为具体与集中。例如，《法典》规定：掠夺边境地方小爱玛克人民者，科铠甲百领、骆驼百峰、马千匹的财产刑（第二条）。敌人来袭蒙古及卫拉特，得报告而不出动者，大王公科铠甲百领、驼百峰、马千匹的财产刑；小王公科铠甲十领、驼十峰、马百匹之财产刑（第四条）。反对宗教、杀人和掠夺属于僧侣之爱玛克者，科铠甲百领、驼百峰、牛千头之财产刑（第五条）。以言词侮辱高级僧侣者，科罚九九（牲畜）；侮辱喇嘛、王公教师者罚五九（牲畜）；侮辱班第或齐巴罕察者，罚（牲畜）五头；殴打者罚九（牲畜）；侮辱乌巴什及乌巴桑察者[4]罚马一匹，殴打者按情节轻重处理（第十七条）。

《法典》对于一般犯有盗窃罪及违反民法规定的人，也限以牲畜作为科罚手段。例如，第三十八条规定：盗窃头盔及铠甲者十罚九（牲畜）；

---

[1] （清）傅恒：《西域图志》卷39《风俗》。
[2] （清）椿园《西域记》卷5《准噶尔叛亡纪略》。说准噶尔人"不耕五谷"，不符合历史事实。关于这一问题，将在《准噶尔的农业》一文中阐述。
[3] （清）王大枢：《西征录》卷3。
[4] "乌巴桑察"系女僧。（清）徐兰《塞上集》打鬼歌序作"吴巴三气"，属下级喇嘛。

盗窃头盔者罚三九（牲畜）。盗窃胸甲者罚三九（牲畜）。盗窃铠甲者罚一九（牲畜），质劣者罚五（牲畜）。盗窃矛者科如下之财产刑：良质者马三匹，劣质者马一匹；盗窃劣质箭及弓者科母山羊及山羊羔各一只。第二十五条规定：在王公禁猎区灭绝野山羊者，罚一九（牲畜）及驼一峰之财产刑。第一百十三条规定：围猎时，同别人并立或并进者科五（牲畜）；走出线外三射程以上的距离者，罚马一匹；二射程者，没收羊一只；捕获而藏匿之者罚五牲畜；藏匿非箭伤之野兽者没收其马。①

马克思说："法的关系正像国家的形式一样，既不能从它们本身来理解，也不能从所谓人类精神的一般发展来理解，相反，它们根据源于物质的生活关系……"② 依据《法典》规定，我们不难看出，无论在其部落法、宗教法、刑法、还是民法等的规定中，牲畜都是作为"财产刑的单位"③ 而存在着。《法典》上所说的没收其财产，实际上就是指没收其牲畜。这与前面所说的准噶尔人"以驼马牛羊为资产"，"问富强者数牲畜多寡以对"的说法完全一致。

二

在不同的游牧民族中，畜牧业的具体内容是不完全一致的。准噶尔人的畜牧业，主要是牧养马、牛、羊、骆驼四种牲畜。四种牲畜，以数量而论，羊最多，马次之，牛与骆驼大致相埒，位居马之后。④ 据记载，在噶尔丹策零时，一个上等户，其拥有牲畜头数，一般是马五六十匹，牛四五

---

① ［俄］戈尔通斯基：《1640年蒙古—卫拉特法典》，圣彼得堡1880年版，第36、37、39、44、54页。戈尔通斯基此著原文无条目，条目系根据［俄］梁赞诺夫斯基《蒙古习惯法之研究》一书列出的。请参阅［俄］梁赞诺夫斯基《蒙古习惯法之研究》1931年（日文版），第57、58—59、61、67、74、79页；［德］帕拉斯《蒙古民族历史资料集》1776年（德文版），第293、294、297、299页。参阅中国社会科学院民族研究所《准噶尔史略》编写组、国家清史编纂委员会编译组合编《卫拉特蒙古历史译文汇集》（第1册），罗致平译，《1640年蒙古—卫拉特法典》（三种不同文本中所载之"1640年蒙古—卫拉特法典"条目译文对照）（铅印本），第215、217、226、243、232—233、283页。

② 马克思《政治经济学批判序言》，载《马克思、恩格斯全集》第13卷，人民出版社1962年版，第8页。

③ ［俄］梁赞诺夫斯基：《蒙古习惯法之研究》，第60页。译文同上第215、226、243页。

④ 在不同地区，其各类牲畜所占的比重并不是完全相同的，据说在阿拉善一带住牧的和硕特人，其主要牲畜是羊和骆驼，马和牛的数量较少，这是与其所处的地理环境相联系的。参阅全国人民代表大会民族委员会办公室编《阿拉善旗调查材料之一》，1958年6月铅印本。

十头，羊二三百只，骆驼十多峰。中等户是马二三十匹，羊五六十只以上，牛十多头，骆驼数峰。1733年（雍正十一年）一位投奔清朝政府的准噶尔人纳尔比克说：近几年来，在准噶尔，四面均有战争，准噶尔人拥有的牲畜已大为减少，"今在我杜尔伯特部内有马匹、牛五十头，羊二百只以上者，算最富有者，如是者较少。平常人家，只有五六十只羊，二三十匹马，十多头牛……"① 在准噶尔当过多年奴隶的喀尔喀人玉木，1732年逃到内地时曾向清廷大臣报告说：在准噶尔，能维持生活的人家，通常只有一二峰骆驼，五六匹健壮的马，二三十只好羊。他还说，他的主人纳穆札墨尔根有近百只羊，二十几头牛，十多峰骆驼，五六十匹马。② 纳尔比克与玉木二人，所提供的情况，虽然都是在额尔德尼昭战役以后的情况，但仍然不难看出，其牧养之牲畜，羊多于马，马多于牛和骆驼。

各类牲畜所占比重，从其与内地人民的贸易交换中也可得到证实。据统计，乾隆六年（1741）至乾隆十七年（1752），准噶尔商队先后于肃州和东科尔等地贸易（贡外携货贸易除外），一共有八次。其携至内地贸易羊共有386012只，马13343匹，牛7199头，骆驼（包括驮驼）9424峰。③ 其所反映情况，与纳尔比克、玉木提供的材料完全相同。

准噶尔人养的羊，主要是蒙古羊。蒙古羊比内地羊大。羊以绵羊为最多。因为绵羊个体大，肉肥美，毛细长，经济价值高。而山羊个体小，肉味膻，毛粗短。因而在大多数地区内，绵羊都居主要地位。在气候条件恶劣、牧草质量差的地区，偶尔也有山羊多于绵羊的。

羊，无论山羊还是绵羊，其主要用途都是供肉食和挤奶。挤奶通常在每年五月至九月前后。每天早晚各挤一次。挤奶主要由妇女负责。挤出之奶，用以熬奶茶，制奶膏、奶饼等奶制品。

羊，也供给牧民们以羊毛和羊皮。羊毛主要用于制毡，羊皮用于制皮袄。为了取得羊毛，牧民每年于夏、秋两季剪两次羊毛。春天剪的羊毛称"春毛"。"春毛"稀而粗，大都用于盖帐篷。秋天剪的羊毛称"秋毛"。

---

① 中国第一历史档案馆（下同），军机处满文录付奏折，雍正十年十二月十三日顺承郡王锡保等奏。
② 军机处满文录付奏折，雍正十年十二月十五日顺承郡王锡保等奏。
③ 参阅蔡家艺《十八世纪中叶准噶尔同中原地区贸易往来略述》，载中国社会科学院历史研究所清史研究室编《清史论丛》第四辑。

"秋毛""绒多毛细",①大都用于制坐褥、卧褥。

羊、羊皮,除供自己食用外,其剩余部分,也常常被用以同周围诸民族,特别是与内地各族人民进行交换,是广大牧民取得内地各族人民生产的农产品和手工业品的主要来源。②

对蒙古人来说,马既是生活资料,又是生产资料。因为马不但供给人们以马奶、马肉以及毛皮等物,同时又是进行放牧、围猎以及战争等的重要工具。正因为这样,马比任何别的牲畜更受人们的重视。"马群是古代蒙古人的主要财富,没有马,草原经济便无法经营。"③这一论断,对17、18世纪的准噶尔人来说,也是恰切的。在准噶尔,马往往是人们衡量贫富的主要依据。一个牧民如果没有马,那就说明他已经陷入极度贫困的境地了。每当人们议论牲畜时,总是把马与牲畜相提并论。例如,乾隆三年(1738),清内阁侍郎阿克敦赴准噶尔与噶尔丹策零定议准噶尔、喀尔喀游牧界时,噶尔丹策零就对他说,我原在阿尔泰山阴游牧,后因窄狭,又移至哈萨克、布鲁特交界游牧,"缘我马匹牲口最关重要,若游牧地方,与牲畜无益,何以为生"。④类似的例子还有,这里就不一一列举了。

准噶尔人养的马,大多数都是蒙古马。蒙古马的特点是骨骼躯干小,一般体长仅五尺余,腿和颈部较短,毛粗;抗寒能力强,耐劳苦,驰骋时迅疾而稳健。据说一匹体质好的蒙古马,可以日驰七百里。其阿尔泰地区出产的马,还以善攀登著称,履峻险如跑平地。

在伊犁和塔尔巴哈台等地,准噶尔人似乎还蓄养着部分哈萨克马。哈萨克马以高大、威武驰名。噶尔丹策零时曾屡次遣使以哈萨克马向清廷纳贡。乾隆御制诗"宛看龙是性,何用月为题。籋(策)雾权奇胜,嘶风闾阁低。"就是对噶尔丹策零贡献的"如意骢"的赞美。⑤

蒙古人是一个具有丰富牧马经验的民族。彭大雅《黑鞑事略》云:"其马野牧无刍(刍)粟,六月餍青草始肥壮者四齿则扇(骟)。故阔壮而有

---

① (清)王树枬:《新疆小正》,聚珍仿宋印书局1918年排印本,第23页。
② 参阅军机处录付奏折2285卷第3号;2287卷第9号;2291卷第8号;朱批奏折民族事务类,0156卷第3号。
③ [苏]符拉基米尔佐夫:《蒙古社会制度史》,刘荣焌译,中国社会科学出版社1980年版,第61页。
④ (清)阿克敦:《德荫堂集》卷14《再使准噶尔奏》。
⑤ 参阅(清)彭元瑞《高宗诗文十全集》卷3,第15页(丛书集成本)。

力，柔顺而无性，耐风寒而久岁月。"还指出："自春初罢兵后，凡出战好马，并姿其水草，不令骑动。直至西风将至，则取而控之，挚于帐房左右，啖以些少水草，经月膘落而实骑之……""其牝马留十，分壮好者作移剌马种，其余者多扇（骟）了。……骡马群不入扇（骟）马队，扇（骟）马、骡马各自为群队也。"萧大亨《夷俗记》卷上说："凡马至秋高则甚肥，……于是择其优良者，加以控马之方，每日步行二三十里，俟其微汗，则挚其前足，不令之跳蹈踯躅也；促其御辔，不令之饮水龁草也。每日午后控之至晚，或晚控之至黎明，始散之牧场中。至次日又复如是控之，至三五日或八九日，则马……尽力奔走而气不喘，即经阵七八日不足水草而力不竭。"

以上所载，看来不仅是东部蒙古人的牧马经验，而且也是西部蒙古特别是准噶尔人的经验。因为这些经验不但在今日新疆蒙古人中存在，① 且自元代以来，准噶尔人就一直以善牧马驰名于史册。

据记载，元朝初年，蒙古族封建主为了拓植自己的势力，巩固其已经取得的政治、经济地位，曾在漠北地区设立牛、羊、马、骆驼四牧厂。准噶尔部先祖就是为蒙古封建主管理马厂的。清廷大臣方观承《松漠草·从军杂记诗》注说："元置驼、马、牛、羊四部，分驻西北边，准其牧马部也。"② 雍正末年和乾隆初年二度到过噶尔丹策零营帐的清廷侍郎阿克敦说："西塞四种厄鲁特，驼、马、牛、羊分牧之。种类之中，准噶尔善于牧马，日藩滋部落。"③

通过以上事实，我们可以清楚地看出，准噶尔人重视牧马，是有着悠久的历史根源的。

准噶尔人养的牛，主要是山牛。因山牛多黄色，故人们往往又将其称为黄牛。山牛供挤奶、肉食及拉车。牛奶与羊奶、马奶一样，是广大牧民日常生活中不可缺少的重要饮料。赵翼《簷曝杂记》云："蒙古之俗，膻肉酪浆，然不能皆食肉也。……寻常度日，但恃牛马乳。每清晨，男妇皆取乳，先熬茶熟，去其滓，倾乳而沸之，人各啜二碗，暮亦如之。"④ 喜喝牛奶，不论在东蒙古还是西蒙古，都是一样的。牧民们挤牛奶，通常也

---

① 1982年作者到新疆蒙古族地区考察时，还亲眼看到，牧民牧养马匹，基本上还沿袭着上面所提到的经验。
② 转引自（清）张穆《蒙古游牧记》卷11《额鲁特蒙古总叙》。
③ （清）阿克敦：《德荫堂集》卷8《准噶尔歌》。
④ （清）赵翼：《簷曝杂记》卷1，中华书局1982年版，第16页。

是早晚各一次。据说一头蒙古山牛，其日产奶量，大约为二至四公升左右。① 产奶量最高的是阿尔泰出产的山牛。这种山牛，如有充足的好饲料，每天能出八公升浓奶。②

牛除山牛外，似乎还蓄养着少数的水牛和牦牛。17世纪时一位到过南西伯利亚的外国人，曾经在他的游记中写道："他们（指准噶尔——引者）有许多马匹、牡牛以及水牛和绵羊。……他们大规模地这样做，例如赶着八千匹的马去中国，不算他们用来换取银子和各种东西的绵羊和公牛。"③ 乾隆四年（1739），准噶尔贡使哈柳进京纳贡。当他从北京返回肃州办理贸易事务时，曾在一次谈话中对清廷大臣王大章说："我有毛牛一千只，将毛牛带来变卖何如？"王大章婉言拒绝说，我们"天朝毛牛甚多"。④

"毛牛"，显然即是"牦牛"的异写。"牦牛"是中国青藏高原的重要特产。尾大毛长，耐严寒，善攀登。其"负重致远，健胜驼马"。⑤ 准噶尔人早在17世纪初就与青海和西藏人民建立了密切的政治、经济、文化联系，"牦牛"可能是在这一时期被引进的。至于水牛，何时开始牧养，因资料缺乏，无从稽考。

在准噶尔人的社会生活中，养骆驼的人虽然也很多，但与养牛、养羊、养马相比较，远不如前者那样普遍。根据现有资料考察，拥有骆驼的人，大多数都是上等户和中等户，而下等户则为数较少。前引玉木报告，其中说到，在准噶尔，能维持生活的人家，通常都只有一二峰骆驼，五六匹健壮的马，二三十只好羊。这一事实从反面告诉我们，那些无法维持生活的人家，虽然他们可能还蓄养着少量的马、牛、羊，但却不大可能养有骆驼。康熙十七年（1678），噶尔丹"令其属下兵丁殷实者，各备马十匹，驼三峰，羊十只；窘乏者，马五匹，驼一峰，羊五只，自其地起

---

① ［苏］Н. Н. 科列斯尼克：《蒙古的牛及其起源》，蒙古委员会丛书第22册，莫斯科—列宁格勒1936年版，第278页。

② ［德］库诺：《经济通史》第1卷，吴觉先译，商务印书馆1936年版，第752页。

③ ［苏］М. П. 阿克塞耶夫：《十七世纪一个不知名的外国人的西伯利亚游记》，载《历史档案》，1936年莫斯科第1卷，第172页。转引自［苏］兹拉特金《准噶尔汗国史》，第110页。

④ 军机处录付奏折第2288卷，第7号。

⑤ 黎小苏：《青海之经济概况》，《新亚细亚月刊》1934年第8卷第1期。

兵……"① 这里的所谓"殷实者",看来他们相当于我们上面所说中等以上的"富裕户",而其"窘乏者"则相当于那些勉强能维持生活的中下等户。从乾隆初年投奔内地的准噶尔人中,我们知道,他们多数人来时都携有马、牛、羊,而携带骆驼的则较少。

牧养骆驼虽然不如养马、牛、羊普遍,然由于骆驼"知泉脉,耐饥渴",②在沙漠中行走,"可半月不饮水,日行千里",③因此广大游牧民对骆驼都十分珍视。据《蒙古—卫拉特法典》规定,盗窃一峰骆驼,要"科以十五罚九(牲畜)"。④所谓"十五罚九(牲畜)",就是说要罚"十五个九(牲畜)",⑤也即135头牲畜。这是关于盗窃牲畜的最高罚则。骆驼在人们心目中的地位由此可想而知。

骆驼是草原上的"大力士"。一峰骆驼,从二岁时起,牧民即开始用毛绳穿鼻进行驯化。三岁时便在它身上置放重物,六岁时即用以驮载。它是牧民进行徙牧的主要运输工具。即使是在现在,生活在新疆地区的蒙古人,他们在徙牧时也仍然离不开骆驼。

准噶尔人与其毗邻诸民族贸易,其所带之毛皮、葡萄、硇砂、羚羊角等物,也大多靠骆驼运输。例如,乾隆七年(1742)吹纳木克等进京纳贡,其所带毛皮、葡萄、硇砂等物,就全部用骆驼运输,共用骆驼643峰。⑥乾隆十一年(1746)赍木瑚里等至肃州贸易,其所带货物也皆以驼运输,共用驼543峰。⑦

骆驼奶营养丰富,又非常可口,故凡是有骆驼的人,都挤驼奶喝。挤驼奶与挤马奶一样,全部由男人负担。

准噶尔的骆驼,绝大多数都是双峰驼,单峰驼极少。

家畜除牛、羊、马、骆驼外,大概还养有部分驴和骡。曾在准噶尔地区做过实地调查的沙俄使臣翁可夫斯基说,准噶尔饲养的家畜有:马、骆

---

① 《清圣祖实录》卷76,康熙十七年八月己巳。
② (清)谢济世:《西北域记》,《梅庄杂著》卷5。
③ (清)冯一鹏:《塞外杂识》(借月山房彙抄本)。
④ [俄]戈尔通斯基:《1640年蒙古—卫拉特法典》,第47页。参阅罗致平译,《1640年蒙古—卫拉特法典》(三种不同文本中所载之"1640年蒙古—卫拉特法典"条目译文对照),载《卫拉特蒙古历史译文汇集》(第1册)第253—254页。
⑤ [俄]梁赞诺夫斯基:《蒙古习惯法之研究》,第60页。译文同上。
⑥ 《准噶尔夷人进贡案》,《史料旬刊》第19期,永常折三。
⑦ 朱批奏折民族事务类0160卷,第11号。

驼、牛、大绵羊、山羊和骡子,他们和中国、印度、俄国进行着贸易。①翁可夫斯基没有提到驴。不过有骡就必然有驴,这是不言而喻的。傅恒《西域图志》卷43在载述准噶尔人的《生产》中说:"骡",准噶尔人称"罗萨";"驴",称"额尔集根"。依据以上情况,其家畜中有驴和骡是不成问题的。

关于驴和骡的详细占有情况,不可得而知。

畜牧业生产工具。根据诸书记载,准噶尔人用以进行放牧的主要工具,计有缰绳、驼缰绳、套竿、马鞭、奶桶、水桶、皮袋、剪刀等物。

这些工具,大部分都是牧民自己或当地工匠以毛皮所做,形制极粗糙简陋。

马克思说:生产工具"不仅是人类劳动力发展的分度尺,并且也是劳动所在的社会的指示器"。②从其所使用工具看,17和18世纪时准噶尔人生产力发展水平仍然相当原始与落后。

三

准噶尔人的畜牧方式。

准噶尔人放牧牲畜,平时既不储备干草,不挖井,也不设棚圈。他们依季节变化,夏天把牲畜赶到"夏牧场",冬天把牲畜赶到"冬牧场"。"夏牧场"托忒语称"锡林",意谓"夏窝"。"冬牧场"托忒语称"玉木种",意谓"冬窝"。"夏牧场"主要选择在草场开阔,牧草丰茂,水源充足的地方;"冬牧场"多设于背风向阳的山谷间。史称其"夏择平原,冬居暖谷"。③

据阿拉善旗调查材料记载,牧民选择"冬营地"要求非常严格。首先,要注意地形——靠"希勒(丘)"的阳面,其北、东、西都要有丘陵挡风;其次,要注意水源——地下水浅而涌,最好水不含碱;再次,牧场要容纳下自己的牲畜;最后,要了解该地是否有人做过冬营地,若有,要

---

① [俄]穆(米)勒:《俄国历史资料集》第1卷,第139—140页。转引自[英]霍渥斯《蒙古史》第1卷,伦敦1876年版,第649页。
② [德]马克思:《资本论》第1卷,人民出版社1963年版,第174页。
③ (清)傅恒:《西域图志》卷39。

与该人协商。①

但是，牧地的选择必须在氏族部落分配到的共有地方进行，不能随心所欲，任意迁徙。

傅恒《西域图志》卷29云："准噶尔全境，分四卫拉特，各有首领以雄据之，尊其名曰大台吉，而绰罗斯尤为之长。其大台吉亦称汗王，余小台吉皆汗王之宗属为之。"又指出："鄂拓克为汗之属，昂吉为台吉户属。""自台吉以下，各有部分；宰桑以下，各有游牧处所及所辖人户。"这里所说的"各有游牧处所"，意思是说各有"固定游牧地"。"固定游牧地"在汉籍文献上，通常称为"分地"，② 蒙古语称为"忽必"。这就是说，各部落、各鄂拓克、各昂吉，都有所辖人户，也各有"固定的游牧地"。其各领下属民徙牧，都必须在各部落、各鄂拓克或各昂吉领有的范围内进行，否则就要被视为违法。

《蒙古—卫拉特法典》第一百三十二条规定："土地为一定的部落或（鄂拓克）使用受益。在一定的鄂拓克内部无论是爱玛克全体或个人，均不许变更居住地（游牧地），爱玛克长变更全爱玛克的游牧地时被科以财产刑。"③《法典》附录噶尔丹洪台吉第一项补充敕令说："如有人从自己所属的鄂拓克迁往别处者，管理他的爱玛克长则代表整个爱玛克应罚其一九（牲畜）。谁不听爱玛克管理人员的话，离开自己的爱玛克迁往别处者罚一九（牲畜）。凡把离开本鄂拓克或爱玛克而躲起来的人，送交其爱玛克者，则得到其爱玛克管理者马一匹的赏赐，并从（爱玛克）居民中得到有多少帐幕就获得多少公绵羊的褒赏。"④

---

① 全国人民代表大会民族委员会办公室编：《阿拉善旗调查材料之一》，1958年6月铅印本，第14页。

② 关于这个问题，许多史书都有记载。例如，钱良择《出塞纪略》就说："喀噜（指阿噜科尔沁——引者）之北为噶尔噶（喀尔喀）国，西北为阿鲁式（厄鲁特）国。二国号称强大，……提封各数千里，俱以马上迁徙为国，无城廓土著者，然亦各有分地焉。"何秋涛《朔方备乘》卷4，《准噶尔荡平述略》云："准噶尔者，厄鲁特四部之一。其先本元阿鲁台部，声讹为厄鲁特（其说误——引者）。后分为四：曰和硕特、曰准噶尔、曰杜尔伯特、曰土尔扈特，其游牧在金山之西，各有分地，以伊犁为会宗处。"

③ [俄]梁赞诺夫斯基：《蒙古习惯法之研究》，第63、66、75页。参阅罗致平译《1640年蒙古—卫特拉法典》（三种不同文本中所载之"1640年蒙古—卫拉特法典"条目译文对照），载《卫拉特蒙古历史译文汇集》（第1册），第291—292页。

④ [俄]戈尔通斯基：《1640年蒙古—卫拉特法典》，第59页。关于这一规定，田山茂《清代蒙古社会制度》所载，与此略有出入。

依据以上事实，我们可以看出，所谓准噶尔人"事畜牧，逐水草"，并不像某些人所说的那样，牧民可以四处徙牧，哪里水草好就徙往哪里。

事实上，不仅普通的游牧民必须在指定的范围内游牧，即使是上层封建主，其游牧通常也只能在一定范围内进行。例如，策妄阿喇布坦的"夏营地（夏牧场）"在穆斯塔格山左近，其冬营地在霍尔果斯河畔。[①] 小策凌敦多布的"夏营地"在裕勒都斯山（今新疆巴音布鲁克草原），"冬营地"在喀喇沙尔。[②] 没有特殊情况，他们也从不离开这些地区。

在准噶尔居住过一年多的俄国使臣乌格柳莫夫在其出使报告中，曾为我们留下了一段有关噶尔丹策零在伊犁地区游牧的有趣记述。他说：

> 使臣在准噶尔时，噶尔丹（指噶尔丹策零——引者）是到处游牧的。四月底，他从科奇吉尔牧地出发，沿着伊犁河而下；从五月底直到八月，由特穆尔里克山牧地沿格根河、哈尔奇尔及特克斯诸河来到察布察尔牧地；从九月起，度过一冬，直到第二年的三月，他都在伊犁河畔游牧；起初，顺流而下，后来又逆流而上来到他所喜爱逗留的科吉尔牧地，停留到五月；五月间，又前往特穆尔里克山的牧地，这样，他就巡游了一圈。[③]

乌格柳莫夫的记述，不仅为我们了解准噶尔上层封建主的游牧活动提供了有益的启示，而且使我们了解到，他们离开冬营地进入夏牧场，一般是在五月，而从夏牧场进入冬牧场，则是在每年的九月左右。

据说在17和18世纪时，在东部蒙古人中，由于氏族制度消失比较早，牧民进行游牧，通常都是以"极小的集团"，即由一个、两个或三个禹儿惕（帐幕）所构成的阿寅勒集团为单位展开。可是在西蒙古人中，情况却有所不同，由于氏族制残余比较牢固，同一"和屯"或同一"爱玛克"的人，大抵都是同一氏族或血缘相近的氏族所构成，因此，牧民进行畜牧业生产时，还经常保持着以"和屯"方式的集体放牧习惯。著名蒙古学家符拉基米尔佐夫指出："……在一种重要场合，氏族制度在社

[①] ［英］霍渥斯：《蒙古史》第1卷，第647—648页。
[②] 满文《月折档》，雍正十一年九月十九日札郎阿等奏。
[③] ［英］巴德利：《俄国·蒙古·中国》上卷，第1册，商务印书馆1981年版，第340页。

会生活中表现出来了。例如，卫拉特人以和屯（xoton）方式，即以几乎全由近亲所组成的阿寅勒或游牧村落方式去进行游牧。卫拉特人的这种和屯是以长老（阿合）为首领的共同宿营和共同游牧的氏族的一部或近亲集团。"①

不过应该指出，以"和屯"方式的集体放牧，似乎是一种季节性的形式，而不是常年形式。②雍正十一年（1733）投奔清朝政府的准噶尔人额珠伯克等在回答清朝政府官员的质询时曾经说过如下一段话："我们准噶尔人，夏秋两季，皆择有大水之所，聚居一处……若在冬季，则天已降雪，又值牛羊产仔之际，牧民食雪，祇寻牧草，则分别栖牧。"③额珠伯克等提供的情况，虽然很简单，但却道出了一个重要的问题，这就是准噶尔人的集体放牧，是在夏、秋两季，即在"夏牧场"游牧之时。至于冬、春两季，他们完全是单独游牧。额珠伯克提供的情况我以为是可信的。它与我们对蒙古人的牧场的了解完全吻合。

不论是以"和屯"方式，还是以"阿寅勒"或帐幕方式放牧，都是指其和平时期而言。至于战争时期，其畜牧方式显然有所不同。为了防备敌人发动突然袭击，牧民们通常都是数百甚至数千户一起结营，俗称为"豁里牙（xoriya）。"

有关"豁里牙"的记载，目前我们所能见到的资料极少。黄文炜《重修肃州新志》中有关策妄阿喇布坦屯营的报道，可能是关于这一形式的一条最重要史料了："策妄为人，外若平易，而中藏机变。……所居一大营盘，周围有千余家。自居蒙古大帐房四个。"④《重修肃州新志》刊行于乾隆初年，其所反映的当是康熙末年、雍正初年的情况。因为雍正初年清廷曾派人到过准噶尔。以上事实可能是当时"使人"的目击。

准噶尔人放牧牲畜，不论是牛、马、骆驼、还是羊，都有专人负责。凡是以"和屯"为单位集体畜牧者，牧人皆由"和屯"委派。富裕牧户单独游牧者，牧人则由主人单独安排。凡家有奴隶者，牲畜由奴隶牧放。

利用奴隶放牧，是准噶尔畜牧业生产中的一个重要特点。奴隶，大多

---

① ［苏］符拉基米尔佐夫：《蒙古社会制度史》，第266页。
② 关于这一点，据说日本学者后藤富男先生也有相同看法。参见［日］杉田来海《蒙古的游牧生产及其形态的历史变化》，载《蒙古学》1984年第1期。
③ 满文《月折档》，雍正十一年十月二十四日札郎阿等奏。
④ （清）黄文炜：《重修肃州新志·西陲全册》（乾隆二年木刻本）。

数都是战俘奴隶,他们有的来自内地的汉族、蒙古族、满族,有的来自西北地区的维吾尔族、哈萨克族和柯尔克孜族等。

乾隆六年(1741)逃回内地的土默特人厄白歹说:"我原是归化城土默特都统亘屯旗下厄白佐领下人,后因被俘,在齐默特(准噶尔宰桑——引者)底下小头目罗卜藏西拉布家为奴。他和他属下的牛、羊、骆驼、马匹都著(着)我经营。"①

一位绰号为"小李陵"的老者,是一位汉族人。他在和通淖尔被俘后,曾先后"被鬻数主,皆司牧羊。"②

被俘的战俘奴隶,生活十分悲惨,他们没有任何人身自由。主人总是让他们白天牧放牲畜,晚上即将其捆起,以防其逃跑。③ 主人稍不如意,则任意打骂甚至施行各种刑罚。乾隆十三年(1748),吐鲁番"缠头"阿济把尔第逃到内地对清廷官员说,他被准噶尔俘虏后,在博克达达什加里家为牧奴,常常被主人打得遍体鳞伤。他的门牙就是被达什加里打掉的。与阿济把尔第一起内附的吐鲁番"缠头"尼牙斯说,他在博克达依替格里家为牧奴时,也经常挨主人毒打。他的右眼就是被依替格里打坏的,左耳轮也被依替格里割了"一绺子"。④

战俘奴隶的使用,给畜牧业生产的发展带来了巨大障碍。因为它不但大大妨害了生产者的积极性,而且因奴隶经常逃亡,使正常生产受到破坏。这种情况在噶尔丹策零死后表现得尤其明显。

有人认为准噶尔人使用的奴隶,没有以本族人为奴隶的事。这种说法,笔者以为是不符合事实的。不错,其奴隶大部分都是战俘。但也没有排斥以本族人为奴隶的事。例如,《准噶尔夷人贸易案》中所载的鄂里得克孙,他虽是准噶尔"骨头",但并没有因此而使他免于沦为奴隶。⑤ 由此可见,否认其存在以本族人为奴隶的说法是不正确的。

准噶尔人放牧,除羊群日上驱出,日落驱回蒙古包附近外,其余牲畜概不驱回,任其栖宿旷野。有时马群远离蒙古包数十里也在所不顾。

为了防止牲畜走失、和彼此之间牲畜混杂,牧民都在牲畜耳朵上剪

---

① 朱批奏折民族事务类0144卷,第24号。
② (清)纪昀:《阅微草堂笔记》卷14《槐西杂志》。
③ 军机处录付2196卷,第23号。
④ 《准噶尔夷人贸易案》,载故宫博物院编《史料旬刊》第26期,李绳武折三。
⑤ 参阅《准噶尔夷人贸易案》,载故宫博物院编《史料旬刊》第26期,李绳武折四。

毛，或打上自己的印记。① 这样，不管牲畜跑到哪里，牧民都可从烙印中辨认自己的牲畜。

准噶尔人的这种方式，是与他们所处时代的生产力发展水平相适应的。由于他们平时不挖井、不储备干草，不设棚圈，而在生产中又有不少人利用从战争中俘虏来的战俘当奴隶，结果，不但大大地降低了劳动生产率，而且严重地削弱了他们对自然灾害的抵抗能力。一旦遇上风雪亢旱，疫病流行，就只好眼巴巴地看着牲畜成群成群地死去。据土尔扈特血统的准噶尔人西拉布提供，雍正十二年（1734）春，由于一次牛瘟袭击，结果"原有百头牛之家，剩下的不及十头；有二三十头者，只剩下一二头……"②西拉布所说的是塔尔巴哈台一带的情况。这里虽然只是其中一例，但不难看出，自然灾害给其畜牧业生产所造成的严重危害！

关于畜牧业的纵向发展情况，因无详细记载可征，目前我们还无法进行具体论述。根据有关记载推断，巴图尔珲台吉、策妄阿拉希坦、噶尔丹策零时期，由于社会相对稳定，畜牧业生产似乎比较发达。而僧格、噶尔丹、策妄多尔济那木扎勒、喇嘛达尔札、达瓦齐统治时期，由于封建主们经常彼此互相攻略，畜牧业大都受到严重破坏，因此，其生产实际上是处于停滞状态之中。

四

综观以上所述，我们可以看出，作为蒙古族的一支，准噶尔人的畜牧业生产，与漠南、漠北蒙古诸部比较，有许多共同的地方：如他们都以马、牛、羊、骆驼为其主要家畜；各部落、各爱玛克都有各自固定的游牧地；牧民进行放牧，都必须在领主指定的地域内进行，否则就要受到法律的惩处；他们夏择丰草绿缛驻牙，冬选背风向阳地面放牧。

但是，由于准噶尔人长期生活在阿尔泰山和天山之间的广大地区，与中原地区相距较远，而在 17 世纪中叶以后，准噶尔地区诸厄鲁特部逐渐

---

① 据《法典》第 66 条规定："……在（他人牲畜）的耳朵上打上自己的烙印，则支付罚一九（牲畜），剪毛则罚五（牲畜）；如经公告而作此事，则不坐罪。"（戈尔通斯基本第 48 页）从上述规定可知，在牲畜耳上剪毛或烙印，为卫拉特蒙古人通例。花楞《内蒙古纪要》说，在内蒙古东部各旗，马匹烙印，是在马之臀部及前足左右侧。卫拉特人是否也如此，不得而知。

② 满文《月折档》，雍正十二年三月九日定边大将军富鹏等奏。

趋归统一，① 并占据了天山南路成为割据中国西北地区的强大政权，因而也形成了某些不同于前者的特点。这些特点归纳起来，有如下两个方面：

第一，存在以"和屯"为单位的集体放牧习惯。这种集体放牧，虽然只是一种季节性形式，但却和氏族制残余的影响有关。众所周知，在东蒙古人那里，鄂拓克等一类社会组织在18世纪时，它已完全消失而让位于旗制。牧民们放牧，从不以旗为单位展开，随处可见的大体上都是各个帐幕或"阿寅勒"。可是在西蒙古人那里，鄂拓克和爱玛克等一类的社会组织在18世纪中叶却仍然保存得相当完整，故以"和屯"形式进行的集体放牧仍时有所见。

第二，生产中较多的使用着战俘奴隶。在东部蒙古人那里，畜牧业生产中虽然也可以看出存在着奴隶劳动的情况，但这种情况主要是在18世纪以前。进入18世纪以后，这种情况虽不能说没有，但为数却很有限。然而在准噶尔人中，直到18世纪中期，利用奴隶进行生产却仍然随处可见。由于这些奴隶大多数都是从各地掳掠来的，有汉族、蒙古族、满族、哈萨克、柯尔克孜、维吾尔等族人民，因而当其政权处于强盛之时，奴隶们尚能"服服帖帖"，唯主人之命是听。但是当其势力衰微时，却很容易点燃起反抗斗争的火焰，使其生产受到严重破坏。因此，准噶尔政权的覆灭，既有其政治上的原因，也有其经济上的潜在因素。

（原刊《民族研究》1985年第1期）

---

① 有人说准噶尔在巴图尔珲台吉统治时，即已建立成为一个"强大的统一政权"，我以为是不符合历史事实的，容另文论证。

准噶尔的农业

——准噶尔社会经济初探之二

准噶尔是游牧民族，其经济基础主要是畜牧业，笔者在《准噶尔的畜牧业》一文中已经有所阐述。可是，准噶尔人除经营畜牧业外，是不是还有农业，或者说是否还兼营着一定的农业？如果回答是肯定的话，那么其生产是怎样发展起来的？他们是怎样经营的？其在准噶尔的社会经济中又居何等地位？为了回答以上问题，本文拟就有关记载，结合档案资料，在此做一初步研究。

一　准噶尔人经营农业吗

准噶尔人习农业吗？现有史籍对此大都持否定态度。傅恒《西域图志》："准噶尔旧俗，逐水草，事畜牧，不以耕种为业，是以旧无田赋。其劫服回部，因征税入，则回部有田而准部赋之耳。"① 椿园（七十一）《西域记》："准噶尔，额鲁特部落也。不耕五谷，以游牧为业……"② 魏源《圣武记》："蒙古，诸游牧国之大名也，……若乃不郭郭、不宫室、不播植、穹帐寄而水草逐者，惟瀚海南北部及准部、青海诸部则然。"③ 诸书所载，虽然并无大错，但说他们"不以耕种为业"，则与事实并不相

---

①　（清）傅恒：《西域图志》卷34《贡赋》。按《图志》中有些记载是自相矛盾的，例如，它一方面说准噶尔人"不以耕种为业"，可是在卷39中却又说其"不尚田作"，并在按语中指出，"第证诸前史，则知田作，工树艺，橐驼之风，犹有可考"。
②　（清）椿园：《西域记》，（一作《西域闻见录》）卷5《准噶尔叛亡纪略》。
③　（清）魏源：《圣武记》卷3《国朝绥服蒙古记一》。

符合。

国外有些学者,虽然承认准噶尔地区有农业,可是却不将它视为准噶尔人经营的农业,而是把它看作"塔兰奇人"(见下文)的农业。苏联学者兹拉特金在其所著《准噶尔汗国史》一书中指出:"只要汗国的内外形势相当稳定,马上就出现耕田种地的局面。至于种地的人,据史料证明不是卫拉特人,而是所谓布哈拉人,即东土耳其斯坦和中亚来的移民,有的是卫拉特封建主俘虏来的,有的是自愿来投奔准噶尔汗国的。"[1] 日本学者羽田明和佐口透为此还分别写了《准噶尔汗国与布哈拉人》[2]《塔兰奇人的社会》[3] 两篇重要论文。

以上两种说法,表面上虽然有所不同,实际上却是一致的,这就是都否认准噶尔人习农业、识耕稼。

准噶尔人果真"不以农为业""不识耕稼"吗?笔者的回答与此相反。之所以这样说,主要有下列根据。

其一,据《清圣祖实录》记载,噶尔丹在乌兰布通战役失败后,曾令其属下分别于乌兰古木及札卜堪河流域等地"屯田",以维持生计。康熙三十二年(1693)九月,昭武将军郎谈在给康熙皇帝的奏疏中说,现擒哈密"回人"云:"噶尔丹属裔,牛羊已尽,捕鱼为生。噶尔丹在乌郎坞耕种。臣意将马秣肥,来春直临和卜多,索其同哈密国人,戕害使臣之土克齐哈什哈。……噶尔丹如不迎敌,遁入深林,则穷追之,即不获其身,而散其族属,惧其农田……"[4] 康熙三十四年(1695)四月,喀尔喀台吉车臣吴尔占在致理藩院的报告中说:"去年,噶尔丹居孔圭济达浑,耕于乌兰昆,收歉各半。其弓箭手千余人,稍有驼马,绝无牛羊,掘土中所产物以食。杜噶尔阿喇布坦,居于察罕色浑,耕于札巴罕哈萨克图,亦收成一半,其生计稍胜噶尔丹。"[5]

所谓"和卜多",显然是"科多布"音转;"乌郎坞""乌兰昆",是

---

[1] [苏]兹拉特金:《准噶尔汗国史》,马曼丽译,商务印书馆1980年版,第184页。
[2] 载《东洋史研究》第12卷6号,昭和23年(1948年)版。
[3] 载《史学杂志》第73编,第11期,1964年东京版。
[4] 《清圣祖实录》卷160,康熙三十二年九月己酉。
[5] 《清圣祖实录》卷166,康熙三十四年四月癸卯。

"乌兰古木"的异译;"孔圭济达浑",是指空格衣河流域①;"察罕色浑",是指察罕诺尔一带②;"札巴罕哈萨克图",即是札布汗河畔哈萨克图的缩写。其所说之都噶尔阿喇布坦,是指墨尔根岱青孙都噶尔之子丹津阿喇布坦。③ 这就是说,噶尔丹在乌兰布通战役后,曾与其族孙都噶尔阿喇布坦,分别遣其属众屯耕于乌兰古木和哈萨克图两地,以供军食。其播种作物,既有收成好的,也有歉收的。准噶尔人倘不习农业,噶尔丹和都噶尔阿喇布坦又怎么能够在遭受清军严重打击后于乌兰古木及哈萨克图二地屯垦耕种?而种了又如何能取得收成?

康熙六十一年(1722),征西将军祁里德奏:"据云和布多、乌兰古木地方广阔,开垦之处颇多,原系厄鲁特等耕种好地。今应将歉收之毛岱察罕瘦尔等处耕种人力移至和布多、乌兰古木耕种。"④ 祁里德所说的"原系厄鲁特等耕种好地",毋庸置疑,就是前面所讲噶尔丹属众的"屯耕"地。这与上引史料,恰好互相印证。

其二,据载,准噶尔在策妄阿喇布坦统治时期(1689—1727年),曾先后于乌鲁木齐、赛音塔喇、毛他拉、乌兰呼济尔等地建立过"屯田"。从事耕种者,不仅有其属下维吾尔族人,也有准噶尔人。康熙五十六年(1717),靖逆将军富宁安领兵袭击乌鲁木齐时,他在上呈康熙的奏疏中指出:"臣等领袭击之兵,于七月初十日至乌鲁木齐地方,拿获回子,探问准噶尔消息,随于十一日整兵前进。至通俄巴锡地方,分派队伍,搜查山林,拿获回子男妇幼童共一百六十九名,并获驼马牛羊等物甚多,将乌鲁木齐、赛音他拉、毛他拉等处耕种地亩,俱行践踏。"⑤ 康熙五十九年(1720),振武将军傅尔丹领兵自阿尔泰一路进军准噶尔。当年十月,清

---

① "孔圭",在《圣祖实录》康熙三十五年九月乙丑条又作"空奎"。张穆《蒙古游牧记》又作"空归"。例如,该书在卷10中载,"空归河,又名空阴河。旧图作空格衣河,出昂奇山南麓,合三水,西南流三百余里而入札布噶河。……空阴译曰渊,蒙古字为空格衣。格衣本一字,读为空阴。"
② "察罕诺尔"有二地,一在札萨克图汗部左翼右旗之西,其南为齐齐克泊,地接科布多。一在济尔哈畔,即清代察罕瘦尔所在地。杜噶尔阿喇布坦所居地,当指后者。因为该地"形势藏蓄,水草宽美"。参见张穆《蒙古游牧记》卷10。
③ (清)祁韵士:《皇朝藩部要略》卷9《厄鲁特要略一》,康熙二十九年条云:"罕都、阿喇布坦,皆都尔格齐诺颜丹津孙也,与噶尔丹牧阿尔台之科布多,仍各领部众。父曰都噶尔。故阿喇布坦,以所部台吉多同名,从其祖父称,别之曰丹津阿喇布坦,又名都噶尔阿喇布坦"。
④ 《清圣祖实录》卷299,康熙六十一年十月辛未。
⑤ 《清圣祖实录》卷273,康熙五十六年七月戊寅。

军挺进乌兰呼济尔附近。是时,傅尔丹得悉乌兰呼济尔"为厄鲁特屯驻耕种之所",遂督率官兵"践踏其地",并将其"所积粮草,焚毁一空"。①

"乌鲁木齐",显然就是今乌鲁木齐及其附近一带。清代为迪化州所在地。策妄阿喇布坦时,该地为齐默特宰桑等所辖。"赛音他拉",即"赛音塔喇"异写,地在阜康县东六十里。《西域同文志》记载:"准(噶尔)语,赛因,良也;塔喇,谓田也;其地膏腴,宜种植,故名。"②"乌兰呼济尔",地在雅尔东南,"北倚朱尔库朱鄂拉"。③"毛他拉",史籍无考。据富宁安疏奏推测,其地当离乌鲁木齐不远。这就是说,在策妄阿喇布坦统治时,上述数地,均有相当"发达"的农业。

据乾隆初年脱出准噶尔之吐鲁番维吾尔人特穆尔八克提供,在赛音塔喇从事"种田"的人,大约"有五六十家";在乌鲁木齐"种田"的人,"有五百多(户?)达子","三百多(户?)缠头","三十多个(户?)汉人"。④ 特穆尔八克所说的"达子",显而易见,即是对准噶尔人的蔑称;"缠头",即是指准噶尔贵族属下的维吾尔人;"汉人",就是内地汉族人。特穆尔八克在"赛音塔喇"一带曾居住了八年,他所提供的情况应该是可靠的。据此可以认为,在乌鲁木齐等地的农业中,有相当大的一部分是由准噶尔人直接经营的。

其三,魏源《圣武记》载噶尔丹自伊犁东徙帐后,曾使"杜尔伯特部众屯田,且耕且牧,以峙其食"。⑤ 又说:雍正中,噶尔丹策零两路备兵,"令诸台吉环峙乌鲁木齐",以伺清军西路;又令部众"屯田于鄂尔齐斯河",以窥清军北路。⑥ 前一则史料,虽言明令杜尔伯特部"屯田",但未指明于何处"屯田"。后一则史料相反,指出了"屯田"地点在额尔齐斯河,却又没有明确说令何部去"屯田"。其实,粗具一点准噶尔史常识的人都知道,其所指都是杜尔伯特部,地点都是额尔齐斯河上游。徐松《西域水道记》:宰桑淖尔西北,复溢为额尔齐斯河,"滨河衍沃、利耕

---

① 《清圣祖实录》卷289,康熙五十九年十月庚戌。
② (清)傅恒:《西域同文志》,《天山北路·乌鲁木齐东路》。
③ (清)傅恒:《西域图志》卷11《疆域四》。
④ 中国第一历史档案馆(下同),军机处录付乾隆四年八月一日陕西固原提督李绳武奏。
⑤ (清)魏源:《圣武记》卷3《康熙亲征准噶尔记》。
⑥ (清)魏源:《圣武记》卷3《雍正西征厄鲁特记》。

牧，杜尔伯特部及乌梁海人皆曾牧于斯"。① 这就是说，无论噶尔丹还是噶尔丹策零，都曾令杜尔伯特人于额尔齐斯河流域"屯田"，以资军用。准噶尔人倘不习农业，噶尔丹和噶尔丹策零又怎能让杜尔伯特部到额尔齐斯"屯田"呢？

其四，清廷统一西北地区前后，准噶尔各部人民，因战乱所迫，纷纷破产内徙，以"乏畜产"向清朝政府告急。当时，清朝政府为了安抚民心，一方面积极筹措牲畜、粮食，济其艰困；另一方面又拨给农具、籽种及可耕地以自救。例如，乾隆十八年（1753），杜尔伯特部三车凌内附，定边左副将军成衮札布恐其有诈，留其众游牧于额克阿喇勒（在科布多附近）。乾隆听说，旋即令置于推河、札克拜达里克河、库尔奇勒可耕地，使归化城供给谷种。② 乾隆二十年（1755）春，清军分路挺进伊犁。当年四月，西路副将军萨喇尔领兵抵罗克伦地区，时辉特台吉巴雅尔、噶勒杂特宰桑哈萨克锡喇相继而至，告以"生计贫乏"，请"给地耕牧"。③ 定西将军永常遵照乾隆敕谕，令其前往吐鲁番，使莽噶里克"给谷种"。④ 是年八月，阿睦尔撒纳举兵反清。和硕特台吉沙克都尔曼济⑤为了维护祖国统一，率其子图扪自洪郭尔鄂笼⑥经珠勒都斯至巴里坤，请附牧。清廷得报，谕告沙克都尔曼济等曰：已谕酌给口粮，候明春赏给籽种，耕耨瘦集额卜齐布拉克地，秋收后归旧牧。⑦

乾隆三十六年（1771），土尔扈特蒙古东返。清朝政府在对他们进行安置时，也采取了同样的措施。如令和硕特台吉恭格等游牧于珠勒都斯一带，别又拨给籽种750斛，使哈布齐海种田。⑧ 对于渥巴锡、策伯克多尔济，舍楞也是如此。史称"口给以食，人授之衣，分地安居，使就米

---

① （清）徐松：《西域水道记》卷5。
② （清）祁韵士：《皇朝藩部要略》卷9《厄鲁特要略一》。
③ 《清高宗实录》卷487，乾隆二十年四月丁卯。
④ （清）和宁：《回疆通志》卷3《吐鲁番回部总传》。
⑤ 沙克都尔曼济，为固始汗兄昆都伦乌巴什裔，父曰噶尔丹敦多布、祖曰丹津珲台吉。达瓦齐夺取准噶尔统治权后，他深得达瓦齐"倚任"。曾奉达瓦齐令，举兵击纳默库济尔噶尔。清军抵伊犁时，沙克都尔曼济率众降。阿睦尔撒纳叛乱后，被授为和硕特汗，后为巴里坤办事大臣雅尔哈善所杀。
⑥ 洪郭尔鄂笼，在伊塞克湖南岸，旧为沙克都尔曼济昂吉驻牧地。
⑦ 参阅（清）祁韵士《皇朝藩部要略》卷13《厄鲁特要略五》。
⑧ 满文《土尔扈特档》，乾隆三十七年正月二十七日达桑阿等奏。

谷而资耕牧"。①

清朝政府这样做，是不是他们不了解准噶尔人"向以畜牧为生"呢？显然不是。乾隆十八年（1753），杜尔伯特三车凌内附，舒赫德奏言："查得来降之策凌、策凌乌巴什、策凌孟克等，应指与游牧地方，但准噶尔之人以种地为业，不似喀尔喀蒙古赖牲畜度日。今若令住于推河等处，与喀尔喀一同牧放，伊等人众不得种地，不善牧放，殊于生计无益……"清廷接到奏疏后，立刻纠正说："厄鲁特人虽知耕种，究赖牲畜度日，并非全恃田土种作。"② 明确指出了其主要生产活动是畜牧业，但也习耕种的特点。这说明，准噶尔人的生活习俗，清朝政府是清楚的。

准噶尔人"习农业"，在乾隆皇帝的诗中也有所反映。乾隆在土尔扈特蒙古东返后所作的一首名曰《蒙古田》的诗中说："喀尔喀地冷，无可事耕作；牧猎尚所勤，古风犹未除。新附者知耕，地道不齐固；却类内扎萨；衣食渐富庶。""新附者知耕"下注云："都尔伯特、和硕特及土尔扈特，皆厄鲁特，习耕种，因拨地气较暖地居之，俾事耕牧。"③

通过以上事实，我们可以清楚地看出，所谓准噶尔人"不以农为业"，准噶尔农业不是准噶尔人自己直接经营，"而是所谓布哈拉人"云云，是没有根据的。正确的说法应该是，准噶尔人除畜牧外，"俗亦耕种"。④

二　准噶尔人农业的产生及其发展

农业的产生

准噶尔人营农业，这在前面已经证明。可是准噶尔人何时始习农业，却还没有解决。有人认为，准噶尔人习农业，始于巴图尔珲台吉统治时期。在此以前，他们没有农业。这种说法对吗？依我看，很值得商榷。

众所周知，准噶尔人并不是清代才出现。准噶尔的先民，元时称斡

---

① （清）祁韵士：《皇朝藩部要略》卷14《厄鲁特要略六》。
② 《平定准噶尔方略》（正编）卷1，乾隆十九年正月乙丑。
③ （清）彭元瑞：《高宗诗文十全集》卷10，第109页（丛书集成本）。
④ （清）黄文炜：《重修肃州新志·西陲全册》。

亦剌，明代称瓦剌。他们原住于叶尼塞河上游的"八河"流域。"八河"，据拉施特《史集》记载，是指阔阔（kūk）——沐涟、温（aūn）——沐涟、合剌——兀孙、散必——敦（s〈a〉nbītūn）、兀黑里（aqrī）——沐涟、阿合儿（aqar）——沐涟、主儿扯（jurjeh）——沐涟和察汗（j〈a〉gan）——沐涟。① 杜荣坤同志以为就是指现今的哈克木河、厄格列斯河、乌鲁克木河、乌斯河、土毕河、阿克河、克姆池克河。② "八河"，元时为谦州、撼合纳和益兰州③等所在地。元世祖忽必烈时，曾在该地置万户府，设立屯田。至元七年（1270），忽必烈为了加强对这一地区的统治，派保定路刘好礼为吉利吉思，撼合纳、谦州、益兰州等五部断事官。据载，刘好礼初至其地时，其"数部民俗，皆以杞柳为杯皿，刳木为槽以济水，不解铸作农器"。④ 嗣后，好礼经过调查，将当地民俗情况上奏，请求元廷派遣工匠，"以教其民"。⑤ 元廷接到报告后，立即派去大批工匠，"教为陶冶舟楫"，"土人便之"。⑥

又载："谦州居民数千家，悉蒙古、回纥人。有工匠数局，盖国初所徙汉人也。地沃宜耕稼，夏种秋成，不烦耘籽。"⑦

以上史料，有两点值得我们注意：其一，是刘好礼初至其地时，"数部""不解铸作农器"。这就是说，在刘好礼抵该地以前，吉利吉思、撼合纳及斡亦剌人已经"知农业"，"习耕作"了，只是不解铸作农耕具而已。正因为这样，所以当好礼要求派遣工匠至其地"教为陶冶"后，"数部"人民皆称"便"。其二，是"谦州居民数千家，悉蒙古、回纥人"。"地沃宜耕稼，夏种秋成，不烦耘籽"。这里虽没有点明从事耕种者是什么人，但从上下文意思来看，从事农业的人主要是指蒙古、回纥人。

---

① ［波斯］拉施特：《史集》第1卷第1册，余大钧、周建奇译，商务印书馆1983年版，第192—193页。

② 杜荣坤：《试论准噶尔分布境域的变迁》，载《新疆历史论文集》第2辑。

③ ［苏］吉谢列夫《古蒙古城市》以为"谦州"，在今乌鲁克木河和克木齐克河会流处之南的鄂依玛克古城。而"益兰州"，则为今乌鲁克木河左岸的厄格列斯河的顿帖列克古城。参见该书的第60、117页。

④ 《元史》卷63《地理六》；杨一葵：《裔乘》卷8。

⑤ 《元史》卷167《刘好礼传》。

⑥ ［苏］吉谢列夫：《古蒙古城市》，莫斯科1965年版，第60、117页。

⑦ 同上。

"回纥",大家知道,是今新疆维吾尔族先民。"蒙古",虽然不一定都是斡亦剌人,但从斡亦剌人居住地域考察,其中多数为其族属,估计问题不大。

根据以上分析,我们有理由相信,斡亦剌人至少在 13 世纪中期就已经"习农业"了。我之所以这样说,不仅在事实上有根据,在理论上也是说得通的。

斯大林说:"有过一个时期,人们过着原始共产主义的生活,靠原始的狩猎维持生活,出没于森林,寻找食物。后来原始共产主义为母权制所代替,这时人们主要靠原始农业来满足自己的需求。接着母权制为父权制所代替,这时人们主要靠牧畜业维持生存。然后父权制为奴隶制所代替,这时人们已靠较为发达的农业来维持生存了。"① 按照斯大林的论断,农业的产生是与"母权制"社会相对应的。而畜牧业的发展,则与"父权制"相联系。农业的产生早于畜牧业。据此,斡亦剌人应该在成吉思汗统治时期就已有农业了。忽都合别乞之为"君长"② 说明其时斡亦剌人的社会形态早已经历了"母权制"而发展到"父权制"时代。

也许有人要说,关于农业起源问题,恩格斯说过,它是由于"牲畜饲料的需要引起的",也就是说,它后于畜牧业而产生,因此你的观点不能成立。

不错,恩格斯确实说过,在"东大陆",农业的发展落后于畜牧业。他说:"在东半球上,野蛮底中级阶段是从供给乳及肉的动物底(的)驯养开始的。而植物的种植,在这里似乎在这一时期很久还不知道。牲畜的驯养与繁殖及大规模畜群底(的)形成,似乎是雅利安人与塞姆人(semites)和其余的野蛮大众区别开来的原因。在亚洲的雅利安人(Aryans)与欧洲的雅利安人中间,动物的名称是共通的;而所栽培的植物的名称却差不多是互异了。"他指出:"谷类的种植在这里首先是由于牲畜

---

① [苏]斯大林:《无政府主义还是社会主义》,载《斯大林全集》第 1 卷,人民出版社 1953 年版,第 286—287 页。

② 据[波斯]拉施特《史集》第 1 卷第 1 册,第 193 页载,斡亦剌人"一直都有君长"。成吉思汗时,"该部落的君长为忽秃合(qutuqeh)别乞"。

饲料的需要所引起的，只是到了后来才成为人类食物的重要东西了。"①

但是，必须指出，恩格斯虽然肯定在"东半球"，畜牧业的产生先于农业，可他并不认为畜牧业可以长期脱离农业而单独存在。在他看来，在寒冷的北方，没有农业的畜牧业，是难以想象的。当森林狩猎民一旦转变为草原游牧民以后，农业就要随着"牲畜饲料的需要而出现"，至迟不晚于野蛮时代的"中级阶段"。他说："作为农业的先驱的园艺耕作，大概为低级阶段亚细亚野蛮人所不知道，但它在那里的出现，不迟于中级阶段。在杜兰高原的气候条件下面，要是没有供长久而严寒的冬季用的秣草贮藏，那么游牧生活是不可能的。因此秣草栽培与谷物种植，在这里就成为必要条件了。"② 这就是说，即使按恩格斯的说法，在游牧民族那里，农业生产也不是在很晚的经济发展阶段上产生的，而是在其刚刚成为草原游牧民以后。依据记载，斡亦剌人从森林狩猎民转变为草原游牧民，大体上是从13世纪初开始，至13世纪中期左右。这与我们前面的论断完全相符合。

根据以上分析，我们可以得出结论，所谓准噶尔人"习农业"始于巴图尔珲台吉治时期的说法，是完全违背历史事实的。

农业的发展

准噶尔先民，虽说早在13世纪时就已经营农业了，可是农业在准噶尔人中的发展，直至17世纪初年以前，却一直处于停滞不前的状态。在大多数的准噶尔人中，它的地位还远不如狩猎业那样重要。人们经营农

---

① ［德］恩格斯：《家庭、私有制和国家的起源》，人民出版社1961年版，第25页。关于恩格斯的这一观点，目前国内学者已有异议，以为它与我国实际情形不相符合。李根蟠、卢勋在《再论我国原始农业（种植业）的起源》一文中指出："我们研究的结论是：原始农业（种植业）是从采集渔猎经济阶段直接产生的，其间并没有经过一个畜牧经济的阶段，不是畜牧业的发展引起了农业，畜牧业虽然也是萌芽于狩猎采集经济阶段，但它的真正发展，特别是畜牧经济的形成，往往是以农业生产的一定发展为必要条件的。"（载《中国农史》1981年第1期）。范楚玉在《我国早期农业发展中的若干问题初探》中说："恩格斯关于农业的产生是由畜牧业发展的需要引起的这一看法，是转引摩尔根《古代社会》中的论点。转引时，恩格斯认为还没有大量增加的资料能改变摩尔根的说法，所以仍采用了他的观点。恩格斯的态度是科学的、正确的，他没有把摩尔根的具体研究结论当作不变的绝对真理。在摩尔根、恩格斯之后，考古和民族学特别是考古学资料的大量发现，这就使得摩尔根的某些具体论断有重加修改的必要了。不仅上述考古资料证明摩尔根的论断不符合我国农牧业发生的实际情况，就是世界其他文明发源地的资料，也证明不是这种情况。"（载《中国农史》1982年第1期）。

② ［德］恩格斯：《家庭、私有制和国家的起源》，第154页。

业，通常只是在荒年饥岁，或者是在牲畜减少到难以维持正常生活的情况下展开的。这种情况的产生，一方面是因为大部分人在元亡以后才迁到阿尔泰山及其以西地区的，他们对新的生活环境需要有一个适应的过程。另一方面，则是由于元亡后，其所居地区及其社会长期动荡不安。要知道，农业生产的发展，不仅需有适宜的地理环境，还需要有一个安定的社会环境，没有这些条件，生产的发展就会变成空谈。

关于17世纪初年以前准噶尔人中的农业情况，虽然目前所能见到的资料极少，但从1640年《蒙古—卫拉特法典》中，我们仍可找到它的踪迹。例如，《法典》中就有一条提到关于盗窃"锄头"的规定："凡盗窃火镰、刀、箭、锄头、斧子……猎鸟和打鱼用网、捕兽用夹子者，断其指；如惜其手指，则罚五（牲畜）即大牲畜五头和羊三只。"①

马克思主义认为，经济基础决定上层建筑。法的关系，就像国家形式一样，根源于物质生活关系。我们从《法典》规定中，一方面看到了在此以前，畜牧业和狩猎业在其社会经济中所处的重要地位。另一方面，也使我们看到了他们虽有农业，但它在社会经济中却居极次要的地位。它不仅不能与畜牧业相比，也根本无法与狩猎业相提并论。

可是，自从17世纪40年代开始，情况却有了较大变化。这种变化主要表现在两个方面：一是以准噶尔部首领巴图尔珲台吉为首的各部封建主，开始利用从南疆和中亚等地俘虏来的战俘，在自己牙帐附近从事耕种；二是在部分地区，如额尔齐斯河等地，开始有了牧民定居。1643年到过巴图尔珲台吉牙帐的俄国人伊林说："霍博克萨里系由三、五个小'镇'构成，但这里的所谓小镇仅指一二幢砖房，通常只是一座喇嘛庙。……他请来了西藏喇嘛，引入了佛教的一切规矩。他还将布哈拉的农业人口迁到这里。其中包括萨尔特人、② 塔吉克人、缠头等，名称繁多，但总之是指中国突厥斯坦的非游牧居民。"③ 1654年，经由额尔齐斯河到达中国的沙俄使臣巴伊科夫在其出使报告中指出，从恩库勒河溯额尔齐斯河而上，经过三天旅程，到达额尔齐斯河左岸，在这里"有两座大

---

① ［俄］戈尔通斯基：《1640年蒙古—卫拉特法典》，圣彼得堡1880年版，第55页。
② "萨尔特人"，据日本学者羽田明所说，系俄国人对"乌兹别克人"的称呼。参见《准噶尔王国与布哈拉人》，载《东洋史研究》第12卷6号，昭和23年（1948年）版。
③ ［英］巴德利：《俄国·蒙古·中国》下卷第1册，吴持哲、吴有刚译，商务印书馆1981年版，第1126页。

的佛寺,均用砖砌……当地种有小麦和糜黍等许多谷物。种地的都是布哈拉人"①。1675 年出使到北京的俄国人斯帕法里说:"额尔齐斯河上游两岸居住着许多蒙古部落……往下便是喀尔木克人,其中部分已定居,部分仍在额尔齐斯河沿岸游牧……"②

促进农业进步的原因很多,归纳起来大概有以下三个方面:第一,是他们在击败和托辉特部的进攻后,政治上逐步趋向稳定。而《蒙古—卫拉特法典》的制定,又使其与东部蒙古人、及其各部间的矛盾得到了相对的缓和,使农业生产的发展有了客观的保证。第二,是喇嘛教在卫拉特蒙古各部的传播,以及砖木结构寺院的产生。因为有了固定寺院,便使其政治、经济中心的出现成为可能,从而为各级封建主和广大游牧民逐步走向定居提供了有利条件。巴图尔珲台吉、阿巴赖等在霍博克萨里、额尔齐斯河流域等地经营的农业,就是与此相联系的。第三,与巴图尔珲台吉的积极倡导有关。据兹拉特金《准噶尔汗国史》记载,巴图尔珲台吉为了推进农业的发展,他不但让俘虏来的"布哈拉"人种地,还多次向俄国西伯利亚当局要求引进种鸡和种猪。在他的要求下,"1642 年,俄国当局把两只母火鸡,一只公火鸡、四头母猪、两头骟猪和十只小狗转给了巴图尔珲台吉"。③

由控制着卫拉特联盟实权的首要封建主出面倡导农业,这说明,准噶尔统治者从自己亲身经历中,已初步意识到农业生产对游牧民族的社会经济发展所具有的重要意义了。这在当时来说,确实是难能可贵的。

巴图尔珲台吉积极推进发展农业的政策,在他死后一直为其后继者所继承。从僧格、噶尔丹,到策妄阿喇布坦和噶尔丹策零,差不多没有间断过。不过,应该指出,僧格和噶尔丹统治时期,其农业虽然有不同程度的发展,可是由于其时战祸连年,不是内部彼此互相攻略,就是东征西讨,与周围诸民族经常刀枪相向,因而其农业生产所取得的成就实际上很有限。农业生产有长足进步主要是在策妄阿喇布坦和噶尔丹策零统治时期。这是因为:一方面当时社会相对安定;另一方面是,策妄阿喇布坦和噶尔

---

① [英] 巴德利:《俄国·蒙古·中国》下卷第 1 册,第 1145—1146 页。
② [英] 巴德利:《俄国·蒙古·中国》下卷第 2 册,第 1334 页。据巴德利说,斯帕法里关于额尔齐斯河流域的资料,来自他本人的调查、巴伊科夫和阿勃林的出使报告。见同书的第 1329 页。
③ [苏] 兹拉特金:《准噶尔汗国史》,第 182 页。

丹策零都大力实行奖励农业的政策。加班沙拉勃《关于卫拉特人的故事》记载，策妄阿喇布坦为了推进农业的发展，他把"臣民招来种地，且把此事归入所做好事之列"。① 由于他的倡导，广大游牧民特别是那些生活困苦的牧民，兼营农业的人日益增多。到了噶尔丹策零时，有些地区，兼营农业的人就更多了。有的地区甚至达到了牧民数的二成或三成左右。雍正十一年（1733），小策凌敦多布属人查干库本在到达内地后对清廷官员说，在哈拉沙尔，大约有"三分之一人家，皆无马匹，只靠种田度日。若有收成，其光景稍宽；若无收成，则穷蹙万状"。② 长期居住于额敏的准噶尔人特古斯济尔罕，雍正十二年（1734）逃至内地在回答清廷大臣的质询时说："除我等台吉宰桑之外，属下亦有千余大畜、两千余只羊群者，此等为数不多，仅一二人而已；有二三百大畜、四五百羊群者为富人，此等十人之中有五分；有四五十匹大畜、二三百只羊群者为平富，此等人十分之内有三分；有十匹以下大畜，二三十只羊者，或无牲畜只依靠耕种谋生者，十分之内有二分……"③

查干库本和特古斯济尔罕提供的数字，虽然不一定十分准确，但他们都是准噶尔人，一个长期居住在哈喇沙尔，一个长期居住于额敏，所说情况，应该说是比较可靠的。根据其提供的情况看，当时的准噶尔，一个半牧半农的社会阶层已处于形成的发展过程中了。那些由于战争或天灾完全丧失牲畜的人，则已完全依靠农业为生。农业生产的好坏，已直接影响着牧民的生活。这个事实本身，使我们清楚地看到，狩猎业在牧民生活中的地位正在下降，而农业则已上升到仅次于畜牧业的位置上了。

为了发展农业，据说策妄阿喇布坦父子都把从战争中俘获来的俘虏，遣发到各地，迫令他们从事耕种。雍正十一年（1733）逃脱到内地的乌什维吾尔人库撒默特声称：他是十三年前吐鲁番人迁往乌什时，因其伯克谋叛被俘到准噶尔的。与他一起被俘的一共有"百余户"。他们初被安置于伊犁河西北岸库库乌苏。嗣后，听说哈萨克人要来进攻，又被迁往额敏，为准噶尔封建主"种地放牧"。④

---

① 加班沙拉勃：《关于卫拉特人的故事》，第29页。转引自［苏］兹拉特金《准噶尔汗国史》，第314页。
② 满文《月折档》，雍正十一年九月十九日署绥远大将军札郎阿等奏。
③ 满文《月折档》，雍正十二年三月十九日定边大将军富鹏等奏。
④ 满文军机处录付，雍正十年十二月十二日顺承郡王锡保等奏。

与库撒默特一起脱出准噶尔之安集延人郭尔博奇说："十年之前，小策凌敦多布出兵安集延，掠来百余户，与乌什回子等安置在一起，住在库库乌苏。嗣后，又将我等回子迁至额敏地方。我为准噶尔种地放牧达十年。"①

被俘至准噶尔并被策妄父子迫令种田的人，以维吾尔族人数最多，有来自哈密、吐鲁番的，也有来自乌什、阿克苏、库车、叶尔羌、喀什噶尔等地之人，其次是乌兹别克人和汉族人。内地蒙古族、满族以及哈萨克、柯尔克孜族人，虽然他们并不擅长耕作，但也有少数是被迫令耕种的。②

除使用战俘外，策妄阿喇布坦父子为了开发伊犁及其附近地区，还先后从乌什、叶尔羌、阿克苏等地迁来了大批移民。《平定准噶尔方略》正编乾隆二十四年四月壬申条："上谕军机大臣曰……至各城回人，向于准噶尔时，派往伊犁耕种，将来仍行办理。"③傅恒《西域图志》："准噶尔自策妄阿喇布坦时，征服回部，执其酋长，拘于阿巴噶斯哈丹部，并移回民若干户至彼，为之耕种。"④

在策妄阿喇布坦和噶尔丹策零的积极经营下，农业在准噶尔社会经济中的比重，有了迅速增长。据说当时仅伊犁一地，就"约有万人耕种地亩"。⑤如果按尔后清军在伊犁"屯田"办法计算，其耕地约可达二十余万亩（清军在伊犁屯田时，绿营兵每人种地仅十五亩）。规模已相当可观了。此外，济尔玛台、安济海、晶（今新疆精河县）、哈喇沙尔、济木萨、乌鲁木齐、罗克伦、玛纳斯等地，也有相当规模的农业。史载其"且耕且牧，号强富"。⑥农业生产在社会经济中所起的作用，由此可想而知。

三　准噶尔人的农业经营

关于这个问题，现有记载凤毛麟角，因此，下面所述，只能言其大

---

①　满文军机处录付，雍正十年十二月十二日顺承郡王锡保等奏。
②　参见朱批奏折，乾隆四年九月四日陕西固原提督李绳武奏；军机处录付，乾隆四年九月二十一日李绳武奏。
③　《平定准噶尔方略》（正编）卷71。
④　（清）傅恒：《西域图志》卷38《封爵二》。魏源《圣武记》、祁韵士《西陲总统事略》记载与此相似，但说是在噶尔丹策零时。
⑤　《清高宗实录》卷520，乾隆二十一年九月己巳。
⑥　（清）祁韵士：《西陲总统事略》卷1《初定伊犁纪事》。

概。而且有些史实，还不得不引证有关其后人的一些记述。

1. 牛力犁耕

有关准噶尔人使用牛力犁耕方法，目前尚未直接见诸史籍，根据有关记载考察，其使用牛力犁耕估计不成问题。例如，上引乾隆御制诗："新附者知耕，地道不齐固；却类内札萨，衣食渐富庶。"就寓有犁耕之意。许慎《说文解字》："耕"，"犁也，从耒，井声"。或又有言者："耕，种也。""人耕曰耕，牛耕曰犁"（《辞海》）。是故"知耕"，直解就是"知道耕作"。所谓"内札萨"，大家知道它是指漠南蒙古。福格《听雨丛谈》："蒙古者，西北外藩各部之通称……。内地以大江限南北，塞上以沙漠瀚海限内外也。漠南六盟曰内扎萨蒙古，属于理藩院旗籍司。"① 这就是说，卫拉特蒙古人的耕作技术，与漠南蒙古各部差不多。

众所周知，漠南蒙古各部的农业，早在明代就已有使用牛力耕种的记载了。萧大亨《夷俗记》："可观诸夷耕种，与我塞下不甚相远。其耕具有牛有犁，其种子有麦、有谷、有豆、有黍，此等传来已久，非始于近日。"关于漠南蒙古各部的生产情况，乾隆是了解的。因为他不但经常出巡塞外，还与漠南蒙古各部王公经常一起饮宴行猎，多次经过漠南，亲身目睹过当地的农业生产情况。例如，他在过喀喇沁部诗中就有"漫拟星辰环北极，也知稼穑望西成"句。② 既知漠南蒙古的农业情况，而这里又将其相提并论，其耕作技术相距不远可知。

再，1982年作者赴新疆时，曾在博乐县红泉公社马里向大队做过调查。该大队总共有四百多户，全部务农，原属土尔扈特部。据老农常寿介绍，其家世代务农。解放以前，他们住蒙古包，用犁和锄耕地。犁是两牛抬杠，合驾一犁。常寿所说的犁具，就是新疆各族人民长期使用的犁具。王炳华在《新疆的犁耕和发展》一文中说："新疆地区虽早在距今两千年前的西汉即已知犁耕，自汉迄晋，随屯田事业的发展，内地移民（主要为屯田士卒）的不断进入，这一新的耕作技术在新疆地区也逐步得到推广、发展。但其进展是缓慢的……直到解放，犁耕技术仍处于一种相当低下的水平。二牛抬杠，这种犁耕的基本特征，并没有什么明显变化。"③

---

① （清）福格：《听雨丛谈》卷2，中华书局1959年版，第24页。
② 参阅（清）张穆《蒙古游牧记》卷2。
③ 见《新疆社会科学》1982年第4期。

根据以上提供的情况，结合准噶尔人居住地域看，其所使用耕作方法，显然也是两牛抬杠的方法。

2. 耕牧各有处所

准噶尔人的耕地，一般都分布于冬牧场附近。由于担心牲畜践踏农田，牧地与农田通常都严格分开。在庄稼收割完以前，牲畜一律禁止在靠近田地附近放牧。尤其是那些牧地宽广的部落，牧地和耕地间的距离往往拉得很远。例如，前述噶尔丹，牧地在孔圭济达浑，可是耕地却在乌兰古木。杜噶尔阿喇布坦，牧地在察罕色浑，而屯耕地却在札布汗河流域的哈萨克图。据《平定准噶尔方略》载，杜尔伯特部的情况也是如此。乾隆二十二年（1757），乾隆皇帝在其谕旨中指出："前纳穆札尔奏称，都尔伯特汗策凌等请于乌兰古木种地，但此地已给察达克，① 应请旨遵行。朕谕以乌兰古木地亩实广，若与察达克等地亩，分画（划）疆界，亦可准其耕种，命纳穆札尔前往查勘。今策凌等于富绍前来，复附奏恳请在乌兰古木耕种，在科布多额克阿喇勒游牧等语，是伊等耕牧各有处所，自可相容。著（者）纳穆札尔酌量情形，如事属可行，即传谕策凌等，准其所请……"②

巴德利在《俄国·蒙古·中国》一书中谈到巴伊科夫1654年所经路线时说：他坐船离开托博尔斯克后上溯额尔齐斯河，经过一段行程，到达了塞米巴拉丁斯克。"从这里起"，他"就离开额尔齐斯河，越过草原和山地，来到喀尔布噶河。从事游牧的阿巴赖将布哈拉俘虏安置在这一带叫他们种地，而他本人的冬营地则设在向东走一二天的楚尔噶河沿岸"。③

准噶尔人将耕地和牧地予以严格区分，据说直到近代还可以从科布多蒙古人中找到印证。

3. 春种秋收、不粪不薅、广种薄收

准噶尔地区，气候比内地稍冷。初冬十月即降霜雪，次年清明前后，雪始消融。因此播种作物，一般比内地略晚，而收割庄稼，却往往比内地早。播种时间的早晚，通常视雪融化早晚而定。

---

① 察达克，原为阿尔泰乌梁海宰桑，乾隆十九年归附清廷，被授为总管。乾隆二十年授副都统，不久又赐封为内大臣，是清朝政府在阿尔泰乌梁海的重要代理人。
② 《平定准噶尔方略》（正编）卷42，乾隆二十二年八月丁卯。
③ [英]巴德利：《俄国·蒙古·中国》下卷第1册，第1184页。

因为准噶尔人，他们大都是游牧民，"知田作"，但"不尚田作"。①所以种子播下以后，一般并不进行田间管理。"蒙古种田，撒种委之去，谓曰靠天收，秋成返割获……"② "靠天收"，不仅是内地蒙古人民的习惯，同时也是卫拉特各部人民的共同习惯。俗话说："庄稼一枝花，全靠肥当家"。由于不除草、不施肥，听任自生自长，故其收成所得也很有限。倘是播种及时，又遇风调雨顺，也有获得丰收的。但这样的情况不多。雍正十年（1732），脱出准噶尔的喀尔喀人玉木在返回内地后报告说："听说这两年收成了粮食，去年未甚收获，今年额敏等地农业也没收成……博尔塔拉粮食收获的好。听说居住在额敏的人，他们有的拿了两岁马驹要去博尔塔拉换粮……"③

玉木被俘至准噶尔后，曾在斋尔等地住了一年多，他所说的都是耳闻目睹，为我们了解准噶尔人的农业生产提供了有益的资料。

关于准噶尔人所植庄稼的收获量，史籍无考。不久前，笔者在中国第一历史档案馆中，找到一份随渥巴锡东返而从事种地的和硕特人的"收获粮数清单"。这份清单，虽然较之我们所要论述的时代稍晚，且是集体屯田，但因他们原来都是准噶尔人的重要组成部分，生产水平与原来的"准噶尔人"并无太大差别，故"清单"对我们来说仍有重要参考价值。为了便于分析，下面将"清单"摘要于下：

> 和硕特人五百名，共种地六千五百亩，共用各色籽种七百石，每名种地十三亩。除虫伤糜子地一千三百亩，下籽种糜子一百石，系一百人所种。存剩各色地五千二百亩，共下三色籽种六百石。内小麦地二千七百六十亩，每亩下种一斗八合零，共用种三百石，每亩收小麦四斗六升三合，共收小麦一千二百七十七石八斗八升，合收四分二厘零。
>
> 大麦地一千三百亩，每亩下种一斗一升五合零，共用种一百五十石，每亩收大麦四斗八升五合零，共收大麦六百三十石五斗，合收成 [衍字] 四分二厘零。

---

① （清）傅恒：《西域图志》卷39《风俗》。
② （清）彭元瑞：《高宗诗文十全集》卷10。
③ 满文《月折档》，雍正十年十二月十五日靖边大将军和硕亲王锡保等奏。

青稞地一千一百四十亩，每亩下种一斗三升一合零，共用种一百五十石，每亩收青稞四斗九升零，共收青稞五百五十八石六斗，合收成［衍字］三分七厘零。①

根据清单，我们可以看出以下几方面情况：（1）播种糜子一千三百亩，籽种一百石，全部无收成。（2）在小麦、大麦、青稞三种作物中，小麦播种面积最广，占地二千七百六十亩；大麦次之，占地面积一千三百亩；青稞又次之，占地一千一百四十亩。如果按产量计算，青稞产量最高，亩产四斗九升；大麦次之，亩产四斗八升五合；小麦最低，亩产四斗六升三合。（3）经营方式：集体屯田。按人计算，每人种地十三亩，每人合收粗粮四石八斗四升九合。折合细粮，每人收细粮四石八斗四升九合。

据记载，当时在新疆屯田的绿营兵，每人种地二十亩，每名收获细粮十五石四升三合四勺。② 如果按亩计算，每亩收获细粮七斗五升。与前者相比，超过其产量近一倍。准噶尔人之收成情况，由此可见一斑。

必须指出，准噶尔人虽不进行施肥、中耕除草等田间管理，但那些家有奴隶的富裕大户，却有在秋收前"看田"的习惯。被俘的"布哈拉人"伊思喇密丁乾隆四年八月在回答清廷大臣的质询时说："我今年三十岁了，是布哈尔地方的人。那一年（？）准噶尔在布哈尔打仗，把我拿来，把我发在赛音他喇齐眉（默）特宰桑底下纳则尔（家）为奴种地，受苦不过，才合特穆尔八克商量逃走。"他说："我带的鸟枪、铅药，是我在那里种地怕野猪吃了田禾随身带着打野猪的……"③ 同年九月，脱出准噶尔的"布鲁特人"沙喇克奔也说，他被俘至准噶尔后，最初被带到"沙喇拜勒格"，充当公格姐夫俊巴的奴隶。嗣后，俊巴把他带到"活络果斯（霍尔果斯）"种田，给他配了个妻子。"因受苦不过"，便约会一起种地的人一同逃走。其所带鸟枪、铅子，是他"看田打牲"用的。④

伊思喇密丁和沙喇克奔两人，虽然一个来自赛音塔喇，一个来自霍尔果斯，但却都提到了"看田打牲"的事。这说明，"看田打牲"在那些家

---

① 满文军机处录付（原档为汉文）344卷，乾隆三十七年十一月档。
② 满文军机处录付（原档为汉文）344卷，乾隆三十七年十一月档。
③ 军机处录付，乾隆四年八月一日陕西固原提督李绳武奏。
④ 军机处录付，乾隆四年九月四日陕西固原提督李绳武奏。

有奴隶的富裕户或封建主贵族中,并不是个别现象。

4. 有引水灌溉习惯

准噶尔地区,雨量稀少,气候干燥,因此历史上凡是在这里从事过农业的民族,都知道引水灌田。准噶尔人也不例外。《平定准噶尔方略》记载:乾隆十九年(1754),清廷为了进军伊犁,拟于额尔齐斯河流域屯田,以供军食。时辉特台吉阿睦尔撒纳献策说:"……额尔齐斯等处地方,原系杜尔伯特巴玉特等耕种之地,取用何处水泉,伊等探知,应令策凌、策凌孟克属下派宰桑一员,种地人各五十名,将兵丁一同带往,教以耕种。"① 此其知道引水灌溉证据之一。

赵均彤《西行日记》:"大河崖,亦村名,商民十余家,遶(绕)村俱蒙古包,土尔扈特降部,分乌鲁木齐屯牧者,东起奎屯河,西止大河崖,通计盖千户。其人亦种地,或负贩如汉人,尤贵牛、羊、马。"② 此其知道引水灌溉证据之二也。

俄国考察家波兹德涅耶夫在其重要著作《蒙古及蒙古人》一书中,对居住于科布多地区的扎哈沁人的农业曾经有过如下的报道:"8月24日(1892)……3点10分我们穿过了从古城通过此地的道路,过了四十分钟,我们来到扎哈沁的大片耕地旁。这里种的似乎全都是小麦,看来人们对土地的管理是十分经心的。田间挖出了一条条宽宽的水渠,到处都围着栅垣,遍地立着吓唬小鸟的草人(玛怒海)。农田全都是水浇地,灌溉的水来自在西面流过的几条古尔奔曾吉尔河……这几条河本身离田地约有十来俄里之远。"③ "扎哈沁"人,原是准噶尔二十四鄂拓克之一。波兹德涅耶夫所见情况,虽距准噶尔时代已百有余年,但在中国封建社会里,耕作技术的变化一般并不大,因此,其关于札哈沁人的生产情况的报道,仍然具有典型意义。

从波兹德涅耶夫的报道中,我们除了看到其农田附近有灌溉设施外,还知道其庄稼周围还有木栅,以防牲畜和野兽破坏;立有木偶,"以防鸟害"。这说明,准噶尔人的农业,在某些方面与内地的农业很相近。它与乾隆御制诗:"新附者知耕","却类内札萨"所说完全一致。

---

① 《平定准噶尔方略》(正编)卷4,乾隆十九年十二月癸酉。
② (清)赵均彤:《西行日记》卷3。(边疆丛书本)。
③ [俄]波兹德涅耶夫《蒙古及蒙古人》第1卷,刘汉明等译,内蒙古人民出版社1989年版,第321页。

5. 实行轮番耕作

曾在乌鲁木齐附近见过当地农民耕作情况的清朝大臣纪昀说："塞外之田，更番换种，以息地力，从无土著之说。"① 这里所说的"更番换种"就是农业科学中所说的"轮荒农作制"。之所以将其称作"轮荒农作制"，是因为它是在稼穑地和撂荒地之间有计划地实行轮换耕种的一种制度。这种制度，一般是将耕地种植一年，然后撂荒，待过数年后，再回原地耕种。前所述和硕特、土尔扈特人的耕作方法既与当地农民相近，那么准噶尔人大体上也应如此。这种制度，中原地区在春秋战国前后也实行过。《周礼·地官·遂人》条："辨其在野之土：上地、中地、下地，以颁田里。上地，夫一廛，田百亩，莱五十亩，余夫亦如之；中地，夫一廛，田百亩，莱百亩，余夫亦如之；下地，夫一廛，田百亩，莱二百亩，余夫亦如之。"这里所说的"田"，就是指当年垦殖之地；"莱"，是指休而不耕的"撂荒地"。这是一种企图通过休耕使土地逐步恢复肥力的办法。纪昀所说的"以息地力"，就是这个意思。

6. 一般游牧民都自己耕种

普通游牧民既是畜牧业生产的直接生产者，同时又是农业生产的直接参加者。因为他们生活在社会底层，生活最艰苦，所受剥削和压迫最深。他们兼营农业，大多数都是因为缺乏牲畜。前面我们提到的查干库本，特古斯济尔罕的谈话记录，就是这一事实的有力证据。为了更好地说明这一问题，下面拟再补充三个例子。

雍正十一年（1733），被俘的准噶尔喇嘛朋楚克达什当其在内地谈到他在哈喇沙尔的见闻时说："除略大台吉、宰桑外，其村俗中有马匹者竟不见一人，全靠庄稼度日。这几年庄稼受旱，无甚收成。"② 雍正十二年（1734），被俘的准噶尔人西拉布说："数年以来，不断用兵，故我准噶尔人众，生计比前更加贫困，富者甚少，惟依耕种度日"。③ 脱出准噶尔的内蒙古人班第于乾隆十七年（1752）在返回内地后向清廷大臣说："准噶尔人众，不牧养牲畜只靠种地者甚多。喇嘛达尔札并无实权，悉由宰桑办事。"④

---

① （清）纪昀：《乌鲁木齐杂记》（小方壶斋丛抄本）。
② 满文《月折档》，雍正十一年十二月二十七日定边大将军富鹏等奏。
③ 满文《月折档》，雍正十二年三月九日定边大将军富鹏等奏。
④ 满文军机处录付，乾隆十七年五月十一日班第供词。

以上三人所提供情况，虽然详略不一，但都一致指出：不少游牧民，由于缺少牲畜，或者全无牲畜，结果不得不"依耕种度日"。

苏联学者 A. 伯恩斯坦指出，"在游牧民族中间阶级分化的增长，使得他们最贫穷的一部分人过渡到定居生活，同时又在他们中间导致了宗法封建关系的发展"。① 根据档案资料提供的情况，其论断大体上是正确的。

家有奴隶的富裕户及各级封建贵族，其农业则主要由奴隶经管。奴隶，绝大多数都是战俘。17 世纪中期，沙俄使臣在巴图尔珲台吉、阿巴赖诺颜、楚琥尔乌巴什、僧格等牙帐附近所见到的"布哈拉人"，以及我们前面提到的特穆尔八克、伊思喇密丁、沙喇克奔、郭尔博奇、库撒默特等人，大多数都属于这一类。因为他们都是被强迫为准噶尔封建主种地的人，故俗称为"塔兰奇人"。"塔兰奇人"在汉籍文献大都写作"塔哩雅沁"或"塔喇沁"。据日本学者羽田明考证，"塔兰奇"一词，来自托忒语，意为"耕地、种子、谷物"。② "塔兰奇人"分布很广，霍博克萨里、额敏、乌鲁木齐、赛音塔喇、毛他拉、玛纳斯、哈喇沙尔、晶、伊犁等地都有。17 世纪以前，由于准噶尔的政治、经济中心在霍博克萨里、科布多，故其人数主要集中于额尔齐斯河流域及霍博克萨里等地。可是自从策妄阿喇布坦父子把伊犁作为政治、经济中心后，伊犁及其附近地区，便成了他们的最大荟萃地。

关于"塔兰奇人"的社会地位问题，目前还没有足够的事实做出判断。有人认为他们相当于准噶尔的"国家农奴"。笔者以为如果这是指其中的一部分人说的，那是正确的，如果是指整个"塔兰奇人"说的，则未必妥当。因为"塔兰奇人"意思就是"种地人"。而在准噶尔地区为准噶尔贵族种地的人情况并不完全相同。有被俘作为奴隶的，也有被强迫集体移住到伊犁的；有被置于封建主个人直接管辖的，也有被"分隶各昂吉而役使之"者。③ 他们的情况怎么能都是"农奴"呢？个人初步看法是：凡是被俘后直接置于封建主个人管辖下的，其地位相当于奴隶。因为这样的人大多数都没有人身自由，一切行动都要受主人的监督。而那些被

---

① [苏] A. 伯恩斯坦：《中亚古代游牧民族史的争论问题》，载中国科学院民族研究所编译《民族史译文集》，科学出版社 1959 年版，第 113—114 页。
② 见《准噶尔王国与布哈拉人》。
③ （清）祁韵士：《西陲总统事略》卷 1《初定伊犁纪事》。

迫移居伊犁的，或者是被俘后集中于某一处的，其地位则相当于"农奴"。因为这些人除了不能任意迁徙，并于秋收后向准噶尔贵族交纳租赋外，行动都比较自由。

7. 农作物

据诸书记载，其作物主要是粮食作物。粮食作物中，又以小麦、大麦、黍、糜、豆等居首。1667年，出使到楚琥尔乌巴什和僧格领地的俄国人库尔文斯基在其出使报告中指出："喀尔木克地方丰产谷物，除黑麦以外，春播作物样样齐全。"① 1654年经过阿巴赖牧地的巴伊科夫说："从布哈拉农民那里到阿巴赖台吉的驻地是一天路程。布哈拉农民住的是土房，种植糜、黍、大麦、小麦和豌豆，还大量饲养各种牲畜。"② 雍正末年，脱出准噶尔的清朝兵丁王大才在回到内地时谈到，雍正九年（1731）他在科什图被俘后，被带着向西走了数十日，到一大平川……南面有一大松山，中间有田地，地里种着糜、谷、麦、豆……"③

上面三人，虽然经过地区不同，所处时代不同，可是所说内容却基本一致。由此可见，上述作物，在农业生产中具有特别重要的地位。

农产品除粮食作物外，瓜、果、蔬菜等的种植也很普遍。温科夫斯基说："现在不仅布哈拉人俘虏，而且好多卡尔梅克人也从事农耕了。他们栽培小麦、黍、糜、南瓜、西瓜、葡萄、杏和苹果等果树。"④ 1732年到过噶尔丹策零牙帐的俄国人乌格柳莫夫说，他在准噶尔时，曾亲自探访过由"布哈拉"人管理的园圃，"园子里树木品种繁多"。有的还"植有颇多果树和蔬菜"。⑤ 傅恒《西域图志》云："按准部不乏泉甘土肥、性宜生植之地，是以百谷园蔬之属，几于无物不有。"⑥

关于准噶尔人的农业经营情况，我们所了解的就是这些。

---

① ［英］巴德利：《俄国·蒙古·中国》下卷第1册，第1232页。
② 同上书，第1147页。
③ 军机处录付，2195卷第15号。
④ ［俄］温科夫斯基：《准噶尔遣使记》，转引自［日］佐口透《俄罗斯与亚细亚草原》，东京1966年版，第156页。
⑤ 俄国对外政策档案馆，准噶尔卷宗，1731—1733年第3卷，第16、99张；转引自［苏］兹拉特金《准噶尔汗国史》，马曼丽译，商务印书馆1980年版，第343页。
⑥ （清）傅恒：《西域图志》卷43《土产》。

四　结论

纵观以上所述，我们可以得出以下几点结论：

1. 准噶尔人习农业、识耕稼。其始营农业是在元代，即在其先祖斡亦剌人从森林狩猎民转变为草原游牧民之时，至迟不晚于13世纪中期。准噶尔部首领巴图尔珲台吉对准噶尔农业的发展是有贡献的，但他不是准噶尔农业的"首倡"者。在他统治下的准噶尔也不是农业最兴盛的时代，最兴盛时代是策妄阿喇布坦和噶尔丹策零统治时期。在17世纪40年代前后，农业在准噶尔社会经济中的地位，并不如狩猎那样重要。但由于巴图尔珲台吉以及策妄阿喇布坦等的大力提倡，农业在准噶尔社会经济中的作用，便逐步成了仅次于畜牧业的重要生产部门。

2. 农业在准噶尔地区的发展一事清楚地表明，准噶尔统治者通过自己的亲身经历，对农业在其社会经济发展中所具有的重要意义有着较清醒的认识，知道建立一定的农业，非但无害而且有利。这在当时来说，是非常难得的。事实说明，游牧民族并非完全拒绝农业，畜牧业生产与农业生产非但不互相排斥，恰恰相反，在一定的条件下，它们还有互相补充、互相促进的作用。在策妄阿喇布坦和噶尔丹策零时，准噶尔的社会经济之所以有较大发展，与其农业生产的进步显然有着很大关系。

再者，根据档案资料提供的线索，在从事农业生产的准噶尔人中，主要是那些缺乏牲畜的牧民这一事实告诉我们，在游牧民族中之所以存在发展农业的可能性，是因为社会存在着阶级，而阶级随着社会历史的发展是要分化的。由于天灾人祸的影响，结果必然有些人富了，有些人变穷了。生活困穷的游牧民，当其畜牧业生产无法满足需要时，必然要从狩猎及农业方面寻找出路。这就是农业之所以能在准噶尔牧民中发展的经济基础。准噶尔人是这样，其他游牧民族估计也不会例外。有关这一问题，尚待进一步研究。

3. "塔兰奇人"的农业不能代表整个准噶尔农业。因为从事农业生产者不仅有"塔兰奇人"，且有准噶尔人。"塔兰奇人"大都是被强迫为准噶尔封建主种地的战俘奴隶或移民，他们是准噶尔农业中的重要组成部分，而不是准噶尔农业的全部，把准噶尔的农业完全归结为"塔兰奇"

农业，这不仅在事实上还是逻辑上都是错误的。

"塔兰奇人"，由于来源不同，其社会地位也不相同。有些人的身份相当于"奴隶"，而有些人则相当于"国家农奴"，不可同日而语。

4. 广泛使用"塔兰奇人"从事农业，这是准噶尔农业的一个重要特点。一方面它说明了准噶尔封建主对农业生产的重视，企图走农牧经济相结合的自给自足的道路；另一方面则又说明，17—18世纪准噶尔社会经济的繁荣，是与其对西北各族人民的残酷压迫剥削分不开的。

"塔兰奇人"的大量使用，对准噶尔的农业既有好处，也有坏处。好处是有利于广大兼营农业的游牧民吸收维吾尔等先进民族的生产技术，坏处则是他们从事农业并非其自愿，而是被迫的，因而严重地影响了他们的生产积极性，给社会秩序的安定带来了不利因素。

5. 准噶尔人实行犁耕，耕牧分处，知道引水灌溉、种植各种作物，秋收前有"护田""看田"习惯，说明其农业已是有一定生产水平的农业。虽然它还不能与中原地区的农业生产相提并论，但与其余诸游牧民族相比，却是值得人们称道的。

（原刊中国蒙古史学会编《蒙古史研究》第1辑，内蒙古人民出版社1985年版）

准噶尔汗国时期新疆的手工业生产管窥

有关准噶尔汗国时期新疆手工业生产情况，史籍给我们留下的记载寥若晨星，偶尔见之，也大都三言两语，或片言只语，很难见其庐山真面目。不过，如果我们利用现有记载进行投石问路，将那些零碎的史料，加以归纳、贯穿和适当推导，则仍不难窥其涯略。

从现有记载看，汗国时期新疆的手工业生产，大体上可分为官营手工业和私营手工业两种。官营手工业大多数都是生产规模较大的手工业作坊，而私营手工业则绝大多数都是以家庭为单位的个体手工业。

一　官营手工业

官营手工业主要集中于北疆准噶尔地区，其中最重要的有矿冶、兵器制造、制呢绒和制革等。

矿冶业。矿冶包括冶金、冶银、冶铜、冶铁、冶锡、冶铅等。《西域图志·土产·准噶尔部》云："金名阿勒坦，银名孟固，铜名化斯，铁名特穆尔，锡名图固勒噶，铅名和尔固勒津。五金之中，多铜、铁、锡、铅……其铁最良。"[1]

据记载，在策妄阿喇布坦和噶尔丹策零统治时期，准噶尔人曾先后于伊塞克湖、喀喇巴勒噶逊、昌吉河源等地开采铁矿，[2] 于塔尔巴哈台等地开采银矿和铜矿。[3] 他们用古老的方法进行熔炼。从事冶炼的工场，小的有数百人，大的达千人或数千人以上。1716 年被俘至准噶尔在伊塞克湖

---

[1]　《西域图志》卷 43《土产》。
[2]　参阅《平定准噶尔方略》（续编）卷 17，乾隆二十七年五月壬子。
[3]　参阅［苏］兹拉特金《准噶尔汗国史》，马曼丽译，商务印书馆 1980 年版，第 346 页。

当过矿工的俄国人索洛金说："湖的四周铁矿相当多"，"由卫拉特人自己开采"。矿石开采后被"运到对岸山上的树林之中。在这个树林里，用老法熔炼，现在已改用熔炉。用炼出的铁'制造（现在还是自己制造）刀矛、盔甲等。他们那里这类匠人现在已近千人'。不久前，被俘的瑞典军官列纳特改变了往熔炉输送矿石的方法，造成了舢板，把矿石由湖的一岸输送到另一岸，再从这里'由浑（珲）台吉的属民取去，运到山上熔炼。'"① 1748年到过塔尔巴哈台的沙俄使臣科托夫希科夫说：据他了解，"那里有称作布哈的银矿和铜矿"。"以前噶尔丹策凌时期由于达瓦齐诺颜的要求，上工的人多达千名，少则五百名。现在策妄多尔济纳默齐（按：指策妄多尔济那木札勒）执政，什么人也不给，因为他跟这位诺颜不和。"他们"借助火药钻探采矿。用铜矿制造器皿……派到这个工厂上工的约三千人"。② 根据以上记载，不难看出，当时准噶尔地区的冶炼技术已达到相当高的生产水平了。金、铜、铁、铅、锡，在南疆维吾尔地区也有较大出产。《西域图志·土产》云："回部所产五金：有黄金，名阿勒屯；白金，名库穆什；红铜，名密斯；黄铜，名图持；……有铅，名库尔阿逊；铁，名图摩尔；锡不多产，名喀里叶。"③ 但它是官营还是私营？则不可得而知。

兵器制造。主要有刀、剑、矛、箭、枪、炮诸类。准噶尔人的刀，托忒语称"伊勒都"，形制与内地相同，"惟于刀欛（把）之间，以铁两方，横抵之代护手"。枪有两种：一为冷兵器，称"济达"。长者约一丈二三尺，短者不下一丈，头用纯钢制成，长六七寸，刃柄绕以马鬃，又以驼毛为球，系于柄中间。柄末穿一孔，系以革条，以便携带。一为火枪，汉籍文献称"厄鲁特鸟枪"，"长四尺余，制如内地鸟枪"。噶尔丹统治时期曾以其火力猛烈而享有盛誉。康熙二十九年（1690），噶尔丹率兵侵入乌朱穆沁，清军在阿尔尼率领下与其战于乌尔会河。噶尔丹军因在阵中以厄鲁特鸟枪进行射击，喀尔喀军畏其火力威猛，纷纷夺阵而逃，结果被打得大败。弓称"努穆"，形同内地而稍小，以山羊皮为饰，以马尾鬃为弦。箭

---

① 俄国对外政策档案馆，准噶尔宗，1731年第1卷，第218页；转引自《准噶尔汗国史》，第344—345页。
② 俄国对外政策档案馆，准噶尔宗，1748年第1卷，第37页反面；转引自《准噶尔汗国史》，第346页。
③ 《西域图志》卷43《土产》。

称"苏穆",形同内地而略短,箭杆质坚细而劲实。剑称"硕罗","长者三尺余,短者二尺余,剑鞘以皮为之,镡端有铜环"。胄称"都呼拉哈",形状与内地同。或以铁皮置于胄前以障面。甲称"呼雅克",俗称锁子甲,以铁制成,"间有用绵者"。①准噶尔甲在噶尔丹统治时期就很有名,史称"轻便如衣,射可穿则杀工匠"。②以其坚固精巧,深为清廷所重视。乾隆二十三年(1758),阿睦尔撒纳叛乱被平定后,清廷为使其技术得到广泛流传,特将准噶尔甲匠奇齐克、玛木特、多尔济三人编入蒙古旗中,令于武备院从事制造。③

在准噶尔人的兵器制造业中,令人瞩目的是火炮。准噶尔的炮,据《西域图志》记载有两种:"或高二三尺,圆径三寸,驾于驼背施放;或高二三尺,圆径五六寸,木架上施放。"④策妄阿喇布坦和噶尔丹策零统治时期,为了加强对炮的管理和使用,特于其二十四鄂拓克中建立了一个称为"包沁"的组织,由专门充当炮手的人组成,总数达1000户。

准噶尔人何时开始学会制造火炮?汉籍文献至今未见明载。据俄国档案资料记载,约产生于18世纪20年代。火炮的制造,与在亚梅什湖战役中被俘的瑞典军官列那特的帮助有一定关系。列那特在策妄阿喇布坦和噶尔丹策零的驱使下,曾先后帮助准噶尔人制造过4磅炮15门,小口径炮5门,10磅炮20门,⑤从而开启了卫拉特蒙古人使用和造炮的历史。为了改进造炮技术,雍正十一年(1733)噶尔丹策零还致函俄国沙皇,希望其派人到准噶尔帮助"制造大炮和臼炮"。但由于双方边界问题没有达成协议,此事后被搁置。

乾隆十九年(1754),阿睦尔撒纳率众归附清朝,恭"进炮九位","特欲表其悃诚"。⑥乾隆二十七年(1762),清军于特穆尔里克(位于察林河南)又掘得准噶尔人所埋大铜炮4尊,冲天炮筒8个,大小炮弹万余发。⑦从有关记载看,可知当时其火炮制造技术已相当发达了。

制呢绒。呢绒的生产与瑞典军官列那特的帮助也有一定关系。兹拉特

---

① 《西域图志》卷41《服物一》。
② (清)梁份:《秦边纪略》卷6《嘎尔旦传》。
③ 参阅《平定准噶尔方略》(正编)卷50,乾隆二十三年二月戊辰。
④ 《西域图志》卷41《服物一》。
⑤ 参阅[苏]兹拉特金《准噶尔汗国史》,第344、345页。
⑥ 《清高宗实录》卷471,乾隆十九年八月乙丑。
⑦ 《清高宗实录》卷663,乾隆二十七年闰五月戊寅。

金《准噶尔汗国史》说,"据索洛金证明","列那特还伙同另一个瑞典俘虏杰列什中尉,把呢绒生产搞得很好,把这门手艺传授给了卫拉特人。'现在在珲台吉的兀鲁思里有不少本族人的制呢匠'"。①

制革。蒙古人向善制革。其法,是将生皮泡以酸奶、土碱和用黄米煮成的米汤中,先去其油腻及脏物,然后再涂上酥油,加以揉制。他们能生产多种皮革,其中尤以红香牛皮最有名。红香牛皮是专门提供准噶尔贵族制造皮靴的原料,在俄国档案文献中,则经常被称为"红色油性革"。据记载,一位被俘的俄国人在伊犁一个宰桑的作坊里,还参加过这种革制品的制作。《西域图志》云:"固都逊,即靴也,以牛皮为之,台吉多用红香牛皮,中嵌鹿皮,刺以文绣。宰桑亦用红牛皮,不嵌鹿皮、不刺绣。民人穿皮履,或黑或黄,无敢用红色者。"② 他们也善制羊裘。制裘之法,"先漉以浑乳,曝之揉之,使柔若棉纩。故被服累年,毡毯(绒)不落"。③

二 私营手工业

私营手工业以南疆维吾尔族地区最为发达。主要有纺织、金属加工、木器、制革、玉石加工、酿酒和造纸等。

纺织业。纺织有棉织、丝织和制毡毯。棉织业是新疆古老的手工业部门,唐宋时期就已相当发达了。《旧唐书·高昌传》载:"厥土良沃,谷麦岁再熟,有葡萄酒,宜五果,有草名白叠,国人采其花,织以为布。"④ 王延德《西州使程记》:"地产五谷,无荞麦……出貂鼠、白氎(氍)绣文花蕊布。"⑤ 到了清代,南疆维吾尔族地区,凡产棉之区,大多数个体家庭都有纺纱织布的习惯。所谓"男识耕耘,女知纺织,"⑥ 就是当时社会现实的生动写照。其所织之布,有各种印花布和土布。印花布有木戳印花和木滚印花两种。木戳印花类似于盖图印,染印时需先将染料涂于木戳

---

① [苏]兹拉特金:《准噶尔汗国史》,第345页。
② 《西域图志》卷41《服物一》。
③ 钟广生:《西疆备乘》卷2《工艺》。
④ 《旧唐书》卷198《高昌传》。
⑤ 引自杨建新主编《古西行记选注》,宁夏人民出版社1987年版,第159页。
⑥ 《西域图志》卷39《风俗》。

印花上，再拓印于织物。这种染印方法特别适应于中小型的装饰花纹。木滚印花是在雕刻花纹的木印上涂色进行滚印。这种染印法，最适宜装饰大型的花纹。① 印花布所用染料，大多数是植物或矿物原料，如槐花、槐籽、桑树根、红花、茜草、红柳根和锈铁屑等物。"土布"，又称"粗布"或"稀稀布"。以其"纱粗而松，片厚而疏宽"得名。这种布的质量虽然比较粗糙，但因穿着舒适，价格便宜，深为新疆及中亚各族人民所喜爱。萧雄《西疆杂述诗》云："木棉花下女郎多，摘得新花细马驮。手转轴轳丝乙乙，不将粗布换轻罗。"② 就生动地刻画了人们对它的喜爱心情。印花布和土布，除自用外，它们还经常被作为商品与周边诸民族进行交换。温科夫斯基说，从俄国运到准噶尔地区的货物有："各种颜色的呢子、海龙皮、水獭皮、红黑二色油性软革、玄狐皮、勒拿红狐皮、针、剪刀、镜子等。"他们运到俄国的货物有："叶尔羌和其他城镇用本地出产的棉花织成的印花布、粗布、台布、乔夫达尔布、粗平纹布、次等薄纱……"③

丝织。丝织以和阗地区为最盛。和阗唐代就工丝织。7世纪中叶，玄奘至印度取经时，就云其地"工纺绩絁䌷（絁䌷）"。此后，其社会历史虽历经多次变化，传统则始终未变。《新疆回部志》云："新疆惟和阗人知养蚕缫丝织绢，他处虽多，食椹而已。"④ 椿园《西域记》：和阗，"原蚕山茧极盛，所织䌷、绢、茧布极缜密，光实可贵"。⑤《西域图志》等著作中，有关其丝织品名称就有绸、绫、绢、缎、倭缎、金丝缎等名目。这些名目，就是其丝织技术高度发达的有力佐证。众所周知，"绸"是抽取粗茧而织成的丝织品；"绫"是"有花文（纹）之缯，冰文（纹）或斜文（纹）之织物"；⑥"绢"是用蚕丝织成平纹或重平组织的丝织物，丝厚而疏；"缎"是质地厚密，一面光滑的丝织品；倭缎，是将棉线先行浸染后，再斫绵夹藏经面，待织过数寸，即刮成黑光之缎；金丝缎，所用梭线均分五色，金线亦分数色而织成两面都有花之缎。如此名目繁多的丝织品的出现，说明织造工匠不仅能织造普通的丝绸，而且能织造技术极复杂

---

① 《西域图志》卷39《风俗》。
② 萧雄：《西疆杂述诗》卷3。
③ ［俄］温科夫斯基：《十八世纪俄国炮兵大尉新疆见闻录》，宋嗣喜译，黑龙江教育出版社1999年版。
④ 参阅苏尔德《新疆回部志》卷2《织纴》。
⑤ （清）椿园：《西域记》卷2《和阗》。
⑥ 朱启钤：《丝繡笔记》卷下。

的高级丝绸，生产技术与内地的生产水平相距并不远。其所产丝织品，除供新疆各族人民使用外，其中还有不少被销往中原内地和中亚等地。准噶尔商队经常带到内地与各族人民进行交换的"缠头缎"，就是其中的一部分。

制毡毯。准噶尔人大都从事畜牧业。他们"居穹庐，逐水草"，毡毯在其社会生活中有着重要的作用，不仅平时搭盖蒙古包需要毡毯，其坐、卧、装饰，也无一不用毡毯，否则便难以生活。《西域图志》在载述准噶尔人的"服物"时说："锡尔德克，以羊毛织成，其形长方，或铺于床，或铺于地，施坐褥于上，即内地毡毯也。""都尔布锦，亦以羊毛织成，其形方正，大者二尺，小者尺余，加于锡尔德克之上，制如内地坐褥。""德必斯克尔，即卧褥也。以毡为里，或一层，或二层，冒以绸缎及布之属，用以卧。"① 维吾尔人主要从事农业，虽无往来迁徙之事，但因居住环境，气候严寒，故毡毯在其社会生活中也是不可或缺的必需品。维吾尔人的毡有白毡和花毡之分。白毡称"奇吉斯"，用作卧褥或以被墙。花毡称"塔克纳玛特"，设于白毡之上，供作装饰用。其毯，维吾尔语称"吉里雅木"，以羊毛和棉线织成。"施于炕，长阔视炕之度；或施于地，长者盈丈，短亦六七尺，阔者七八尺，狭亦四五尺，复加花毡于上，惟上等回人用之"。②

制毡毯不论在南疆还是北疆，都是由各个家庭独立进行经营。倘自己无法单独完成，则请邻里或亲属帮助。制毡方法，卫拉特蒙古人与维吾尔人大同而小异。卫拉特牧民的制毡法，一般是将羊毛平铺于芨芨草编的大帘子上。每铺一层羊毛，就浇一次热水，待羊毛积累到一定厚度，即将其卷起，以绳活拴于帘上，两个人相对而立，以手拉绳之两端，使绳子于地面来回滚动，犹如抖空竹一样。经过十五个来回，再打开喷水，用肘部推赶三十余次而成。维吾尔人是"将芨芨草为帘敷于地，洗净羊毛摊帘上，以柳条拍之使匀，漉以沸汤，卷之使紧，或用驴马旋转之，如碌碡然"。制毯，是南疆维吾尔人的杰作。其毯，俗称"栽绒毯"。"栽绒毯"的制作方法是，"以羊毳为经，棉线为纬，五色相间，为古彝鼎、泉刀、八宝花卉诸文彩。厚者盈寸，长宽丈余，或六七尺不等，其植绒若秧针，故名

---

① 《西域图志》卷41《服物一》。
② 《西域图志》卷42《服物二》。

曰栽绒"。① "栽绒毯"是新疆古老的毛织品和工艺品，早在二千多年前就已诞生，据说中原地区的地毯就是从新疆传入的。唐代丝路鼎盛时，国都长安就设有专门经营西域毡毯的商店。南宋时在高昌还设有专门交易地毯的互市。到了明代，陕、晋、豫及江浙一带，也普遍有了地毯。维吾尔族艺人马托阿洪，还应邀到银川传艺，人称"马托祖师"，其墓碑至今仍屹立于银川海宝塔下。

金属加工业。金属加工业有铁器、铜器和金银器等。铁器的加工主要是制作农具：犁、耙、锄（砍土镘）、镰刀等；手工业工具：斧、锯、钻、刀、凿、推刨、剪刀等物。《西域图志·服物一》云："按准部成物之具，略同回部，即准之内地，亦不复大殊。""奇鲁斡，形同内地之锯，其著（着）手处，或用木，或用铁；苏克，形同内地之斧，亦有两面，俱削成芒口者；额噜木，形同内地之钻，其绳用马鬃三股为之……乌呼必，形同内地之蛮刀，又有卷头作钩者；哈噜尔，形同内地之推刨，大者用两手，小者用一手，其四周平底，亦或以铜为之。"② 准噶尔人以善制锯著名。"准噶尔锯"既可用于锯木，制作家具，还可用于锯玉，从事玉石生产。例如，叶尔羌密尔岱山所产玉石，重者往往达千万斤。这些玉石开采后，大都难以运输，就要用"准噶尔锯"进行切割，才能进行运输和加工，制成各种器物。③ 例如，乾隆二十七年（1762），叶尔羌采进玉磬料11片，重1430斤，就是利用准噶尔锯截割的。④ 《西域图志·服物二》在载述维吾尔人的农具和手工业工具时说："布尔古斯，犁之总名也，头以铁为之，曰题实，长短参差如指形"。"库尔札克，犁耙也，其铁头内向，形似铲，柄稍斜，以枣木为之，播种之后，用以覆土。恰特满，形似铁锹，其头甚圆，以枣木为直柄，用以垡土开沟，并引沟水以灌田"。"鄂尔噶克，形似曲刀，纯钢为之，头柄皆铁，用以割稻麦之属"。"塔巴尔曾，以铁为之，首为斧形，筑土使坚，其末如刀，以涂泥傅之，凡成墙者必以此"。"阿尔喇，锯也，大小不等，手持处亦以铁为，大者锯木，小者锯骨角之属。裕舒奇，即钻也，形同内地。其钻弓谓之喀玛勒察"。"兰达，大推刨也，两手用之"。"帕勒图，短斧也，枣木为柄。喀

---

① 《新疆图志》卷29《实业二》。
② 《西域图志》卷41《服物一》。
③ 参阅（清）魏源《圣武记》卷4《乾隆戡定回疆记》。
④ 参阅（清）徐松《西域水道记》卷1。

实喀尔特，剡刀也，其头甚锐。额恰克，铁锉刀也，刬物处齿如密钉，质厚而芒锐"。"凯齐，剪刀也，头锐而厚且长，两股如燕尾，其形略钩而已；又有一种，其尾可伸，屈之则成剪刀形，伸之则两尾相并，如双箸然"。"巴斯安，大铁锤也，其小者谓之布尔喀"。维吾尔人向以善铸刀著称。其所铸刀，刃短而窄锋，晶光熒熒（荧荧），置映日光中，隐见波涛纹，"截铁削木，不缺不卷"。① 此外，他们还用以制作各种冷兵器如刀、长枪、月斧、剑和箭等。

铜器加工。铜主要供制作普尔钱。《西域图志》载："回部旧属准噶尔，所用普尔钱文，质以红铜为之，制小而厚，形圆椭，而首微锐，中无方孔。当策妄阿喇布坦时，面铸其名，背附回字。噶尔丹策零嗣立，即易名更铸。"② "普尔"，维吾尔语意谓"文"，世称为"雅尔玛克"。以一钱为一普尔，每一普尔值银一分，五十普尔为一腾格。凡台吉新立，即于钱面易名改铸。其法，先铸新钱一万，换易旧钱。新者以一当二，旋换旋铸。其次是制作盘、壶、罐等器皿。铜器皿，以维吾尔人的制作技术最为精湛。《西域图志》在载述维吾尔人的"服物"中说："烈干，大盘也，红铜为之，其形正圆，围七八尺，高七八寸不等，以盛马牛羊肉"；"托古斯密斯塔巴克，用红铜为圆盘，径尺许，深三四寸不等，其数用九，以盛各项饮食之物"；"塔赫锡，用红铜为小圆盘，圆径约二寸以内，高寸许，以盛果品，其数亦用九"；"库喇，以红铜为之，其形如罐而有盖，旁施两耳，以盛饭、面、乳等物，数以四"；"鄂喇札木，以红铜为之，其形如缸，高七寸余，口径三寸余，以盛肉汁，数以四"。③

金银器加工，主要是制作各种金银饰物。苏尔德《新疆回部志》载，其人"耳戴金、银、珠石坠，亦有手镯、脚镯、戒指"。④ 制作金银饰物的匠人，维吾尔语称"阿尔屯齐"。阿尔屯齐若能依主人意愿制作妇女妆饰，往往可以收到双倍劳金，或得到酒食礼物等的酬谢。

木器业。木器业主要是制车、船、鞍辔和日用家具等物。车，准噶尔语称"特尔根"，其制有二轮和四轮两种。车轮一般以大幅木板四块组

---

① 参阅钟广生《西疆备乘》卷2《工艺》。
② 《西域图志》卷35《钱法》。
③ 《西域图志》卷42《服物二》。
④ （清）苏尔德：《新疆回部志》卷2《衣冠》。

成，交股作十字形。轮幅大小，根据车之大小而定。① 两轮车多用以载人，四轮车则多用以搬运家什。驾车大都以马或骆驼。雍正元年（1723）沙俄使臣温科夫斯基出使准噶尔时，策妄阿喇布坦为迎接来使，就多次派拨马和骆驼为之驾车。② 维吾尔人的车，世称"阿喇巴"，史载"其轮甚高，其箱甚深，驾以牛马，亦有驾鹿以行者"。③ 洪亮吉《天山客话》中云在前往伊犁时，曾雇"薄苯车二辆赴伊犁，车箱高广竟过于屋"，估计即为其车之形制。

新疆地区，河流甚多，商旅往来，除牛、马、骆驼和车以外，船亦是其重要交通工具。方观承《述本堂诗集》云："准酋阻伊里河而居，其河深广，须舟筏乃渡。"④ 准噶尔的船有独木船和平底船两种。独木船准噶尔语称"托斯和尔"，以独木刳成，配以两竿，亦以木制。平底船，以数木合制而成。据说该船是利用亚梅什湖战役中被俘的俄国战俘帮助制造的，共二百余只。为了保证道路的畅通，噶尔丹策零统治时，曾在伊犁河流域一带，专门派遣十户牧民负责摆渡。⑤ 维吾尔语称船为"克玛"。其船亦有独木或数木合制两种，形状与准噶尔船略异。船之两端，均有四柱，"可蒙毡毯之属，无风雨则撤之，有则张之"。⑥ 鞍辔，南、北疆皆产，而以阿克苏产质量最佳。史载："绣鹿革为鞯，鞍辔修整，为各城翘楚。"⑦

家具，有桌、椅、床、柜及饮用器皿等物。桌、椅，主要产于南疆，维吾尔语分别称为"额格斯察尔帕雅"和"库尔斯叶"。床，托忒语称"缫和什勒"，制与内地床大致相同。"长六七尺，阔三尺许，高尺余，有四足"，左、右及后面均有边栏，并配有精致雕刻，唯大台吉及高级喇嘛有之，与普通游牧民则无缘。⑧ 维吾尔语称床曰"喀尔特"，其形长方，下有四足，中横直木为楞，约五六行，上施花毡，左、右两足各有横木。

---

① 《西域图志》卷41《服物一》。
② 参阅［俄］温科夫斯基：《十八世纪俄国炮兵大尉新疆见闻录》，宋嗣喜译，黑龙江教育出版社1999年版，第100页。
③ 《西域图志》卷42《服物二》。
④ （清）方观承：《述本堂诗集·松漠草诗注》。
⑤ （清）松筠：《新疆识略》卷4。
⑥ 《西域图志》卷42《服物二》。
⑦ （清）椿园：《西域记》卷2《阿克苏》。
⑧ 参阅《西域图志》卷41《服物一》。

柜，维吾尔语称"崇繳（伞）都克"，"其形长方，上有抽盖，大者四五尺，其次亦不下二三尺"，"面刻花木禽兽为饰"，用以贮存衣帽等物。①日用器皿，主要有盘、桶、匣、椀（碗）等物。《西域图志》载："塔巴克，形同内地之盘，盛食及羹，以红铜为之，亦有用木者，深浅大小不等，用以盛肉。"②"和恩，以木为盘而有足，高约二寸，圆径约六七寸，以盛饼饵之属"。"察喇，小木桶也，以盛酸乳"。"奇齐克繳（伞）都克，小木匣也，其形长方，上有抽盖，大者尺余，小亦盈尺，男女各二。男以藏带刀之物，女以藏首饰诸物"。"酬察克，刳木为椀（碗），其大小不等，以油涂之，以漆髹之，盛茶及饭"。③

制革。南疆维吾尔人的制革业，一般是制作各种毛皮和香牛羊皮。毛皮主要供制裘。准噶尔商队到内地贸易时，其携至内地的皮裘，估计其中就有一部分为维吾尔人加工制作的。香牛羊皮主要供制皮衣、皮褥、皮鞋、皮靴等物。梁份《秦边纪略》载：香牛皮是"以香物制之，加紫红色茜之，夷以为靴，则蛇虺不敢近；以为褥，可避诸虫，其香虽久不散。"④ 萧雄《西疆杂述诗》："回人喜赤脚，有时或鞋或靴，皆以香牛皮、香羊皮为之，头无脊梁，似中国朝靴，微锐而扁。"⑤ 毛皮、香牛皮除自给外，还远销青海、甘肃及中亚等地。

玉石加工业。玉石，天山南北两路皆有产，其中最为著名者首推和阗与叶尔羌。魏源《圣武记》云："和阗西则丛山，东则沙泽，近蒲昌海，不通外藩，无互市，惟产玉闻天下，叶尔羌次之。"⑥ 和阗玉以玉陇哈什和哈拉哈什两河产者为佳。乾隆御制《和阗玉》诗云："回域定全部，和阗驻我兵，其河人常至，随取皆瑶琼。"⑦ 就是对上述两河所产玉石的赞美。和阗玉的特点是块头较小，常为卵形，表面光滑，质地纯净温润，色彩绚丽。叶尔羌玉也很有名。椿园《西域记》记载："其地有河，产玉石子。大者如盆、如斗，小者如拳、如栗，有重三四百斤者，各色不同。如雪之白、翠之青、蜡之黄、丹之赤、墨之黑者为上品。一种羊脂朱斑，一

---

① 《西域图志》卷42《服物二》。
② 《西域图志》卷41《服物一》。
③ 《西域图志》卷42《服物二》。
④ （清）梁份：《秦边纪略》卷1《西宁近边》。
⑤ （清）萧雄：《西疆杂述诗》卷3。
⑥ （清）魏源：《圣武记》卷4《乾隆戡定回疆记》。
⑦ 《西域图志》卷43《土产》。

种碧如波斯菜，而金片透湿者尤难得。"其南之密尔岱山遍地皆玉，色彩缤纷，但"欲求纯玉无瑕大至千万斤者，则在绝高峻峰之上，人不能到。土产牦牛，惯于登陟，回人携具乘牛，攀援鎚（锤）凿，任其自落而收取焉，俗谓之礓子玉。"① 礓子玉又称山玉或盖宝玉，以质多云翳、少温润，是以价值不如和阗玉高。

玉石加工，以和阗、叶尔羌、喀什噶尔和阿克苏地区为最有名。但工艺精湛者首推阿克苏。史载其"攻玉制器，精巧可观"。② 他们用以制作首饰、玉佩、玉佛、玉马，穷极巧智。或用以制作礼器如玉盘、玉碗、玉瓮等物。乾隆《御制玉盘谣》《御制玉椀诗》《御制玉瓮联句》就是对其精致工艺的高度赞赏。例如，《御制玉盘谣》："碧玉之盘径逾尺，质本规圆色光泽，准重夷器守四则，贮以马湩可盈石，穹庐玉醴斯陈席，以招百福繁生息。"谣中注云："准俗：四月马湩新得，置筵酬神，诈马为庆，谓之玉醴，斯蒙古亦然，但不如其盛耳。"③ 据说该盘原是准噶尔贵族传世宝物，后为阿睦尔撒纳所夺。清朝政府平定阿睦尔撒纳叛乱后，又归清朝政府所有。

刺绣。蒙古族妇女向工于针黹，尤以善刺绣著名。古伯察说："其成品在一般情况下都具有能激起赞赏的风格、精细和品种。我们可以肯定，大家甚至在法国的任何地方都找不到像我们有幸在鞑靼人中见到的那样漂亮和那样绝妙的刺绣。"④

上述特点，无论在东部蒙古还是西部蒙古人中都有着突出的表现。她们用买来的各色丝线，为荷包、衣服或皮靴等绣鸟兽、花卉及其他各种图案。《西域图志》载："拉布锡克，即袍也，台吉用锦缎为之，上饰以绣，宰桑则丝绣、丝绎、氆氇为之。""台吉、宰桑之妇，衣用锦绣，两袖两肩、及交襟续衽，俱用杂色皮镶之。""固都逊，即靴也。以牛皮为之，台吉多用红香牛皮，中嵌鹿皮，刺以文绣。宰桑亦用红牛皮，不嵌鹿皮，不刺绣。"⑤ 维吾尔族妇女也长于刺绣。其刺绣技术，主要反映在帽饰上。其绣出之帽，不但花样繁多，色彩斑斓绚丽，且雅致大方，具有很高的欣

---

① （清）椿园《西域记》卷2《叶尔羌》。
② （清）椿园《西域记》卷2《阿克苏》。
③ （清）彭元瑞：《高宗诗文十全集》卷8。
④ ［法］古伯察：《鞑靼西藏旅行记》，耿昇译，中国藏学出版社1991年版，第88页。
⑤ 《西域图志》卷41《服物一》。

赏价值。苏尔德《新疆回部志》载："回人无论冬夏，俱戴皮帽，帽高而直，多用红绿倭缎、毡片为之，或以金银花线盘绣花样于上，不假缨缕。""瓜皮小帽，或用白布，或用花红绢缎为之，以綵（绿）线界成花文。"① 萧雄《西疆杂述诗》云："高冠似瓮覆还空，小帽如觚绣并工。应是平生嫌发短，不教露顶见王公。"②

酿酒。准噶尔人性嗜酒，其所酿之酒，主要是奶子酒。奶子酒制法：每日将食剩之乳盛于皮袋中，以杵捣之，去掉浮于面上的酥油，将其倒入釜内。上安无底盖木桶一具，上覆一釜，盛满凉水，置于炉上加热。俟水稍温，则进行易换。桶腰穿小孔，插以溜管。热气蒸腾，通过溜管滴出之水，即成酒。酒味最醇厚的是以马乳制出之酒。③ 维吾尔人所酿之酒有：葡萄酒、阿拉克酒、色克逊酒、马奶酒等。中以葡萄酒最有名。葡萄酒制法极简单：将熟透葡萄置瓮器中，加盖密封，俟其发酵一段时间后即成。其所制葡萄酒，"色微绿，味虽醇而不浓"。若以造烧酒法加以蒸制，"色白、味辣有力，能醉人，性甚热，能治寒痞"。④ 阿拉克酒，是指以沙枣或桑葚等为原料制成之酒。阿拉克酒味涩而淡，系其常酒。色克逊酒（又称巴克逊酒），是指以稻米、大麦、糜子等为原料酿成之酒。制法是：将原料磨成面，连皮盛于容器内，放入曲蘖，再加水搅拌而酿制。饮用时不除糟粕，味如内地黄酒。马乳酒，卫拉特蒙古人与维吾尔人制法相同，即将马奶盛于皮袋中，用手反复揉搓，再将其置于温热处所，隔夜即可饮用。

造纸。造纸方法，准噶尔人与维吾尔人略有不同。准噶尔人所造之纸称"察逊"，是以一种名为"察逊"的草捣烂压制而成，其质粗厚，使用时要以卵形石块加以碾压方可书写。维吾尔人所制造的纸称"喀阿斯"，是以柳枝嫩条捣烂，加以蒸制过滤后制成。以其制作精细，纸质洁白光亮，"略似高丽纸"。⑤

以上所述，虽然并不很全面、具体，但其大致情形已一目了然。它有

---

① （清）苏尔德：《新疆回部志》卷2《衣冠》。
② （清）萧雄：《西疆杂述诗》卷3。
③ 参阅王树楠《新疆礼俗志》。
④ （清）苏尔德：《新疆回部志》卷2《饮食》。
⑤ 《西域图志》卷42《服物二》。

力地表明，在汗国统治时期，不仅其畜牧业和农业生产有着较大的发展，手工业生产水平，也有着很大的进步与提高。尤其是冶铁、兵器制造、制革、制呢绒和纺织等诸行业，无论在生产规模还是产品质量方面，都达到了前所未有的历史高度，这在当时的历史条件下是难能可贵的，颇值得我们重视和认真进行总结。

（原刊《卫拉特研究》2006年第2期，全文为中国人民大学书报资料中心《经济史》2006年第5期转载）

清代前期准噶尔与中原内地的贸易关系

清代前期，准噶尔地区与中原内地的关系，向来为治史者所重视。然而，多数人的侧重点往往放在准噶尔封建主同朝廷的矛盾和斗争上，而对准噶尔地区同中原密切的政治、经济联系却鲜有所及。至于专题探讨，那就更少了。① 为了加深对这一专题的研究，笔者不避浅陋，拟就个人所见材料，对贸易的产生、发展情况作一较全面的探索，以就教于史学界同仁。

一 贸易关系之建立及其发展

关于这个问题，由于涉及年代较长，问题比较复杂，下面准备根据贸易发展情况将其分为四个阶段进行论述。（一）巴图尔珲台吉和僧格统治时期、（二）噶尔丹时期、（三）策妄阿喇布坦时期、（四）噶尔丹策零及其子统治时期。

（一）巴图尔珲台吉和僧格统治时期

准噶尔地区同清廷的贸易关系始于何时？向来说法不一。有的说始于僧格时期，也有的说始于噶尔丹统治时期。② 笔者以为上述两种说法都不符合历史事实。

根据史籍记载，准噶尔同清廷的贸易关系早在巴图尔珲台吉统治时就已开始，最早可以追溯到崇德三年（1638）满族统治者入关以前。在厄

---

① 就作者所知，除了内蒙古大学金启琮先生的《清朝前期卫拉特蒙古和中原的互市》（见《内蒙古大学学报》1964年第2期）一文外，再未见到任何别的论著。
② 参阅金启琮《清朝前期卫拉特蒙古和中原的互市》，《内蒙古大学学报》1964年第2期。

鲁特各部中，它是较早中的一个。

《外藩蒙古回部王公表传·和硕特部总传》云："天聪（1627—1635年）初，蒙古诸部内附，厄鲁特犹私与明市，上以远弗之禁。崇德二年（1637），顾实汗遣使通贡，阅岁乃至。"①

《清太宗实录》崇德三年十月庚戌条："达尔汉诺颜爱松古等于归化城，遇厄鲁特部落墨尔根戴青来贡马匹，遂偕至军营。"

前一则史料所说之顾实汗系指青海和硕特部著名首领图鲁拜琥，后一则史料所说之墨尔根戴青是巴图尔珲台吉之弟，哈剌忽喇之次子。《外藩蒙古回部王公表传》云："准噶尔称北厄鲁特，系出额斯墨特达尔汉诺颜。越六传有呼达该图哈喇呼勒者，号多克辛诺颜，子三：长巴图尔珲台吉……；次墨尔根岱青，为阿喇布坦（指丹津阿喇布坦——引者）祖；次楚琥尔乌巴什，有孙曰罕笃。"②《西域图志》《准噶尔世系》第十四世旁支指出："墨尔根岱青，楚库尔（即楚琥尔乌巴什——引者）、达尔玛、色楞、沙巴图、诺木齐为巴图尔珲台吉弟。"③ 上述二书，说法虽然略有不同，但有一点却是一致的：墨尔根岱青为巴图尔珲台之弟。类似的记载也见于祁韵士《皇朝藩部要略》和张穆《蒙古游牧记》。

墨尔根岱青遣使"通贡"于清，比和硕特部顾实汗虽说晚了一年，但比杜尔伯特台吉保伊勒登遣使通贡早四年，④ 比土尔扈特部书库尔岱青则早十二年。⑤

准噶尔领主遣使"通贡"事不仅见于1638年，而且还见于1641年、1643年。《清太宗实录》崇德六年四月甲子条："以厄鲁特部落墨尔根戴青使臣诺垒送拜山至，赐诺垒及其从役银两有差。"又崇德八年五月丁酉条："……又赐厄鲁特部落和尼图巴克式、阿巴赖达赖、都喇尔和硕齐下额尔德尼巴图鲁、齐尔三下土尔噶图、阿巴赖山津等朝衣、帽靴等物。"

---

① 《钦定外藩蒙古回部王公表传》（下简称《表传》）卷81，传65，载《国朝耆献类征初编》（下简称《初编》）卷首93。"通贡"（或称纳贡），既表示政治上的隶属关系，同时又是一种贸易关系。关于这一点，下面我们可以看得更清楚。

② 《表传》卷77，传61；《初编》卷首89。

③ （清）傅恒：《西域图志》卷47《杂录一》。

④ 保伊勒登，《清太祖实录》崇德七年十月壬戌条作古木伊尔登。根据《皇朝藩部要略》卷10《厄鲁特要略二》康熙三十六年条载，杜尔伯特台吉车凌遣使疏奏云："杜尔伯特部，自始通中国，至阿勒达尔泰什，往来朝请已五世……"据此，其时间或许还要早。

⑤ 书库尔岱青通贡于清，始于顺治七年。见《清太宗实录》卷51，顺治七年十一月癸酉。

墨尔根戴青,就是上面所说之墨尔根岱青;和尼图巴克式、阿巴赖达赖未知所属;都喇尔和硕齐是准噶尔部人,他是额伯内伊勒登的儿子,与巴图尔珲台吉是从兄弟。①

清军入关以前,遣使"通贡"只是准噶尔地区个别领主的事,而在清朝定鼎北京以后,巴图尔珲台吉不仅令其昆弟子侄等遣使入贡,而且还亲自派人奉表进京纳贡,使准噶尔地区同中原地区的政治、经济联系进一步密切。

顺治三年(1646),和硕特部顾实汗派人进贡"方物",厄鲁特各部"附名以达"之领主共有二十一位。在这些领主中,准噶尔部占七位:巴图尔珲台吉、墨尔根岱青、楚琥尔乌巴什、都喇尔和硕齐、罗卜藏胡土克图、诺木齐、绰克图等。②他们有的是巴图尔珲台吉的叔父,有的是兄弟,有的是子侄。此后不久,罗卜藏胡图克图、堪布胡图克图、巴图尔珲台吉、诺木齐均先后派人进京纳贡。其事不但载之于清朝官修史书,也可稽之于当时之私家著作,《清世祖实录》《清朝文献通考》、俞正燮《癸巳类稿》,都有这方面的记载。

在巴图尔珲台吉时,"准噶尔"一名,不仅用以称呼准噶尔一部,而且也用以称呼驻牧于准噶尔地区诸厄鲁特部。松筠《新疆识略》卷四云:"卫拉特凡四,而绰罗斯部居首,是为准噶尔。"

四部,即准噶尔、杜尔伯特、辉特及未徙牧之和硕特。关于准噶尔部,我们前面已经论述。杜尔伯特、辉特,与清廷往来较少。至于和硕特,主要是鄂齐尔图台吉、③阿巴赖诺颜、昆都仑乌巴什等,其与清廷贸易往来,都比准噶尔部稍晚。可是自顺治三年(1646)以后,其往来之频繁却大大超过准噶尔部领主。④从1647年至1653年,他们几乎年年派人进贡。

---

① 参见《西域图志》卷47《杂录一》。
② (清)祁韵士:《皇朝藩部要略》卷9《厄鲁特要略一》把诺木齐和绰克图称为和硕特部,但又说未详所出,实际上和硕特部无此二台吉,二台吉均为准噶尔部人。绰克图即绰克图乌巴什系哈剌忽喇弟,诺木齐为巴图尔珲台吉弟。
③ 根据《咱雅班第达传》和加班沙拉勃《关于卫拉特人的故事》,在土尔扈特部长和鄂尔勒克及和硕特部顾实汗徙牧后,当时准噶尔地区诸卫拉特"联盟",首领除巴图尔珲台吉外,还有鄂齐尔图台吉,时称"合约尔台吉"。鄂齐尔图台吉领地当时分布于巴尔喀什湖,楚河以及伊犁河流域等地。由此可见,他当时是准噶尔地区的重要领主。
④ 参见金启琮《清代前期卫拉特蒙古和中原的互市》,《内蒙古大学学报》1964年第2期。

17世纪50年代初，巴图尔珲台吉死，① 子僧格继位。由于其长子车臣，次子卓特巴巴图尔与僧格"争属产"，② 准噶尔部领主与中原内地的贸易往来曾一度较为冷落。与中原地区经常保持着贸易联系的主要是和硕特部的鄂齐尔图台吉、阿巴赖诺颜和昆都伦乌巴什。在他们的影响下，1657年、1658年，杜尔伯特台吉陀音和伊斯扎布等都先后派人奉表入贡。③

1659年左右，僧格在其叔父楚琥尔乌巴什、岳父鄂齐尔图的帮助下，击败了车臣和卓特巴巴图尔的挑战和进攻，局势逐步趋向稳定，于是僧格也着手遣使向清廷进贡。1666年夏，贡使到达北京，受到了清廷"赏赉如例"④ 的接待。接着又于1667年、1669年再次遣使入贡，⑤ 想继续巴图尔珲台吉时与清廷之间的密切联系。但因在1670年末为车臣、卓特巴巴图尔所杀，致使贸易的发展遭到了暂时的挫折。

（二）噶尔丹时期

噶尔丹为僧格的同母弟，早年在西藏当喇嘛。僧格被杀的消息传到西藏后，噶尔丹立刻返回准噶尔（按：有关此事，史载不一。据《五世达赖喇嘛传》载判断，当时噶尔丹应仍在准噶尔。参阅前文《噶尔丹与五世达赖关系刍探》），招集僧格旧部，杀车臣，逐卓特巴巴图尔，"自袭为台吉"。⑥

在准噶尔丹统治时期，准噶尔地区同内地之间的贸易往来，又有了进一步的发展。不仅商队往来频繁大大超过从前，且贸易规模也较巴图尔珲台吉和僧格统治时期有显著提升。不过，贸易活动大都是在康熙二十七年（1688）以前。

噶尔丹对于发展同中原地区的贸易联系从一开始就很重视。他返回准

---

① 关于巴图尔珲台吉死年说法不一。米勒认为死于1660年，帕拉斯认为死于1665年，而戈尔通斯基根据《咱雅班第达传》则认为死于1653年。我们认为戈尔通斯基说较为可靠。
② （清）温达：《亲征平定朔漠方略》卷1，康熙十六年六月丁未。
③ 陀音系达赖台什第三子。伊斯札布为达赖台什第四子鄂木布岱青和硕齐子。
④ 《清圣祖实录》卷19，康熙五年五月庚子。
⑤ 《清圣祖实录》卷24，康熙六年十一月甲子；《清圣祖实录》卷31，康熙八年十二月庚申。
⑥ 《亲征平定朔漠方略》卷1，康熙十六年六月丁未。

噶尔后不久，就派人向清廷表示，希望能继续他哥哥僧格在世时的关系。① 当时清廷因处于平定"三藩之乱"前夕，既需驼马，又亟望北部地区得到安定，因此，噶尔丹的要求一般都能得到满足。

由于清廷的积极支持，准噶尔地区与中原地区的政治、经济联系从此日趋密切。噶尔丹统治初年，遣使一般是每年一次或隔年一次。除噶尔丹外，其余封建主：和硕特部鄂齐尔图汗、杜尔伯特部台吉额勒噶木布、准噶尔部台吉噶尔玛岱青和硕齐②等也不时令人进京或至归化城等地"互市"。

康熙十六年（1677），噶尔丹"戕鄂齐尔图汗"，③ 并其部众，势力进一步扩大。接着，又占领天山南路。当他在天山南路站稳了脚跟时，"乃自伊犁东徙帐阿尔泰山，谋'并喀尔喀'"。④ 随着政治、经济实力的加强，加上频繁的军事行动，促使噶尔丹对中原地区各族人民生产的手工业品和农产品的需求，也在与日俱增之中。为了满足日益增长的物质需要，康熙十八年（1679）以后，噶尔丹便年年派人去内地贸易，有时甚至一年去两次。商队人数也由过去的百数十人扩大至"数百人"，⑤ 有时甚至达"千余人"或"数千人"。⑥

噶尔丹之商队，本来管理就不甚好。康熙十五年（1676），诺颜和卓、巴彦白克等入贡时，因"自相屠害作乱"，⑦ 严重地影响了西北地方的安宁，使清廷深感不安。如今人数突然加增，牛、羊、马、驼也大为增长，促使混乱进一步加剧。由于人数增加，商队"不但沿途抢夺塞外蒙古马匹牲畜"，而且还在内地"任意放牧牲畜，践食田禾，捆缚平民，抢掠财物"，⑧ 使内地各族人民的生命、财产安全遭到严重威胁。为了防止民族纠纷，保障地方安宁，清朝政府遂一面采取措施，限制内地人民不得擅与商队交易，规定：凡是冒取"信票往接厄鲁特、喀尔喀等处之人，诓取进贡物件，或将贡物沿途货卖，及进贡未毕，先自货卖而擅为通事

---

① 《清圣祖实录》卷38，康熙十一年正月庚午。
② 墨尔根岱青之子。他在噶尔丹统治前期，一直被允许单独遣使入贡。
③ 《皇朝藩部要略》卷9《厄鲁特要略一》。
④ （清）魏源：《圣武记》卷3《康熙亲征准噶尔记》。
⑤ 《清圣祖实录》卷111，康熙二十二年八月庚子。
⑥ 《清圣祖实录》卷112，康熙二十二年九月癸未。
⑦ 《清圣祖实录》卷69，康熙十六年十月甲寅。
⑧ 《清圣祖实录》卷112，康熙二十二年九月癸未。

者，系旗下人枷号三个月，鞭一百；其家主系官，罚俸六个月；系庶人，鞭八。倘进贡结束后，监视贸易官员，有洩漏内事者，则按光棍例治罪"。① 另一方面，则又改变过去对其贡使不限人数，一概放入的做法，宣布限制其入京贸易人数，规定厄鲁特、喀尔喀等进京每次"不得过二百人。若来者众多，分为数次"。② 这一措施后来又被进一步具体化。康熙二十二年（1683），康熙在致噶尔丹的敕书中指出："嗣后尔处所遣贡使，有印验者，限二百名以内……，其余俱令在张家口，归化城等处贸易。其向来不用尔处印验，另行纳贡之厄鲁特噶尔玛岱青和硕齐、和硕特之博齐库济台吉、③ 杜尔伯特之阿尔达尔台吉、图尔古特（即土尔扈特——引者）之阿玉奇台吉等，所遣贡使……，亦不许过二百人。"告诫噶尔丹："嗣后遣使，必选贤能头目，严行约束。若仍前沿途抢掠，殃民作乱，即依本朝律例：伤人者以伤人之罪罪之，盗劫人财物者以盗劫之罪罪之。"④ 声明："除厄鲁特四大台吉外，其余诸小台吉，皆市张家口。"⑤

清朝法令，对噶尔丹来说，虽然暂时有些不便，但从长远观点看，并不失为一项有重要积极意义之措施。因为它不仅对内地人民有利，对准噶尔人民也有利。第一，"规定"准许厄鲁特四大台吉，各以二百人入关。四大台吉中，除阿玉奇外，其余三台吉均为噶尔丹所属。如果他们每次派人都达二百，三者加在一起，数字仍然相当可观。第二，只准二百人进京，其余之人于归化城、张家口贸易，既可保证噶尔丹获得他们所必需的手工业品和农产品，又可避免引起混乱，对于加强彼此间的政治、经济联系，显然是有利的。

可是，噶尔丹却把它视为发展贸易的最大障碍而拒绝执行。康熙二十三年（1684），他派人进京纳贡，人数增至三千人。⑥ 康熙二十四年（1685）又令人向清朝政府表示："自古以来，四厄鲁特贸易，向有旧制，我等未便废也，若仍旧制，则凡事皆宜矣。"⑦ 在噶尔丹的阻挠下，新规定虽然

---

① 《大清会典》卷222《理藩院二》（雍正十年刊本，下同）。
② 《大清会典》卷222《理藩院二》。
③ 博齐库济台吉，世系未详。据《清史稿》记载，似为昆都伦乌巴什裔，参见《清史稿》卷523《藩部六》。
④ 《清圣祖实录》卷112，康熙二十二年九月癸未。
⑤ 《表传》卷77，传61；《初编》卷首89。
⑥ 《亲征平定朔漠方略》卷3，康熙二十三年九月乙亥。
⑦ 《清圣祖实录》卷121，康熙二十四年七月壬午。

颁布了，但却始终无法贯彻。

康熙二十四年（1685）十月，噶尔丹属台吉沙里巴图贡使伊特木根在会同馆北馆闹事，打死清廷官商王治民。清廷当即将伊特木根就地正法，并谕在京诸厄鲁特贡使，称：此后"贡使往来，如攘夺为非者"，"率领头目并犯法之人"，皆依内地法令"治罪"。① 康熙二十五年（1686），噶尔丹再次遣人进京纳贡，同来者还有其属台吉土哈尔贡使。清廷以"厄鲁特部落小台吉甚多，俱来互市颇属烦扰"，重申："嗣后，如噶尔丹等四大台吉应令来京互市，其余小台吉于张家口互市。"②

因新规定促使为数相当多的一部分中小封建主，无法直接进入北京同内地人民交易，生活受到一定的影响，给噶尔丹地方政权带来了某些困难。康熙二十七年（1688），清内阁学士拜里、喇嘛阿齐图绰尔济等前往准噶尔宣示清廷旨意时，噶尔丹对他们说："限贸易人毋过二百名，我兄弟台吉等不知其故，以为出自我意，不容彼贸易，皆与我不和。"③ 是年冬，达尔汉囊素到北京纳贡，噶尔丹又令其奏称：厄鲁特从来进贡贸易，各自分行，今概不得往来，我处地方人民"殊为忧苦"，④ 希望清廷开放贸易。噶尔丹言辞虽不无夸张之处，但贸易受限制后，经济生活受到一定影响恐怕也是不争的事实。从这里可以看出，准噶尔同中原地区的经济联系是相当密切的！

然而，新规定推行前后不过三年，贸易的发展就遇到了障碍。它是噶尔丹举兵进攻喀尔喀引起的结果。

噶尔丹想并吞喀尔喀由来已久，他在康熙十六年（1677）袭杀鄂齐尔图汗后，就一直对它虎视眈眈，只是未能找到适当的机会。不久，由于喀尔喀札萨克图汗部与土谢图汗部封建主争夺属众，彼此互相攻略，使广大喀尔喀人民陷于水深火热之中。康熙二十五年（1686），清廷为了防止三部在内乱中互相削弱，令理藩院尚书阿尔尼与达赖喇嘛代表噶尔亶西勒图赴漠北，召集各部贵族于库伦伯勒齐尔举行"会盟"。令"两翼互相侵占之台吉、人民""各归本主"。⑤ 矛盾本来已获初步解决，但噶尔丹却借

---

① 《清圣祖实录》卷122，康熙二十四年十月戊戌；《康熙政要》卷20《刑法》。
② 中国第一历史档案馆《起居注册》，康熙二十五年九月二十二日。
③ 《亲征平定朔漠方略》卷5，康熙二十七年九月甲申。
④ 《亲征平定朔漠方略》卷5，康熙二十七年十一月甲申。
⑤ 《亲征平定朔漠方略》卷3，康熙二十五年十月戊午。

口"会盟"时喀尔喀大喇嘛哲卜尊丹巴"不尊达赖喇嘛",[1] 与噶尔亶西勒图"抗礼踞坐",亵渎了达赖喇嘛,[2] 派人进攻土谢图汗察珲多尔济。察珲多尔济为了自卫,举兵迎击,杀噶尔丹弟多尔济札卜及札萨克图汗沙喇。噶尔丹得知其弟多尔济札卜被杀,遂领兵于次年进攻喀尔喀。[3]

事情发生后,清廷立刻派人命令噶尔丹不要与喀尔喀交兵,"仍前协和,各守地方"。[4] 噶尔丹表面佯为听从,声称"喀尔喀非吾仇也","我并无自外于中华皇帝",[5] "向在中华皇帝道法之中,不敢妄为"。[6] 而暗中却又不断扩大战事,坚持要把哲卜尊丹巴胡图克图和土谢图汗察珲多尔济交其处理。康熙知噶尔丹"力强志大",妄想并吞喀尔喀,实是要"窥伺中原,不至殒命不止"。[7] 便一面加紧调兵遣将,增强防御;一面又阻其"每年进贡贸易之路",[8] 扼其经济命脉。

噶尔丹割据政权主要是靠武力建立起来的,它既无坚实的政治基础,又缺乏雄厚的经济实力,故当其进攻喀尔喀初步得手时,他的侄儿策妄阿喇布坦及杜尔伯特诸台吉都背叛了他。1690 年,其大本营科布多又遭策妄阿喇布坦劫掠,"凡所留辎重",皆荡然"无存"。[9] 其伊犁"旧部属"也尽为策妄阿喇布坦所并。所以,贡道受阻不过二年,噶尔丹经济便陷入严重危机。康熙二十九年(1690)冬,噶尔丹派人向清廷吁请"恩赐"白金时说:"自喀尔喀变乱以来,贸易不行,吁请恩赐白金,以育众庶。"[10] 康熙三十年(1691)春,喀尔喀人向清廷报告:"厄鲁特牲畜已尽,无以为食,极其穷困,人被疾疫,死亡相继。"[11] 其处境之困难,于此可想而知。

战争虽然没有停止,但噶尔丹的"恳切"陈词,使清廷不得不拿出

---

[1] (清)何秋涛:《朔方备乘》卷3《喀尔喀内属述略》。
[2] 《亲征平定朔漠方略》卷4,康熙二十六年五月丁酉。
[3] 《清圣祖实录》卷131,康熙二十六年九月庚子。
[4] 《亲征平定朔漠方略》卷5,康熙二十八年正月丁亥。
[5] 《清圣祖实录》卷137,康熙二十七年十一月甲申。
[6] 《清圣祖实录》卷147,康熙二十九年七月壬寅。
[7] 《御制亲征朔漠纪略》,载《亲征平定朔漠方略》卷首。
[8] 《亲征平定朔漠方略》卷6,康熙二十九年五月癸丑。
[9] 《清圣祖实录》卷150,康熙三十年二月丁卯。
[10] 《清圣祖实录》卷149,康熙二十九年十二月己未。
[11] 《清圣祖实录》卷150,康熙三十年二月丁卯。

白金千两"封赐"。① 使者即将离开北京时，康熙又晓谕噶尔丹：若"果穷困无食，不能归故土，其移近边汛"，"当厚加恩赐"，② 企图劝其归服。

噶尔丹是不可能听信清廷"劝告"的。因为他相信倘若清廷同意开放"互市"，仍然有希望继续坚持下去。康熙三十一年（1692），噶尔丹遣使二千人至归化城，要求入贡，③ 为大将军费扬古所阻，未能实现。接着他又于当年九月，遣额尔德尼绰尔济等再次入贡，获得了"赏赉如例"④ 的接待，于是中断数年的贸易又获恢复。

重新恢复起来的贸易，规模虽不如 17 世纪 80 年代初那样大，但也常达数百人或千人以上。例如，康熙三十三年（1694）纳木喀喇克巴喇木札木巴喇嘛等入贡，人数就多至二千余人。⑤ 康熙三十四年（1695），在贺兰山附近被肃州总兵官潘育龙拘留的塔什兰和卓商队也有五百余人。⑥

因准噶尔人多随噶尔丹征战，且恐清廷羁留，故重新发展起来的贸易维吾尔商人又逐渐居主要地位。例如，康熙三十四年（1695）二月和七月，噶尔丹两次派来内地的商队领队他西兰和卓、布拉特和卓，显然都是其属下维吾尔人。

但贸易维持了四年时间即消失。主要原因是由于军事上的溃败，以致其部下都先后投奔清廷或策妄阿喇布坦，牛、羊、马、驼大多数在作战中丧失。其次，清廷同意恢复贸易，原是想引噶尔丹前来"会盟"。⑦ 可是噶尔丹非但不来，且常常利用贸易的方便，刺探清廷的政治、军事情报，煽动内蒙古人民反清，⑧ 遂使清廷被迫在不久又重新阻绝了噶尔丹进入内地的贡道，停止与其贸易。

（三）策妄阿喇布坦时期

策妄阿喇布坦是僧格的长子，早年附牧于噶尔丹。康熙二十七年

---

① 《清圣祖实录》卷 149，康熙二十九年十二月己未。
② 《清圣祖实录》卷 150，康熙三十年二月丁卯。
③ 《圣武记》卷 3《康熙亲征准噶尔记》。
④ 《清圣祖实录》卷 156，康熙三十一年九月丁卯。
⑤ 《清圣祖实录》卷 163，康熙三十三年五月戊戌。
⑥ 《清圣祖实录》卷 168，康熙三十四年八月辛丑。
⑦ 《清圣祖实录》卷 163，康熙三十三年闰五月丁丑。
⑧ 《清圣祖实录》卷 157，康熙三十一年十一月丁卯。

(1688)，噶尔丹为了巩固自己的统治地位，杀僧格次子索诺木阿喇布坦，又暗中对策妄阿喇布坦进行迫害。策妄阿喇布坦得悉，率领僧格旧部，逃往博罗塔拉，占领准噶尔故地，从而开始了自己独立的政治生涯。

策妄阿喇布坦从脱离噶尔丹自立至雍正五年（1727）死，他统治准噶尔地区前后达三十多年。在策妄阿喇布坦统治期间，准噶尔与内地的贸易往来，因史籍记载简略，详细情况还不很清楚。它大体上可以分为三个阶段。第一阶段，大约自1691年至1701年；第二阶段，从1702年至1715年；第三阶段，从1723年至1725年。贸易往来比较频繁的主要是第一阶段。

策妄阿喇布坦与清朝政府建立贸易联系始于1691年。《清圣祖实录》康熙三十年二月戊午条记载：策妄阿喇布坦等派代表来京，"奏与噶尔丹交恶始末，理藩院以闻。上命厚加恩赐而遣之"。① 上述史料，虽未直接提到进贡贸易。但蒙古各部领主上京奏事，向来都是与进贡贸易相联系的，故此处当也应以进贡贸易视之。

由于策妄阿喇布坦坚决反对噶尔丹，和清朝政府有着共同利害关系，是以从1691年以后，策妄阿喇布坦的贡使通常都是隔年来一次。康熙三十二年（1693）春，康熙在敕书中说："尔策妄阿喇布坦，僻处穷荒，立心诚恳，贡献方物，问安之使，不绝于道，是以屡遣达虎、马迪等，加尔恩赐。"② 康熙三十五年（1696），康熙在谕丹津阿喇布坦时又指出："且策妄阿喇布坦，屡遣使纳贡，敬慎有加，故朕亦深加怜惜。尔若同丹津鄂木布往附策妄阿喇布坦处，朕亦不究诘。"③ 我们从康熙的敕谕中，不难看出，当时的贸易活动还是较为活跃的。

至于贸易规模，从现有资料看，大概不会超过三百人。康熙三十五年（1696），策妄阿喇布坦派囊素等到北京纳贡，疏请将噶尔丹派到内地贸易的维吾尔族商人拨归伊处，勿令回噶尔丹地方。康熙不但谕复："此后或来，朕必交该部查明，如尔所请发往。"又将理藩院题请"嗣后策旺喇卜滩使人，不得过二百名"改为"以三百为限"。④《大清会典》卷222，《理藩院二》康熙三十五年记载："厄鲁特台吉策妄阿喇布坦来使，所带

---

① 《清圣祖实录》卷150，康熙三十年二月戊午。
② 《清圣祖实录》卷158，康熙三十二年二月壬午。
③ 《清圣祖实录》卷177，康熙三十五年十月己酉。
④ 《亲征平定朔漠方略》卷20，康熙三十五年二月己亥。

贩货人等九十六名，奉旨准其带至甘州贸易，著（着）地方官看守，勿致争竞。嗣后策妄阿喇布坦来使，许带三百名来京贸易。"乾隆四年（1739）冬，大学士鄂尔泰在奏疏中指出，"窃查：先是策妄阿喇布坦在世时前来请安具呈奏章时，所遣使者，……其人数以三百为限"。① 这个数字比1683年对噶尔丹商队的限制增加了一百人。由此可以看出，当时清廷对策妄阿喇布坦是相当重视的。

但是，贸易顺利发展时间并不长。因为随着噶尔丹的覆灭，策妄阿喇布坦势力的迅速扩大，其与清廷的矛盾也在不断增长。这些矛盾主要表现在三个方面：（1）截留噶尔丹的重要部属。《清圣祖实录》康熙三十七年八月壬寅条："先是，上遣内阁侍读学士喇锡等赍敕往谕策妄阿喇布坦曰：尔与尔叔噶尔丹分离以来，诚心恭顺，聘贡不绝，朕亦不时加恩遣问。噶尔丹逆天……噶尔丹之女钟齐海、程贝藏布之妻及其稚子诺颜格隆，俱被尔所遣堪都等截留。伊拉古克三往投尔所……。此项人等，皆党恶之人，……倘隐匿不行擒解，不但尔历年之恭顺皆虚，即尔贸易之人也不许通行矣。"策妄阿喇布坦以后虽然将钟齐海、伊拉古克三等人送还，但矛盾并没有完全解决。（2）企图将其割据地盘扩大到青海、西藏。（3）派人劫掠前往吐鲁番贸易之哈密人。② 由于上述因素影响，1701年以后策妄阿喇布坦同清廷之间的直接往来不久便逐渐消失。

直接的贸易往来虽然无法继续，但其与中原地区的联系并没有因此断绝，而是以"民间"方式在不断发展着。

日本学者佐口透指出，在策妄阿喇布坦时，作为准噶尔地方政权代表的"布哈拉人（指其属下维吾尔族商人——引者）来北京、肃州贸易受到了限制，于是他们就涌向西宁一带，因为在多巴（今青海湟源县）也有毛皮市场。因此，布哈拉人的贸易活动就以西宁、多巴为基地进行"。③ 冯一鹏《塞外杂识》："西宁之西五十里曰多巴，有大市焉。细而东珠、玛瑙，粗而氆氇、藏香，中外商贾咸集。一种缠头回子者，万里西来，独

---

① 满文《夷使档》，全宗3，1761：1，（乾隆四年）。本文引用之档案均为中国第一历史档案馆档案。满文档案由汪玉明同志核对。
② 《皇朝藩部要略》卷10《厄鲁特要略二》。
③ ［日］佐口透：《俄罗斯与亚细亚草原》，1966年东京版，第154页；参阅羽田明《准噶尔王国与布哈拉人》，载《东洋史研究》卷12、6号，1948年版。

富于诸国，又能精鉴宝物，年年交易以千万计。"① 关于这一点，梁份在《秦边纪略》一书中也有所反映。例如，在其"西宁卫"项中云："……卫之辐辏殷繁，不但河西莫及，虽秦塞犹多让焉。自汉人、土人而外，有黑番，有回回，有西夷，有黄衣僧，而番回特众。""城之中牝牡骊黄伏枥，常以万计。四方之至……羽毛齿革，珠玉布帛，茗烟麦豆之属，负提辇载，交错于道路。"显而易见，为清廷认可的大规模贸易联系虽然中断了，但民间"私市"却突破了统治阶级设置的樊篱而继续活跃于西宁地区一带。

康熙六十一年（1722）玄烨死，子胤禛继位，是为雍正帝。策妄阿喇布坦派垂木喀（即吹纳木克）到北京祝贺。② 两地贸易从此又获得了恢复。

雍正三年（1725），策妄阿喇布坦再次派人到北京纳贡，奏请此后派人进京，"勿由内地往来"，"由喀尔喀地方行走。"③ 这一要求，后虽经清廷同意，但由于准噶尔、喀尔喀牧界未定及策妄阿喇布坦猝死，实际上并没有施行。

（四）噶尔丹策零及其子统治时期

噶尔丹策零父子统治时期，是继噶尔丹以后又一个贸易繁荣期。其商队规模虽不及噶尔丹时那样大，但贸易之频繁却有过之而无不及。根据贸易发展情况，大体可分为两个阶段。第一阶段自1728年至1739年，第二阶段自1740年至1752年。

1727年策妄阿喇布坦死，噶尔丹策零继位。噶尔丹策零为继续加强与内地各族人民的政治、经济联系，这年冬，即派人到北京纳贡，要求清廷准其令人进藏熬茶，为策妄阿喇布坦"设供"。时值西藏噶卜伦阿尔布巴、隆布奈等叛乱，清廷恐噶尔丹策零效法其父占领西藏，拒其所请，令将叛逃准噶尔之青海罗卜藏丹津"送还"。结果双方关系破裂，爆发了长达四年的战争。

雍正十二年（1734），在准噶尔及内地各族人民的共同推动下，双方

---

① 借月山房汇抄本。
② 参见［法］加斯东·加恩《彼得大帝时期的俄中关系史》，江载华、郑永泰译，商务印书馆1980年版，第139—140页。
③ 《清世宗实录》卷31，雍正三年四月己卯。

停止了战争。清朝政府为了使西北地区兵民得以休养生息,当年八月令侍郎傅鼐、学士阿克敦前往准噶尔,与噶尔丹策零商议勘分准噶尔、喀尔喀二部牧界,得到了噶尔丹策零的积极响应。第二年春,当傅鼐等返回时,噶尔丹策零派宰桑吹纳木克等随行进京纳贡。此后,他又借进京谈判牧界为名,多次遣人到内地"互市",使一度中断了的贸易又发展起来。

从雍正十三年(1735)至乾隆四年(1739),噶尔丹策零先后五次遣人到内地贸易。这五次商队分别是:

(1) 吹纳木克等二十二人　　　　　(1735年2—6月)。
(2) 吹纳木克等二十六人　　　　　(1735年11月—1736年4月)。
(3) 达什、博吉尔等二十四人　　　(1737年11月—1738年春)。
(4) 哈柳等四十二人　　　　　　　(1738年11月—1739年春)。
(5) 哈柳等六十五人　　　　　　　(1739年10月—1740年春)。

贸易每年一次。贸易额最低一万四千余两,[①] 高的值银五万三千余两。[②]

乾隆四年,牧界谈判达成协议,噶尔丹策零要求派三百人进藏熬茶并扩大贸易。清廷鉴于噶尔丹策零在勘分游牧界中有功,同意他:(1)派三百人进藏熬茶途经东科尔,在彼贸易后进藏。(2)于北京和肃州两地,定期开放"互市"。北京"互市"四年一次,定于寅、午、戌年开放。进京贸易,须经由肃州、西安一路行走,人数不可过二百名。肃州互市,亦四年一次,定于子、辰、申年开放,人数不得过百人。(3)噶尔丹策零奏事须派人进京,使者不得携货至内地变卖。在清廷支持下,贸易从此又日趋活跃。据统计,从乾隆五年至乾隆十七年,仅遣使进京纳贡就有十一次,加上在肃州定期"互市"五次,进藏熬茶在东科尔等地贸易三次,于哈密贸易二次,差不多每年都有两次商队进入内地。贸易的发展是准噶尔同内地各族人民共同努力取得的结果。

贡市。根据乾隆五年规定,贡使进京,不得"私携货物",[③] 可是实际上并未执行。乾隆七年(1742)春,准噶尔宰桑吹纳木克等四十二人进京纳贡,带了大量的马匹、羊只和骆驼等物来到哈密。清廷官员拒其进

---

① 军机处录付奏折,民族类,蒙古项(下简称"军机处录付"),卷2279,号3。
② 朱批奏折,民族事务类,卷0158,号1。
③ 《平定准噶尔方略》(前编)卷45,乾隆五年正月甲子。

入内地。吹纳木克等声称："我们是上京与大皇帝进贡的，不是做买卖的，""所有货物是跟我们的人，带了些羚羊角、葡萄、野牲皮、马驼、羊只……卖了，买些布线。"① 主政官员感其态度和蔼，言辞恳切，又怜其远来劳苦，遂允其照常通行。此后继至者便竞相效尤，致使规定难以执行。乾隆九年（1744），当准噶尔宰桑哈柳等进京纳贡时，便令其仍照定例贸易。②

规定刚一取消，贸易规模立刻迅速扩大。乾隆十一年（1746）冬，麻木（一作玛木特）等四十六人入贡，不仅携来羊一万三千七百多只，还携带牛六百九十头，马九百一十三匹，驼二百一十七峰。③ 1749年冬，尼玛等入贡，货物虽没有前次多，牛只有一百二十九头，羊二千五百八十五只，马六百七十八匹，驼一百八十一峰，但人数却增加至四十七人。④ 乾隆十五年（1750）冬，尼玛第二次入贡，人数又扩张至五十二人，牛羊马驼也比1749年有所增长。其中牛一百五十六头，羊三千六七百只，马九百五十七匹，驼三百四十六峰。⑤ 由于贸易规模不断扩大，而货物滞销又越来越严重，1751年春，清廷为对贸易规模实行限制，规定贡使进京，以1749年尼玛带来货物为准，如逾此数，即予驳回。⑥ 新规定刚颁行不久，因适值准噶尔内乱，故在贸易中的影响实际上并不很大。

定期互市是噶尔丹策零统治时期发展起来的一种重要贸易形式，主要地点定于肃州。依照乾隆五年规定，定期互市分别于北京和肃州两地举行。可是到了乾隆七年春，宰桑吹纳木克等奉表入贡时却声称北京贸易，"许由肃州、西宁［应为西安（见前）——引者］路，因念从此至京，道远费多，恐携物不敷所用"，要求进京贸易，"由归化城路"。⑦ 清廷之所以选择北京、肃州二地作为贸易地点，并规定进京贸易须由肃州、西安一路行走，原来就是为了防止噶尔丹策零要求走"归化城路"，或要求至归化城贸易的。因为若开放归化城作为市易场所，或准许走"归化城路"，那么，商队势必要经喀尔喀（见商路）地方。弄得不好，就有可能产生

---

① 《准噶尔夷人进贡案》，载故宫博物院编《史料旬刊》第19期，永常折二。
② 《平定准噶尔方略》（前编）卷48，乾隆九年十二月壬子。
③ 军机处录付，卷2290，号7。
④ 朱批奏折，民族事务类，卷0154，号2。
⑤ 朱批奏折，民族事务类，卷0154，号11。
⑥ 《清高宗实录》卷383，乾隆十六年二月丙申。
⑦ 《平定准噶尔方略》（前编）卷46，乾隆七年三月辛巳。

麻烦。不是准、喀纠纷，就是准、喀联合共同反清。无论前者还是后者，都不是清廷所希望的。乾隆四年冬，大学士鄂尔泰在上乾隆的奏疏中指出："在西宁、多巴、青海等处互市者，均经青海游牧。在归化城互市，则经喀尔喀游牧……与事无益，故除京师、肃州等处市易之外，西宁、归化城等处禁其市易。"① 因此，吹纳木克的要求一提出，马上就为清廷所否决。乾隆在接见吹纳木克时向他指出："至来京贸易者，不得由绥远城，亦与哈柳定议。尚未经行一次，遽欲更张可乎？"② 噶尔丹策零见要求被拒绝，接着又先后两次遣人入贡，一再向清廷表示"忠顺"。清廷见其远来不■，乾隆八年十二月，在接见准噶尔贡使图尔都时向他表示："尔等货物皆系自备脚力，原属艰难，京师道远，力不能前，即在肃州贸易，亦属可行。"③ 从此，北京贸易又改于肃州进行，而肃州贸易则由四年开市一次改为两年开市一次。

根据先前规定，肃州贸易人数每次不能超过百人。为了扩大贸易，乾隆十三年（1748），策妄多尔济那木札勒又呈请增加一百名，将两年贸易改为每年一次。清廷答应将人数增加一百名，每年贸易一次则被拒绝。④ "规定"虽然限制人数不准超过百名或二百名，可是前来贸易商队并没有按规定办事。例如，乾隆八年至乾隆十三年在参加肃州"互市"的三次商队中，第一次额连胡里商队是一百二十二人，第二次赍木瑚里商队是二百一十三人，第三次额连胡里商队是一百三十六人。每次参与贸易人数都比规定人数要多。乾隆十三年规定人数可增至二百名，而乾隆十五年派到肃州的商队却达到三百零一人。因贸易规模不断扩大，货物日渐增加，致使陕甘等地到处充斥着从准噶尔地区来的牲畜和毛皮。清朝政府因经济损失日渐严重，于是限制贸易之议兴。积极倡导对贸易实行限制的是陕甘总督尹继善。乾隆十五年夏他在给清廷的奏疏中指出："自交易以来，货物日见递增。从前皮张不过一二万，而今竟增至六七万矣。从前之牲畜不过数万，而今竟增至十六七万矣。从前之人不许过一百，而今增至二百，竟又来三百矣。""若听其任意而来，不至于数十万不止。"⑤ 由于他极力反

---

① 满文《夷使档》全宗 3，1761：1（乾隆四年）。
② 《平定准噶尔方略》（前编）卷 46，乾隆七年四月庚寅。
③ 《平定准噶尔方略》（前编）卷 47，乾隆八年十二月丁丑。
④ 《平定准噶尔方略》（前编）卷 51，乾隆十三年四月丁卯。
⑤ 朱批奏折，民族事务类，卷 0156，号 4。

对，不久，清廷即正式宣布对肃州定期互市规模实行限制，规定来使携货不得过乾隆十三年（1748）货物之数，如逾此数，即予驳回，不准贸易。① 但是，随着准噶尔部内乱的加剧，规定很快便失掉了它的实际意义。

进藏熬茶贸易在噶尔丹策零以前就已存在，只是那时并不为人们所重视，所以关于噶尔丹策零以前的贸易情况我们至今所了解的还很有限。

本文所要论述的进藏熬茶贸易，是在噶尔丹策零至策妄多尔济那木札勒主政时期，它先后举办过三次。次数虽不多，但因规模大，在整个贸易活动中仍然有着不可忽视的重要地位。

进藏熬茶贸易，噶尔丹策零时进行过两次，地点都在东科尔。第一次是乾隆六年夏。参加这次交换的是齐默特等三百人。他们不仅带来了二千零八十峰骆驼，一千七百一十六匹马，四百九十五头牛，七千三百九十二只羊，还带来了大量的毛皮、葡萄、硇砂和羚羊角等物。② 全部货物兑银十万余两。③

因齐默特不思进藏，中途返回准噶尔。乾隆七年噶尔丹策零再次呈请准其派人进藏。清廷原不同意，后得知齐默特事与噶尔丹策零无关，遂准其请。

乾隆八年夏初，噶尔丹策零又派遣宰桑吹纳木克和巴雅斯瑚朗等进藏熬茶。全队共三百一十二人。他们带了一千七八百峰骆驼，二千三百余匹马，二千八百多只羊和二十多万张毛皮，于当年六月到达东科尔。在清朝政府积极支持下，商队很快就完成了贸易任务，仅官买皮货兑银七万八千余两。④ 贸易额估计不下十余万两。

乾隆十年（1745），噶尔丹策零病死，子策妄多尔济那木札勒继位，要求到西藏为噶尔丹策零布施，于是又有了第三次进藏熬茶贸易。

第三次进藏熬茶贸易，地点在青海西北之得卜特尔，商队负责人是巴雅斯瑚朗。全队共三百人，其所携牲畜，计有羊三千只、马三千余匹、驼二千余峰、毛皮三十余万张，贸易额达十六万余两。⑤

---

① 《清高宗实录》卷383，乾隆十六年二月丙辛。
② 军机处录付，卷2283，号4、23、24。
③ 朱批奏折，民族事务类，卷0167，号3。
④ 军机处录付，卷2287，号22。
⑤ 参见附表三。

因贸易规模扩大，乾隆十三年（1748）清廷下令禁止。进藏熬茶贸易从此结束。

我之所以要就"贡市"、定期互市和进藏熬茶贸易作一较全面叙述，目的在于说明，准噶尔与内地各族人民间的经济联系始终没有完全中断过。兹拉特金《准噶尔汗国史》说，"自从1739年和约以来"，准噶尔与中原地区"没有任何贸易往来"的说法，[1] 完全是一种主观臆断，与历史事实根本不相符合。

二　贸易交换

从以上叙述中，我们已经看到，贸易活动有三种形式。其中，纳贡即"贡市"，是贸易活动的基本形式；定期互市和进藏熬茶贸易，则是后来在特定历史环境中产生的。为了更好地了解其相互交换情况，这里首先谈谈"贡市"交换。

（一）贡市交换

"贡市"，是以"贡物"为中介而进行的交换，其中既包括准噶尔封建主以"贡物"同清朝政府的"赏赐物"间的交换（实际上是一种变相贸易），也包括贡使多携货物（或简称贡外携货）至北京、归化城、肃州等地同内地各族人民所进行的交换。明人高拱说：夷人要求派人进贡，实"不过贪赏赐、关市之利耳"。[2] 高拱所说，虽是指明代而言，实际上无论明还是清，其本质都是一致的。

1. "贡"、"赏"交换

贡使入贡，通常以表文，方物为凭。[3] "方物"，即当地的珍贵特产，一般都有明文规定。如喀尔喀三汗，规定"各贡白驼一，白马八，谓之九白之贡"。[4] 西藏达赖喇嘛、班禅喇嘛规定贡"哈达、铜佛、舍利、珊瑚、琥珀、数珠、藏香、氆氇之属"。"青海（指青海和硕特部——引

---

[1]　[苏]兹拉特金：《准噶尔汗国史》，第431页（参阅商务印书馆1980年中译本第405页）。

[2]　（明）叶向高：《四夷考》卷7（续宝颜堂秘笈本）。

[3]　《大清会典》卷104《主客清吏司》。

[4]　（清）张穆：《蒙古游牧记》卷7，商务印书馆1938年版，第139页。

者)、土尔扈特贡藏香、氆氇、马，喀尔喀、厄鲁特贡驼马、汤羊"。①

不过，规定似乎不是绝对的。进贡者除了经常按定例献贡外，有时也进贡一些例外特产。例如，青海和硕特部顾实汗清崇德二年（1637）遣库鲁克进贡马匹、白狐皮、獭喜兽、绒毯等物。②顺治三年（1646）顾实汗偕达赖喇嘛一起入贡时却是金佛、念珠、普鲁（氆氇）绒、甲胄、马匹等物。③准噶尔各部封建主也是如此。他们除了贡驼马外，有时则加上貂皮、黑狐皮等物。④和硕特部鄂齐尔图汗偶而还加贡白鹰。⑤

贡使从清朝统治者那里得到的大都是各种绸缎、布匹和金银器等物。清初"定厄鲁特贡使赏例。厄鲁特贡使一等者，上号蟒缎一，帽缎、彭缎各一（匹），毛青布二十四（匹），银茶桶一（件），重三十两；随从五人，各彭缎一（匹）、毛青布八（匹）。次等者，补缎一（匹），彭缎一（匹），毛青布十六（匹）；随从三人各彭缎一（匹），毛青布八（匹）。小台吉及塔布囊各官来使，各彭缎一（匹）、毛青布八（匹）；随从一人，各毛青布四（匹）"。⑥但这一规定，似乎也不是绝对的。例如，规定颁布当年，阿巴赖诺颜到北京贡马匹、貂皮等物时，清廷的"赏赐"物就有"银两、鞍、辔、缎、布"。⑦除缎、布外，其银两、鞍、辔都是临时加上的。

噶尔丹统治时期，他送交清廷的贡物主要还是驼马，偶尔也有毛皮、甲胄、鸟枪诸类。康熙十八年（1679），噶尔丹以博硕克图汗之名上奏，贡物内就有马驼、貂皮、锁子甲和鸟枪等物。⑧康熙二十一年（1682）冬，清廷庆祝"三藩之乱"平定，派奇塔特至准噶尔地方颁发赏赉。第二年噶尔丹派额尔克格隆等随奇塔特进京纳贡，贡物不仅有马四百匹，驼六十峰，还有貂皮三百张、银鼠皮五百张，猞猁狲皮三张、沙狐皮一百

---

① 《钦定大清会典事例》卷986。准噶尔、和硕特、土尔扈特、杜尔伯特于清初时，均称厄鲁特，此处把青海、土尔扈特、厄鲁特并列，分别注明其贡物，可见后者是指准噶尔。
② 《清太宗实录》卷39，崇德二年十月丙午。
③ 《清世祖实录》卷27，顺治三年七月戊戌。
④ 貂皮、黑狐皮主要是和硕特台吉阿巴赖和昆都伦乌巴什等所贡。
⑤ 《清圣祖实录》卷124，康熙二十五年正月丙寅。
⑥ 《清世祖实录》卷54，顺治八年闰二月丁丑。
⑦ 《清世祖实录》卷55，顺治八年丙申。
⑧ 《亲征平定朔漠方略》卷1，康熙十八年九月戊戌。

张，黄狐皮二十张，活雕一只，贴金牛皮五张，厄鲁特鸟枪四杆。① 至于清廷的答赏，据"赏赉如例"判断，似与从前并无显著不同。

策妄阿喇布坦时，其贡物无显著变化，但赏赐物则与前略有区别。策妄阿喇布坦每次遣使入贡，清廷不是"赐"彩缎十端，就是各色缎二十端。② 雍正元年（1723），又令各赏来使"缎四匹，蓝布二十四匹；从人各赏彭缎二匹，蓝布八匹"。③ 与上述规定比较，缎匹的数量已有所增加。不过，按定例答银茶桶一件却不见了。

噶尔丹策零及其子统治时，因准噶尔同中原地区的政治、经济联系进一步密切，所以贡物和赏赐物都比从前有所增加，贡物除马匹外，还常常有貂皮三十张或四十一张。有时又加贡玉碗、玉杯等物。赏赐物则除缎布外，又外加各种磁器、玻璃器等物。例如，乾隆八年冬，宰桑图尔都等至京贡马二匹，玉碗一只，貂皮三十张。④ 清廷的"赏赐物"分二次。第一次是妆缎、漳绒、宁绸各二端，玻璃器六事，珐琅器四事。又给图尔都本人大缎四端，玻璃器四事，银二百两。⑤ 第二次，佛二尊，各色缎十端，锦缎、妆缎各八端，玻璃器、磁器十五事。⑥ 乾隆十一年（1746）春，策妄多尔济那木札勒令哈柳贡貂皮四十一张。⑦ 清廷答赏是玉如意二支，⑧ 各色缎十端，蟒缎、妆缎各八端，玻璃器、磁器、珐琅器四十八件。为了对噶尔丹策零之死表示哀悼，又外加银满达、银茶桶、察喇各一件，红黄香一百束，大手帕百条，小手帕千条，茶叶千包。⑨

如果我们把上述各个时期贡物和赏赐物作一比较，可以看到，贡物和赏赐物内容后期比前期丰富，各物之间的比例亦前后有所不同。如噶尔丹策零以前，贡物主要是驼马，贡毛皮及其他"方物"只是个别现象。但从噶尔丹策零开始，驼马在贡物中似已不居主要地位，占居主要地位的是

---

① 《亲征平定朔漠方略》卷2，康熙二十七年七月戊戌。

② 端，古度。诸说互异。《小尔雅》："倍丈谓之端。"《集韵》："布帛六丈曰端。"《六书》："布帛丈六尺曰端。"

③ 《大清会典》卷222《理藩院二》。

④ 《平定准噶尔方略》（前编）卷47，乾隆八年十二月甲子。

⑤ 《清高宗实录》卷208，乾隆九年正月壬午。

⑥ 《清高宗实录》卷209，乾隆九年正月壬寅。

⑦ 《平定准噶尔方略》（前编）卷49，乾隆十一年三月乙亥。

⑧ 《清高宗实录》卷261，乾隆十一年三月壬午。

⑨ 《平定准噶尔方略》（前编）卷49，乾隆十一年三月甲申。

貂皮。噶尔丹时额外加贡的有兵器：锁子甲、厄鲁特鸟枪等物。噶尔丹策零时则有玉碗、玉杯等物。作为交换，清廷的答赏物，在策妄阿喇布坦以前，有毛青布及缎匹，占主导地位的是毛青布。自策妄阿喇布坦时起，绸缎数量逐渐增加。至噶尔丹策零及其子策妄多尔济那木扎勒时，除大量绸缎外，还有磁器和玻璃器等物。

2. 贡外携货贸易

在"贡市"中，"贡物"与"赏赐物"间的交换，实际上并不居重要地位，居重要地位的是"贡外携货贸易"。噶尔丹时进贡，人数"常至数百人"，最多达三千人。这些人并非全是贡使，其中绝大多数是随同贡使到内地贸易的维吾尔族商人或普通牧民。《俄罗斯与亚细亚草原》一书指出：噶尔丹强大的时候，他所派贡使与中国内地进行的贸易就频繁起来，其中有许多是中国准噶尔地区的"回子"。"所谓回子是指布哈拉人，特别是指东土耳其斯坦的商人"。[①] 当年，出使北京的俄国代表伊兹勃兰特·伊台斯，从托木斯克城到中国内地进行贸易，所看到的也正是这些人。[②]

根据乾隆年间准噶尔同清廷贸易档记载，贡外携货贸易一般都分两地进行。毛皮细软等便于驼载者随贡使在京变换。牛、羊、马、驼、葡萄、硇砂、羚羊角以及部分毛皮，则多留于肃州出售。从巴图尔珲台吉至噶尔丹统治时，贸易地点主要是在北京、归化城（或张家口）。而策妄阿喇布坦和噶尔丹策零时则是北京、甘州或肃州（参见"商路"）。

贡使携货进京贸易，一般都在会同馆"设市"。按规定，设市须在贡物上交、清廷颁赏以后方许进行。开市三或五日。开市时，先由礼部行文户部，拨库使收买，然后咨覆过部，出告示，委官监督。黑、黄、紫、皂、大花、西番莲缎以及烟硝、牛角等物，禁止出卖。[③]

至归化城、张家口或肃州等地贸易，向均接受清政府官员的监督。为了防止内地官民套购，破坏贸易，顺治七年（1650），清朝政府规定：凡喀尔喀、厄鲁特商队来内地贸易，章京以下，披甲以上，若无驼只马匹，有愿买者，每次只准买一匹。违者，所买之马入官，问以应得之罪。若有

---

① ［日］佐口透：《俄罗斯与亚细亚草原》，东京1966年版，第147—148页。
② ［荷］伊兹勃兰特·伊台斯：《俄国使团使华笔记》，北京师范学院俄语翻译组译，商务印书馆1980年版，第265页。（伊兹勃兰特·伊台斯又译作伊兹勃兰德·义杰斯。）
③ 《大清会典》卷105《主客清吏司》。

自己不买，包揽他人顶己名买者，二人俱问以应得之罪，所买之马入官。每旗选章京二员，监视买卖。① 康熙十三年（1674），理藩院又奏请禁止内地官员、商人擅自与商队交易。违者，"系王罚马一百匹，贝勒、贝子、公等罚马七十匹，台吉等罚马五十匹。……为首贸易之人绞，藉其家，余各鞭一百"。②

贸易分"官办"和"商办"两种。"官办"由清朝政府以库银及库贮绸缎、茶叶、布匹等物与之兑换，待商队离开后再将货物发至邻省及附近州县发售并购置第二年商队需用各货。"商办"是由政府招集富商大贾包揽买卖的贸易。二者各有利弊，在贸易中往往起着相互补充的作用。雍正六年（1728）九月，肃州总兵官纪成斌在奏疏中指出：准噶尔地方贡使特垒等于六月初五日从北京回到了肃州。他要求将留在肃州的货物按照京里的价钱发卖。但肃城地方狭小，铺户仅有数家，资本有限，难于发脱。"近有督臣从西安招得泾阳县客商两起，驮到银两万两，讲价比前稍平，仅能够买完大狐皮、沙狐皮两种，其貂鼠、银鼠、灰鼠（皮）尚未发卖。然已卖之狐皮，又不肯要银子，定要茶叶，绸缎等物交换。肃州稀少，地方官现在设法催办"。③

交换价格，通常都是由贸易双方派人共同议定，一般与当时肃州附近市价差不多。不过，它只有相对的意义。雍正十三年（1735），清朝督臣刘于义曾经说过这样一件事：商队在贸易时，为了卖好价，常将皮张、货物讲说之价值加以更改。为了使内地货物价值与之相准，臣"即著（着）委员王大章就其所要之价、将缎匹、茶封及代为采买等物，酌量增长价值，与彼浮索之价约略相等，彼此欢喜成交"。④ 由此可见，价格虽然经过双方共同议定，但擅将涨价商品卖与对方的事也不乏其例。

关于交换商品，准噶尔地方商品主要是牲畜：牛、羊、马、骆驼，各种毛皮，以及葡萄、硇砂、羚羊角等物。内地商品主要是绸缎、布匹、茶叶、烟、大黄等物。至于各物在贸易中所占之比重，因史料散失较多，目前还无法进行统计和比较。

---

① 《清世祖实录》卷47，顺治七年二月乙酉。
② 《大清会典》卷222《理藩院二》。
③ 朱批奏折，民族事务类，卷0156，号1。
④ 军机处录付，卷2279，号3。

（二）定期互市和进藏熬茶贸易中的交换

定期互市是噶尔丹策零时发展起来的，而进藏熬茶贸易却早已存在。据《咱雅班第达传》记载，顺治四年（1647）和硕特台吉特尔衮（色棱哈坦巴图尔子——引者）打算到西藏朝拜达赖喇嘛，为此集中了大批牲畜。这些牲畜的一部分被运到内地出售。顺治十年（1653），鄂齐尔图台吉也仿此办法，将一万匹马运至内地贩卖，用卖得的钱作为进藏熬茶用。① 类似的例子肯定还有，只是当时不为人们所重视罢了。

关于噶尔丹策零时定期互市和进藏熬茶贸易情况，保存下来的材料比较丰富。据记载，准噶尔商队携进内地贸易的主要商品之一是牲畜。牲畜以羊为大宗，马次之，牛和骆驼又次之。

据统计，五次定期互市，商队携羊三十七万二千八百二十只，马六千三百二十七匹，牛六千七百零四头，驼三千六百四十四峰。三次进藏熬茶，携进内地贸易羊一万三千一百九十二只，马七千零十六匹，驼五千七百八十峰，牛四百九十五头。八次贸易驼比牛的总数略多，但驼是驮畜，除去返回时骑乘，实际数字与牛差不多。

贸易中作为交换的主要商品之二是毛皮。毛皮在贸易中的地位一般稍次于牲畜，但有时也居第一位。例如，乾隆八年（1743）吹纳木克商队在东科尔贸易，其贸易额估计不过十余万两，但毛皮一项就占了七万八千余两，② 占总贸易额一半以上。乾隆十一年（1746），赉木瑚里等在肃州贸易，贸易额九万五千九百二十余两，其中毛皮一项"约值银六万余两"。③ 乾隆十二年（1747）巴雅斯瑚朗商队在得卜特尔交易，贸易额十六万四千三百五十两，而毛皮竟占十四万三千七百七十四两，④ 为总贸易额的百分之八十七。他们每次携带数万张至二十多万张不等。

毛皮中以大狐皮、沙狐皮、黄狐皮、羊羔皮数量为最多，通常占毛皮总数的百分之八十至九十。乾隆八年吹纳木克商队，带毛皮二十余万张，而沙狐皮、黄狐皮、羊羔皮三项就占十三余万张。⑤ 乾隆十二年，巴雅斯

---

① 参阅［苏］兹拉特金《准噶尔汗国史》，第224页。
② 军机处录付，卷2287，号22（参见附表一）。
③ 朱批奏折民族事务类，卷0160，号13。
④ 参见附表三。
⑤ 参见附表一。

瑚朗商队于得卜特尔交易，在其所带三十余万张毛皮中，仅黄狐皮、沙狐皮、羊羔皮三项就占了二十七万九千七百九十五张。① 银鼠皮、灰鼠皮不是每次都有，但为数也达数万张。貂皮、猞猁皮、狼皮较少，一般只有数千张左右。至于虎皮、豹皮，为数甚少（参见附表一、二、三）。

除牲畜、毛皮外，葡萄、硇砂、羚羊角等在贸易中也占有一定比重。乾隆六年齐默特等到东科尔贸易，一次就带硇砂一万九千余斤，绿葡萄四千八百斤，羚羊角八万二千七百余支。② 乾隆九年额连胡里商队至肃州贸易，带葡萄二万九千二百六十斤，硇砂一万二千二百三十斤，羚羊角四千三百八十八支。③ 如果按乾隆初年葡萄一斤价银一两五钱，硇砂每斤一两二钱，羚羊角每支价银一钱计算，这个数字也很可观。不过自从乾隆六年开始，葡萄、硇砂、羚羊角价值大降，且清廷一再声明，不再令其进入交易，故随着时间的推移，其所占比重便越来越低。

此外，还有少量革制品，如红香牛皮，缁泥狐皮、红狐皮等。准噶尔自策妄阿喇布坦时起已能制革。④ 这些革制品有可能是准噶尔工匠自己制作，但亦不能排除从别地转贩而来的可能性。

令人感兴趣的是在交易中，有制作极为精致的红狐皮窝刀皮袄及老羊皮袄。红狐皮窝刀皮袄每件价银一百五十两，老羊皮袄每件价银三两七钱五分。⑤ 从准噶尔当时的物质生产条件判断，似乎并非当地牧民制作，而是从维吾尔族中征收或从俄国和中亚地区交换得来的。

货物中往往还有少数由维吾尔族人民生产的绸缎，时称"缠头花缎子""缠头绸子"等。⑥

在其交易物中，有时还可见到少数俄国货。如1744年额连胡里等带至肃州的贸易中，就有"鄂（俄）罗斯片子二十件"。⑦ 1746年赍木瑚里等带至肃州贸易货物就有各色俄罗斯毯子六千四百七十九尺。⑧ 显而易见，这些都是其商队在与俄国人的交换中取得的。

---

① 参阅附表三。上述数字是指批发数。如果加上零星贸易，则远不止此数。
② 军机处录付，卷2283，号25。
③ 军机处录付，卷2292，号4。
④ [英]霍渥斯：《蒙古史》卷1，伦敦1876年版，第649页。
⑤ 参见附表二、附表四。
⑥ 军机处满文录付奏折，民族类，卷335，号2。
⑦ 军机处录付，卷2292，号2。
⑧ 军机处满文录付奏折，民族类，卷335，号2。

现有历史资料证明，准噶尔商队从内地换得的商品，大体上可分为两大类：第一类是奢侈品，第二类是日用必需品。

奢侈品主要是各种蟒袍、锦袍、锦缎、绫绢等，日用品则有布、茶、烟、糖、姜、枣、锅、碗、碟、箱、哈达等物。需要量最大的是绸缎、茶封、针线诸物。乾隆十一年（1746），甘肃巡抚黄廷桂在其奏疏中说：准部地区来人"每次交易，俱要缎蟒、绫绸、茶封、线觔、羖绒等物，请差守备马受国前往西安采办，庶免临时迟误……"① 乾隆十三年，额连胡里等在肃州贸易，其牛、羊、马、驼、毛皮等物先后易银七万余两，但换取各种绸缎、布匹、茶封、针线以及其他日用品即耗银七万四千五百六十余两。② 乾隆十五年（1750），诺落索伯等在肃州贸易，其所携货物值银十八万六千余两，但换取绸缎、茶、线等物值银十六万七千三百余两。③ 其贸易额之大，于此可见一斑。

在绸缎中，最受欢迎的是清廷皇族享用的各种彩缎，如：扣背金、京片金、大妆花、大蟒袄、金寿字缎、西蟒袄、三花妆、西金心闪缎、内造摹本缎、汉府云龙缎、汉府花缎、花线缎等，绫绸中的大花绸、濮绸、荆花绫、荆素绫、潞绸等。

因为针线、茶叶是准噶尔人民的生活必需品，因此，它们在贸易中所占比重也很大。1744年额连胡里等在肃州贸易，仅买线就耗银一万一千五百八十九两四钱，其中花红线七百七十九斤，银一千五百五十八两；木红线四千九百一十七斤，银九千八百三十四两；大金线一百六十子，银一百二十八两八钱；小金线三百四十三子，银六十八两八钱。仅此一项，就占总贸易额的四分之一左右。如果加上茶二千九十七封，银三千七百七十四两六钱；松罗茶一千一百一十斤，银四百四十四两，约占总贸易额的百分之三十。④

大黄是一种重要药材。它既为准噶尔人民治病之良药，又是他们与俄国人进行贸易的重要商品。松筠《绥服纪略图诗》注云："俄罗斯多食鱼，须大黄以解鱼毒，特派头人专司收买，散给属下官卖以济众。"17—18世纪初，俄国商人购买的大黄大多数都是通过准噶尔商队从内地贸易

---

① 朱批奏折，民族事务类，卷0158，号14。
② 军机处满文录付奏折，民族类，号342。
③ 朱批奏折，民族事务类，卷0156，号13。
④ 参见军机处录付，卷2292，第6号。

中取得的。18世纪30年代后，俄国人虽然可以从恰克图等地在同内地商人交易中获得，但仍然有为数不多的一部分要从同准噶尔商队贸易中取得。他们或以葡萄、硇砂、羚羊角进行交换，或以白银购买，贸易额往往是成千上万斤。1744年额连胡里等奏肃州贸易，仅以葡萄、硇砂、羚羊角换取大黄，一次就达到三万九千六百一十斤（见附表），此外，又另购一万三百零五斤，① 总共四万九千九百一十五斤。又如1748年额连胡里第二次至肃州贸易，先以一钱五分一斤的价格，买大黄八千七百三十九斤。接着，又以硇砂、羚羊角换取三百九十六斤，② 总共达九千一百三十五斤。

除针线、茶叶、大黄外，糖、烟、姜、枣、布匹、锅、碗、盘、碟等物，虽然为数不少，但因价格较低，在贸易中所占的比重远不如前三者大。

上述商品，除大黄、丝线等少数商品产自甘肃及其附近地区外，大部分都来自全国各地，特别是江南地区。乾隆十八年，陕西总督永常在给清廷的奏疏中说：(准噶尔) 商队"所需货物，可于陕省就近置办者，仅止(只) 毾绒、丝线等类，其余缎绫、茶斤皆须买自江南、湖广、山西等处，若待明年措办，必致仓卒贻误"。③

前述各种商品，估计有相当大的一部分为汗国内的各级封建主及广大人民群众所消费，而其余部分则分别被转运到西伯利亚和中亚等地，同这些地方的人民进行交换。《俄罗斯与亚细亚草原》作者在其书中指出：准噶尔贡使带往内地进行交易的毛皮，可能就包含了俄国的产品。另外，中国内地出产的茶、丝织品、棉布、南京木棉、绸缎、陶瓷器等物，同样也经他们之手，运到了西伯利亚。④ 所说与事实基本上是相符的。

三　商路

(一) 贡道

准噶尔地区商队进京贸易纳贡取道何路？向为人们所关心。传统的看

---

① 军机处录付，卷2292，号6。
② 参见附表四。
③ 军机处录付，卷2293，号4。
④ [日] 佐口透：《俄罗斯与亚细亚草原》，东京1966年版，第153—154页。

法是，从噶尔丹到策妄阿喇布坦等向来俱取道归化城、张家口一路进入北京。其实，取道归化城、张家口等一路进入北京的，只有巴图尔珲台吉、僧格和噶尔丹统治时期的商队，而从策妄阿喇布坦到喇嘛达尔扎统治时期商队走的却是哈密、嘉峪关一路。

从准噶尔地区到内地贸易向有两路：一称"北路"，又称"喀尔喀路"，或"归化城路"；① 一称"南路"，又称"内路"，② 或哈密—肃州路。

所谓"北路"，是指由归化城至准噶尔地区主要辖地乌鲁木齐之路。此路沿途水草丰富，便于商贾行走，俗称"蒙古草地路"。

郑植昌《归绥县志》记载，从归化城至新疆乌鲁木齐向有三路：一称"北路"，又称"蒙古草地"路。此路分大小西路，小西路经武川、白灵庙等处；大西路经武川、瓦窑等处；至哈喇牛敦合为一路，西北抵古城。沿途水草丰茂。大西路途程短而站口大，中段红果岭等处有流沙；小西路路程长，站口小，水草也丰。西路自瓦窑分支，经保尔汗等地，可达包头。此路经过喀尔喀，从归化城至古城，全程六千余里。一称"中路"，亦六千余里。自归绥经武川，至白灵庙分前后两路，至合勒孟台会合，抵明水西行而达古城、乌鲁木齐。此路沿喀尔喀与宁夏、甘肃的地界而行，以驼运货七十日，空驼约四十日。一称"南路"。行程七千里，从归绥经包头、宁夏、兰州、凉州等处而达古城、乌鲁木齐。"沿途无草可食，故仅车马取道于此"。

又有归化城—科布多路。全长五千余里，驼行七十日可到，经行于武川、甲番河等地。③

"南路"，是从准噶尔取道哈密、嘉峪关、肃州一路进京。这路实际包括两条道路：一自乌鲁木齐出发，向南走吐鲁番，经哈密，入嘉峪关；一自乌鲁木齐经古城、巴里坤折入哈密，经靖逆、赤金抵嘉峪关、肃州。前者称哈密"西路"，后者称哈密"北路"。哈密"西路"因沿途皆沙碛，乏水草，且有十三间房大风，④ 很少有人走这一条路。通常都是经由巴里坤进入哈密、嘉峪关。"南路"经过肃州、甘州以后又分二途，一走

---

① 《平定准噶尔方略》（前编）卷46，乾隆七年三月辛巳。
② 满文《夷使档》，全宗3，1761：1。"内路"是指沿长城内缘行走之路。
③ （清）郑植昌：《归绥县志·经政志》。
④ （清）李慎儒：《边疆简览》卷中《西藏》。

兰州、西安、太原、保定入京。一沿长城内缘走花马池、宁夏府、榆林、神木、宣化等处。这两条路，噶尔丹策零的准噶尔商队都走过。乾隆三年（1738），川陕总督查郎阿奏称：准噶尔贡使"自肃赴京，或由沿边一路，或由西安一路"。① 不过，经常通行的还是沿边一路。②

"南路"与"北路"相较，不但沿途水草少，且路远难行。尤其是从巴里坤至哈密、嘉峪关一段。据统计，从北京至科布多，全程不过六千余里，至塔尔巴哈台近八千里。③ 从北京经归化城—乌鲁木齐"北路"和"中路"，约七千余里。而走"南路"至乌鲁木齐行程则达八千里左右。④ 如果从伊犁出发，走"北路"，行程九千余里，但若走乌鲁木齐、巴里坤、哈密、肃州一路，行程则达万有余里。因为北路近，南路远；北路水草丰茂，而南路乏水草，所以商队走北路最为方便。巴图尔珲台吉时，准噶尔的政治、经济中心主要在和博克萨里一带。⑤ 而清廷"市口"又设于归化城、张家口附近，⑥ 故巴图尔珲台吉等遣使至京纳贡必然要取道"北路"。噶尔丹时，因清廷"市口"无变化，而噶尔丹在攻杀鄂齐尔图汗后，又从伊犁东"徙帐"阿尔泰山。⑦ 因而噶尔丹及其所属台吉贡使取道归化城一路进京也是势所必然。这一点从前引康熙二十二年清廷规定即可以得到证明。

可是，策妄阿喇布坦和噶尔丹策零等统治时，形势与以前有所不同。策妄阿喇布坦与清廷建立贸易关系是在康熙三十年春。此时噶尔丹势力迅速发展，又与喀尔喀进行战争。策妄阿喇布坦根本无法取道"北路"到达北京，因为他与清廷建立政治、经济联系，必然会使噶尔丹更加孤立。噶尔丹肯定要千方百计进行破坏。《大清会典》载康熙三十五年策妄阿喇布坦商队在甘州贸易之事（见上文）就是明证。事实上，策妄阿喇布坦不仅在早年，而且到死也似乎没有派过贡使取道"北路"进京。雍正三年（1725）四月，清廷在敕谕策妄阿喇布坦时指出："尔又奏称……使臣

---

① 军机处录付，卷2288，号2；卷2288，号4。
② 军机处录付，卷2279，号4；卷2288，号2。
③ 从北京皇华驿至归化城一千一百四十五里，而塔尔巴哈台至科布多八百里，故其里程为上数。参见贻榖《绥远志》卷2。
④ 据（清）李慎儒《边疆简览》卷中《西疆》统计。
⑤ 参见［英］巴德利《俄国·蒙古·中国》卷2，伦敦1919年版，第125页。
⑥ （清）嵇璜：《清朝文献通考》卷33《市籴二》。
⑦ （清）魏源：《圣武记》卷3《康熙亲征准噶尔记》。

贸易之人，若由内地往来，途远劳苦，请由喀尔喀地方行走。"① 这就有力地表明，直至1725年以前，策妄阿喇布坦使人根本未从"北路"经过，否则，他不会于当年再向清廷请求同意走"北路"。

乾隆三年（1738年）九月，山西巡抚觉罗石麟说："从前准噶尔使，俱系由西路军营送至肃州，由肃州拨给骑驮马骡送至京中，沿途派官兵照看护送。"② 乾隆四年（1739）内阁大学士鄂尔泰说："先是，策妄阿喇布坦在世时前来请安、具呈奏章时，所遣使者，均由驿道骑驿马接迎。到肃州、甘州互市者，均系靠自力往返，其人数以三百为限。"③ 事实再次表明，策妄阿喇布坦时，其商队走的是"南路"，而不是"北路"。

噶尔丹策零及其子策妄多尔济那木札勒、喇嘛达尔札统治时，商队往来，进京纳贡都是走"南路"。主要根据有二：

（1）从雍正十三年至乾隆十七年，噶尔丹策零等先后十八次派人进京纳贡，从未提到他们是沿着"北路"取道归化城、张家口进京。相反，大量证据表明他们是取道南路进京的。首先，每次报告商队前来纳贡、贸易的，都是安西提督等西路军营镇将。其次，进行交换的重要地点是在肃州，而不是归化城、张家口。最后，据记载，商队不仅把牛、羊、马、驼赶至肃州，而且经常在哈密变卖乏弱牲畜。如果走北路，他们绝不会把牲畜赶到哈密出售。

（2）乾隆四年，大学士鄂尔泰奏，不要让准噶尔商队于归化城等处贸易，为的是怕他们在喀尔喀生事。此后不久，清廷即宣布进京贸易须"道出肃州、西安"（见上文）。尔后，噶尔丹策零虽一再要求"由归化城"④ 一路行走，可是清廷并没有答应，结果不得不将北京贸易改于肃州进行，此事一直至喇嘛达尔札时都是如此。

通过以上事实可以看出，所谓从噶尔丹到策妄阿喇布坦等一直取道"北路"进京的说法，是缺乏根据的。

（二）进藏熬茶贸易通路

进藏熬茶贸易，噶尔丹策零时先后有过两次，地点都在东科尔。策妄

---

① 《清世宗实录》卷31，雍正三年四月己卯。
② 军机处录付，2288卷，第1号。
③ 满文《夷使档》全宗3，1761：1。
④ 《清高宗实录》卷163，乾隆七年三月辛巳。

多尔济那木扎勒时一次，地点在得卜特尔。但第二次东科尔贸易系走噶斯路，故第二次、第三次贸易实为同路。

至东科尔贸易，商队经由何路？向来说法不一。有些学者根据乾隆五年正月军机大臣奏报，① 认为是从巴里坤经哈密、嘉峪关、肃州，经扁都口至东科尔。其实，这是误解。

经嘉峪关、肃州至扁都口一路到达东科尔，原是哈柳同清廷大臣于乾隆四年议定之路。乾隆四年冬，鄂尔泰在给乾隆的报告中指出："噶尔丹策零派人去西藏诵经，要求增加人数，可同意他增至三百人。他的代表要求到多巴、西宁等地互市，但多巴市场已改设在东科尔，须由肃州、扁都口等地前往。这条路行程短，沿途水草又多，因此他派来的人"可由此路至东科尔互市。市易完毕，再由此路直赴西藏"。②

可是，当此议送到准噶尔时，噶尔丹策零却以扁都口在肃州东南，走扁都口一路又要取道肃州，路途太远，商队之人未出痘，恐往来不便，希望由库克沙什、西喇哈勒占一路至东科尔。③ 乾隆听说此路"多戈壁，又缺水草，行走甚难"，④ 为了满足噶尔丹策零愿望，又令人寻"戈壁少、水草好"⑤ 之路径。

这条"戈壁少、水草好"的路径从何处经过？《清实录》等重要官修史书对此俱无明确记载，因此我们只能从当时的私家著作中去寻找。

松筠《新疆疆域总叙》云："哈密东一千四百六十里为嘉峪关，关之南百余里有库克托罗垓（即青头山，在旧赤［金］卫东南一百三十里，为通青海之道），关外赴藏熬茶之蒙古经行此路焉。"⑥ 常钧《敦煌随笔》云：乾隆六年，准噶尔地区牧民"恳请进藏熬茶，则自北路（指哈密北路——引者）至桥湾，由布鲁湖墩，经赤金东北海子，过赤金湖，出野马兔、闇（暗）门，循陶赖河东南过乌喇打坂、素克拖打坂，至西宁之东科尔地方。未及进藏，仍由原路回，系奏明行走之路也"⑦。祁韵士《西陲要略》："其嘉峪关外赤斤湖地方，南行百余里，至库克托罗垓，即

---

① 《平定准噶尔方略》（前编）卷45，乾隆五年正月辛未。
② 满文《夷使档》全宗3，1761：1。
③ 《清高宗实录》卷121，乾隆五年闰六月甲子。
④ 《清高宗实录》卷122，乾隆五年七月乙亥。
⑤ 《平定准噶尔方略》（前编）卷45，乾隆五年七月乙亥。
⑥ （清）松筠：《新疆疆域总叙》，《小方壶斋舆地丛抄》（续编）第2帙。
⑦ （清）常钧：《敦煌随笔》下卷，《形势论》。

青头山,路通青海,凡关外赴藏熬茶之蒙古人经行此路焉。"① 上述三书,虽然详略不一,但有一点却是共同的,就是说,进藏熬茶商队是经由嘉峪关外附近之青头山,循陶赖河进入青海,而未经扁都口。具体地说,就是从天山北路,经巴里坤进入哈密,过赤金湖东北海子,越嘉峪关外之青头山,然后循陶赖河东南方向前进,跨乌喇岭、素克拖岭进入东科尔。

得卜特尔贸易是准噶尔人最后一次进藏熬茶贸易。参加这次熬茶贸易的是巴雅斯瑚朗等三百人。根据有关资料记载,商队是从伊犁出发的。从伊犁至得卜特尔,行程数千里,又有无数山岭阻隔,他们是经由何地至得卜特尔的呢?

要了解这一点首先必须了解得卜特尔的地理位置。得卜特尔坐落于青海西北之噶斯西南,扼从新疆东南进入西藏之要冲。张穆《蒙古游牧记》云:"噶斯地势,三面雪山,中有一线水草并芦苇,其大路在卜特尔(即得卜特尔——引者),西南走藏,东南走青海、大通河,西北走柴达木、吐鲁番等处,乃策妄阿喇布坦出入咽喉要路。"② 乾隆七年噶尔丹策零要求进藏熬茶,希望由噶斯地方行走,指的就是这条路。据说从准噶尔地区骑骆驼负水,一月可至其地,为准噶尔通西藏捷径。③ 根据以上资料,我以为巴雅斯瑚朗等是从伊犁东南之那喇特岭、经朱勒都斯山而至哈喇沙尔,然后在哈喇沙尔东南渡塔里木河,循塔里木河东南方向进入青海。因为这条路沿途既多水草,又最近便。《新疆疆域总叙》:"由伊犁东南经那喇特达巴罕、朱勒都斯山、察罕通格山,而至喀喇沙尔城,可马行,无军台。"④ 雍正年间,清廷遣使至准噶尔,也是走这一条路。⑤ 徐松《西域水道记》:"塔里木河自库尔勒庄东行,二百里径哈喇沙尔城南,又东二百余里径博斯腾淖尔南,又东入于罗布淖尔。"⑥ 乾隆十二年巴雅斯瑚朗等到达得卜特尔时对玉保说:"我等于六月初十日起程,七月二十四日至塔里木河,因河水泛滥,不能即渡,迟留守候,故至今始到。"⑦ 伊犁距

---

① (清)祁韵士:《西陲要略》《小方壶斋丛抄本》。
② (清)张穆:《蒙古游牧记》卷12,商务印书馆1938年版,第269页。
③ (清)冯一鹏:《塞外杂识》(借月山房汇钞本)。
④ (清)松筠:《新疆疆域总叙》,《小方壶斋舆地丛抄》(续编)第2帙。
⑤ 同上。
⑥ (清)徐松:《西域水道记》卷2《罗布淖尔所受水》下。
⑦ 《平定准噶尔方略》(前编)卷50,乾隆十二年十月己卯。

京师一万八百二十里，喀喇沙尔距京师九千一百里[①]，两地相距一千七百余里。从伊犁至塔里木河渡口约两千里左右，对携带着大量牛羊马驼和毛皮的商队来说，正好需要一个多月的时间，与史籍记载基本相合。此外，从噶斯走吐鲁番，也与准噶尔地区相通。但此路沿途缺乏水草，不利于商队来往。所以它不可能从这里经过。

四 结论

综观以上记载，我们可以清楚地看到：

1. 从巴图尔珲台吉起至喇嘛达尔札时止，准噶尔地区与内地之间的贸易往来一直是非常密切的。从墨尔根岱青第一次遣使时起，至达瓦齐最后一次遣使止，在前后一百一十六年中，两地有正常贸易往来就达八十多年，其中因民族矛盾和民族战争影响而使贸易受到阻隔实际上只有二十多年。因此，在准噶尔地区和内地各族人民的往来关系史中，过分强调民族矛盾和战争我以为是不恰当的，缺乏历史根据的。至于全盘否定两地有密切贸易往来的说法更是无稽之谈。

2. 准噶尔地区的社会经济对中原内地的社会经济始终有着强烈的依赖关系。从巴图尔珲台吉、僧格、噶尔丹、策妄阿喇布坦、噶尔丹策零、策妄多尔济那木扎勒至喇嘛达尔札，无论哪一个人掌权，他们都主动要求向清廷称臣纳贡，极力争取与内地各族人民进行交换，以扩大贸易。每当贸易发展时，准噶尔地区人民个个额手称庆；倘若贸易的发展受到限制，广大牧民的生活便要受到严重影响，这从噶尔丹给清廷的奏疏中表现得最为清楚。它表明，准噶尔地区经济与中原地区的经济根本无法分割，准噶尔人民的命运与内地各族人民的命运有着紧密的联系。乾隆十三年，额连胡里在和清廷官员的一次谈话中说得好：我们的买卖，"并不是我们台吉一个人的，都是准噶尔众人的买卖。这众人内，如有的人家，还养些鹰狗，得些皮张，或往别处货换些细皮张，交来到天朝贸易；如穷的人家既无皮张，止（只）靠几个牲口过活，……他们那凑些交来。我也因牲口坠累，狠（很）不愿收，止（只）是穷富不得一样。……他们众人听的

[①] 《西域图志》卷12《疆域五》、卷14《疆域七》。

买卖出来,无一人不攒凑带些牲口,想着要易换些东西,沾受大皇帝恩典"。① 额连胡里的话,把准噶尔地区人民渴望同内地人民交换的心情表达得淋漓尽致。贸易的发展,不仅可以使准噶尔各级封建主从中原地区获取大量的绸缎、布匹,以供他们享受,还可使广大准噶尔地区人民得到许多生活必需品,解决日常生活的需要。

3. 贸易的发展既是内地人民对准噶尔地区人民的支援,同时也是准噶尔地区人民对中原内地各族人民的支援。准噶尔地区人民把大量的牛、羊、马、骆驼、毛皮等物运送到内地,不但为内地人民发展农业生产提供了大量的役畜,而且也为他们提供了价格便宜的御寒毛皮。在商队往来频繁的乾隆初年,陕甘地区的马价一般仅需银六七两,牛每头只有四两至五两。可是到了乾隆二十三年(1758)时,每匹马却要价银十两,牛每头要银六两。② 价格之悬殊,于此可见其一斑。

4. 贸易的发展,促使准噶尔地区同内地各族人民有了更多接触的机会,这对促进相互间的了解,明显起着有利的作用。例如,有的商队在贸易活动中,就坦率地向清朝官员们表示:他们虽然远处西北,但"也是大皇帝的人一样"。③ 希望子子孙孙不再同内地人民打仗,要永远与内地人民友好。乾隆七年,吹纳木克等进京纳贡,途经哈密,当地清军不但令人细心牧放其瘦乏牲畜,还在吹纳木克等返回后,令其在哈密变卖部分伤残驼马,以减少损失。对此,吹纳木克深为感动。在即将离开哈密时,就激动地说:"我们受大皇帝的恩狠(很)重,路上来回俱有供应,到京又蒙赏赐克食。如今我们在哈密留下不中用的马驼都给我们放肥了,又将马匹、瘸乏驼只都卖了银子带回去,我们众人实在感念不尽。"④ 乾隆十二年巴雅斯瑚朗等进藏熬茶,因塔里木河河水泛滥,不能如期到达。清廷派侍郎玉保等前往办理交易。玉保等耐心等待,充分做好交易前的一切准备,使商队在到达得卜特尔后迅速完成了贸易任务,保证其如期进藏。巴雅斯瑚朗临走时感动地对玉保说:"我等前次来至东科尔交易路远,往返劳苦,驼马亦多倒毙。此次熬茶,蒙大皇帝天恩,在卡伦交易,不劳往

---

① 《准噶夷人贸易案》,载故宫博物院编《史料旬刊》,第25期,李绳武析二。
② 《平定准噶尔方略》(前编)卷48,乾隆二十三年正月己丑。
③ 军机处录付,卷2285,号3。
④ 军机处录付,卷2286,号14。

返,驼马亦无倒毙,……我等身受大皇帝洪恩,感激不尽。"① 事实说明,通过贸易活动,彼此间的了解增加了,思想感情接近了,共同语言也增多了。清朝统一西北地区时,广大准噶尔人民纷纷内徙,箪食壶浆以迎清军,与此不无密切关系。

5. 必须看到,清朝统治者对贸易的发展虽然起过一定的积极作用,但因它不是把贸易当作准噶尔人民同中原人民进行经济交流的必需手段和发展民族友好联系的纽带,而将其当作羁縻"外藩"的手段。因此,当准噶尔封建主对其"忠顺"时,贸易便常常受到支持,从而使交换得到发展,否则便以各种借口对其实施限制或禁阻,以此作为它对准噶尔封建主的制裁。结果,使许多渴望获得中原地区手工业品和农产品的准噶尔牧民生计受到严重影响,这不能不说是一个消极因素。它是清朝统治阶级为维护自己的统治权力而采取的重要策略。

附表一　　　　　吹纳木克等在东科尔变卖毛皮清单

时间	1743年(乾隆八年)6—9月	商队	吹纳木克巴雅斯瑚朗	人数 312人	地点	东科尔
交易物	交易数(张)	单价(两) 头首	二首	三首	易银数(两)	备注
沙狐皮	28293	0.4			11317.2	此表是据军机处录付奏折,民族类,蒙古项2291卷,第8号档制作。原档注明无作者、时间。经考证,是为吹纳木克商队在东科尔之贸易清单。
银鼠皮	60463	0.12			7255.56	
狼 皮	807	0.5		0.22	392.3	
豹 皮	299	1.5		0.5	438.5	
猞猁狲皮	679	3		1.8	1651.9	
扫雪皮	2603	0.23	2.5		598.69	
羔羊皮	45271	0.09		0.04	3955.58	
貂 皮	892	1.2		0.9	900	
黄狐皮	62490	0.9	0.7	0.2	51639.1	
灰鼠皮	1624	(白)0.07		(黑)0.04	84.58	
合 计	203421				78233.41	

① 《平定准噶尔方略》(前编)卷50,乾隆十二年十一月乙亥。

附表二　　　　　　额连胡里等在肃州贸易部分货物清册

时间	1743年（乾隆八年）11月—1744年（乾隆九年）春	商队	额连胡里	人数	122人	地点	肃州
交易物	交易数	单价（两）		易银数（两）		备注	
绵山羊	20553只	1.1		22608.3			
大山羊	1290只	0.8		1032			
头等貂皮	20张	4.5		90		此表是根据军机处录付奏折，民族类，蒙古项2292卷，第6号档制作。	
二等貂皮	98张	3.7		362.6			
三等貂皮	380张	2.4		912			
四等貂皮	473张	1.6		756.8			
五等貂皮	124张	1.2		148.8			
又貂皮	10张	4		40			
大狐皮	13716张	0.8		10972.8			
豹皮	21张	1.9		39.9			
又豹皮	10张	1.3		13			
沙狐皮	3466张	0.45		1559.7			
狼皮	513张	0.6		307.8			
头等猞猁皮	10张	3		30			
二等猞猁皮	33张	2.5		82.5			
三等猞猁皮	70张	2		140			
四等猞猁皮	23张	1.2		27.6			
五等猞猁皮	19张	0.9		17.1			
狐脊子皮	467张	0.35		163.45			
羔子皮	10832张	0.075		812.4			

续表

时间	1743年（乾隆八年）11月—1744年（乾隆九年）春	商队	额连胡里	人数	122人	地点	肃州
交易物	交易数	单价（两）		易银数（两）		备注	
貂皮	6张			14.7			
缁泥狐皮 红狐皮	412张			361.3			
猞猁皮	19张			35.4			
扫雪皮	67张			20.1			
猞猁狲爪	246个			41			
红狐皮窝刀皮袄	2件			300			
马	54匹			351			自此栏以下皆是零星易换
葡萄	29260斤	6.5		换大黄29260斤			
硇砂	12230斤			换大黄8154斤			
羚羊角	4388支			换大黄878斤			
合计				合银41240.35（加上加秤外给大黄1318斤，其实得大黄是39610斤）			

附表三　　巴雅斯瑚朗等在得卜特尔贸易部分货物清册

时间	1747年（乾隆十二年）9—10月	商队	巴雅斯瑚朗	人数	300人	地点	得卜特尔
交易物	交易数	单价（两）		易银数（两）		备注	
三首貂皮	397张	2.1		833.7			
四首貂皮	132张	1.5		198			
五首貂皮	215张	1.15		247.25			
银鼠皮	350张	0.12		42			
灰鼠皮	18818张	0.04		752.72			
黄狐皮	132522张	0.8		106017.6			
下首黄狐皮	139张	0.2		27.8			
沙狐皮	21297张	0.4		8518.8			
下首沙狐皮	128张	0.1		12.8			
头首猞猁皮	1408张	3		4224			
二首猞猁皮	1047张	2.4		2512.8		本表根据军机处满文录付奏折，民族类，335卷第3号档制作。	
三首猞猁皮	326张	1.4		456.4			
四首猞猁皮	171张	0.9		153.9			
豹皮	297张	1.5		445.5			
下首豹皮	29张	0.5		14.5			
狼皮	6318张	0.5		3159			
下首狼皮	573张	0.22		126.06			
羊羔皮	117982张	0.09		10618.38			
下首羊羔皮	7727张	0.04		309.08			
扫雪皮	1719张	0.23		395.37			
骟马	1968匹	6		11808			
骒马	80匹	4.5		360			
骆驼	593峰	15		8895			
羊	2490只	0.9		2241			
合计				162369.66			

附表四　　额连胡里第二次于肃州贸易部分货物清册

时间	1748年（乾隆十三年）4—7月	商队	额连胡里	人数	136人	地点	肃州
交易物	交易数		单价（两）		易银数（两）	备注	
绵山羊	57757只		1.1		63532.7	本表根据军机处满文录付奏折，民族类342卷，第9号档制作。	
小山羊	252只		0.5		126		
马	140匹		6.5		910		
牛	42头		3.335		140.07		
四等貂皮	37张		1.6		59.2		
五等貂皮	67张		1.2		80.4		
大狐皮	8719张		0.8		6975.2		
头等豹皮	11张		1.9		20.9		
二等豹皮	15张		1.3		19.5		
沙狐皮	1084张		0.45		487.8		
狼皮	241张		0.6		144.6		
大狐皮	64张		0.8		51.2		
头等猞猁皮	17张		3		51		
二等猞猁皮	27张		2.5		67.5		
三等猞猁皮	53张		2		106		
四等猞猁皮	17张		1.2		20.4		
五等猞猁皮	23张		0.9		20.7		
三等貂皮	4张		2.4		9.6		
羊羔皮	5518张		0.075		413.85		
扫雪皮	103张		0.3		30.9		
旧老羊皮袄	208件		3.75		780		
猞猁爪	464个				77.3		
碎小青狐皮	860张				258		
香牛皮	60张				15		
合计					74397.82		
又不入交易：							
硇砂	321斤		每三斤答（换）大黄二斤				
羚羊角	910支		五支答（换）大黄一斤				

（原刊中国中亚文化研究协会编《中亚学刊》第1期，中华书局1983年版。原文标题为《清代前期准噶尔与内地的贸易关系》）

18 世纪前期准哈关系述论

自从准噶尔部兴起后，准噶尔与哈萨克人之间的关系，便一直陷于紧张状态之中。双方为了争夺额尔齐斯河西岸直至七河流域的广阔牧地和贸易通道，彼此经常争战。战争前后持续达数十年，最后终于以准噶尔贵族的胜利而告终结。①

噶尔丹建立准噶尔汗国后，为了扩大势力，又多次举兵进攻哈萨克，夺取塔什干和赛里木等地，促使双方矛盾进一步加深。后因其忙于并吞喀尔喀，而哈萨克人则由于实力限制，一时无法进行反攻，双方关系一度有所缓和。但自策妄阿喇布坦继位为准噶尔汗后，关系又开始恶化，战争时断时续，绵延时间长达五十余年。学术界对于这一时期的双边关系，看法虽然有所不同，但大多数学者都将其紧张关系同准噶尔贵族的掠夺扩张政策相提并论，而对哈萨克封建主处心积虑力图将准噶尔人驱逐出七河流域等地的图谋，则鲜有所及。因此，我拟根据历史事实，对其相互关系做一全面考察。

一 关系的再度恶化及其发展

现有历史资料表明，准哈纷争的再度产生，最初是由于哈萨克头克汗的错误决策引起的。

众所周知，康熙三十六年（1697）噶尔丹病死后，策妄阿喇布坦继位为准噶尔汗国首领，哈萨克头克汗即要求其将前被噶尔丹俘虏的儿子送还。时策妄阿喇布坦刚上台，百废待兴，政治、经济尚处于不稳定状态之

---

① 参阅蔡家艺《清代新疆社会经济史纲》，人民出版社 2006 年版，第 20—21 页。

中；在东部地区，有清朝政府的强大驻军威胁；在天山南路地区，白山派与黑山派群众彼此不睦，经常互相攻略，社会秩序极为混乱，故当头克汗提出要求时，便立刻作出反应。但在策妄阿喇布坦派人护送其子至哈萨克后，头克汗非但没有给来人以友好接待，反而将其护从500人尽行杀害。此外，又为报噶尔丹等侵占塔什干等地之仇，劫杀准噶尔台吉吴尔赫得巴图尔，掠其人畜；举兵进攻乌梁海，劫取准噶尔所属乌梁海100余户；令人拦截护送策妄阿喇布坦妻色特尔扎布之土尔扈特台吉散札布（又称三济札布）。① 头克汗的上述行动，显然是想给策妄阿喇布坦以威慑。策妄阿喇布坦当然无法接受这种侮辱与挑衅，于是，在1698—1699年连续两次举兵进攻哈萨克，并再次夺取了塔什干和赛里木等地。显而易见，策妄阿喇布坦此举，完全是为了向头克汗的背信弃义行为进行报复。

在哈萨克族历史中，头克汗是一位有政治才能的首领，以精通哈萨克习惯法和善于演讲而著称于世。在位期间，曾"制止了多少年来一些部落之间由于争执而引起的流血"，"以智慧和公正促使所有的人听从他的号令"，② 使"内部基本实现了统一"，并"任命三个人分别管理三个玉兹"，"以图列管辖大玉兹，以卡兹别克管辖中玉兹"，"以艾佳克管辖小玉兹"，③ 使哈萨克汗国的势力得到了很大发展。

头克汗"一生都在同准噶尔人作战"。④ 康熙四十九年（1710），策妄阿喇布坦在统治地位得到初步巩固后，又举兵进攻哈萨克，为头克汗击败。次年，哈萨克人为了复仇，纵兵深入准噶尔，俘其部分妇女与儿童后返回。策妄阿喇布坦怒，于康熙五十二年（1713）再次集兵进征哈萨克。结果非但没有取得成功，还受到重创。⑤

哈萨克人由于一时无法发动反攻，便不时遣人于边境地区对准噶尔人进行袭击与骚扰。康熙五十一年（1712），奉命前往伏尔加河土尔扈特部的清朝内阁侍读学士图理琛在其所著《异域录》中说："托穆斯科，在塔喇斯科之东南，相去（距）二千五百余里"，"沿途甚平坦，惟华（桦）

---

① 参阅《清圣祖实录》卷188，康熙三十七年四月癸亥。
② 参阅［俄］列夫申《吉尔吉斯—哈萨克各帐及各草原的述叙》，新疆维吾尔自治区民族研究所译，新疆维吾尔自治区民族研究所1975年铅印本，第35页。
③ 参阅马大正、冯锡时主编《中亚五国史纲》，新疆人民出版社2000年版，第87页。
④ 参阅王治来《中亚近代史》，兰州大学出版社1989年版，第110页。
⑤ 参阅《中亚五国史纲》，第88页。

木片片丛生","俄罗斯、哈萨克、哈拉哈尔叭国、策旺喇布坦四国联界接壤。此处所居塔塔拉并巴尔巴忒人与俄罗斯、策旺拉布坦两国皆纳赋,不时被哈萨克人侵扰、掳掠"。①

沙皇俄国自17世纪初年以后,为扩大其对西伯利亚的侵略与掠夺,就经常遣兵进入准噶尔地区,于当地设立寨堡,作为其继续对外扩张基地。沙俄扩张主义者的野蛮行径,虽然多次受到准噶尔人民的阻击,但因势力难以与之抗衡,仍然无法解除其不断南侵威胁。时值策妄阿喇布坦阴谋夺取西藏,与清王朝存在着尖锐矛盾,清军密陈兵于准噶尔边境,正伺机与战。哈萨克封建主为给策妄阿喇布坦以有力回击,乃暗中派人与沙俄联络,约共同对付准噶尔人。

1716年,哈萨克封建主借着护送俄使特鲁勃尼科夫回国的机会,到沙俄西伯利亚总督加加林处表示,"他们的汗和整个哈萨克玉兹愿与沙皇陛下和睦相处",如果俄国政府"责令他们的哈萨克玉兹跟俄国人一起","则他们的汗和全玉兹有两三万人常备待命"。加加林对哈萨克人的建议心领神会,但又不好公开表示同意,便模棱两可地说:"西伯利亚省不会发动对哈萨克玉兹的战争,倒同意他们去打卡尔梅克领主。如果将来沙皇陛下命令派兵去打浑(珲)台吉,即可协同作战。"② 彼得一世得知消息后,如获至宝,立刻指示加加林要加强与哈萨克人联系,并保护哈萨克人免受准噶尔人的袭击。接着,又致函托博尔斯克城长官柯拉夫金,指示他与哈萨克汗王阿布赍(汉籍文献作阿卜赖)建立友好关系,把卫拉特人从他们定居下来的土地上驱赶出去,从而确保俄国与布哈拉之间商路的安全。③

彼得一世的指令,清楚地表明,俄哈双方已在协调自己的行动,决定共同对付准噶尔人了。策妄阿喇布坦为了避免腹背受敌,遂采取先发制人策略,兴兵进征哈萨克。准噶尔军沿着七河流域北上,企图寻找哈萨克主

---

① (清)图理琛:《异域录》卷上。"哈拉哈尔叭国",又称为"忙兀"或"曼古特"。(参阅[法]伯希和《卡尔梅克史评注》,中华书局1994年版,第112页。)由于他们喜戴黑色小帽,故又被称为卡拉卡尔帕克。

② 俄国对外政策档案馆,第122号档,吉尔吉斯—哈萨克卷宗,1716年第3卷,第1—2页反面。转引自[苏]兹拉特金《准噶尔汗国史》,商务印书馆1980年版,第327页。按:特鲁勃尼科夫是哈萨克人从准噶尔手中夺回的。

③ 参阅哈萨克科学院人类考古研究所编《哈萨克斯坦史》,阿拉木图1957年版,第241页。按:有关此书资料,是1979年新疆社会科学院民族研究所为编写《准噶尔史略》时提供之译稿。

力，以期一举将其打败。但没有达到目的，最后只好转向阿巴干地区。策妄阿喇布坦是个不达目的绝不罢休之人，于是在经过一年多的准备后，又再次行兵出征哈萨克。双方于阿亚古斯河畔相遇，发生鏖战。

有关这次交战情况，据《哈萨克斯坦史》记载，在前两天的战斗中，哈萨克人因能全力以赴，浴血奋战，双方基本上难分胜负。到了第三天，由于阿布勒海尔和卡伊夫苏丹属下军事首领相互串通，采取消极抵抗政策，最后遭到惨败。①

1718年头克汗死，其子赛买克继立。赛买克儒弱无能，故当阿亚古斯战役失败后，各部便迅速走向分裂，彼此之间不相统属，自相雄长。捷连季耶夫在其《征服中亚史》一书中指出："自1718年佳夫卡（头克）死后，哈萨克分裂为许多各自为政的集团，其中每个集团都推举某一苏丹氏族并开始单独居住。"② 大玉兹以卓勒巴尔斯为汗（卓勒巴尔斯又译尧尔巴斯或尧乐巴斯）。中玉兹以赛买克和库什克为汗（赛买克一译为"舍米亚卡"，汉籍文献称为色莫柯伊）。小玉兹以阿布勒海尔为汗。三玉兹，汉籍文献又分别称为"右部哈萨克""左部哈萨克""西部哈萨克"或"大帐""中帐"和"小帐"。③ 三玉兹之中，以中玉兹人数为最多，势力最大。

三玉兹割据局面的形成，使哈萨克人抵御外侮的能力受到了严重削弱。于是，从前经常受其欺侮的各族人民，便纷纷向其发起攻击。列夫申《吉尔吉斯—哈萨克各帐及各草原的述叙》说："迪亚夫卡（头克）"死后，他的伙伴并未团结起来，要求俄国保证他们免受准噶尔人的侵犯，却反而开始了相互的争吵并继续他们所习惯的勾当，就是说劫掠他们所有的邻居，甚至连向他们提供安全保证的邻国也不能幸免。"为吉尔吉斯—哈萨克不断袭击所激怒的边境居民，伏尔加卡尔梅克人、巴什基尔人、西伯利亚的哥萨克人，开始了空前猛烈的攻击。"④ 这时适值准噶尔汗国与清廷及沙俄关系有所缓和，准噶尔贵族因担心哈萨克为沙皇俄国所并，1723

---

① 参阅哈萨克科学院人类考古研究所编《哈萨克斯坦史》，第248页；《哈萨克族简史》，第166—167页。
② [俄]捷连季耶夫：《征服中亚史》第1卷，西北师范学院外语系译，商务印书馆1980年版，第28页。
③ 参阅（清）祁韵士《西陲总统事略》卷11《哈萨克源流》；徐松《西域水道记》卷4。
④ 参阅[俄]列夫申《吉尔吉斯—哈萨克各帐及各草原的述叙》，第37—38页。

年又决定再次往征哈萨克。

这次战争,据说是哈萨克族历史上损失最为惨重的一次战役。兹拉特金在其所著《准噶尔汗国史》一书中说:"1723年,策妄阿喇布坦聚集大量兵力,重重打击了哈萨克斯坦的大玉兹和中玉兹各领地,征服了其中的大部分,使之变成自己的进贡者。"① 捷连季耶夫在其《征服中亚史》一书中指出:哈萨克人在准噶尔军的猛烈进攻下,伤亡都很大,部众纷纷四散逃走。侥幸不死之人"惴惴不安,畜群倒毙,人们饿得奄奄一息","景象极为凄惨"。"大帐的残部游牧到了霍占,中帐的大部分游牧到了撒马尔罕,小帐到了希瓦和布哈拉。"②

广大哈萨克族人民,由于在战乱中饱受死亡威胁与苦难的折磨,怨声载道,而哈萨克封建主通过这次失败,也逐渐觉醒,开始意识到要捍卫自己的家园,就必须团结起来,共同对敌,否则,只好任人宰割。于是要求建立联合战线的行动便在各地暗中酝酿着。

二　武装冲突的加剧

正当哈萨克封建主在内外交困打击下逐渐走向觉醒之时,准噶尔汗国由于统治阶级内讧而发生了政治危机,哈萨克人敏感地看到其危机给自己带来的好处,于是决定共同向准噶尔人进行报复。

史料记载,在准噶尔军战胜哈萨克人后不久,准噶尔汗国由于统治阶级内部矛盾加剧,策妄阿喇布坦为次妻色特尔扎布害死,其长子噶尔丹策零杀色特尔扎布及其所生子女。色特尔扎布长子罗卜藏舒努时不在伊犁,得知情况后立刻率领少数侍从逃入哈萨克。

罗卜藏舒努向以英勇善战著称,在准噶尔汗国境内,深受人们的赞许。许多重要台吉,都同他有着密切关系。噶尔丹策零的残暴行动,在汗国内部引起了人们的强烈不满与反对。罗卜藏车凌与罗卜藏丹津因不满其处事也同噶尔丹策零发生尖锐矛盾。③ 准噶尔贵族的内讧,为哈萨克封建主提供了可供利用的机会。因此,他们决定立刻联合起来,共同对付噶尔

---

① [苏] 兹拉特金:《准噶尔汗国史》,第337页。
② [俄] 捷连季耶夫:《征服中亚史》第1卷,第38页。
③ 参阅(清)松筠《新疆识略》卷首《准噶尔全部记略》。

丹策零。哈萨克小玉兹汗阿布勒海尔为了拉拢罗卜藏舒努，决定将自己女儿配与为妻。雍正六年（1728），哈萨克各部落首领于奇姆肯特聚会，选举阿布勒海尔为最高领导人，以协调各部的行动。① 联合战线刚一建立，很快就显示出它的强大威力。他们先在巴楚巴尔腾格里湖附近，使准噶尔人遭受多年以来的第一次巨大失败。接着，又于次年于巴尔喀什湖南部消灭了一支准噶尔部队。② 雍正九年（1731）春，阿布勒海尔趁噶尔丹策零与清朝政府发生武装冲突之机，再度举兵70000，令伊弟布尔海里统领，把"吹、塔拉斯地方所居准噶尔一千户人畜"俱行掠去，"将准噶尔在别处放牧之马，虏（掳）去二三千匹"。③ 同年秋，又遣兵进入伊犁西界，劫取准噶尔牧民300余户及其牲畜。④ 十一月，复遣兵潜入准噶尔西北境，把居住于当地之"小瞒济"杀死，掳其"属下一千户"。此外，还把"敦多布车凌之五百户"及大策凌敦多布"属下将及五百户人"全行抢去。⑤ 噶尔丹策零虽多次派人前往堵截，均被击败。大策零敦多布之子巴里，就是当年在阿勒古吉昭莫多地方被打得大败而归的。⑥ 脱出准噶尔厄鲁特人纳尔比克说：在我准噶尔"未设置卡伦或未驻兵之处"，哈萨克、布鲁特经常派人来袭，"或一二百人或三四百人不等，突然进犯，或掠去人户，或抢去牲畜，有什么抢什么"。⑦

因哈萨克封建主数次出兵俱获胜利，使他们倍受鼓舞。雍正十年（1732）春，他们又分兵三路向准噶尔地区挺进：一路前往哈喇塔拉，杀死准噶尔台吉胡鲁什第，夺取其属下100余户；一路往攻若克沉，劫取其宰桑敦多布属下1000余户；一路突袭吹、塔拉斯河流域，但由于当地牧民早有防备，最后无果而终。⑧ 嗣又纵兵进攻博东齐，掳其牧民"七百余户"。⑨ 据脱出准噶尔喇嘛朋楚克达什称，哈萨克人在当年还劫取"杜尔

---

① 参阅［英］加文·汉布里主编《中亚史纲要》，吴玉贵译，商务印书馆1994年版，第199—200页。
② 参阅《哈萨克斯坦史》，第250页。
③ 参阅《清世宗实录》卷107，雍正九年六月乙卯。
④ 参阅《清代中俄关系档案史料选编》第1编（下），中华书局1981年版，第592页。
⑤ 参阅军机处录付奏折，雍正十年五月十一日脱出准噶尔蒙古人纳图供词。
⑥ 参阅满文《月折档》，雍正十年六月十二日定边大将军和硕顺承亲王锡保等奏。
⑦ 参阅军机处满文录付奏折，雍正十年十二月十三日脱出准噶尔厄鲁特人纳尔比克供词。
⑧ 参阅军机处录付奏折，雍正十年五月二十九日脱出准噶尔清军参领阿玉什供词。
⑨ 参阅《清世宗实录》卷116，雍正十年三月戊辰。

伯特达赖台吉所属二百户人家","大策凌敦多布鄂毕特鄂拓克亚旺宰桑所属一百八十户村俗"。①

哈萨克人的不断进袭,使噶尔丹策零极为被动。其部众纷纷抱怨,这些年四处打仗,"军用马匹牲畜都用完了,骑的马都得不到","这样如何生活?"②大多数准噶尔人民生活都十分困苦。有牲畜之人很少,"约三分之二的人并无马畜"。③噶尔丹策零为了改变自己被动挨打的局面,于雍正十年(1732)夏,又派遣大策凌敦多布之子纳木扎尔达什和诺颜和硕齐各领兵10000往征哈萨克。④

但此次出兵,非但没能挽救其被动局面,而且使其受到更加惨重的打击。据中国历史档案资料记载,准噶尔军在到达边境后驻于卡尔巴干巴孜尔地方。哈萨克人得知消息后,采取避实就虚策略,把大策凌敦多布所属的特门库朱德钦人尽行抢走,然后又劫其卡伦,以奇兵袭击卡尔巴干巴孜尔山,大肆进行掩杀。⑤俄罗斯历史文献也提到这次交战情况。据云:准噶尔军初获胜利,后来又遭惨败。当时"一些卡尔梅克人被派去打哈萨克人的军队也蒙受了巨大损失而撤回,险些儿全部不能脱身","许多人都丢下成群的牲畜而徒步归来,令他们小心谨慎地驻扎在最边远的兀鲁思中以防哈萨克来袭,并且人少不准外出"。⑥

哈萨克人在击败纳木扎尔达什和诺颜和硕齐后,为扩大战果,不久又派人进入伊犁西界,"掠去四千户,或云掠去四千人,并掠去一名较大台吉"。⑦噶尔丹策零得知消息后,因不甘心自己的失败,第二年十月派遣小策凌敦多布之子曼济领兵10000,卫征和硕齐和浑奇领兵20000往征哈萨克。但由于哈萨克人早有防备,并"无甚收效"。⑧

哈萨克人虽然在联合战线建立后的最初几年中,多次取得了对准噶尔

---

① 参阅军机处录付奏折,雍正十一年十二月二十七日定边大将军多罗平郡王富鹏等奏。
② 参阅满文《月折档》,雍正十年十二月十五日定边大将军和硕顺承亲王锡保等奏。
③ 参阅《清代中俄关系档案史料选编》第1编(下),第591页。
④ 参阅军机处录付奏折,雍正十年七月二十四日脱出准噶尔人图尔麻太供词;雍正十年五月二十九日脱出准噶尔清军参领阿玉什供词。
⑤ 满文《月折档》,雍正十年十二月十五日脱出准噶尔喀尔喀人玉木供词。
⑥ 俄国对外政策档案馆,准噶尔卷宗,1731—1733年第3卷,第113页;转引自《准噶尔汗国史》,第352页。
⑦ 参阅《清代中俄关系档案史料选编》第1编(下),第592页。
⑧ 参阅满文《月折档》,雍正十一年十二月二十七日多罗平郡王富鹏等奏。

人的胜利，但因准噶尔军的精锐没有受到很大损失，哈萨克人的一部分部众及其辖地，仍然处于准噶尔汗国的严密控制之下，这使哈萨克封建主对噶尔丹策零的威望仍然心存畏惧。于是，以小玉兹阿布勒海尔为首的部分哈萨克上层，便力图通过宣誓效忠沙俄的办法，以期共同对付噶尔丹策零，而大多数哈萨克封建主则坚决表示反对。列夫申在《吉尔吉斯—哈萨克各帐及各草原的述叙》中说：阿布勒海尔为达此目的，曾于1730年派人到乌法，乌法督军布图尔林令其前往彼得堡。沙俄政府见其来使，极为高兴，立刻派遣远征波斯时当过翻译官的特夫凯列夫（又译捷弗克列夫）一起前往哈萨克。但当特夫凯列夫到达目的地后，他不仅没有受到应有的接待，而且刚一到达，生命就受到严重威胁。哈萨克人看到俄国人来到他们中间，立刻骚动起来，要将其当作牺牲品。阿布勒海尔见势不妙，前往搭救。但充满愤怒的人们又马上拥向阿布勒海尔，质问他没有征得人民的同意有什么权利与外来势力来往。书中还指出：这个冒险的诡计几乎要了他的命，他之所以在当时没有被愤怒的族人打死，与其说是由于他的力量，不如说是他的运气。① 捷连季耶夫在《征服中亚史》一书中也指出："大家都瞧不起汗王，几次企图谋杀捷弗克列夫。"② 阿布勒海尔和特夫凯列夫见势不妙，最后只好灰溜溜地逃跑。

据捷连季耶夫披露，阿布勒海尔生性贪婪而又"鲜廉寡耻"。他在投靠沙俄政府失败后，不久又想转而巴结噶尔丹策零，曾将自己的女儿配给他为妻。而噶尔丹策零作为报答，则将土耳其斯坦作为彩礼送给阿布勒海尔，但大帐的哈萨克人"把他从那里撵走。"③

据说在哈萨克族上层中，有为数颇多的人不仅不对噶尔丹策零怀有敌意，甚至还对他有好感。有关这一点，我们完全可以从《哈萨克斯坦史》等的记载中得到印证。书中说：18世纪三四十年代，哈萨克封建主上层经常对俄国的城堡和村庄发动袭击，而"同准噶尔汗国的浑（珲）台吉"则"保持着联系"。④ 列夫申也提到，"一些可汗和苏丹们，尽管已经臣服于噶尔丹策零，却畏惧他的统治比畏惧俄罗斯人的统治有过之而无不及"。⑤

---

① 参阅［俄］列夫申《吉尔吉斯—哈萨克各帐及各草原的述叙》，第51—52页。
② ［俄］捷连季耶夫：《征服中亚史》第1卷，第59页。
③ 参阅［俄］捷连季耶夫：《征服中亚史》第1卷，第68页。
④ 参阅哈萨克科学院人类考古研究所编《哈萨克斯坦史》，第256页。
⑤ ［俄］列夫申：《吉尔吉斯—哈萨克各帐及各草原的述叙》，第92—93页。

列氏这话是从一个俄国人的立场上说的,这恰好从反面证明了前述事实的存在。不过,这种关系不久就为一次突然发生的事变所打破。

有关此次事变的产生,目前学术界大都将其视为噶尔丹策零扩张掠夺政策的产物,而从现有记载看,其说实系主观臆测。列夫申在《吉尔吉斯—哈萨克各帐及各草原的述叙》中说:1741年一位以噶尔丹策零为兄的准噶尔将军,"曾带领着大量武装的吉尔吉斯人去摧毁准噶尔人的一些居民点",噶尔丹策零得知消息后,为了对其实施严厉惩罚,立刻派一支15000人的队伍跟踪追击,直至奥伦堡附近。他们在穿越哈萨克草原的路上,抢劫和杀戮了许多哈萨克人和牲畜。① 列氏所说的这位准噶尔将军,我以为不是别人,他就是我们上面提到的噶尔丹策零异母弟——罗卜藏舒努。有关此事,作者在《罗卜藏舒努生平事迹辑探》中已有所述,此不赘。罗卜藏舒努是阿布勒海尔的女婿,他要出兵进攻噶尔丹策零,如果没有阿布勒海尔的支持,是根本无法实现的。因此,我以为制造此次事件的是阿布勒海尔和罗卜藏舒努两人,而不是噶尔丹策零。有关此事我们还可以从尔后的记载中得到证实。

根据中国第一历史档案馆资料记载,当噶尔丹策零得知准噶尔人被袭后,派兵前往追击哈萨克人的准噶尔军一共有30000人,分别由策凌敦多布(小策凌敦多布),色布腾和曼济(又作谩吉)三人率领。每人有兵各10000,分三路前进。② 但据日本学者佐口透披露,当时举兵出击的军队,实际上只有南北二路军。北路军由色布腾和噶尔丹策零长子喇嘛达尔扎率领。南路军由小策凌敦多布之子曼济率领。由色布腾率领的北路军于1740年12月自斋桑湖北上,穿过亚梅什要塞向哈萨克草原北部挺进,向居住于伊施姆河和伊列克河的哈萨克人发起进攻。1741年冬,准噶尔人与中玉兹主力部队相遇,双方发生激战。后因哈萨克人力弱失败,以阿布赉为首的"数名哈萨克王公贵族成了俘虏"。色布腾在打败中帐哈萨克人后不久又向居住在伊施姆河迤西的小玉兹进军,捕获大量牲畜和3000名俘虏,前锋直达奥伦堡附近。因奥伦堡总督出面干涉,最后只好撤兵。由曼济率领的一路军,由吹、塔拉斯河流域挺进哈萨克草原南部。他们先夺

---

① 参阅[俄]列夫申《吉尔吉斯—哈萨克各帐及各草原的述叙》,第82页。
② 参阅朱批奏折民族事务类,乾隆五年十二月十日陕西固原提督李绳武等奏;乾隆六年三月十七日甘肃提督李绳武等奏;乾隆七年七月十七日总统驻防哈密等处官兵提督永常等奏。

取了塔什干和土耳其斯坦城，收服了费尔干纳和巴达克山王国，还企图占领布哈拉，但没有成功。①

色布腾在俘获阿布赉后，即将其送往伊犁，由噶尔丹策零亲自对其进行审问。在审问过程中，阿布赉曾向噶尔丹策零提供了有关罗卜藏舒努同其谈话的部分内容，云："我合（和）噶尔丹策（零）凌是兄弟，他把我的地方、牲口都霸占了去，把我赶出来，害得我没有安身去处，他到受用。如今，他若把我的地方、人、牲口都分给我，还就罢了。他若不给，我着他指出打仗的地方来，我就合（和）他打仗，怎肯甘休。"噶尔丹策零听了阿布赉的陈述后说："你若能把罗卜藏束努拿来，我就放你。"阿布赉说："我也不是能拿罗卜藏束努之人。"② 由于阿布赉对噶尔丹策零提出的要求拒不服从，最后被投入监狱。

在噶尔丹策零看来，"吉尔吉斯—哈萨克人不停地侵袭他们的土地，如果不取得他们的人质，就不能平静地生活"。因此，当战争结束以后，阿布勒班必特汗和巴拉克苏丹都被迫派其子到准噶尔作人质。噶尔丹策零也要求阿布勒海尔汗派遣人质。但因其距准噶尔地区较远，便采取狡猾的手法，一面派人表示归服，一面又要求沙俄出面庇护。由于沙俄的阻挠最后得以幸免。③

噶尔丹策零对哈萨克封建主的频繁掠夺虽然深恶痛绝，但对被俘的哈萨克上层及其人民，却表现出相当大的宽容。据说他为了拉拢他们，甚至还用准噶尔人民的钱，购买各种俄国商品到毡帐内出售。这些商品"不但不赚钱，而且还赔钱"。④

值得注意的还有他对阿布赉的处置。阿布赉在中玉兹哈萨克人中，是一位有着重要影响的首领，他从1734年以后就与阿布勒班必特一起掌握着中玉兹的政治权力了，向以英勇善战而著称于世。1741年准噶尔军进入哈萨克草原时，他还亲自率领骑兵与准噶尔军浴血奋战，给准噶尔军以重大打击。后因战败被俘，受尽折磨，仍坚决不肯屈服。⑤ 但噶尔丹策零

---

① 参阅［日］佐口透《准噶尔部历史和社会经济概述》，载中国社会科学院民族研究所编译《民族史译文集》第1辑，第16—18页。有关其出兵情况，列夫申书中也有相似记载。
② 朱批奏折民族事务类，乾隆六年八月十七日安西提督永常奏。
③ 参阅［俄］列夫申《吉尔吉斯—哈萨克各帐及各草原的述叙》，第85—86页。
④ 同上书，第93页。
⑤ 参阅苏北海《哈萨克族文化史》，新疆大学出版社1989年版，第322—324页。

不但没有将其杀害或长期关押，而且在经过近一年的监禁后予以释放。阿布赉因感其不杀之恩，在被释放后不久即将属下1000户牧民移居准噶尔。大概由于此次经历，双方的矛盾逐步有所缓解，故乾隆十年（1745）八月，准噶尔汗国兴兵出征浩罕阿布都噶里木时，阿布赉为协同作战，便在其所属1000户内，挑选勇士300名随同出征。[①] 据《清高宗实录》记载，当时领兵出征的将领是色布腾和曼济两人，全军共有30000人。而准噶尔人实际上只有24000名，其余6000名则分别为哈萨克人和布鲁特人。[②] 阿布赉部众在色布腾与曼济率领下，与准噶尔军紧密合作，包围其城堡，迫使阿布都噶里木将其侄子巴巴伯克送到准噶尔作人质。

准噶尔人与哈萨克人从相互敌视到相互协作，这在其相互关系史中是极为罕见的事例。可以认为，它是噶尔丹策零实施怀柔政策的产物，同时，也是两族统治者要求发展睦邻友好关系的一个重要体现。但这种友好关系持续时间并不长，因为随着噶尔丹策零的逝世，彼此间的关系又再度趋于紧张。不过，这是另外一个问题了。

纵观以上所述，不难看出，贯穿于这一时期的准哈关系，是彼此间纷争持续不断。双方在边境上，都驻有大量军队，不时互相攻略。究其原因，目的都是为了扩大自己的势力与牧地，力图把对方从七河流域地区赶走。在武装冲突中，准噶尔贵族虽然具有较大优势，使哈萨克人在相当长的时期内一直受到其严密控制，并在政治和经济上蒙受了巨大的损失与灾难，但哈萨克封建主给准噶尔人造成的伤害与损失也有目共睹。其中还有为数颇多的战争，最初是由哈萨克封建主挑起的。因此，不分青红皂白，将其所有战争一概视为准噶尔贵族的扩张与掠夺，实有以偏概全之嫌。

（原刊《西部蒙古论坛》2012年第4期）

[①] 参阅军机处录付奏折，乾隆十年八月二十日脱出准噶尔人策零供词。
[②] 参阅《清高宗实录》卷252，乾隆十年十一月乙亥。

清前期卫拉特蒙古进藏熬茶考述

进藏熬茶是明清时期信仰藏传佛教诸民族的宗教活动，是指到西藏礼佛布施、晋谒达赖喇嘛的通俗称呼。之所以把进藏礼佛布施、晋谒达赖喇嘛称为"进藏熬茶"，是因为西藏喇嘛教僧侣有一种习惯：他们在吃饭前总要先熬制一锅酥油茶，以便在开饭时与其他食物一起吃。于是，凡是到寺院布施者，都必须熬茶，并于僧众喝茶时布施。所谓"诸番岁牵牛羊，持酥糟诣寺饭僧，曰'熬广茶'"，[①] 就是这个意思。

进藏熬茶虽然存在于信仰喇嘛教诸民族中，可是，无论从规模还是就其影响而论，都无法同蒙古人的进藏熬茶相提并论。而在蒙古各部中，又以卫拉特蒙古人的进藏熬茶影响最大。然而这一重要课题，史籍所载，大都支离破碎，语焉不详。为了更好地了解卫拉特蒙古与西藏喇嘛教的历史联系，本文拟就诸书记载，结合有关档案资料，对卫拉特蒙古进藏熬茶情况，作一初步探讨。

一 蒙古进藏熬茶缘起及其在卫拉特地区的发展

蒙古进藏熬茶产生于16世纪后期。它的兴起，与东部蒙古土默特部俺答汗皈依喇嘛教有关。

根据史籍记载，蒙古人在16世纪以前，大多数仍信奉萨满教。[②] 16世纪以后，土默特部俺答汗崛起，统一漠南蒙古各部，威镇中国北方，势

[①] 参阅《甘州府志》卷16。
[②] 参阅（明）萧大亨《夷俗记》卷上。喇嘛教传入蒙古，早在元代就已经开始，但那时蒙古人信仰的喇嘛教，主要是萨嘉派喇嘛教。"萨嘉派"因衣帽尚红，俗称红帽派喇嘛教。元时主要在贵族阶层中传播。元亡后，影响渐弱。

力扩张至甘肃、青海及西藏一带，因与西藏格鲁派①喇嘛教发生接触，受到影响，宣布崇奉喇嘛教。俺答为了使喇嘛教在蒙古得到传播，从明万历二年（1574）开始，即遣人携带金银、绸缎、布匹等物前往西藏布施。时值索南嘉措在西藏受宁玛派压迫，正思拓殖势力于蒙古，遂于明万历六年（1578）五月，率随行僧人到青海仰华寺与俺答会晤，说服俺答放弃蒙古旧俗，禁止崇拜"翁古"，禁止杀牲随殉，"创立十善福政"②。与此同时，又与俺答举行互赠封号仪式。俺答赠索南嘉措为："圣识一切瓦齐尔达喇达赖喇嘛。"意思是说，索南嘉措是超凡入圣、学识渊博如同大海的大师。索南嘉措则赠俺答汗以"转千金法轮咱克喇瓦尔第彻辰汗"称号。意思是说，俺答汗是聪明睿智的汗王。③

由于俺答汗的影响，喀尔喀蒙古阿巴岱汗，察哈尔蒙古阿穆岱洪台吉等也先后前往叩拜索南嘉措，向索南嘉措奉献金银、缎布、驼马、毛皮等物，敦请索南嘉措为其授戒、诵经、传法。各部封建主的纷至沓来，使"黄帽派"声威顿时大振，遍传于青海蒙古等地，史称其"东西数万里，熬茶膜拜，视若天神"④。

东蒙古各部封建主的相继皈教，在卫拉特蒙古各部中引起了巨大影响。17世纪初，和硕特部首领拜巴噶斯、固始汗，准噶尔部首领哈喇忽喇、巴图尔珲台吉，杜尔伯特部首领达赖台什，土尔扈特部长和鄂尔勒克等也纷纷宣布信奉格鲁派喇嘛教，并决心献出自己的一个儿子出家当喇嘛。这些贵族子弟最初被送至安多，后又被送往拉萨。随着喇嘛教在这一地区传播的深入和发展，于是，要求进藏礼佛、晋谒达赖喇嘛的人也在不断增加。

17世纪30年代，喀尔喀蒙古却图汗侵入青海，与后藏藏巴汗相互勾结，企图消灭格鲁派。卫拉特蒙古和硕特部首领固始汗时方强盛，为了保护格鲁派，便联合准噶尔部长巴图尔珲台吉、土尔扈特部长和鄂尔勒克等挥兵杀却图汗。接着，又进军喀木和卫藏，杀白利酋长敦悦多吉和藏巴

---

① 格鲁派，原称噶登派，以宗喀巴大师所建卓日阿噶登尊胜州立名。因省呼不顺口，改呼为格鲁。以其衣帽尚黄，故又称为黄帽派。参阅善慧法日《宗教流派镜史》，刘立千译，西北民族学院研究室1980年刊印，第118页。
② 妙舟法师：《蒙藏佛教史》上册，第4编，上海佛学书局1935年版，第52页。"创立十善福政"，《蒙古源流》卷7作"创立十善福经之政"。
③ 参阅《蒙古源流》卷7。索南嘉措赠俺答汗封号，有的史籍说是"法王梵天"。
④ （清）魏源：《圣武记》上册卷5，中华书局1984年校点本，第201页。

汗，夺取西藏。

固始汗对青海和西藏的占领，一方面大大地加强了卫拉特蒙古的政治、经济实力，促进了喇嘛教在卫拉特地区的传播；另一方面，则为各部封建主进入西藏提供了有利条件。正因为这样，因而从17世纪40年代开始，卫拉特各部封建主遣人进藏熬茶之人络绎不绝。"凡自汗、黄台吉、以至宰僧……苟不拾身乌思藏，则使者交驰十数辈靡宁日"[1] 松筠《西招略图·怀来》："达赖、班禅自崇（德）七年遣使恭进丹书克于盛京以来，各蒙古益加敬信。或遣人布施熬茶，或遣僧驻藏学艺，年年来之络绎。"

据《咱雅班第达传》记载，在17世纪70年代以前，卫拉特人进藏熬茶，大多数都由各部封建主亲自组织和率领。例如，和硕特部鄂齐尔图汗、昆都伦乌巴什台吉、塔尔浑额尔德尼珲台吉、准噶尔部楚琥尔乌巴什、土尔扈特部的书库尔岱青等都亲自带领从人去过西藏。

由部落首领或重要台吉率领的进藏熬茶队伍，规模一般都比较大。例如，书库尔岱青顺治三年（1646）进藏时，曾准备了"两万头马驹作为礼物"。[2] 这个数字如果按清初边境贸易价格计算，则大约需要十六万至二十万两白银。1647年，塔尔浑额尔德尼珲台吉进藏时，据说他也"筹集了大量牲畜，亲自驱往内地（出售）"。[3]

除世俗封建主外，僧侣封建主也不时携带大量礼物进藏布施。例如，卫拉特蒙古著名喇嘛教活动家咱雅班第达顺治八年（1651）进藏时，他向达赖喇嘛赠银五万两，向班禅额尔德尼献银二万五千两。此外，又给"四大寺院"（噶勒丹、布贲绷、色拉、扎什伦布）每位喇嘛银一两、茶一块、彩绸一块。

噶尔丹掌握准噶尔部统治权后，进藏熬茶活动的组织便出现了相对集中的现象。凡是规模较大的进藏熬茶，大体上都由准噶尔部首领统一派遣。率领进藏熬茶者，也由各部台吉改为鄂拓克宰桑和大喇嘛。僧侣封建主则不再单独组织进藏熬茶。例如，乾隆六年（1741），齐默特等进藏熬茶队伍（后中途返回），内有宰桑二名：齐默特和巴雅斯瑚朗，大喇嘛一

---

[1] （清）梁份：《西陲今略》卷8《夷僧》。

[2] 苏联科学院等编《卡尔梅克苏维埃社会主义自治共和国史纲》，莫斯科1967年版，第96页。

[3] （清）喇德纳巴德喇：《咱雅班第达传》成崇德译注，第9页。引自中国社会科学院边疆史地研究中心编《清代蒙古高僧传译辑》，全国图书馆文献缩微复制中心1990年版。

名，普通喇嘛十九名，随队准噶尔人二百二十八人，噶尔丹策零亲信办事一人，办理贸易事务"回人"五十二人。① 1743年，吹纳木克等进藏，其中有宰桑三名：吹纳木克、巴雅斯瑚朗、多尔吉，大喇嘛二名，普通喇嘛二十一人，办理贸易"回人"十九人。②

由于熬茶活动实行统一组织，经济实力增强，布施规模比从前又有了进一步扩大。魏源《圣武记》卷五记载："策妄及噶尔丹（策零）及那木札尔三世嗣位，皆请赴藏熬茶诵经，每次费至二十余万，朝廷亦赐茶叶、香帕以助其施。"

居住于伏尔加河流域的土尔扈特蒙古人，在噶尔丹、策妄阿喇布坦统治准噶尔时，其进藏通路，虽然曾多次被阻绝，但他们仍然没有中断过派人进藏熬茶。阿喇布珠尔、阿尔巴图及吹札布等的相继被派遣，就是这一事实的有力佐证。

18世纪50年代初，准噶尔封建主内讧，篡夺相寻，广大准噶尔人民纷纷内附。清朝政府为了安定西北地区局势，于1755年挥师进驻伊犁，平定达瓦齐政权，继而又消灭了阿睦尔撒纳叛乱势力，准噶尔封建政权瓦解。持续发展一百多年的卫拉特蒙古进藏熬茶，从此走向衰落。

二　卫拉特蒙古进藏熬茶寺庙

西藏寺庙，多如牛毛。仅康、卫、藏三处，上册有名者就有三千多所。③ 卫拉特蒙古人熬茶布施，主要是去哪些寺院？

有关17世纪40年代以前情况，因目前我们所见资料有限，详情还不太清楚，从有关记述考察，其经常前往布施者，估计有下列数处。一是西宁塔尔寺，一是拉萨的大、小昭寺以及噶勒丹、色拉、布赉绷诸寺。前者因是宗喀巴诞生地、格鲁派祖寺，又处于卫拉特人进入西藏必经之地。后者则是格鲁派集团的中心，是宗喀巴以及诸辈达赖喇嘛持斋授戒、坐床、讲经、会见各地"香客"等的重要场所。至于扎什伦布寺，虽为班禅额尔德尼坐床寺庙，因其位于日喀则，处于"最仇视黄教的后藏"，"距离

---

① 中国第一历史档案馆藏档，乾隆六年一月二十五日李绳武等奏。
② 中国第一历史档案馆藏档，乾隆八年六月九日川陕总督马尔泰等奏。
③ 佚名：《西藏志》，西藏人民出版社1982年版，第18页。

黄教的中心太远"，①估计信徒们前往者比较少。

1642年，固始汗夺取西藏后，重建了布达拉宫，并在各地建立了大批寺院，札什伦布寺成了后藏格鲁派的活动中心，因而卫拉特人进藏熬茶寺庙也有了相应的扩充。不仅青海的塔尔寺，前藏的噶尔丹、色喇、布赉绷等寺经常有人前往布施，就是远离拉萨的札什伦布、纳木灵等寺，至者也络绎不绝。

据档案资料记载，1743—1744年吹纳木克等进藏，他们除了在塔尔寺熬茶外，在前后藏又布施了二十多处寺庙。其中有色喇、卜来崩（布赉绷）、根卜尔、里哇洞、僧保庙、拉哇墩庙、噶尔丹庙、吹库尔（一作冲科尔）庙、策冲巴庙、札什伦布庙、恩滚庙、轮布泽（一作轮布仄）庙等。1745年，吏部尚书刘于义在给清廷奏疏中说：

> 内阁抄出侍郎玉保奏称：……乾隆八年，准噶尔来使，前往藏内，为一路接济，预备带去三万两银，内用过银数奏销册，造由前藏至干（滚）布庙一百二十里，至色喇、布赖崩三十里，来使等每庙去三次，往回雇骑马三百匹，驮马三十匹……；至噶达洞（惠远庙——引者）、桑布拉、非都忒等庙，八十至一百二十里不等，来使等往回骑马五匹，驮马二匹……；至噶尔丹、雷登、策当噶尔丹、冲科尔、色出克巴、七齐克他拉等庙，二百四十里、六百八十里不等，来使等骑马九十六匹、驮马一百八十八匹……。

奏疏还指出，当使者在前藏布施结束后，又前往后藏。在后藏，他们先后到过"萨拉注特、恩滚、轮布仄、那木灵等庙，一百三十里、七百二十里不等，来使等骑马九匹，驮马八匹"。②

又军机处案卷中，一份《奏护送夷使进藏熬茶案内遵照廷议携带预备沿途接济银三万两内》的奏折中云：

> 一动发夷使往色喇、卜来崩（布赉绷）、根卜尔等处熬茶，骑马

---

① [意]杜齐：《西藏中世纪史》，李有义、邓锐龄译，中国社会科学院民族研究所1980年铅印本，第94—95页。
② 中国第一历史档案馆藏档，乾隆十年六月八日吏部兼户部尚书刘于义奏。

三百三十四，伴送之满洲官兵骑驮马三百四十四，共马六百七十四，每匹脚价银三钱，共用银二百一两。

一动发夷使往里哇洞熬茶，骑驮马三匹，伴送之满兵骑驮马五匹，共马八匹，每匹脚价银三钱，共用银二两四钱。

一动发夷使往僧保庙熬茶，骑驮马三匹，伴送之满兵骑驮马三匹，共马六匹，每匹脚价银五钱，共用银三两。①

以下还谈到札什伦布及拉哇墩等庙熬茶情况，因原文太长，这里就不一一转述了。

以上二则史料，虽然详略不一，但都是送吹纳木克等进藏熬茶的"奏销档"，因此它是我们了解准噶尔人布施寺庙的最可靠证据。通过这两份史料，我们可以看出，准噶尔人在西藏的布施范围是极其广泛的。他们不仅到距离拉萨、日喀则数十里以外等处地方布施，还到达距这两处地方数百里以外的地方布施。这种情况清楚地告诉我们，卫拉特蒙古人通过进藏熬茶，和藏族人民的接触有不断深入和扩大之势。

不过，需要指出，无论是前一份档案，还是后一份档案，都没有提到在布达拉宫、大昭、小昭布施的事。这是因为我们所使用的材料，是记载在拉萨以外的活动，而布达拉宫、大、小昭都在拉萨附近。事实上，不论是布达拉宫，还是大昭、小昭，在卫拉特人的布施活动中，一直都居于最主要的位置上。这一点在我们即将谈到的巴雅斯瑚朗进藏布施清单中即可得到充分证明。

三　在各庙的布施及其礼品

有关卫拉特人进藏熬茶在各庙的布施活动情况，现有典籍，几乎无可征稽。目前所能见到的说法，大都只是说，向达赖、班禅献金银、绸缎等物，至于具体情况如何，则不得而知。《咱雅班第达传》虽有有关咱雅1651年至1652年在拉萨等地布施的具体数字，但却过于简单。且他只能代表僧侣封建主，而不能代表世俗封建主。最近我们在查阅有关档案资料中，找到了一份巴雅斯瑚朗进藏熬茶的清单，其中不仅明确记载了他们所

---

① 中国第一历史档案馆藏档，军机处录付，卷2291。

到达的寺庙，而且详细记录了他们在各个寺庙的布施次数、布施物品、布施物品的数量，这对于我们所要解决的问题来说，把它称为"重大"发现，并不为过。

据清单记载，巴雅斯瑚朗等进藏熬茶，除向达赖和班禅喇嘛布施外，还向大昭、小昭、色拉、布赉绷、噶勒丹、札什伦布、珠木赞、景吉、尚夫、雷登、七齐克他拉、达什钟、叶尔巴、轮布泽、萨拉注特等二十多处寺院献布施。布施内容极为丰富，有金银、绸缎、布匹、各种毛皮以及名目繁多的珍贵器皿等物。为了便于读者了解其内容，下面仅将清单中向达赖、班禅及"四大寺院"等的布施情况披露于下：

  策妄多尔济那木札勒以请安礼进达赖喇嘛：手帕一条，䌷缎一匹，回回䌷缎六匹，棉布一匹，胶一块。
  策妄多尔济那木札勒为其父母向达赖喇嘛求福进：大手帕一条，黄金十两，白银一百两，蟒缎十匹，䌷缎二十四匹，回回缎十一匹，（羊）毛毯二十三条，光面纹绣皮革十三张，水獭皮十张，棉布七匹。
  策妄多尔济那木札勒为向达赖喇嘛敬献哈达进：手帕六十一条，银盘一个，阿育锡佛像一尊，经典三套，银净瓶一个，金刚经板一进，龙塔一座，素珠一串，坠铃一件，银制碗碟各一个，盒子一件，衣服二件，靠褥一件，黄金一百九十二两，象牙盒子一个，白银五百两，蟒缎六匹，蟒袍二件，䌷缎一百一十八匹，回回缎四十六匹，绫䌷六匹，棉布一百六十七匹，羊毛毯一条，貂皮九张，水獭皮八张，光面纹缎皮革九张，茶叶一百包。
  进献布赉绷庙佛尊：手帕一百六十一条，缎伞三把，孔雀羽毛伞一把，缎幡六面，箭结五彩手帕银镜五面，银制头盖五件，䌷缎四十匹，枪三支，卡仗噶一件，银锤一把，刀一把，银制人头素珠一串，灯烛银一千两七钱，为熬茶进白银三百七十五两。其六千六百九十三名喇嘛，各发布施银五两。内七名堪布，每人各发布施银二十五两。为在布赉绷之杭东拉藏①熬茶，银九两。其八百九十五名喇嘛，各发

---

① "拉藏"，一作"喇藏"，即藏语所说的"札仓"。据柳陞祺先生回忆，"杭东"并不是札仓，而是康村。他在其所撰《西藏喇嘛教的寺庙和僧侣组织》一文的注解中说："杭东康村，凡蒙古僧人在此学经……。"在我们所引资料中，"杭东"却是"拉藏（札仓）"，只好依原档。

布施银一两。又给布赉绷之贡芒喇藏二千二百三十三名喇嘛，各发布施银一两。又为求福进手帕二条，绌缎二匹，光面纹绣皮革一张，水獭皮一张，棉布二匹。

进献色拉庙佛尊：手帕十五条，箭结五彩手帕银镜一面，（缎）伞一把，银链一条，枪一支，绌缎两匹，棉布二匹，光面纹绣皮革一张，水獭皮一张，为熬茶进献白银三百两。其四千七百一十二名喇嘛，各放布施银五两。内四名堪布，每人各放布施银二十五两。为在色拉之杭东拉藏熬茶，进白银九两。其八百九十五名喇嘛，各放布施银一两外，又付雇人白银五十两。为在色拉之杰巴拉藏熬茶，进白银二十五两。其一千八百名喇嘛，各放布施银一两。为求福进手帕二条，绌缎二匹，光面纹绣皮革一张，水獭皮一张，棉布二匹。

以请安之礼进班禅额尔德尼手帕一条，绌缎七匹，棉布一匹，胶二块。

为其双亲求福，向班禅额尔德尼进手帕一条，黄金十两，白银一百两，蟒缎二匹，绌缎三十五匹，羊毛毯二十三条，光面纹绣皮革十三张，水獭皮十张，棉布七匹。

向班禅额尔德尼敬献哈达，进手帕三十九条，银盘一个，察罕特尔额克佛像一尊，经典三套，金刚经板一块，龙塔一座，坠铃一件，瓷碗一对，银盒一个，（银）净瓶一个，袈裟一件，靠褥一件，黄金一百八十五两二钱，白银五百两，蟒缎三匹，绌缎一百一十九匹，绫绌四匹，棉布四十二匹，回布一百二十二匹，水獭皮一十八张，光面纹绣皮革九张，羊毛毯一条，貂皮九张，茶叶一百包。

进班禅之商卓特巴喇嘛：手帕一条，回回缎三匹，棉布四匹，胶一块。

为在札什伦布庙熬茶，进银三百六十五两。其三千六百一十六名喇嘛，各放布施银五两。内四名堪布喇嘛，除各放布施银二十五两外，又为求福进白银三百六十五两八钱。

为在阿克把拉藏熬茶，进白银二百六十二两。其二百五十五名喇嘛，各放布施银一两。

为在推萨木岭拉藏熬茶，进白银六百一十两。其二千零九十一名喇嘛，各放布施银一两。

为在杭东拉藏熬茶，进白银二百两。其二百四十四名喇嘛，各放布施银一两。

　　进札什伦布庙佛尊：手帕十九条，缎幡十六面，（缎）伞一把，孔雀羽毛伞一把，银制头盖三件，枪三支，箭结五彩手帕银镜三面，卡仗噶二件，刀一把，灯烛银八百六十九两八钱。

　　为在札什伦布寺熬茶，留银一万二千五百八十二两，又重五十五两银（锭）一个，五十五两之银戥子一个，六十六两之银茶壶一个，大小手帕九十九条，光面纹绣皮革十二张。

　　又留布达拉之纳木札勒拉藏银一百五十两，留德格温都逊银四千四百五十五两、小刀五百零三把。

　　留布赉绷银一万三千九百二十一两一钱七分五厘。

　　留色拉庙银一万零三百五十五两五钱五分。①

此外，又为在噶尔丹庙熬茶，"献噶勒丹庙佛尊：手帕十七条，银盘一个，（银制）头盖三件，（银）锤一把，斧一把，缎伞一把，缎十匹，框结五色手帕银镜三面，红毡并架子一件，枪三支，刀三把。为点灯、熬茶、求福进手帕五条，缎十四匹，羊毛毯十二条，水獭皮三张，光面纹绣皮革九张，布六匹，黄金三两，白银二万七千九百一十三两八钱七分五厘"。②

另据索拜奏，准噶尔喇嘛绥绷、宰桑玛木特等在噶勒丹庙熬茶起程后，又对清廷大臣说，"我等今番来藏，在各寺庙中均已熬茶、进献布施，今尚剩银数千两，岂有带回之理，请予进布赉绷庙银一千五百七十一两九钱，进色拉庙一千九百五十三两七钱，进噶勒丹庙一千四百三十三两三钱，进德格温都逊庙银三百九十五两五钱，进札什伦布庙银一千一百三十一两，备作日后熬茶。烦你们将此六千八百六十七两纹银带回西藏，替我等如数交给布赉绷等庙"。③

依据清单及有关史料提供的情况，我们发现，巴雅斯瑚朗等当次在西藏熬茶，第一其最主要的布施物是金银。计有黄金四百二十二两三

---

① 中国第一历史档案馆藏档（下同），满文档案，乾隆十三年四月×日玉保等奏。本文所引译文，为中国社会科学院民族研究所暨新疆社会科学院民族研究所联合编译的满文准噶尔档译稿，个别字句略有删改。
② 满文档案，乾隆十三年五月三日索拜等奏。
③ 满文档案，乾隆十三年六月二十一日索拜等奏。

钱；白银十九万四百四十八两七钱八分。第二，是蟒缎、锦缎、回回缎以及绫绸等各种缎匹，总计五百三十五匹。第三，是各种棉布，其中内地出产的棉布有二百六十九匹，回回布有一百二十二匹。第四，是各种金银制品和手工艺品，包括银镜、银锤、银净瓶等，总计大小数十件。第五，是各色毛皮，包括水獭皮、貂皮、虎皮、狐皮等，总数有九十一张。第六，是羊毛毯和纹绣皮革等毛皮制品：毛毯一百七十三条，光面纹绣皮革一百一十七张。第七，是宗教礼品和日用手工业品：如佛像、经典、袈裟、佛冠、手帕、缎幡、缎伞、孔雀羽毛伞、茶叶、瓷碗、剃头刀、小刀、撒袋、刀、斧、枪、马匹等物，约计千余件。

举一隅而三隅反。从策妄多尔济那木札勒时的进藏熬茶，便可以使我们推知到噶尔丹策零、策妄阿喇布坦、书库尔岱青、鄂齐尔图车臣汗及固始汗等的进藏熬茶情况。当然，其每次进藏熬茶规模不可能是完全一致的，礼品内容也不会一成不变。但可以断言，其大致范围是不会改变的。尤其是那些规模较大的熬茶活动，更是如此。

通过这些礼品，我们还可以看出，其中除了少数为蒙古族人民自己所生产外，其中大部分都是在通过与内地各族人民交换中取得的。因而也可以确信，蒙古人的每一次大规模进藏熬茶，也必将带来一次与内地各族人民的贸易。1741年、1743年、1747年齐默特、吹纳木克、巴雅斯瑚朗等在东科尔、得卜特尔的贸易活动，都可以为此提供有力的佐证。由此可见，虽然目前有关蒙古人进藏熬茶贸易的记载寥若辰星，但可以断定，随着档案资料和藏文资料的不断被发现，它将不断地获得新的补充。

从清单提供的数据中，我们也不难看出，在整个布施活动中，受惠最为优渥的是达赖、班禅、几位大胡图克图和"四大寺院"的堪布。据统计，仅黄金一项，达赖喇嘛就得了二百零二两三钱，班禅额尔德尼得了一百九十五两二钱，阿齐图诺们汗和噶勒丹西勒图每人各得五两。加上济隆胡图克图和沙林堪布，其所得黄金达四百一十三两五钱，约占总布施数的百分之九十八。绸缎：达赖喇嘛个人获得二百一十八匹，班禅喇嘛获得一百七十四，加上前述三位胡图克图和沙林堪布等人，他们共取得四百四十九匹，占总布施数的百分之八十四以上。白银：达赖喇嘛和班禅个人各得六百两，加上付给各寺院的熬茶银，则其所得近六万两。1748年，领侍卫内大臣傅恒引据玉保奏折称："准噶尔策妄多尔济那木札勒所进各寺庙之物品清单，经详细核对，其进达赖喇嘛、班禅额尔德尼寺庙之黄金，已达四百余两，白银五万九千八百余两。其中布施各寺庙喇嘛之白银，九万六千八百余两……"①

必须指出，这里提到的达赖、班禅所得银两数，还没有将其后来留下的熬茶银计算在内。如果将这些数字加在一起，则远不止此数！

通过清单，我们还可以看到，在其布施各庙中，获益最大的主要是"四大寺院"。而"四大寺院"中，又以布赉绷庙居首。据统计，仅白银一项，布赉绷庙（包括布施喇嘛银）便得了六万三千六百零五两七钱七分五厘；色拉庙得了三万九千零四十四两七钱五分，札什伦布庙获得三万七千三百五十七两六钱，噶尔丹庙得二万九千三百四十七两一钱七分五厘。"四大寺院"所得白银数约占其总布施数的百分之九十。此外，它们还取得了大量的金银制品和手工艺品等物。

事实说明，蒙古人进藏熬茶布施的财富，主要是集中在"四大寺院"及达赖、班禅等少数上层喇嘛手中。其余小寺院及下层喇嘛，则所得无几。

四　进藏熬茶对卫拉特蒙古社会经济的影响

进藏熬茶，对西藏喇嘛教集团来说，显然是个福音。西藏寺院经济在17世纪40年代以后，之所以有较大发展，原因之一就是因为有蒙古人特别是卫拉特蒙古人经常进藏熬茶。1793年，清廷大臣阿桂、福康安等鉴于西藏沙玛尔巴等叛乱，"唆使廓尔喀抢掠札什伦布"庙，②呈请清廷限制蒙古人进藏。时乾隆在复谕中说："藏内出产较少，布达拉商上，给予众喇嘛养赡及番兵口粮等项，需用繁多，所入不敷支给，向赖各蒙古番众布施，以资用度。嗣后唯不准私指呼毕勒罕，其余熬茶赠礼，皆在所不禁。"③ 这就是说，达赖、班禅的财政支出，有相当大的一部分完全是靠蒙古人的布施来维持的。

对西藏寺院经济发展有利，对卫拉特蒙古社会经济的发展就会带来不

---

① 满文档案，乾隆十三年四月九日傅恒等奏。
② 《清高宗实录》卷1424，乾隆五十八年三月戊申。
③ 《清高宗实录》卷1427，乾隆五十八年四月辛巳。

利的影响，这是毋庸置疑的。因为它把大量金银、财富输送到西藏，这不仅使广大卫拉特人民丧失了大量财富，还要花费大量人力和物力，大大增加了劳动人民的负担。

以书库尔岱青进藏熬茶为例。书库尔岱青统治伏尔加河土尔扈特部时，其所属部众最多不超过五万户（和鄂尔勒克西迁时，总户数为五万户，但其中有少数杜尔伯特人）。就按五万户计算，那么每五户就必须缴纳两匹马的礼品。伏尔加河与西藏，远隔千山万水，马匹显然无法都赶到中国内地出售，而必须将其中一部分贩运到俄国西伯利亚等地，与俄国人易换金、银等物，然后再将所得购买"送布彦"应用之物，送往西藏。这样辗转贩运，其所消耗的人力、物力，即使够不上"两万匹马驹"的价值，恐怕也相差不远了。

康熙三十七年（1698），阿玉奇侄阿喇布珠尔从伏尔加河向西藏进发时，从行者五百余人。[①] 经过长途跋涉，不久到了西藏。此后，因对西藏发生兴趣，在西藏居留了五年。阿喇布珠尔等进藏熬茶布施开支，目前尚不清楚，倘从其随行人数规模考察，估计不在少数。如果再加上五百人在西藏五年的食宿费用，其所费金银就更加可观了。

从准噶尔人来说，噶尔丹策零、策妄多尔济那木札勒，其每次遣人进藏，俱费数十万至二十余万两白银。无论数十万或是"二十余万两"数字，根据清单可以看出，都是纯布施开支，根本未计及沿途所需费用。以"二十余万两"为例，如果按乾隆年间准噶尔商队在肃州贸易价格，它大约需要四万余匹马，或三十万只羊作抵偿。准噶尔户口，按《准噶尔全部纪略》载，有二十四鄂拓克、二十一昂吉、九集赛、二十余万户，六十余万口。以此推算，一次进藏熬茶，每户需支付一点五只羊，每二人要支付一只羊。如果除去各级王公贵族以及喇嘛人等，那么，其所付出的代价就更高了。1740年，投奔内地的准噶尔人达什加木楚说，噶尔丹策零为了准备次年进藏熬茶，他派宰桑齐默特和珠勒都斯一个得木齐分别向各地收税，其"大家子收银一两，或狐皮二三张；小家子收羊羔皮十来张"。还有收"（羚）羊角"和"金子的"。[②] 达什加木楚提供的情况很重

---

① 参阅［俄］班蒂什—卡缅斯基编著《俄中两国外交文献汇编》，中国人民大学俄语教研室译，商务印书馆1982年版，第97页。

② 中国第一历史档案馆藏档，乾隆五年十二月十日陕西固原提督李绳武等奏。

要，它为我们了解准噶尔封建主征收进藏布施开支情况提供了依据。按1743年吹纳木克等在东科尔贸易价，狐皮每张是七钱至九钱银，羊羔皮每张是九分银。这就是说，如果没有现金，每户需交价值相当于一两五钱至二两白银的畜产品或毛皮。其给广大准噶尔人民所造成的损失，于此可见一斑。

以上所述，还只是以实际布施开支而论，并未加上往返需费。据档案资料记载，准噶尔人进藏熬茶，从征集牲畜毛皮，到布施结束返回准噶尔，通常都要一年半到两年的时间。策妄阿喇布坦统治时，其进藏熬茶人数，不得而知。噶尔丹策零和策妄多尔济那木扎勒统治时，每次遣人进藏都是三百余人。如果按当时西北地区普通人民生活水平计算，每人每月约需银二两左右。三百余人近两年的生活费就需要一万五六千两，加上沿途乏弱牲畜倒毙，估计不下数万两。

通过以上分析，我们可以看出，进藏熬茶给卫拉特蒙古的社会经济所造成的损失是严重的。一方面，它使卫拉特人民所创造的财富被源源不断地运往西藏，供少数上层僧侣贵族挥霍浪费，却使广大人民群众陷于贫困境地；另一方面，还使相当大的一部分人不得不放弃畜牧业生产，为购买和输送礼品而四处奔波。

五　结论

统观以上所述，我们可以得出以下几点结论：

第一，蒙古进藏熬茶，是格鲁派喇嘛教在蒙古地区传布的产物。卫拉特蒙古地区的进藏熬茶产生于17世纪初年。其较大发展主要是在17世纪40年代以后。从40年代至70年代，进藏熬茶主要是由各部封建主分别派遣。率领熬茶者大都是封建主本人。噶尔丹兼并四卫拉特以后，准噶尔地区的进藏熬茶大体上都由准噶尔封建主统一派遣，率领进藏熬茶者主要是鄂拓克宰桑和大喇嘛，普通喇嘛一般不单独组织熬茶。

第二，17世纪40年代以前，卫拉特人布施寺庙主要是西宁塔尔寺及拉萨大小昭、色拉、布赍绷、噶勒丹等寺。40年代以后才逐步扩大到拉萨以外地区。规模较大的进藏熬茶，其布施寺庙，通常都有二十多处。他们甚至深入到距拉萨和日喀则六七百里以外的寺庙去布施。布施范围的扩大，反映着卫拉特蒙古人民与藏族人民的接触和联系在不断深入与增长。

第三，布施规模大，礼品丰富多彩。礼品以金银、绸缎、布匹为大宗。此外还有各种金银制品、手工艺品、生活用品以及茶叶等物。这些礼品大部分为达赖喇嘛、班禅喇嘛及少数几个大胡图克图所占有。以寺院来说，则主要是"四大寺院"占有，至于小寺院以及下层喇嘛，他们所得无几。

第四，卫拉特蒙古人进藏熬茶，对西藏寺院经济的发展曾经发挥过重要的作用。但是它对卫拉特地区社会经济的发展，却是一种严重的损害。广大卫拉特人民不仅要为此付出大量的金银财富，还要负担各种劳役，为购买礼品、输送礼品而奔波跋涉，使生产受到严重影响。

第五，随着进藏熬茶的发展，卫拉特蒙古进入西藏地区的人日益增多，一方面，增进了蒙藏人民之间的接触，从而加强了彼此之间的了解，因而促进了相互间的政治、经济、文化交流；另一方面，则又进一步推动了喇嘛教在卫拉特蒙古地区的传播。因为卫拉特人进藏熬茶时，他们不仅经常在西藏购买藏医药，佛教经典，还不时聘请有德行、有学识的喇嘛前往讲经传法。

第六，促进了蒙汉关系的发展。因为卫拉特人每次进藏熬茶，都要驱赶大批牲畜、驮载大量毛皮等物到内地出售，购买进藏布施礼物，因而每一次重大的进藏熬茶活动，也必将包含着一次重大的贸易交换。1741年、1743年齐默特和吹纳木克等在东科尔贸易，1747年巴雅斯瑚朗等在得卜特尔贸易，都有力地说明，它对于促进卫拉特与内地各族人民的经济和文化交流都有着重要的作用。

（原刊中国社会科学院民族研究所主编《中国民族史研究》，中国社会科学出版社1987年版）

清代新疆茶务发展述略

　　新疆向不产茶，其所需茶叶，俱从内地各省输入。清朝政府统一新疆后，随着内地各族人民的大量流入，其所需茶叶也在日益增加。清朝统治阶级为了满足当地各族人民不断增长的物质需要，一面饬令甘肃茶司以其积贮官茶，用以"搭放兵饷，令官兵领买"；一面又采用"招商给引"办法，鼓励商民运茶入疆贩卖，从而拉开了新疆茶务发展的序幕。

　　新疆茶务产生以后，其章程屡立屡改。究竟是什么原因造成的？对新疆政治、经济有什么影响？有关这些问题，学术界虽然对此多有述及，但对其进行全面分析与研究者则至今未见。据个人初步了解，其中有较广泛涉及者首推秦翰才《左文襄公在西北》（岳麓书社1984年版）。秦氏此书，是迄今为止有关这一问题的最有影响之作。书中除对左宗棠在任陕甘总督期间，为推进甘肃、新疆茶务的改革做了较为具体的阐述外，还对道咸时期新疆的茶务发展情况，做了扼要的追溯。其次，是尔昌《茶叶市场漫话》（《乌鲁木齐文史资料》第一辑）。尔氏文章是有关清代茶务的重要之作，内中不仅对新疆茶务的发展作了概括的叙述，还就官茶、附茶、砖茶、细茶等的区别进行了相应的诠释。再次，是潘祖焕《新疆解放前商业概况》（《新疆文史资料选辑》第一辑）。潘氏文章，是一篇有关新疆商品流通方面的综合性作品，有关湖茶、晋茶等方面的来源与解运，也有着简略的阐发。上述论著，对了解清代新疆茶务的发展显然有着重要帮助，但其有关晋茶、湖茶、官茶等的释读，也有着不同程度的误解。因此，根据现有史料对其作一全面考察，不仅有利于破解历史事实的真相，且可为新疆社会经济史的研究提供一定的帮助。

一 新疆茶务的起源及章程的建立

新疆茶务是随着清朝政府对新疆的统一、内地各族人民的大量流入逐步发展起来的。同时，也是清朝统治阶级为"开财源、纾饷力"而采取的一项重要经济措施。

乾隆二十四年（1759），清军统一西北地区，清朝统治阶级为巩固其在新疆的统治，一面积极从内地各省咨调数万官兵前往驻守、屯田，一面又大力鼓励各地商民前往经商谋生。在各级统治阶级的积极推动下，商民相率而往者络绎不绝。随着各省商民的大量涌入，内地各省商品也源源不断地被输送到新疆各地。其中最重要的商品首推茶叶。因为茶叶是新疆各族人民的"养命之源"，尤其是蒙古、哈萨克和柯尔克孜等族牧民，"其所食膻酪甚肥腻，非此无以清荣卫也"。① 时值西北茶马互市终止，甘肃官茶大量积压，"陈陈相因，艰于售变"，② 亟待疏销，而甘肃巡抚明德又请准商茶配茶封。清廷敕令陕甘总督杨应琚将库贮官茶作一全面盘验，并将应行设法调剂之处"通盘核计，妥协筹办，期于公私交有裨益"。③ 杨应琚接旨后，即于乾隆二十七年（1762）八月上疏销事宜四条：（1）官茶应改征折价。查甘肃官茶，向例如积贮过多，改征折色。今五司库内，自乾隆七年至二十四年，已存150万余封，经前抚臣吴达善奏准，每封作价银3钱，搭放兵饷，已搭放40余万封，现市肆官茶日多，非十年之久，不能全销，且每年又增配24万封。商茶既多，官茶益滞，莫若将商交两成官茶54000余封，照例每封征收折价3钱，俟陈茶销完，再征本色。（2）商茶应准减配。按旧例，商人每引交茶50斤，无论本折，即是额课。商人自卖茶封，每引止（只）应配正茶50斤，连附茶共配售30余万封，商人以配售之茶纳课。后经吴达善奏准增配，致使仓茶愈积愈多。今酌中筹计，商人情愿每引一道，止（只）配茶15封。二成本色茶既议改折，则无庸配。（3）陈积茶封应召商减售。查各司俱有陈茶，而洮司为多。现每封4钱发售，商民裹足。请仍照原议，每封定价3

---

① 《清朝野史大观》卷3。
② 《皇清奏议》卷53，乾隆二十七年陕甘总督杨应琚奏。
③ 《清高宗实录》卷661，乾隆二十七年五月乙卯。

钱，召商变卖。（4）内地、新疆应一体搭放。新疆茶斤，向资内地。新疆商卖茶价，现准各处咨覆，大概每封需银二两四五钱并二两上下不等。今官茶运至新疆各处，将脚价摊入茶本之内，较之买自商贾，尚多减省。① 上述办法，经户部核议颁行。从此甘肃官茶便开始源源不断地被输往新疆。

输入新疆之茶叶，除甘肃官茶外，还有商茶。官茶主要自嘉峪关出口，而商茶则绝大多数都经张家口和归化城两地出口。从甘肃出嘉峪关入疆，向称南路，而自山西、归化城进入新疆，世称为北路。北路商人，因其中大多数都是山西人，俗称为"晋商"或"北商"。清人纳兰常安《行国风土记》云："塞上商贾，多宣化、大同、朔平三府人，甘劳瘁，耐风寒，以其沿边居处，素习土著故也。"纪昀《乌鲁木齐杂诗》："峨岢高毂驾龙媒，大贾多从北套来。省却官程三十驿，钱神能作五丁开。"诗下注云："大贾皆自归化来，土人谓之北套客，其路乃客赂蒙古人所开。"又云："不重山肴重海鲜，北商一到早相传。蟹黄虾汁银鱼鮝，行箧新开不计钱。"② 由晋商贩运之茶，世称之为"晋茶"。所谓晋茶，是指在湖北蒲圻县羊楼峒（峒）等地所产、并在当地或汉口加工制造的一种老青茶。罗迪楚《新疆政见》云："北道晋商运销湖北羊楼峒（峒）之茶，在羊楼峒（峒）、汉口制造，运至张家口，改称晋茶，名号亦实未协。"③ 有的学者说，晋茶是来自湖南，所说不符合事实。南路商人，俗称为南商，以其俱系甘肃官茶司引商，故又称兰商或甘商。甘商，向分东、西两支。东支主要为山陕商人，西支则由回民充任。甘商或南商所运之茶，因大都为湖南安化所产，以散茶装筐运至陕西泾阳加工成块，而泾阳水质能否改变其茶味未经考验，故仍循其产地名，世称为"湖茶"。"湖茶"又称"黑茶""茯茶""府茶"，名称虽异，实为同类。有的学者不了解实际情况，将其视为不同茶品，这完全是一种误解。

晋茶与湖茶，因产地不同且制作有别，故茶性也有所差异。晋茶质粗性暖，深为北疆蒙、哈等族人民所喜爱。湖茶质细性寒，向受南疆维吾尔等族人民的欢迎。《新疆图志》载："其运茶赴新疆者，一由甘肃出嘉峪

---

① 《皇清奏议》卷53，乾隆二十七年陕甘总督杨应琚奏。
② 转引自吴蔼宸《历代西域诗抄》，新疆人民出版社1982年版，第107、108页。
③ （清）罗迪楚：《新疆政见·新疆茶务说略》。

关，一由山西、归化城取道蒙古草地，皆至新疆古城，而后转行运销南北两路。南路天暖，喜食细茶；北路地寒，喜食粗茶。细茶有红梅、米心、建其等名目，粗茶有砖块、大茶、帽盒、桶子等名目。""伊塔境内蒙古，皆食砖茶，煎乳相宜，故也。"① 新疆茶类，除晋茶、湖茶外，尚有川茶、徽茶、赣茶和滇茶等名目，然其数量都很有限。罗迪楚《新疆政见》云："新疆茶类，以晋、湖为大宗，他茶零星不足计也。"② 有的学者说，"官茶主要产自四川"，所说与事实根本不相符合。

乾嘉时期，以诸事草创，商埠初辟，茶利未著，茶务的运销一直没有引起人们的关注，故晋茶与湖茶两路相辅而行，并未有任何严格规定。但随着岁月的流逝，人口的不断增殖，社会经济的日趋繁荣，茶叶市场竞争的日渐激烈，湖茶因在竞争中处于劣势，清朝统治阶级为确保其垄断地位，遂力图通过建立章程办法，对晋茶进行限制。道光三年（1823），那彦成上疏奏请制定新疆行茶章程，严禁北路商人私贩茶叶入疆，就是为实现上述目的而采取的一项重要举措。但由于这一措施严重地损害了新疆商品流通的正常秩序，故饬令刚一发布，便立刻受到了伊犁将军庆祥的质疑与强烈反对。庆祥指出："回疆各城，向准商民贸易，以茶易粮，历久称便。前据陕甘总督以甘引滞销，奏请严禁私贩。经户部议准后，茶商不能运往该处售卖，以致兵民、回众均形竭蹶，实属格碍难行。"应"仍准商茶由北路运售，与乌里雅苏台、科布多一体办理"，以期商民两有裨益。③ 他认为，倘要减轻甘司官茶积滞，可于安徽、江苏、湖北、山西等出茶省份，酌添行销引张，定立税课，听北路商人由归化城贩运出口，以抵甘肃续增之引数。此后不久，乌里雅苏台将军果勒丰阿也上疏表示了强烈不满。他说：乌里雅苏台和科布多两处"蒙古人等所食口粮，向系商民驮载茶货，前赴古城兑换。其古城商民，亦常川贩运米面来营兑换砖茶赴西路一带售卖。此项砖茶，系由归化城、张家口请领部票，缴纳官税贩运来营贸易，迄今六十余年，均以货兑货，向不使用银两。今一旦全行禁止，该处数万蒙古民人，糊口无资，必致失所"。④ 道光皇帝因其所奏，近乎情理，谕："著（着）照所请，准其令商民等每年驮运砖茶七千余箱，

---

① 《新疆图志》卷33《食货二》。
② （清）罗迪楚：《新疆政见·新疆茶务说略》。
③ 《清宣宗实录》卷56，道光三年八月庚子；《清史稿》卷124《食货五》。
④ 《清宣宗实录》卷60，道光三年十月丁巳。

前往古城兑换米面。如有不敷，令其凑办杂货银两，添补采买，以资接济，仍照例给发印票，只准该商等前至古城兑换米面，不准另往他处售卖。"①

甘司砖茶每箱百斤，"七千余箱"即七十余万斤。庆祥以其额数过巨，请仍旧制，听两路照常运销。他说："新疆回夷口食，茶粮最关紧要。自乾隆年间通商以后，历久相安，未便率更成例，且各城并无土著殷实之户，遂令承充官商，必至运课两误。古城一处，所住官兵仅止（只）两千，居民数亦无几，断不能销砖茶至七千余箱。茶粮既不流通，商货因而滞塞，殊于夷民日用有碍。"清廷因其言之有理，对原有敕令又进行了修改，令"著（着）照所请，准令北路运售杂茶之商民照旧运售，严禁夹带附茶，并在北路总口古城地方，设立税局，由陕甘总督派员前往抽分税课，查验茶箱，听其售卖"。又云："北商专行杂茶，至附茶仍由甘司茶商照常运售，以符定制，无（毋）庸另于新疆立商增引，致滋纷扰。"②"附茶"，原义是指官茶商领引后官府给予作为酬劳或供损耗之茶。《清史稿》载："我国产茶之地，惟江苏、安徽、江西、浙江、福建、四川、两湖、云、贵为最。明时茶法有三：曰官茶，储边易马；曰商茶，给引征课；曰贡茶，则上用也。清因之，于陕甘易番马，他省则召商发引纳课。""茶百斤为一引，不及百斤谓之畸零，另给护帖。""每引纳官茶五十斤，余五十斤由商运售作本。每百斤为十篦，每篦二封，共征本色茶十三万六千四百八十篦。"又云：雍正八年，"命陕西商运官茶，于旧例每百斤准附带十四斤外，再加耗茶十四斤"。③ 这些供商作酬或备耗之茶，与商运至甘司茶库之茶都属湖南安化等地所产，因此，道光皇帝所说之"附茶"，即是官茶或湖茶之代名词。其所说之"杂茶"，显然是与附茶相对而言，指湖茶以外的各色茶。左宗棠说，晋商"所领理藩院茶票，原止（只）运销白毫、武彝、香片、珠兰、大叶、普洱六色杂茶，皆产自闽、滇，并非湖南所产，亦非藩服所尚。该商因茶少价贵，难于销售，潜用湖茶，改名千两、百两、红分、蓝分、帽盒、桶子、大小砖茶出售，以欺藩服而取厚利，实则皆用湖茶编名鬼混也"。④《新疆图志》云："查甘

---

① 《清宣宗实录》卷60，道光三年十月丁巳。
② 《清宣宗实录》卷71，道光四年闰七月甲辰。
③ 《清史稿》卷124《食货五》。
④ 《左文襄公奏稿》卷45。

省官茶，向行西、庄、甘三司，而甘司直达新疆南北两路，是新疆本官茶引地。承平时，晋商由蒙古草地兴贩各色杂茶，红梅、米心、帽盒、大小块砖茶等名目……"① 两种说法虽然不完全相同，但所指则是一致的。由于上述措施的实行，从此晋茶便失去了原有的合法地位，经常被指为私茶而受到排斥。

章程经过两年左右运行，由于收到了初步成效，遂于道光六年（1826）在伊犁设立税局，对过往商民进行收税。税局由伊犁将军督饬办理。商民到局时，报明斤重数目，即抽茶作税。每茶十分，由局抽取一分五厘。所抽茶斤，照例价搭放该处官兵俸饷。每年冬季，于次年应解伊犁岁需茶斤内如数扣除，报部查核，凡内地贩运至伊犁各色茶斤，不论粗细，每百斤概征税银一两。每岁所征税银，约可得"八千两"。②

章程虽然建立了，但因措施不当，政局动荡，结果私贩不仅没有绝迹，反而愈演愈烈。主要原因是私商经常与浩罕商人相互串通，暗中进行偷运，故不久便被迫进行改订。

二　茶务章程之改订

嘉庆二十五年（1820），张格尔和卓发动叛乱。一时间，朝野哗然，全疆震动。清朝统治阶级急忙调兵遣将，前往镇压。时因浩罕封建主暗中支持，叛乱持续时间前后达七八年，致使清朝政府的统治逐渐发生动摇。道光七年（1827），张格尔溃逃卡外，奔窜于喀尔铁盖山一带。扬威将军长龄为将其弋获，一面派人进行追击，一面又奏请"断绝各外夷贸易，并严禁茶叶、大黄出卡"，企图以此对浩罕封建主进行惩罚。道光皇帝对此颇为欣赏，但又担心处置不当，反被当成笑柄。他说："大黄、茶叶系该夷必需之物，果能严行禁绝，俾外夷无所资生，藉（借）擒献张格尔，为求通贸易地步，固属甚善，倘阳奉阴违，或奸贩偷漏，或兵丁卖放，致为外夷所窃笑，转属不成事体。"乃决定派遣陕甘总督那彦成前往考察情形，严定章程，"实力稽查，不可有名无实"。③

---

①《新疆图志》卷33《食货二》。按：说甘省官茶，向来直达新疆南北两路，似与史实有出入，容另文再议。
②《清宣宗实录》卷100，道光六年七月戊午。
③《清宣宗实录》卷130，道光七年十一月庚午。

道光八年（1828）张格尔叛乱被平定，那彦成应命到南疆办理善后事务。那彦成经过调查，获悉浩罕封建主至今仍隐匿和卓后裔，拒不交还，而居住于南疆的浩罕商人，在张格尔叛乱期间，常与之沆瀣一气，任意戕害官兵，劫掠百姓，胡作非为，肆行无忌，便重提"严禁大黄、茶叶出卡"之事，并建议将参与作乱商人尽行驱逐出卡。他说："向来安集延进卡贸易，转贩内地大黄、茶叶、硝磺，接济外夷渔利。其流寓各城者，均已私行置产安家，与卡内回民无异，乃相率助逆，戕害官兵，蹂戕回民，实属可恶。现在各城寄居安集延人，自数十户至数百户不等。"彼此往来交接，声息相通，故"一经变乱，遂成瓦解"，必须采取措施进行解决。

（1）攘外必先安内。内患不除，则无以善其后。必须将安集延人陆续全行逐出，断不可再有因循。"凡在十年以内寄居与现贩违禁之物者，先行逐出，其余暂且居住，以安其心。以后或查偶偷漏大黄、茶叶出卡，或查有违禁等物件，或被人评控即逐。"

（2）严禁大黄、茶叶出卡。茶叶、大黄，乃其生活所必需。他们不但藉（借）此"养命"，且转贩各部落，以图暴利。"必须严禁出卡，示以限制，以为操纵外夷之计"。"若有私卖与安集延等夷之人，即照私通例治罪"。

（3）北路商人自归化城等处兴贩杂茶，领票行销，请于领票商民内，派令作为官商，按兰州甘司管理办法设商承领，使毋与外夷交接。倘各外夷恭顺，嗣后则照伊犁贸易亭设官经理。

（4）裁汰陋规。各城大臣及本处章京、司员、笔帖式及各大小伯克，往往苛剥回众，弊非一端，应勒石晓谕，永远禁除。①

张格尔叛乱，不但使清朝统治阶级受到了严重打击，也给新疆各族人民造成了巨大损失。因此，当道光皇帝收到那彦成的报告后，一面对其奏议给予了充分肯定，一面又指出："朕思此项人数较多，相沿已久，固不可姑息容留"，"但欲全行逐出，设办理不善，转恐激成事端，该督务当实心体察情形，持以镇静，通行各城妥办"，"以收实效"。② 与此同时，

---

① 《那彦成奏稿·为敬陈回疆大概情形析》，参阅《清代新疆稀见奏牍汇编》（道光朝），第51—53页。

② 《清宣宗实录》卷135，道光八年四月辛卯。

又行文伊犁将军德英阿，"严立章程，实力稽查，以杜偷漏"。①

在清朝政府的催促下，德英阿不久即根据天山北路的具体情况，制定了北路茶叶运销章程，以切断北路商人与浩罕（安集延）商人的联系。

德英阿制定的北路行茶章程内容，主要包括以下几方面：

（1）禁止北商将杂茶、细茶贩入伊犁和塔尔巴哈台境内，以杜绝浩罕商人私贩之弊。他说："欲禁安集延交通之弊，必先禁外夷所用之茶。现在出卡者，多系杂茶、细茶，皆北商自归化城私贩，由古城转运伊犁等处，""著（着）即严行禁止"。

（2）应设置官商经理。其未定官商以前，商民所贩之茶叶、大黄，著（着）于经过乌鲁木齐时，由该都统发给印票，注明各色斤数，以便查察。并著（着）库尔喀喇乌苏领队大臣，派员于所属奎屯地方，设卡稽查。

（3）伊犁境内各卡伦，每当哈萨克商队贸易事毕时，派协领等员前往稽查，并立下无私贩茶叶、大黄甘结，以防偷漏。

（4）所有寄居伊犁之安集延人，内有愿归部落者，给予路票，分起解送。居住在十年以外者，准其编入伊犁种地回户之内，一体耕种当差，不准婚娶置产，倘有囤积私茶，从重惩办。

（5）伊犁、塔尔巴哈台两处，均无殷实富户领运官茶，著（着）乌鲁木齐都统于议定官商后，商民贩运茶叶，以配引为凭；其大茶、斤茶，以古城戳记为凭；伊犁、塔尔巴哈台两处行销，以该都统印票为凭。凡无配引戳记、印票者，悉照私茶惩办。

北路行茶章程因内容全面、具体，措施缜密、详明，得到了道光皇帝的高度赞赏，被饬令照所议行。②但新章程刚颁行不久，那彦成又疏请"严禁奸商私贩，设局稽查"。他说："甘肃官引额销茶叶，每年例应出关二十余万封，近来竟至四五十万封之多，显系以无引私茶，从中影射。其行销各城，又复递加价值，每副茶一封，售银七八两至十余两不等。此等奸商私贩，勾通外夷，剥削回众，不可不严行禁绝。""酌请每封定价阿克苏价银不得过四两，喀什噶尔、叶尔羌不得过五两，作为永定之价，不许增添，并于嘉峪关地方，照杀虎口、归化城、张家口等处设立税局，阿克苏照古城设立税局，喀什噶尔、叶尔羌为行销总要之区，均设立税局，

---

① 《清宣宗实录》卷139，道光八年七月丙寅。

② 同上。

稽查工商私贩，以杜流弊。"① 那彦成奏议目的虽然旨在稳定茶价，抑制私贩，但因要求层层设卡的做法，非但不利于茶价的稳定，反而有害于茶叶的行销，因此当户部进行集议时，受到大学士托津和长龄等的坚决反对。他们一致指出："商人贩茶，远赴口外行销，原为利往，如果层层纳税，节节盘验，恐商人仍取给于食茶之人，茶价势必增昂。抑勒商人，减价出售，尤恐该商等裹足不前，回民或至乏食，关系非浅。""查乌里雅苏台、科布多二城，向食北口商茶，并未议征税课，今伊犁等处同系口外地方，独令该处兵民买食纳税贵茶，亦不足昭平允。"②

新的行茶章程虽然使浩罕封建主受到了一定打击，但由于禁止其商人前来通商，又将伊犁及南疆各城安集延人，凡有私贩大黄、茶叶等违禁物者尽行驱逐，没收其房产、田地；答允其寄居之人，皆不准置产、婚娶，只许种田、纳粮、当差，把违法乱纪、决心同清朝政府为敌者，与专门从事经商贩运之人，不加区别的一概加以打击，结果不但使真正奸恶之徒得不到应有的惩罚，反而伤害了许多善良民众，引起他们的强烈不满，从而为浩罕封建主提供了可以利用的机会。道光十年（1830）玉素普和卓叛乱，就与此有着密切关系。当年十一月，在玉素普和卓叛乱失败后不久，清廷便从传闻中得知起衅根由，是由于"不准安集延进卡贸易，深以为恨，遂与霍罕狼狈为奸"。③ 此后清廷派遣扬威将军长龄前往调查，也得到大体相同的结论：即为"驱逐安集延，查抄家产，断离眷口，禁止茶叶、大黄所致"。④ 上述所说虽不完全正确，但也并非没有道理。事件的发生，原是道光皇帝亲自做出的决定，但他不仅不反躬自问，认真总结一下经验教训，反而为了推卸责任，斥那彦成私心自用，"误国启衅"，下令夺其职。⑤ 这种自欺欺人的做法，结果使他在错误的泥潭中越陷越深。

那彦成被解职后，兵部尚书松筠为缓和与浩罕封建主的关系，奏请"卡伦以外布鲁特、霍罕等无论有何事故，严禁官兵无许出卡查探，以杜衅端。英吉沙尔毋庸专驻大臣。安集延回众，向以贸易为生，请明降谕

---

① 《清宣宗实录》卷141，道光八年八月丁亥。
② 同上。
③ 《清宣宗实录》卷179，道光十年十一月庚申。
④ 《清宣宗实录》卷184，道光十一年二月壬辰。
⑤ 《清史稿》卷367《那彦成传》。

旨，永弛茶叶之禁。至南路各城回众，向与安集延结姻，应请循旧联姻，以顺夷情"。① 尔后不久，清廷又根据浩罕使臣的请求，答允其"通商纳贡"，"所有新疆各城茶政，著（着）仍循旧例行，概免查禁"。② 至此，由那彦成倡行的严禁大黄、茶叶出卡章程宣告终止。其推行时间，前后大约三年左右。

清朝统治阶级这样做，目的是想以此换取边境的安定。但浩罕封建主非但不感恩，反而得寸进尺，要求于喀什噶尔设置"阿克萨卡尔"。阿克萨卡尔意谓"商约""商头"，其职位由浩罕封建主任命，下配有警察、法官及"由汗任命的经纪人"，俗称为"汗多拉里"。③ 对于此种无理要求，清朝统治阶级本应给予严厉斥责，可是他们不仅没有这样做，还自鸣得意地表示，"可俯顺其情，准令仍旧设立"，④ 把自己的主权和资源拱手让给浩罕封建主，从而开创了允许外商在新疆设立商约的恶劣先例。从此，不但浩罕商人无须向新疆地方当局纳税，而且在喀什噶尔的所有外国人，"都要听从浩罕的阿克萨卡尔的管辖"，向其缴纳赋税。⑤

查禁茶叶、大黄章程被废弃后，私茶又大肆盛行。不仅私贩晋茶的人有所增加，暗中采买湖茶私运入疆之人也在迅速地增长着。道光十二年（1832）三月，甘肃茶运总商毕新兴因私茶充斥，严重影响官茶运销，至都察院呈控各处商贩"采买湖茶，含糊纳税，由别途运入陕甘、新疆售卖"，请求下令禁止。⑥ 时清朝统治阶级因无力继续查禁，便借口其"欲变更旧章"，⑦ 将毕氏革去监生头衔，施行杖责，以示警告。毕新兴控案的失败，说明清朝统治阶级此时已无力再左右茶务市场了，只好听任自由发展。从零星的记载中可知，官茶的运销虽然仍在不断发展着，但由于私茶充斥，其滞销现象又日趋严重。

---

① 《清宣宗实录》卷 190，道光十一年六月丁亥。
② 《清宣宗实录》卷 197，道光十一年九月戊寅。
③ ［俄］乔汗·瓦里汗诺夫：《喀什噶尔》，王嘉琳译，载《外国探险家西域游记》，新疆美术摄影出版社 1994 年版，第 97 页。
④ 《清朝续文献通考》卷 56《市籴一》。
⑤ ［俄］乔汗·瓦里汗诺夫：《喀什噶尔》，王嘉琳译，载《外国探险家西域游记》，第 97 页。
⑥ 《清宣宗实录》卷 208，道光十二年三月乙丑。
⑦ 《清宣宗实录》卷 219，道光十二年九月丙辰。

三 茶务制度的改革

　　咸丰初年，太平天国革命爆发，斗争浪潮席卷了南方数省，余波遍及大半个中国。由于社会动荡不安，交通梗塞，湖茶北运受挫，甘茶的行销也因此而受到严重限制。咸丰八年（1858）以后，楚境渐次安定，茶路又逐渐疏通。但因洋商在东南沿海各口岸大量收购红茶，湖南、湖北所产之茶，大都由长江水路运往各口岸分销，而陕甘官商前往办运者则极少。此后不久，由于陕甘回民起义及阿古柏出兵侵入新疆，战争连绵不断，少壮死锋镝，老弱陷沟壑，侥幸不死者则纷纷四散逃亡，遍地饿莩，疮痍满目，使官茶的行销完全陷于停顿或半停顿状态之中。《新疆图志》云："回变以后，甘肃茶引无人承领，旧商积欠茶课至四十万两之多。"① 库罗帕特金说："在东土尔克斯坦反抗中国人政权的起事开始前，即1864年前，喀什噶尔居民是从中国各省得到茶叶的。这些茶叶从大商道经过兰州府、哈密、吐鲁番、喀喇沙尔和阿克苏运到喀什，再运往叶尔羌和和田。暴动开始后贸易往来中断，茶叶的输入遂告中止。"② 官茶不行，私贩便大行其道。清朝统治阶级为了改变其不利状况，虽多次下令进行恢复，但都没有奏效。例如，同治五年（1866）户部奏准："甘省引滞课悬，议于陕西省设官茶总店，潼关、商州、汉中分设茶店，商贩无引之茶，到陕开具色样、斤数，呈报总店。上色茶百斤，收协济茶课银一两，中色茶六钱，下色四钱。所收银解甘弥补欠课。"③ 越二年，又议准利用归化城商人运茶至恰克图，假道俄罗斯边境，前往西洋各国（按：指中亚地区）通商，比照张家口减半征课，令交银25两，每票不得过12000斤。不久又议准：甘省积欠旧课，仍追旧商。召募之新商，试办新课。其杂课、养廉、充公、官礼四项缓征。④ 由于墨守旧规，不能根据已经变化了的客观形势进行相应变通，计划始终无法实现。

　　同治十一年（1872）左宗棠受命为陕甘总督。时西北地区局势已明

---

① 《新疆图志》卷33《食货二》。
② ［俄］库罗帕特金：《喀什噶尔》，中国社会科学院近代史研究所翻译室译，商务印书馆1982年版，第61页。
③ 《清朝续文献通考》卷42《征榷十四》。
④ 《清史稿》卷124《食货五》。

显有所好转，左宗棠为振兴甘肃茶务，决心对其原有制度进行改革，拟将旧时引商积欠茶课和茶引全部豁免，实施以票代引办法，听商人自由认领，税厘并征，以厘代替杂课。他说："兹军务渐平，而逃商不敢复充，新商也无应募者，推其原故，实因停办已久，积课过多，商情咸畏代偿前欠额引，故皆裹足不前。若不于成例稍示变通，茶务终难整顿。""查茶商积欠带征课银及已领茶引欠课，不下四十余万两，各商委因匪扰，无力呈交。至每年额领茶引二万八千余道，引地多被蹂躏，诚难足额。每引一道，改折银三两，又征杂课银一两四钱。试办之初，断难照数完纳，必须豁免积欠课银，停止应征杂课，仍分咨陕西、山西两省转咨各商原籍，查传力能承引之商，饬令到甘，量力由臣给票，以票代引，赴湖南采茶。自同治十二年为始，能行一引之茶，即纳一引之课。从前积引，饬令一律呈缴，不复代为行销。"① 奏议上呈后，因受到部分守旧派的反对，结果无法施行。但左宗棠不甘罢休，于同治十三年（1874）二月，又再次疏请以票代引，并将原有设想进一步具体化。其内容大致可分为以下几方面：

（1）以票代引，商贩并招。他说，山陕旧商无可招致，回商存者寥寥，"整饬甘肃茶务，所苦先在无商承引，固法穷必变之时也。窃思国家按引收课，东南惟盐，西北惟茶。茶务虽课额甚微，不足与盐务比例，然以引课有无，为官私之别，与盐务固无异也"。"盐可改制，茶何不可？""今仿淮盐之例，以票代引"，实施商贩并招。一俟销路疏通，商贩有利，即可使资本渐裕。试办之初，不分何省商贩，均准领票行销。

（2）课厘并征，以除积弊。凡商贩领票，均先纳正课，始准给票。正课可按定例征收，杂课与厘税一起完纳，以期简明易从。其行销内地者，照纳正课三两外，于行销地面，仿照厘局章程。在陕甘境内行销，均各一起一验，完纳厘税，大率以每引收银一两数钱为度，至多不得过二两，由陕西藩司、甘肃藩司按照各厘局现行章程，分别酌议增减。

（3）增设南柜，招徕南茶商贩。甘肃行销口外之茶，向以湖南为大宗，湖北次之，四川、江西又次之。两湖产茶，由来已久。现今东西两柜

---

① 《左文襄公奏稿》卷42。

茶商，无人承充，添设南柜，可以作为异时充商张本。

（4）湖茶、川茶入陕入甘，饬令陕藩司设卡盘验，阻绝私茶。陕甘商贩运茶沿途经过地方应完厘税，概按照行销海口茶厘减纳十分之八，抵抽二成。所有减纳厘银，许为各省应解甘饷中划抵。理藩院照陕甘办法，课以同样税厘，以免彼此歧异。①

在左宗棠的一再坚持下，清廷最后终于同意了他的改革方案。改革实行之初，共发茶票835张，以50引为一票，每引纳银3两，销竣缴票完厘，每票给茶5000斤，外给损耗700斤，以40000斤散茶归陕西。但因"兵燹甫定，民物凋零，道路梗塞，引茶未能畅行，各散商运茶至甘，罔不折耗，而总商按引配销，不许紊乱，散商坐视赔累，无计另图"，双方"屡兴讼端"。② 及新疆克复，局面始有所好转。时因官茶局干事均为湘人，缺乏商务意识，不善于经营，加上先年积累太多，故历经十年，仍有100余票没有销完。光绪七年（1881）谭钟麟继任陕甘总督，请"将额票八百三十五张，以四成折发，所余六成作为悬额，俟岸销渐畅，分案递加"，③ 以减轻积票太多所造成的压力。

光绪八年（1882）伊犁收复后，山西商人又循其旧习，于理藩院领票贩运晋茶入疆，侵销南北两路，到处洒卖，西出俄边，南至北印度，无所不至。"一票数年，循环转运，往往逃厘漏税"。④ 新疆巡抚刘锦棠力主"化私为官"，将北路私茶纳入官茶管辖范围，于哈密设局抽东来货税，将肃州出口茶厘改由哈密带收，每百斤收银二两；晋商由归绥道衙门呈请部票，每引照甘肃完纳课厘4.44两，由古城局征收。"如该商情愿办茶，请令来甘请票采办，以符定章"。⑤ 经户部议准，嗣后领票"注明不准贩运私茶字样，如欲办官茶，即赴甘肃领票缴课完厘，与甘肃一律办理"。⑥ 这原是一个切实可行的措施，但因此事属陕甘总督管辖范围，谭钟麟不愿刘锦棠从中干预，坚决表示反对，故实际上并未得到推行。《新疆图志》云："伊犁自俄人手收还后，晋商沿于旧习，仍贩私茶。旋值新疆改省，

---

① 《左文襄公奏稿》卷45。
② 《新疆图志》卷33《食货二》。
③ 同上。
④ 《清史稿》卷124《食货五》。
⑤ 《刘襄勤公奏稿》卷10。
⑥ 《清朝续文献通考》卷42《征榷十四》。

创办税务，前抚臣刘锦棠有化官为私之议，依照承平章程，在古城设局抽税。而前督臣谭钟麟力主维持官引，严禁私贩。化私为官议不果行。"①

四　伊塔茶务公司的建立

因晋商经常贩运茶斤入疆，严重影响了官茶的运销，官茶商对此极为不满，故凡遇晋商茶叶，即指其为私贩，加以充公。结果真正的晋商大都不敢贩茶，"而乘时射利者转纷然以起，潜销默运，规避多方，包运绕越，无所不至"。②地方官府虽屡次下令严禁，但前往者依然络绎不绝。官茶商自知湖茶不如晋茶之便于民食，不久于甘引之外又请办晋票，前往"湖北羊楼峒（峒）采办茶砖，运至关外各处行销"，③企图包揽全疆茶利。但因缺乏经验，故历经二年，而至者寥寥，结果茶斤不敷供应，价格急剧上涨，于是私商之黠伙者，便"假官力以噬同类，串通军府，乃创为官茶之说，以夺私茶之利。官茶以将军主名，做藉军饷，用官钱局帖，贵买俄币，由俄行折兑现银，周转内地。其始派员张家口采买晋茶，运到伊犁，倍价勒卖"。继而又恐私茶不能谢绝，派兵堵塞伊犁山后果子沟，名曰缉私。"凡来私茶，一概拦截勒买，七十里运到伊犁，即名官茶，价卖如前，否则绳以公茶，按律科罪"，大耍假公济私把戏。④

茶叶供应紧张，为俄茶的倒灌提供了可乘之机。沙皇俄国对新疆的侵略与掠夺，早在18世纪以前就已经开始。鸦片战争失败后，其侵略与掠夺又进一步加剧。他们除不断派人以武力侵入巴尔喀什湖东南地区外，又利用清朝政府的软弱与无能，先后强迫清朝政府与之订立《伊犁通商章程》（1851年）、《中俄北京条约》（1860年），要求开放伊犁、塔城和喀什噶尔，允许其商人在当地设立贸易圈，享有设立领事和免税贸易的权利。光绪七年（1881），又利用其归还伊犁之机，强迫清朝政府签订了《伊犁条约》和《改订通商章程》。根据上述条约，俄国不仅可以在伊犁、塔城、喀什噶尔和吐鲁番（后改乌鲁木齐）建立领事馆，且于运货途经

---

① 《新疆图志》卷33《食货二》。
② 《新疆图志》卷33《食货二》。
③ 《清德宗实录》卷544，光绪三十一年四月壬申。
④ （清）罗迪楚：《新疆政见·新疆茶务说略》。

嘉峪关回国可"暂不纳税"。俄商从此即以其为借口，将于天津、张家口和汉口等地购买之茶斤，在解运回国时托言假道，暗中将茶叶在途经伊塔时进行飞洒私售，攘夺华商之利，破坏新疆茶务市场。光绪二十三年（1897），因俄商穆萨拉维夫私运晋茶一案，"当事者未加处罚，于是效尤者接踵梦兴"，"莫知惮慑"。① 新疆商民极为愤慨，纷纷要求制止俄商的不法行径，但由于统治阶级软弱无能，俄茶倒灌之事始终没有得到真正解决。

在俄茶大肆浸灌的同时，英商也不甘示弱。他们利用其有利条件，将"印茶"不断输入新疆。由印度输入之茶叶，主要有两种：一是在印度过境的中国茶，一是印度出产的茶。印度原不产茶，后因英人喜欢中国茶叶，英政府因恐利源外溢，遂于印度亚山和锡兰两地，雇募中国茶师教土人种植。② 印茶质量虽不及中国茶，但因不纳税，价格便宜，故也颇受人们的欢迎，产品遍销于南疆及中亚等地。③《新疆图志》载："茶业之利，向为中国所独擅，近则印运入于南，俄倒灌于西，如潮之不可遏，仰浸浸乎夺我利权，害我商计，而侵犯条约也。"④

由于俄茶、印茶和私茶的大量浸灌，光绪二十八年（1902）伊犁将军马亮借口兵饷吃紧，疏请采运晋茶行销伊犁，以济饷需。他说："伊犁各城，本非湖茶引地，所食均为内地商民贩卖各色茶斤来伊。定例官为设局抽税，由伊犁将军督察稽查，向以晋茶为大宗。及伊犁返归，始行改章，由甘肃招商给票，采运湖茶至伊发卖。""虽经严禁晋茶不准入境，无如汉、蒙、缠、哈均不惯食。且因湖茶价贵，不如晋茶价贱，以致私茶不能禁止，湖茶不能畅行。上年茶商歇业去伊，私茶更形充斥，禁之则食茶无出，非所以厚民生；不禁，则厘课虚悬，实无以裕国计。方今时事多艰，饷项日竭，苟可以为国家开一分利源，即可为部臣省一分筹虑。""因思此项茶斤，与其任听奸商私贩渔利，莫若官为采办行销，藉（借）收什百之利，且可规复承平年收茶搭饷旧例，较之抽厘纳税，偷漏中饱者，获利更多。"⑤ 马亮的目的很明显，是想通过官办晋茶方式，垄断伊

---

① 《新疆图志》卷56《交涉四》。
② 参阅《清朝续文献通考》卷42《征榷十四》。
③ 参阅［俄］库罗帕特金《喀什噶尔》，第61页。
④ 《新疆图志》卷33《食货二》。
⑤ 《伊犁将军马广奏稿》，光绪二十八年十一月十六日奏。

塔地区的茶叶运销权，使之置于伊犁将军的直接控制之下。其建议若得以实现，则甘司的引课必将受到很大损害。故奏议一出，便立刻受到陕甘总督崧蕃的反驳。崧蕃指出："晋茶改为官运，如照甘章完厘纳课，价也不能独廉。良以私贩不禁，则私茶贱于官茶，军民舍贵市贱，自必私茶畅行，而官引滞销。与其改弦易辙，流弊徒滋，何如照旧章推行尽利。至满蒙军标俸饷，拟请搭放官茶，如能照办，则甘商运茶到伊，向章价由官办，茶商不能居奇，即以官茶搭饷，酌取盈余，以补饷糈，亦无不可。"①极力维护旧制。

马亮以崧蕃不谙边地情形据理力争。时户部议复：伊犁请改晋茶，日久未见成效，非但思课厘之有亏，且以其借发甘新库款五十余万两，至今仍未见著（着）落，倘将茶务改章，自行派员请领，置以前之库款于不顾，则甘省茶课势必将罹遭更大损失。马亮自知难以继续与之理论，只好请甘商"将所办三十票引茶专销塔城一路，存此伊犁一隅之地，归官试办"。②据《新疆政见》记载，马亮在奏办晋茶时，"一面咨商，一面派员设局，迳行开办"。督抚多次奏请停办，但马亮始终将其当成耳边风。后因清廷严令其与督抚妥筹而行，始于光绪三十一年（1905）冬宣布停办。其办茶前后约达四年左右。③

不久，长庚继为伊犁将军。他于前往任所中途得马亮电告：伊犁茶务，自甘省复引，晋私既禁，湖茶不来，民食甚缺，茶价较前增加一倍，尚复无茶可购，若不设法改良，非唯利权外溢，蒙、哈乏食，实难谋生，请速行妥筹奏办。时值倡行新政，长庚得知消息后，立即于途次疏请由官集股，设立公司，无论何省商民，均准附股，官商合办，厚集其力，以济蒙、哈日食，而杜俄人私地倒灌。长庚在奏折中，全面回顾了新疆茶务的发展过程、及俄茶倒灌给新疆茶务所造成的严重危害。他说："伏查新疆自与俄人通商，彼族动援光绪七年改订通商章程，内载两国边界百里之内，准两国人民任便贸易。条约伸展权力，而我沿边与蒙古错处之哈萨克及中俄两界，阡陌相连之缠回，日用所需无一不系俄商货品，若食茶再容俄私倒灌，则其商权益张，及今而思抵制之方，惟有设立公司，自行采

---

① 《新疆图志》卷33《食货二》。
② 《伊犁将军马广奏稿》，光绪三十一年三月十五日奏。
③ 参阅（清）罗迪楚《新疆政见·新疆茶务说略》。

运，以供蒙、哈各部之用，则倒灌之害将不禁自绝。"① 时度支部议复准其所请，"惟以商情厘课规则处所，种种未悉"，饬令"妥筹详奏"。② 长庚于是将设想做了进一步补充，并于光绪三十四年（1908）二月提出，在湖商力所能及者仍听运销，力所不及者则设法挽救，专就伊塔两城所属厅县满汉各营及蒙古、哈萨克各部落为界，其余各厅州县，仍听湖商销售。最后终于得到了清廷的同意。公司于当年正式建立，并订立章程。章程规定：公司股本计银60万两，公家先拨股银20万两作为官股，俟办有成效，即可多集商股。若股东愿俱用商股，官股即全行抽出，另办他项实业。行销茶数，先请以350票试办一年，再根据销路旺衰情况，酌定票额。所请之票，援照晋票成案，每票抵引50道，每引照例配茶100斤，附茶14斤，由伊犁将军请领，交粮饷处转发。每票交正课银150两，照章完纳于公司。赴将军衙门领票时，先交三成之二，共税银100两，厘金93.6两，俟运茶到境后，与所欠一成正课一并交清。股票准由股东转售，但只准售华人。伊犁惠远城设立总公司，主管领款、缴课、结账及出入款项；塔城设立分公司，负责运销、转输及采买等事。公司出入款项，每年清结一次，三年作一总结，除股息、公积金及一应开销外，其余按股均分。③

伊塔茶务公司建立后，经过两年左右的试运行，因协饷紧缺，又由官商合办改为商办。宣统二年（1910）三月，署伊犁将军广福奏："伊塔茶务有限公司，现拟改为专帮商办，以裕饷源。"④ 当年十二月又奏："伊塔茶务公司改归商办，遵章发给第一案茶票。"唯部议饬，将甘省所减湖商票额拨归公司增认。"查从前甘肃湖商运茶行销蒙古、哈萨克各部落及俄国沿边一带，销场尚旺。嗣光绪三十三年订有俄商假道伊塔回国新章，不独俄国不能运销华茶，且有俄商贩运华茶在伊塔境内洒卖。此外，影射偷运者更不知凡几。私茶充斥，销路疲滞，若再将所减票额拨归公司增认，成本固难为继，赔累尤属堪虞，应请仍照原定票额办理，仍俟下案体察情形，如果实有起色，再行增加。"⑤

---

① 《新疆图志》卷33《食货二》。
② （清）罗迪楚：《新疆政见·新疆茶务说略》。
③ 《新疆图志》卷33《食货二》。
④ 《宣统政纪》卷33，宣统二年三月癸亥。
⑤ 《宣统政纪》卷47，宣统二年十二月丙戌。

伊塔茶务公司名义上是为了抵制私茶和俄茶倒灌，实是利用伊犁将军府的权势，渔肉私贩，变私茶为官茶，"贱价勒买，抬价勒卖"，将晋茶与湖茶利益，一并收归己有。结果"不但晋票失额"，"而甘新所失为数更巨"。① 因此，名虽专办伊犁、塔城两地茶务，实则起着网罗新疆茶利的作用。由于上述因素影响，官茶商朱乾益升不久即宣布不再继续承办官茶。辛亥革命爆发后，商引被撤，俄商乘机而入，每斤售银涨至八钱，新疆茶利大都为俄商所夺。"华茶以资本微，厘税重，运费昂，货不时至，边民常有望梅之思"。②

综观以上所述，不难看出，甘肃官茶之所以经常积滞，新疆行茶章程之所以一改再改，原因是多方面的，归纳起来，大体有以下数款。

其一，社会动荡不安，交通阻塞，茶商无法正常采办和运销。例如，张格尔叛乱、太平天国革命运动、陕甘回民起义、阿古柏入侵新疆等，都给茶务的发展造成了严重障碍。

其二，晋茶税轻，价廉；湖茶税重，价昂，不如晋茶之便于民食。据记载，晋茶每百斤课银"多者仅一两，少者六钱及三钱"；湖茶每百斤需纳正课银三两，此外尚有养廉、捐助、充公、官礼等杂课。③ 晋茶"每三斤四两为一块，卖价八九钱，每百斤合银二十七两九钱"；湖茶"每五斤为一块，卖价二两五钱，每百斤合银五十两"。④

其三，晋茶性暖，北疆蒙哈人民喜食；湖茶性寒，蒙哈人民不爱食。

其四，晋商善于营商。他们"工会计，利析毫芒，营业资本卒至数十万，握圜府之轻重"。⑤ 而湘商则大都缺乏商务知识，其在官茶局"干事人均官派，毫无商务思想意识"。⑥

其五，英、俄茶叶倒灌，这是统治阶级盲目实施保引增课和扼制晋茶所致。《新疆图志》云："回变以后，官运湖茶，例禁晋茶。""虽屡悬厉

---

① （清）罗迪楚：《新疆政见·新疆茶务说略》。
② 谢彬：《新疆游记》，新疆人民出版社1990年版，第46页。
③ 《左文襄公奏稿》卷45。
④ 《新疆图志》卷33《食货二》。
⑤ 同上。
⑥ 李廷玉：《新伊调查报告意见书·官茶局》。

禁，偷运私销，仍习以为常，有缉私之名，无禁绝之实。且晋私扼禁愈严，俄私运销愈畅，课税内消，利源外溢。"①

其六，官吏贪黩，观念陈旧，彼此之间经常勾心斗角，争权夺利。借口查禁私贩，暗中则与私商相互勾结，假公济私，以饱私囊。

新疆茶务的发展，是新疆社会经济史中的一个重要侧面。其中既反映了清朝政府对其经济发展的重视，与此同时，也暴露了统治阶级的腐败与无能，给新疆的政治、经济造成了严重的伤害，为后世留下了惨痛的教训。

（原刊《明清论丛》第 7 辑，紫禁城出版社 2006 年版）

---

① 《新疆图志》卷 33《食货二》。

清代新疆玉石的开采与输出

我国是一个富产玉石的国家，许多重要省份都有出产，故自远古时起，玉文化便发展成为我国的重要传统文化之一。据考古资料证实，我国玉文化发展至今大约已有六千年左右的历史了，各地原始部落从形成到联合，曾创造了多元而逐渐趋向统一的玉器工艺。红山文化和良渚文化等遗址中发现的古玉，就是这一事实的有力佐证。夏商周时期，随着奴隶制国家的出现，又使玉器的制作技术得到了进一步的发展。1973年和1975年在几座早期商墓中，就发现有圭、戈、刀、琮、铲、板等玉器。郑州出土的玉器有璋、戈、璜及柄形饰物，黄陂盘龙城、藁台城西、北京平谷刘家河等商墓中，也出土了许多相似的玉器。在殷墟西区、大司空村、小屯村北居址和著名的妇好墓中，出土的玉器件更多。其中数量最多的是妇好墓，计有琮、璧、瑗、璜、环、玦、圭、斧、钺、戈、矛、刀、戚、镞、凿、铲、镰、臼、杵、盘、簋、勺、匕等物。此外，还有部分玉雕人像和形象逼真的各种动物。[①] 秦汉以后，随着封建专制国家的形成与发展，玉器在人们社会生活中的影响也在与日俱增。它不仅是各级贵族们权力的象征，同时又是某些有一定财力之人孜孜以求的宝物。降及清代，由于新疆的统一和乾隆皇帝的特殊爱好，促使玉文化达到了空前的繁荣。不但所有的皇亲贵戚都把披金戴玉作为自己的嗜好，甚至许多普通老百姓，也将其作为追逐的目标。

我国玉石，向以新疆所产和田玉最负盛名。《汉书》载：于阗国，"多玉石"；莎车国"有铁山，出青玉"。[②] 《梁书》：于阗国"有水出玉，

[①] 参阅中国社会科学院考古研究所编《新中国的考古发现和研究》，文物出版社1984年版，第326—327页。

[②] 《汉书》卷96（上）《西域传》。

名曰玉河"，国人"以玉为印"。①《水经注》："于阗国南山"，"上多玉石"。②《旧唐书》：于阗国，"其国出美玉，俗多机巧，好事祆神，崇佛教"。③ 和田玉输入中原内地，据可靠资料证实，最晚在距今三千三百年以前就已存在。从河南武丁妇好墓中，经验证确为和田玉的器物就有三百余件，④ 这说明当时输入的数量已相当可观了。此后历代中原王朝的许多重要玉器件，其中也大多数是以和田玉制成的。因此，历史上所谓丝绸之路，实际上也是一条玉石之路。宋应星《天工开物》记载，"凡玉入中国贵重，用者尽出于阗，葱岭所谓蓝田，即葱岭出玉别地名，而后世误以为西安之蓝田也"。⑤

和田玉之所以备受人们的青睐与珍视，重要原因之一是其质地"温润而细腻"，色泽通透绚丽。其中最为人们称誉的尤推"羊脂玉"。之所以称之为羊脂玉，是因为其色洁白无瑕酷似羊脂。萧雄《西疆杂述诗》云：其"洁白无瑕者名脂玉，以其酷似羊脂，拟为上品。其宝光蕴藉色足十分者，则又无上品也"。⑥ 不过，新疆输往内地各省之玉并非都是和田玉，和田玉只占有其中的一部分而已。而和田玉也并非全为上品。其实，在新疆所产玉石中，叶尔羌玉与玛纳斯玉也很重要，但人们往往避而不谈，给人的印象，似乎输入内地之玉都是和田玉，显有误导之嫌。有鉴于此，笔者以为就新疆玉石的开采与输出作一探讨是必要的。

一　玉石矿分布

新疆玉矿，储量非常丰富。其中储量最大的是南疆地区。南疆玉矿主要有五处。一为密尔岱山，二为英额齐盘山，三为哈朗归山，四为铁盖列克山，五为礓子玉山。《新疆图志》云：全疆山脉，自葱岭而下，分为三大支。其中有一支，自西而东，蜿蜒至英吉沙尔，崛起"为阿合买提山，其下多铁。又折而西南，宅于莎车、叶城之交者，为密尔岱山，半岭以

---

① 《梁书》卷54《诸夷传》。
② （北魏）郦道元：《水经注》卷2，岳麓书社1995年点校本，第16页。
③ 《旧唐书》卷198《于阗国传》。
④ 参见杨伯达《古玉史论》，紫禁城出版社2004年版，第20页。
⑤ （明）宋应星：《天工开物》卷下《珠玉第十八》。
⑥ （清）萧雄：《西疆杂述诗》卷4《土产》。

下，纯玉无石，是名玉山。其东曰英额齐盘山，玉山之支也。又东迤于和阗，为哈朗归之山，一名呢蟒依山。傍山之麓，玉河出焉"。"呢蟒依之阿有大谷二：曰桑谷、曰树雅，金玉杂出其中。有废城，曰塔瓦克，地产银矿。附玉河而入洛甫境，为铁盖列克山。山之西北有沙滩焉，曰大胡麻地、小胡麻地，是生美玉。再南迤于于阗，望之葱郁，障列云表者，礵子玉山也"。①

"密尔岱山"，位于叶尔羌东南，东与和阗南境诸山接。《西域图志》云："密尔岱塔克，旧音阒（辟）尔塔克，在叶尔羌东南，产玉石。由是东行，接和阗南境诸山，俱产玉。"②

"英额齐盘山"，位于叶城西南，泽普勒善河出其北。河东北流经叶城后，水清澈见底，是为产玉之地。"昔年采进贡玉于河之南北岸，设立营帐，发回夫五百泝（溯）流以采，不足额更入山凿取，然后纳玉于粮饷局"。③

"哈朗归山"，旧作"哈朗圭山"，位于和田西南境，和田河出其北境。和田河有二源：西源曰哈喇哈什，东源曰玉陇哈什。玉陇哈什又有二源：西源出哈朗归，东源出雪山。哈喇哈什、玉陇哈什两河皆产玉，旧均称玉河。苏尔德《新疆回部志》载："玉陇哈什、哈喇哈什两河，并哈朗归塔克山内产玉，每年春季山泻桃花水之前及秋季水落未冻之际，入河淘玉以为贡。"④

"铁盖列克山"，位于洛甫与于田交界之处，山脉自南蜿蜒向北，中有玉河傍山奔流。河西北有沙滩，即大小胡麻地，也产玉。

"礵子玉山"，位于于田之南，其地产玉之山有三：一为流水山，二为觉可依山，三为乌鲁克苏山，以所产玉质多云翳、少温润而得名。

玉分"山产、水产二种"。⑤ 产于河中之玉，世称为河玉。河玉又称为籽玉或籽料，是指原生矿产于河中或由岩石崩解顺河流冲出者之玉。籽玉有裸体籽玉和皮色籽玉之分。裸体籽玉大都产于河床中，皮色籽玉则多被掩埋于泥沙或河边的滩地中。裸体籽玉因长期受河水的浸润与冲刷，块

---

① 《新疆图志》卷29《实业二》。
② （清）傅恒：《西域图志》卷23《山四》。
③ 钟广生：《西疆备乘》卷2《矿产》。
④ （清）苏尔德：《新疆回部志》卷4《赋役》。
⑤ 《清朝续文献通考》卷390《实业十三》。

头一般都比较小，表面光滑圆润，常为卵形。籽玉按颜色分，则有白、青、黄、黑等数种。白者为上，青、黄、黑者次之。白玉又可分为"脂白"和"青白"二种，脂白为上，青白者次之。

籽玉以和田产者最为有名，叶尔羌产者次之。傅恒《西域图志》云："玉名哈什，产和阗南山者为最良"。乾隆皇帝御制《和阗玉诗》云：

  和阗昔于阗，出玉世所称。
  不知何以出，今乃悉情形。
  石蕴山含辉，耳食传书生。
  其实产于水，在石亦浪名。
  未治斯为璞，卞和识其精。
  设云隔石识，怪幻乃不经。
  回域定全部，和阗驻我兵。
  其河人常至，随取皆瑶琼。①

其实，并非所有和田玉都是上品。上品之和田玉大都来自玉陇哈什，而哈喇哈什产者则稍逊。萧雄《西疆杂述诗》云：和田"出玉之河二，以玉陇哈什所产者佳，哈喇哈什者次之"。②

产于叶尔羌河之玉，世称叶尔羌玉。叶尔羌河之玉，主要位于扬瓦里克附近一带。乾隆四十二年高朴奏："叶尔羌大河来自产磬片之辟勒山（按：又称密尔岱山），顺流而下至扬瓦里克，为洗泊过渡之所。上流三十里，即采玉之处。"③叶尔羌河所产之玉，温润细密虽不如和田，但亦属上乘之列。椿园《西域记》载："其地有河，产玉石子，大者如盆、如斗，小者如拳、如栗，有重三四百斤者，各色不同。如雪之白、翠之青、磲之黄、丹之赤、墨之黑者为上品。一种羊脂朱斑，一种碧如波斯菜，金片透湿者尤难得。河底大小石，错落平铺，玉子杂生其间。"④

除和田河和叶尔羌河外，北疆的玛纳斯河也产玉。徐松《西域水道记》载："塔西河西四十里许为玛纳斯河，五源分出哈屯博克达山之卫和

---

① （清）傅恒：《西域图志》卷43《土产》。
② （清）萧雄：《西疆杂述诗》卷4《土产》。
③ （清）椿园：《西域记》卷2《叶尔羌》。
④ 同上。

勒晶岭",其地"水清产玉,故又曰清水河。玉色黝碧,有文采,璞大者数十斤"。① 萧雄《西疆杂述诗》云:"北路玛纳斯河中,搜寻亦可得玉,色白而有翠,类乎云南所产,嘉者亦朗润可观,不常有。"②

玉产于山上称山玉。山玉又称山料、盖宝石或礠子石。椿园《西域记》载:"去叶尔羌二百三十里有山,曰米尔台搭班(搭班,亦作达坂,回言山也),遍山皆玉。欲求纯玉无瑕大至千万斤者,则在绝高峻峰之上,人不能到。土产牦牛,惯于登陟,回人携具乘牛,攀援鎚(锤)凿,任其自落,俗谓之礠子石。"③ "礠子石"又称"磋子石"。萧雄《西疆杂述诗》:"磋子石出南路,此种甚多,白而细者混玉,亦珍物也。"④

二 官玉的开采与输出

玉石的开采与输出,有官玉和私玉之不同。官玉又有岁贡与特贡之分。为了叙述方便,下面拟先叙述何谓岁贡与特贡官玉。

(一) 岁贡之玉

所谓岁贡之玉,是指每年按规定要缴纳给清朝政府之玉,世称为岁贡或例贡。岁贡之玉最初大都来自和田河。和田采玉,始于乾隆二十六年,初仅玉陇哈什、哈喇哈什、哈朗归山三处。每岁春秋二季开采,每季定期15天。乾隆四十八年,以其收获量不大,又增辟桑谷、树雅两处。乾隆五十二年,因造办处库贮玉石储量充足,饬令停春采。嘉庆四年,诏弛玉禁,听民私贩。和田领队大臣疏奏:"和阗产玉五处,惟玉陇哈什离城稍近,玉色亦嘉,其余哈喇哈什、桑谷、树雅、哈琅圭塔克四处,所产玉石色黯质粗,玉极平常,奏明停其采取(每年酌减回夫一百五十名)。每年秋季,止(只)向玉陇哈什采玉十五日,所获玉石解送叶尔羌,奏充土贡,并无定额。"⑤

---

① (清)徐松:《西域水道记》卷3,引自《中外交通史籍丛刊》中华书局2005年校点本,第188页。
② (清)萧雄:《西疆杂述诗》卷4《土产》。
③ (清)椿园:《西域记》卷2《叶尔羌》。
④ (清)萧雄:《西疆杂述诗》卷4《土产》。
⑤ (清)和宁:《回疆通志》卷8《和阗》。

有关和田采玉规模及其具体做法，目前尚未见有详尽记载。据零星资料显示，采玉之前先要祭河神，然后由领队大臣及当地伯克派遣熟练夫役下水踏采。春季采玉，通常于每年三四月河水开冻桃花水未来之前；秋季采玉，每年于八九月水清未冻之时；世谓之"淘玉"。每获一玉，即上报入册备案。苏尔德《新疆回部志》云："玉陇哈什、哈喇哈什两河并哈朗圭塔克山内产玉，每年春季桃花水之前及秋季水落未冻之际，入河淘玉以为贡，用多寡无定，侭得侭纳。"①

作为岁贡之玉，清廷则根据玉石之大小，赉给一定的银钱与粟米，作为夫役的酬劳。乾隆皇帝御制《和阗采玉图诗》云：

  和阗采美玉，还成采玉图。
  捞水出球琳，他山攻琢磨。
  缠头采玉嘉无比，赉与腾格并以米。
  上供岁贡下私鬻，亦弗严禁聊听尔。②

乾隆皇帝是一位痴玉成癖的封建帝王。和田玉因常年开采，于是随着时间的推移，其采获量便相对有所减少。为了满足其对美玉的不断追求，因而不久又将官玉的开采地扩展至叶尔羌河。叶尔羌初无贡玉规定，例不设官玉场，其何时开始开采官玉，史未见明文。从有关记载看，约始于乾隆三十五至四十年以前。笔者之所以这样说，主要理由有二：

其一，据《西域水道记》记载，乾隆四十二年（1777）叶尔羌办事大臣高朴在给清廷的奏疏中说："叶尔羌河向不产玉，自平定回疆以后，渐生玉石，经前任大臣奏明拣采。然每年贡者不过数十块，质尚逊于和阗。"③高朴任叶尔羌办事大臣始于乾隆四十一年（1776），这说明在他莅任之前即已设场开采了。

其二，在成书于乾隆四十二年的椿园《西域记》中，已对其采取之法有较为具体记载了。书中说：其"采之之法，远岸官一员守之，近河岸官一员守之，派熟练回子或三十人一行，或二十人一行，截河并肩，

---

① （清）苏尔德：《新疆回部志》卷4《赋役》。
② （清）傅恒：《西域图志》卷43《土产》。
③ （清）徐松：《西域水道记》卷1，第57—58页。

赤脚踏石而步。遇有玉子，回子即脚踏知之，鞠躬拾起，岸上兵击锣一棒，官即过硃一点。回子出水，按点索其石子。""每岁春秋二季……贡玉七八千斤至万斤不等。"①

有关其采取之法，《西域水道记》所载，与前者略有不同，而某些细节则又更为具体：每当秋水澄清之时，"协办率主事一人，笔帖式、侍卫各二人，诣河干祭以少牢，众伯克以回夫五百人来会。十夫一温巴什领之，执旗于岸，役夫杖策，泝（溯）流以采。比暮，伯克敛所得玉于办事营帐，差（秤）其轻重，在二两下者不入数。三日一移营。复令二笔帖式率四品商伯克一人，六品伯克四人，回夫二百人，入喀崇山谷采足额，乃告谢河伯，宴伯克，奖夫役之劳者。还，纳玉于粮饷局，俟和阗玉至，同入贡"。②

两书记载之所以有所不同，估计与其反映时代先后不同有一定关系。据《清高宗实录》记载，自从在叶尔羌河开始采玉时起，至乾隆五十二年（1787），该地每年都是春、秋两季采取。而自乾隆五十二年以后，始饬令停止春采。③ 从以上记载中可以看出，《西域记》所述，显然是乾隆朝中期时的开采情况。而《西域水道记》所述，则是乾嘉之时的采取情况。

通过以上记载，可以清楚看出，清代新疆岁贡之玉，并非都是和田玉，叶尔羌玉也是岁贡玉中相当重要的一部分。《西域记》言叶尔羌岁"贡玉七八千斤至万斤不等"，而《西域水道记》又云其"每年采贡玉一万八千五六百斤"。上述两书，所说估计都有些夸大，似难采信，但它在岁贡总数中占有较大比重，则毋庸置疑。学术界有些学者，因钟情于和田玉，往往将清代的岁贡玉，均说成来自和田，这与历史事实显然不相符合。岁贡玉因大都采之于河，故其块头一般都比较小。

和田和叶尔羌两地采玉的基本情况既明，那么其每年输入中原内地的贡玉又有多少呢？著名文物专家杨伯达先生在其《古玉史论》中说："清军平定准、回之乱，在新疆行使统治权之后，新疆回部每年春秋两季贡玉1000公斤（特贡与私贩未计），从此，内廷玉作有了充足的玉料，苏州、

---

① （清）椿园：《西域记》卷2《叶尔羌》。
② （清）徐松：《西域水道记》卷1，第57页。
③ 参阅《清高宗实录》卷1592，乾隆五十二年十一月乙亥。

北京、扬州等地的造玉作坊也从私贩手中获得了一批和田美玉。"① 杨先生所说，不知是主观推测还是另有依据。据笔者了解，所说并不准确。有关这一点，只要看一看《清宣宗实录》记载即可得到解决。据该书道光元年（1821）军机处奏，自清军平定阿睦尔撒纳和大小和卓木叛乱后，"和阗、叶尔羌每岁采进贡玉四千余斤。嘉庆十七年（1812年）因造办处所贮之玉甚属丰足，减额每岁采进二千斤。今查造办处所贮之玉尚多，足以敷用，著（着）交和阗、叶尔羌办事大臣等，将此项应进贡之玉暂行停采"。② 从以上记载看，自乾隆二十六年起（1761）至嘉庆十六年（1811）止，其每年采进贡玉是2000余公斤。而从嘉庆十七年起至二十五年，始减至1000公斤。道光元年下令停其岁贡。此后不久，南疆地区又连续发生骚乱，其每岁贡玉估计难以再行实施，是以此后史籍一直未见明载。

（二）特贡之玉

所谓"特贡"，是指清朝政府为了某种特殊需要而饬令新疆地方官府采进之玉，主要是供做各种磬材、玉册及玉宝等物。特贡之玉料，基本上都采之于山。特贡玉因采之山，块头大都比较大。特贡玉始于乾隆二十六年（1761）。初采之于和田迤南之哈朗归山，专供做特磬之用。贡料共有12片，相继用以制成"黄锺之磬""大吕之磬""太蔟之磬""夹锺之磬""姑洗之磬""仲吕之磬""蕤宾之磬""林锺之磬""夷则之磬""南吕之磬""无射之磬""应锺之磬"。乾隆二十七年，又令于原地采"进重华宫半度特磬料二片，备用玉四块，特磬料七片"。接着，又往取于叶尔羌密尔岱山。徐松《西域水道记》云：密尔岱，"山与玛尔瑚鲁克山峰峦相属，玉色黝而质坚，声清越以长。乾隆二十七年（1762）八月，叶尔羌办事采进玉特磬料十一片，重千四百三十斤。十月，进玉特磬料十四片，重千五百九十斤。是岁，又进玉特磬料十四片，重九百五十五斤；重华宫半度玉特磬料十片，重八十斤；备用半度磬料三片，重二十九斤六两。二十八年三月，采进正项磬料十八片，备用磬料二十六片。六月，复

---

① 杨伯达：《古玉史论》，紫禁城出版社2004年版，第81页。
② 《清宣宗实录》卷17，道光元年四月乙巳。

进正项磬料十一片，备用特磬料十一片"，"以准噶尔锯截之"。① 为了使矿区不遭破坏，又于暂停开采时对其实施封禁政策。但因管理不善，当地维吾尔族百姓，经常暗中前往私采。

乾隆四十一年（1776），高朴继为叶尔羌办事大臣。高朴为满洲镶黄旗人，乾隆帝重臣高斌之孙，性贪鄙。莅任后以玉石利厚，便企图利用职权以假公济私。他上疏呈奏：距叶尔羌400余里有密尔岱山，产玉，久经封禁，"回民往往私采，防范维艰，莫若以官为开采，间年一次，② 可杜怀窃营私之弊"。③ 清廷以其言可行，准其请。高朴见有机可乘，先后勒派"回人三千余，至该山采取玉石"，④ 而暗中又"串通商人"，将"在叶尔羌私采玉石，贩至内地售卖"。⑤ 叶尔羌阿奇木伯克侦知其谋，诉之于乌什办事大臣永贵。永贵上疏清廷。诏令革高朴职，按律究其罪。为了避免类似事件继续发生，令设密尔岱卡伦，实施封禁。倘"或回人赴山偷采，惟当令守卡兵丁，严行稽查。一经盘获，即将人赃一并解送该管大臣，严行究治"。⑥

乾隆四十九年（1784），叶尔羌办事大臣又差主事协同内廷司库恭陈，委领催七十三，玉匠永福、润安，"诣山采用玉册五百片，玉宝五十方，备用玉册三百片，玉宝三十方，凡重四千七百五十二斤"。五十五年，以内廷果房发生火灾，所有玉器俱被焚毁，叶尔羌办事大臣又进"磬料正玉六十四块，副玉八块"。⑦ 嘉庆四年（1799），清廷根据奇丰额等奏请，饬令解除玉禁，"准其自行卖与民人，无庸官为经手，致滋纷扰"。⑧ 时地方官府拟将当年所采玉三块，分别为10000斤、8000斤、3000斤输往北京，但因玉料太重，运至喀喇沙尔乌沙克军台时，因搬运艰巨，谕令弃之。从此，有关特贡玉事，便不再见之于记载。

此外，根据《西疆备乘》记载，玛纳斯河源有清水河。清水河之西乌兰乌苏之东，地亦产玉，"旧设绿玉厂"。"又绥来城西百余里，曰后

---

① （清）徐松：《西域水道记》卷1，第54页。
② 《清史列传》卷16《高朴传》作"每年一次"，误。
③ （清）徐松：《西域水道记》卷1，第56页。
④ 《清高宗实录》卷1068，乾隆四十三年十月戊午。
⑤ 《清高宗实录》卷1067，乾隆四十三年九月壬寅。
⑥ 《清高宗实录》卷1070，乾隆四十三年十一月己丑。
⑦ （清）徐松：《西域水道记》卷1，第55—56页。
⑧ 《清仁宗实录》卷45，嘉庆四年五月甲戌。

沟，曰大沟，皆产绿玉"。① 其所说之"绿玉厂"，当是指"官玉"而言。玛纳斯河"玉厂"何时开设？史无明载。但从一"旧"字来看，估计当在道咸年间。史籍既称其为"官玉厂"，则其所产之玉，不为"岁贡玉"，即为"特贡玉"。但有关其开采数量及输出情况，因未见之载籍，具体情况不得而知。

三 私玉的开采与输出

所谓"私玉"，是指由当地维吾尔族百姓或内地商民自行开采与贩卖之玉，这种玉在清朝政府统一新疆以前就广泛存在着。宋应星《天工开物》记载："凡玉由彼地缠头回，或遡（溯）河舟，或驾橐驼，经庄浪入嘉峪而至于甘州与肃州。中国贩玉者至此互市而得之，东入中华，卸萃燕京。玉工辨璞高下，定价而后琢之。"② 宋氏所述，虽然极为简略，但却充分透视出，即使在封建割据政权林立、战乱频仍的明代，连接新疆与内地的玉石之路，始终没有中断过。这种情况，一直延续到清康乾年间。

乾隆二十四年（1759），随着新疆被正式纳入清朝国家的版图，内地各族人民的不断流入，私采与私贩又进一步抬头，并源源不断地输往内地各省。例如，乾隆三十六年（1771），乾隆皇帝在其御制《和阗采玉图诗》注中就说："和阗采玉充贡，岁有常例，余亦有私售者。岁为禁制，然利之所在，亦弗深求，且良玉仍供内地货肆之用耳。"次年，他于其《和阗采玉诗》注中又说："回城采玉，取其岁职贡，不过赐以米布酬劳。今南中玉肆，所在率多精璆，一望之为和阗之产，可见回人及往来市侩，徇利透漏，然仍流通中华，可听之耳。"③ 据《西域水道记》记载：玛尔瑚鲁克山，与密尔岱相邻，所产玉"青质黑晕，若血沁然"，"回民"常前往采取，并"自裕勒阿里克卡伦来城鬻之，因名其玉曰'裕勒阿里克'。"④ 其密尔岱山玉，虽为官玉产地，然当地百姓，却经常暗中前往采取。玛纳斯山一带，地产"绿玉"，虽早有例禁，也不时有人前往开采。⑤

---

① 钟广生：《西疆备乘》卷2《矿产》。
② （明）宋应星：《天工开物》卷下《珠玉第十八》。
③ （清）傅恒：《西域图志》卷43《土产》。
④ （清）徐松：《西域水道记》卷1，第56页。
⑤ 参阅《清高宗实录》卷1482，乾隆六十年七月甲寅。

私采与私贩虽然早已存在，但由于其时尚未实施严禁，因此并没有引起清朝政府的高度关注。及高朴盗卖官玉案发，始饬令各地追查。

高朴盗卖官玉是乾隆四十三年（1778）叶尔羌伯克色提巴尔第揭发的。清廷饬令乌什办事大臣永贵速行追究。结果不但发现了高朴的一系列犯罪活动，还查出了与高朴等有关或无关的许多重要线索。例如，当年九月，乾隆皇帝在其上谕中说："据侍卫纳苏图供称，库车办事之常喜，本年曾拿获叶尔羌回子等，偷出玉石送高朴处办理。高朴以五十斤以下之玉石块，向来俱不具奏，因招商变卖，每斤定价一钱等语。""著（着）传谕回疆办事大臣等，嗣后凡盘获偷带玉石之回民商贩即行具奏治罪。"①不久又指出："高朴家人在苏半载有余，贩卖玉石，肆行牟利，价值数十万，甚至连樯装运箱笼数十只，并擅用高朴官衔旗号，明目张胆，众所周知。"② 通过高朴案，在当年又相继发现了赵均瑞、张銮（又作张鸾）、雷英、吴苫洲、李步安和牛四等团伙的大量走私活动，查获私玉总数约在二万五六千斤以上。

赵均瑞，陕西渭南县人，清朝政府统一新疆初年，即前往阿克苏和叶尔羌等地经商。由于善于投机钻营，不久便于当地开设客店四座，饭铺一所；置购住房一所，骡马15头，骆驼70峰。此外，在肃州还有供出租的骆驼90余峰，是一位颇具实力的豪商。③ 后因贪图玉石厚利，又伙同高朴及自己的兄弟、亲友等倒卖玉石，从而使其商务活动自新疆延伸至内地各省。例如，乾隆四十三年十一月毕沅奏："于长安县地方，拿回赵金海遣回之雇工黄虎儿，并起出衣服杂货七十一包。讯据供称：赵均瑞之子赵世保并伊弟赵金海在苏（州）置办，令其押货先行，赵金海尚在苏州未回，并听得伊等先令肃州人牛四带玉石赴苏，卖银二万余两。牛四现在扬州梗子街宝玉行等语。"④ 嗣又奏："拿获赵均瑞之子赵世保，究出伊父同卫良弼、徐盛如等合伙贩玉，带往南方货卖，共有四起，约重四千余斤。每起合伙人数多寡不一，各人所出本银亦多寡不齐。玉石所卖银两，按股分收，共计卖出苏平色银一十四万一千两。除现在起获赵世保货物及汇票银两照数查追外，其供出之同伙，各人分过银数约计为十万两有零，自应

---

① 《清高宗实录》卷1067，乾隆四十三年九月癸丑。
② 《清高宗实录》卷1068，乾隆四十三年十月己未。
③ 参阅故宫博物院编《史料旬刊》第25期，毕沅折八。
④ 《清高宗实录》卷1070，乾隆四十三年十一月乙未。

一并追出，以警奸犯。"①

张銮，山西右玉县人，初为晋商贾有库三义号派驻阿克苏员工。后因垂涎玉石厚利，遂辞职从事贩运玉石与绸缎等生意。据称："伊等何俱在阿克苏私买玉石？或与回人交手，或内地商人在彼开铺收买。其地为回城售卖玉石之地。"② 乾隆四十二年（1777），又与高朴相互勾结，伙同高朴家人李福携带玉石90余块，实重3269斤，自新疆经由甘州、凉州、山西绥德、永宁、汾州、平阳诸处往河南，由临淮关至浦口换船过江宁，从泗安一路绕道苏州，卖与当地玉商。③

雷英，陕甘商人，经常往来于新疆和陕甘地区营生。乾隆四十三年（1778）高朴私贩玉案事发，雷英及其同伙共六人同时被拘。据称：其所带玉石系在哈密、辟展、阿克苏等处用银陆续收买来的，也有使用货物易换的。④

吴苴洲，陕甘商人，主要经营绸缎、布匹等日用百货。也从事玉石的运输与贩卖。乾隆四十三年陕甘总督勒尔谨在给清廷的奏折中说："审讯在西安拿获私贩玉石之吴苴洲等七犯，坚供各玉石或系发绸缎在口外阿克苏并肃州价买，或系在肃州、凉州、兰州等地以结欠货账折得玉石，并或以货换玉带回销售。"⑤

李步安，陕甘商人，经常往来于甘、凉、肃一带。乾隆四十三年因与王振世、长朋顺、毛欣飑等在肃州向当地回民赵世荣、鲜四、马三等购买玉石，试图贩往他地货卖被获。经查："共重七百八十一斤七两；又玉子四个，共重七斤"。其同伙傅德曾"在阿克苏买赵乡约玉石一千斤，每斤价银十四两，共银一万四千两"。⑥

牛四，又名牛梅，山西汾阳府永宁州人，向于肃州等地贩运皮货。乾隆四十二年（1777）九月在肃州时，因适逢赵均瑞运玉至该地，遂与王洪绪、高代五、祝文相、王时中、朱金玉、叶青、徐子建共凑银数万两，

---

① 《清高宗实录》卷1070，乾隆四十三年十一月辛丑。
② 《清高宗实录》卷1070，乾隆四十三年十一月己丑。
③ 参阅故宫博物院编《史料旬刊》第20期，萨载、寅著折；《清高宗实录》卷1070，乾隆四十三年十月己卯。
④ 参阅故宫博物院编《史料旬刊》第25期，毕沅折七；《清高宗实录》卷1070，乾隆四十三年十一月丙申。
⑤ 《清高宗实录》卷1070，乾隆四十三年十一月丁亥。
⑥ 故宫博物院编《史料旬刊》第26期，勒尔谨折十二。

收购玉石数千斤，贩往扬州货卖。①

在雷英、吴芑洲、李步安、牛四等被缉获的同时，江苏商人杨添山等17人又于湖北襄阳被起获。清廷饬令当地官府严行究诘。结果发现，其中又有五人参与倒运。他们先后从肃州和兰州两地共收玉石"九百四十斤十一两"，"又玉子四个，每个重三十余两以至六十余两不等"。企图贩往苏州货卖。②

根据已有资料显示，从事贩运玉石之人，向以陕甘商民居多数。陕甘商民之中，又以回回人为最多。例如，前述诸商人中，赵均瑞就是陕西之回人。余如赵世荣、鲜四、马三、蓝宝贵、海生莲、马天龙等，也俱为回回人。例如，乾隆五十四年（1789）乾隆皇帝在其敕谕中就说："朕阅刑部进呈甘肃省秋审一册……至蓝宝贵串通回子偷贩私玉至一百余斤之多，违禁蔑法，即与盗窃无异，该督何以拟入缓决，殊为宽纵，""著勒保传旨申饬。"继又谕："勒保奏审拟海生莲私贩玉石一案，将该犯等从重拟流，行令该督定地发配一折，所奏是。依议行。此案海生莲系内地回民，胆敢私卖玉石，辗转埋藏。马成保系明知私玉，因图得银两，代为设法夹带，""自应从重定拟。"③乾隆五十五年（1790）在其上谕中又说："毓奇奏称，阿克苏游击阿玉锡搜出回民马天龙等在辕内藏玉石四块，将马天龙等分别治罪等语。马天龙等于车辕钩心上挖孔偷藏玉石，实属违法谋利，著（着）即照毓奇所奏，将马天龙等解交勒保治罪。"④回回人之所以多贩运玉石，估计与居住于北京及东南沿海一带之回回人多营销珠宝有关。例如，北京玉器行会，其会员人数在清代末年即占据其总数的一半以上。⑤苏州、扬州、广州等地的玉石市场俱繁盛，其经营者估计亦不在少数。

从事贩运玉石之人，除各族商民外，驻防于叶尔羌等地官兵及其家属等，也不时利用其特殊地位与权力，伙同商民暗中传销。例如，乾隆五十五年（1790）叶尔羌办事大臣福嵩车夫丁三贵私带玉石事，就是这一事实的有力佐证。对此，乾隆皇帝指出：据雅满泰奏，福嵩车夫丁三贵私带

---

① 故宫博物院编《史料旬刊》第27期，伊龄阿折六。
② 参阅故宫博物院编《史料旬刊》第21期，陈辉祖折；第23期，毕沅折五。
③ 《清高宗实录》卷1338，乾隆五十四年九月己丑。
④ 《清高宗实录》卷1363，乾隆五十五年九月甲午。
⑤ 参阅陈重远《文物话春秋》，北京出版社2001年版，第30页。

玉石，"系由福嵩由叶尔羌起身之前先寄信与伊等，俾其详细搜查，是以各派人搜出。福嵩向系谨慎晓事之人，恐伊家人、车夫私带玉石"。"换班之大臣、侍卫官员等，其家人、车夫私带玉石，自必常有之事……显系各城驻扎大臣，平日意存瞻徇，怠忽从事，并不实心搜查，是以未经缉获"。"嗣后新疆大臣、侍卫官员等回京时，所至关口，务各派人严行搜查，毋得苟且塞责，不以事为事"。①

新疆向来为中外商人荟萃之地。清朝政府统一新疆后，中亚各地商人为了与清朝政府建立贸易联系，纷纷要求归服，商队往来络绎。其中最为活跃的首推浩罕商人。他们不但于新疆各地从事牲畜、毛皮、大黄、茶叶的贩运，也经常从事玉石的倒买与倒卖。《新疆识略》云："至喀什噶尔、叶尔羌、阿克苏各城，俱有安集延贩卖珠石、皮张，以为奇货。"② 乾隆四十七年（1782），安集延商人阿布拉就因在叶尔羌私贩玉石被拿获，审明拟绞，解京监禁。后因其伯克那尔巴图遣使致函，恳请将阿布拉"赏释给还"，始被饬令"交与来使鄂布勒克色木带回"。③

有关私采私贩事，由于嘉庆四年允许当地百姓"得有玉石，自行卖与民人，无庸官为经手"。④ 于是有关其活动，遂鲜有述及者。偶尔见之，亦仅寥寥数语。例如，萧雄《西疆杂述诗》云：

玉拟羊脂温且腴。昆冈气派本来殊。
六城人拥双河畔，入水非求径寸珠。

诗中还指出：近年以来，内地各省商民不时有人雇工在彼捞索，"往往虚掷千金，未偿片玉"。"然偶有一探便得，或重才数两"。⑤ 钟广生《西疆备乘》云：铁盖列克山在洛甫城东南，于阗县城西南交界处，"其西北一带有沙滩，即大小胡麻地，中产子玉，最为上品，汉人流寓者数百家，皆采玉为生者"。⑥ 民国初年曾在新疆做过实地考察的谢彬在其游记

---

① 《清高宗实录》卷1349，乾隆五十五年二月戊辰。
② （清）松筠：《新疆识略》卷3《喀什噶尔》。
③ 《清高宗实录》卷1172，乾隆四十八年正月丁未。
④ 《清仁宗实录》卷45，嘉庆四年五月甲戌。
⑤ （清）萧雄：《西疆杂述诗》卷4《土产》。
⑥ 钟广生：《西疆备乘》卷2《矿产》。

中说:"在叶尔羌之南二百里,有山曰密尔岱,人呼玉山,即《山海经》所谓峚山也。璘瑰琅瑶,是丛是孕,腹地商贾,用贩玉致富,往往家累千金,大者至巨万,不可胜数。"[1]

以上诸书,所述虽然俱极简略,但却把各族人民对玉石的追求与嗜好,刻画得淋漓尽致。据说这种情况,一直延续到民国初年,始逐渐消失。

有关私玉的开采与输出,虽然史籍记载断断续续,但都不很具体,透过这些残缺不全的记载,却不难窥见其活跃于当时社会现实中的生动景象。私玉的开采量和输出量究竟有多少?史无明载,我们无法妄加猜测,但有一点则是可以肯定的,这就是其开采与输出量,一定要比官玉的开采与输出量大得多。因为它不仅具有重要的经济价值,而且有珍贵的艺术价值和收藏价值,故其始终受到各族商民的热烈追捧。

从有关记载看,私玉的输出大都亦为叶尔羌等地所产,而和田玉数量则甚鲜。

综观以上所述,我们不难看出,清代从新疆输入之玉石,其中大多数都是叶尔羌等地所产。而真正的和田玉,其开采与输出量都很有限。因此,千万不要将和田玉的输入量无限制地加以放大,给人以误解。

(原文刊于《中国边疆史地研究》2010年第3期)

---

[1] 谢彬:《新疆游记》,新疆人民出版社2001年版,第149页。